Zeitgeschichte

ÜBER DAS BUCH:

Der Putsch, mit dessen Hilfe Hitler die verhaßte Weimarer Republik stürzen und sich zum Herrn Deutschlands aufwerfen wollte, scheiterte aus vielerlei Gründen, die in diesem Buch dargestellt werden. Trotz der geschichtlichen Bedeutung hat kein Ereignis in Hitlers Leben bis jetzt so wenig Aufmerksamkeit seitens der Historiker und Biographen auf sich gezogen. Dieses Buch soll als dokumentierte Dramatisierung den damaligen Handlungsablauf wiedergeben und erläutern. Die ungeheuer spannende Schilderung der Ereignisse ist gleichzeitig der Versuch, die historische Bedeutung des Putsches als Wendepunkt in dem unaufhaltsamen Aufstieg des Adolf Hitler darzustellen. Das Buch enthält vieles bisher Unbekannte: so die Geiselnahme der bayerischen Minister durch Rudolf Hess und ihre haarsträubenden Erlebnisse als seine Gefangenen; die Banküberfälle der SA, um den Sold für die Putschteilnehmer bezahlen zu können; die Massenverhaftungen und Verfolgungen von Juden und Sozialdemokraten während dieser Nacht; die Verhaftung und seelischen Torturen der Münchner Stadträte und des Oberbürgermeisters am Morgen des 9. November.

DER AUTOR:

John Dornberg wurde 1931 in Erfurt geboren und wanderte 1939 mit seinen Eltern nach Denver, Colorado aus. Nach dem Studium der Journalistik und politischen Wissenschaften wurde er 1954 in Deutschland Chefredakteur von *Overseas Weekly*. Er lebte von 1963–1965 in München als freier Journalist und Auslandskorrespondent der *New York Herald Tribune* und des *Toronto Star*. 1965–1972 fungierte er als Chefredakteur der *Newsweek* und als Chefkorrespondent in Moskau. So ist er dem deutschen TV-Publikum als Teilnehmer vieler *Internationaler Frühschoppen* von Werner Höfer bekannt; seit 1973 ist Dornberg auch als Schriftsteller tätig.

Dem Andenken von Ian MacDonald (1927–1979), meinem Freund und Kollegen, der das Buch zuerst erdachte und die Arbeit daran mit mir so gern geteilt hätte.

John Dornberg

Der Hitlerputsch

München, 8. und 9. November 1923

Mit 47 Abbildungen und 1 Karte

Zeitgeschichte

Zeitgeschichte
Ullstein Buch Nr. 33121
im Verlag Ullstein GmbH,
Frankfurt/M – Berlin
Titel der amerikanischen
Originalausgabe:
*Munich 1923. The story of
Hitler's first grab for power*
Übersetzt von T. Bishop
Titel der deutschen Erstausgabe:
Hitlers Marsch zur Feldherrnhalle

Ungekürzte Ausgabe

Umschlagentwurf:
Elżbieta Woźniewska-Krüger
Unter Verwendung eines Fotos
vom Ullstein Bilderdienst
(Hitler-Ludendorff-Putsch,
München, 09. 11. 1923)

Printed in Germany 1989
Druck und Verarbeitung:
Ebner Ulm
ISBN 3 548 33121 1

Oktober 1989

CIP-Titelaufnahme
der Deutschen Bibliothek

Dornberg, John:
Der Hitlerputsch: München, 8. und
9. November 1923 / John Dornberg.
[Übers. von T. Bishop]. – Ungekürzte
Ausg. – Frankfurt/M; Berlin: Ullstein,
1989
(Ullstein-Buch; Nr. 33121:
Zeitgeschichte)
Einheitssacht.: The story of Hitler's first
grab for power <dt.>
ISBN 3-548-33121-1
NE: GT

Inhalt

3. Akt
Der Plan geht schief
163

4. Akt
Der Plan wird geändert
265

Epilog
351

Prolog

Ich bin ein bißchen stolz über die politischen Berichte, die ich als amtierender Generalkonsul in München über Hitlers Bewegung und Aktivitäten gemacht habe. Als ich sie kürzlich noch mal las, kamen sie mir einigermaßen weitsichtig vor. Wir wußten damals aber nicht, ob sie überhaupt von jemandem in Washington gelesen wurden ... Während meiner Zeit in München habe ich weder gesehen noch gehört, daß die amerikanische Regierung oder das amerikanische Volk nur das leiseste Interesse hatte an den politischen Entwicklungen, die uns am Ort so bedeutend und ominös erschienen. Nicht ein einziges Mal hatte das State Department ... über die Entwicklung der Nazi-Bewegung Beunruhigung angedeutet. Von Washington kam nicht ein einziger Kommentar, als ich meinen Augenzeugenbericht über Hitlers Putsch von 1923 telegraphierte. Jedoch war dieser Putsch der erste Schritt auf die nationale Diktatur, die er später errichtete, und die damaligen Ereignisse in München waren die Ursprünge des 2. Weltkrieges.

– Robert Murphy, amerikanischer Botschafter und hoher Beamter des State Departmens (in seinem Buch »Diplomat Among Warriors«, 1964)

Diese Revolution in Bayern war das Werk von Wahnsinnigen. Es sieht heute so aus, als ob diese Bewegung von Personen inspiriert und inszeniert war, die sich eher für eine komische Oper eigneten als für einen ernsten Versuch, die Regierung in Berlin zu stürzen. Aufgeputscht von Bier und Rhetorik, fanden sich die Münchener Verschwörer sehr bald ohne Rückhalt und ohne bedeutende Unterstützung ... Aber der schmähliche Zusammenbruch in München wird bestimmt die deutsche Republik stärken ...

– Leitartikel der New York Times vom 10. November 1923

Der Hitler von 1919–1923 war nur ein Trommler, Redner und Organisator der Politik. Politiker wurde er erst in der Periode von 1925–1933 ... Sein Putsch war eine törichte Handlung vom Standpunkt geordnet-zielmäßigen Handelns aus. Aber er war für seinen persönlichen Nimbus von entscheidender Bedeutung. Ab November 1923 wuchs Hitler in die Popularität des großen Volksführers selbst dort in Deutschland hinein, wo er niemals persönlich war. Zum erstenmal wurde er auch im Ausland bekannt ...
Aber im November 1923 zeigte sich auch schon jene später so furchtbar sich auswirkende Eigenschaft seines Charakters zu fanatischen Exzessen im Planen und Handeln, zu übersteigerten, mit der wirklichen Machtlage nicht zu vereinbarenden Abenteuern, zu Selbsttäuschungen intensiver Art, zu sach- und zweckwidrigen Methoden ... Gleichfalls damals schon blitzte die geringe Zuverlässigkeit der von ihm gegebenen Versprechungen, selbst ehrenwörtlicher Art auf, und insgesamt seine Verachtung für Rechtsordnung und Staatsautorität.

– Hans Frank, NS Generalgouverneur des besetzten Polens, vor seiner Hinrichtung als Kriegsverbrecher in Nürnberg 1946 (aus seinem Buch »Im Angesicht des Galgens«)

Sieben Monate vor dem Putsch: Hitler spricht zur SA in der Fröttmaninger Heide bei München am 15. April 1923

Die Männer, die sich am Nachmittag des 7. November 1923 in der geräumigen Münchener Wohnung des Oberstleutnants a. D. Hermann Kriebel trafen, sahen weder wie Revolutionäre noch wie Verschwörer aus. Tatsächlich waren sie fast alle prominente Persönlichkeiten, die sich in jener Nachkriegszeit der Erniedrigung Deutschlands, der politischen Unsicherheit und wirtschaftlichen Not als Vorbilder vaterländischer Tugenden betrachteten und auch von ihren zahlreichen Anhängern als solche angesehen wurden. Alle sahen sich als die Retter des Vaterlandes und der Ehre Deutschlands.

Der massiv gebaute Kriebel, 47, der dem König von Bayern und dem Kaiserreich 24 Jahre als Soldat gedient hatte, begrüßte seine Gäste in der bayerischen Volkstracht.

Da war zunächst Adolf Hitler, 34, Führer der Nationalsozialistischen Deutschen Arbeiterpartei. Dank seines Charismas und seiner demagogischen Begabung als Redner hatte sich die NSDAP in knappen vier Jahren aus einer unbedeutenden Randgruppe zur mächtigsten politischen Bewegung Bayerns, mit 70000 Mitgliedern entwickelt.

Mit Hitler kamen zwei seiner engsten Mitarbeiter, Dr. Max Erwin von Scheubner-Richter, 39, ein in Rußland geborener Ingenieur, der sich nach der bolschewistischen Revolution in München niedergelassen hatte, und Weltkrieg-Fliegeras Hermann Göring, 30, schon damals zur Fettleibigkeit neigend. Als letzter Kommandeur des berühmten Jagdgeschwaders Manfred von Richthofens war er mit dem höchsten Tapferkeitsorden Pour le mérite ausgezeichnet worden. 1923 war Göring der Führer von Hitlers Sturmabteilung (SA), der 15000 Mann starken Privatarmee der Partei.

Anwesend war noch Dr. Friedrich Weber, 31, ein hochgewachsener, hagerer, brillentragender Tierarzt, Mitglied der elitären »Akademischen Gilde« und Schwiegersohn eines der erfolgreichsten und prominentesten

Verleger Münchens, Julius F. Lehmann. Weber war politischer Führer vom »Bund Oberland«, einer paramilitärischen Organisation von 4000 Mann, fast alle verbitterte Frontkämpfer des Weltkrieges. Einst nannten die Oberländer ihren Bund »Freikorps«. Sie hatten sich 1919 an dem Umsturz der kurzlebigen bayerischen Räterepublik beteiligt und 1920–21 um die umstrittenen Randzonen Schlesiens gekämpft.

An jenem düsteren Mittwoch Nachmittag saß auch der aus der Armee entlassene Major Hans Streck, 34, in Kriebels Wohnzimmer. Der Grund der Entlassung war seine Weigerung nach des Kaisers Abdankung der Weimarer Republik den Treueid zu schwören.

Anwesend war auch, trotz seines wiederholten Leugnens, der grimmig dreinschauende und sich steif wie ein Besenstiel haltende General a. D. Erich Ludendorff, 58, ehemaliger Chef des kaiserlichen Generalstabes und strategischer Baumeister sowohl der ersten großen Siege Deutschlands an der Ostfront als auch seines endgültigen Zusammenbruches an der Westfront. Nach dem Waffenstillstand war er nach Schweden geflohen, doch 1919 nach Deutschland zurückgekehrt, um sich in einer Vorstadt Münchens niederzulassen und sich von dort aus der Verbreitung seiner reaktionären politischen Ansichten sowie einer Art »nordischer« Religion zu widmen.

Diese sieben Männer bildeten die Führung des »Kampfbundes«, einer Vereinigung ultra-nationaler, virulent anti-semitischer, radikal völkischer, hysterisch anti-marxistischer und militant anti-demokratischer Privatarmeen, deren gemeinsames Ziel es war, die schwache, jedoch legitime, vom Volk frei gewählte Nachkriegsregierung Deutschlands zu stürzen. Der Kampfbund betrachtete diese Regierung, insbesondere Reichspräsident Friedrich Ebert, und die verschiedenen Reichskanzler und Kabinettsminister seit 1919 als die »Novemberverbrecher«. Sie wären für die Niederlage, die Demütigung und den Verfall Deutschlands unter dem verhaßten Vertrag von Versailles verantwortlich. Seit Monaten schon hatten die Verschwörer Wege und Mittel zum Erreichen ihres Zieles gesucht und vorbereitet.

Hitler, der in seinen Massenversammlungen bereits als der »deutsche Mussolini« gefeiert wurde, träumte von einem Putsch in München, gefolgt von einem »Marsch auf Berlin« nach dem Muster von Mussolinis »Marsch auf Rom« vom Oktober 1922.

Die Zeit schien reif zu sein. Die noch sehr junge Weimarer Republik befand sich in einer Krise, das Land im Chaos. Die Inflation stieg ins Uferlose. Die Franzosen hatten zur Pfändung rückständiger Repara-

tionszahlungen das Ruhrgebiet besetzt. Aufstand drohte der Regierung Ebert-Stresemann von den Links- sowie den Rechtsextremen.
In Sachsen, Thüringen und in der Hansestadt Hamburg waren Kommunisten an der Macht beteiligt. Die Regierungstreue der Reichswehr, der 100000 Mann starken Nachkriegsarmee, sowie ihres Heereschefs, General von Seeckt, war fragwürdig. Deutschlands erster Versuch einer Demokratisierung war offensichtlich ein Fiasko und es wurde immer klarer, daß eine große Anzahl, wenn nicht die Mehrheit der Deutschen auch nicht die Absicht hatten, den Versuch ernsthaft zu unternehmen.
Bayern schien sich zum idealen Sprungbrett für einen Staatsstreich zu eignen. Das Land bot den sieben Führern des »Kampfbundes« ein ideales politisches Klima sowie einen natürlichen Stützpunkt und sicheren Hafen für verschwörerische Intrigen. Das einstmalige Königreich Bayern hatte mehr als alle andern deutschen Staaten an den Folgen der Novemberrevolution von 1918 gelitten. Ein sozialistischer Pöbel hatte König Ludwig III. zur Flucht gezwungen und eine »Rote Republik« gegründet, die in Terror, den »roten Terror« ausartete. Diesem hatte nach sechs Monaten eine Konterrevolution und ein »weißer Terror«, in erster Linie ein von den »Freikorps« veranstaltetes Blutbad ein Ende gemacht.
Von diesem Zeitpunkt an hatte sich Bayern politisch immer mehr nach rechts und zurück in die Vergangenheit bewegt. Das Land entwickelte sich innerhalb des Reiches zu einer Enklave für reaktionäre Monarchisten, frustrierte Abenteurer und politische Opportunisten. Die in »vaterländische Verbände« verwandelten Freikorps wurden von Offizieren außer Diensten insgeheim bewaffnet und von aktiven Offizieren der in Bayern stationierten 7. Division der verstümmelten Reichswehr ausgebildet. Sie betrachteten sich als Hilfstruppen, die auf den Tag warteten, an dem sich Deutschland wieder rüsten würde. Die von Natur aus konservativ denkenden Bayern betrachteten sich als eine »Ordnungszelle« innerhalb der verworrenen und stürmischen Weimarer Republik.
Die Extraktion dieser »gesunden Zelle« aus dem »kranken Körper« des übrigen Deutschland – Bayerns Loslösung vom Reich – oder das Aufzwingen der »bayerischen Ordnung« mittels Waffengewalt oder mittels eines Putsches auf das Reich schien bevorzustehen. Im September 1923, sechs Wochen vor dem Treffen in Kriebels Wohnung, hatten sich die Beziehungen zwischen München und Berlin festgefahren. Bayerns Ministerpräsident, Eugen von Knilling, verhängte den Ausnahmezustand. Um ihn durchzusetzen, ernannte er einen ehemaligen Ministerpräsiden-

ten, Gustav Ritter von Kahr, zum »Generalstaatskommissar« mit dem Status eines Diktators. Kahrs Verordnungen sollten vom Chef der Landespolizei, Oberst Hans Ritter von Seisser, und dem Befehlshaber der 7. Division, Generalleutnant Otto von Lossow, gestützt und ausgeführt werden.

Dieses Triumvirat im römischen Stil paßte vollkommen in die Pläne der »Kampfbund«-Führer. Sie begannen unverzüglich auf Kahr, Seisser und Lossow Druck auszuüben, indem sie das Triumvirat zu überreden versuchten, mit vereinten Kräften, d. h. in Verbindung mit Lossows 7. Division, Seissers divisionsstarker bayerischer Landespolizei sowie Hitlers und Görings SA, Webers »Bund Oberland« und der »Reichskriegsflagge« des noch im aktiven Dienst stehenden Hauptmann Ernst Röhm, die Diktatur von München auf Berlin auszudehnen. Sie rechneten fest damit, daß diese Streitkraft – mit dem allgemein verehrten Nationalhelden Ludendorff an der Spitze – auf keinen bewaffneten Widerstand treffen würde, da sich auch die nichtbayerischen Deutschen danach sehnten, von den »Novemberverbrechern« erlöst zu werden und sie mit offenen Armen empfangen würden.

Obwohl es Meinungsverschiedenheiten, ja ehrgeizbedingte Rivalitäten unter ihnen gab, waren sich die Triumviren und die »Kampfbund«-Führer einig über das Unbehagen Deutschlands und die »bayerische Medizin«, die zu verabreichen sei. So dachte zum Beispiel von Kahr, ein unerschütterlicher bayerischer Monarchist, dem 54 Jahre alten Kronprinzen Rupprecht in Treue ergeben, an eine Loslösung vom Reich, die zugleich die Monarchie in Bayern wiederherstellen würde; mehr noch träumte Kahr von einem »Marsch nach Berlin« mit dem Ziel, Rupprecht zum neuen Kaiser Deutschlands zu krönen und die verhaßten Hohenzollern durch die bayerische Dynastie der Wittelsbacher zu ersetzen. Mit desgleichen Plänen wollte allerdings der Erzpreuße Ludendorff, der für die katholischen Wittelsbacher nur Verachtung übrig hatte, seinerseits nichts zu tun haben. Einig waren sich alle in dem Mißtrauen gegenüber Hitler, dem Ex-Gefreiten, Emporkömmling und Agitator, der die Massen in Raserei zu versetzen vermochte. Hatte er eigene Ziele?

Am meisten aber gingen die Meinungen auseinander über das Wo und Wie des Losschlagens. Der vorsichtige Lossow wollte sichergehen und Garantien haben, daß die Reichswehr im Norden mit ihnen gemeinsame Sache machen würde. Wie Ludendorff und Hitler war auch ihm der Gedanke eines bewaffneten Widerstands seitens der reichstreuen Truppen – eines Bürgerkrieges also – ein Greuel. Die Aussicht, derartige

Absicherungen zu erhalten, verringerte sich jedoch mit der zunehmenden Spannung zwischen München und Berlin.
Reichspräsident Ebert hatte auf die Errichtung des bayerischen Triumvirates mit der Verhängung eines Ausnahmezustandes über das gesamte Deutsche Reich reagiert und Kriegsminister Otto Gessler sowie den Chef der Heeresleitung von Seeckt mit Vollmachten ausgestattet. Von Kahr hatte wiederum die Gültigkeit dieser Verordnung für Bayern bestritten. Als die Berliner Regierung Kahr befahl, Hitlers Tageszeitung, den *Völkischen Beobachter* wegen dessen verleumderischer Angriffe auf Gessler, Seeckt und Reichskanzler Stresemann zu verbieten, hatte sich dieser entschieden geweigert, den Befehl auszuführen. Daraufhin befahl Seeckt Lossow, das Verbot durchzusetzen. Lossow, in seiner Loyalität dem bayerischen Diktator ergeben, widersetzte sich jedoch dem Befehl ebenfalls. Nun enthob Seeckt Lossow seiner Stellung als Befehlshaber des bayerischen Wehrkreises und der 7. Division. Kahr antwortete mit einem Federzug, in dem er die 7. Division sowie den Wehrkreis unter seine diktatorische Macht stellte und von Lossow in zwei Positionen, als Kommandeur und »Landeskommandanten«, bestätigte. Politisch und militärisch gesehen war das Rebellion. So trafen sich das Triumvirat und die »Kampfbund«-Führer im Verlauf des spannungsgeladenen Monats Oktober 1923 wiederholt, um über eine gemeinsame Strategie zu beraten. Des öfteren mahnte sie Hitler, daß sie nach Berlin marschieren sollten »bevor Berlin gegen uns marschiert«. Er befürchtete, das Triumvirat werde wankelmütig oder – aus seiner Sicht noch schlimmer – es plante einen separatistischen Putsch ohne ihn.
Das Triumvirat wiederum fürchtete, Hitler würde allein handeln. Er hatte ihnen zwar häufig versprochen, nicht selbständig zu putschen, doch sah er sich von Tag zu Tag immer weniger in der Lage, sein Versprechen – wenn er es überhaupt jemals ernst gemeint hatte – einzuhalten. Einerseits befürchtete er die Möglichkeit, daß es der Regierung Stresemanns, der fähigsten seit dem Kriege, gelingen würde, dem Chaos Einhalt zu gebieten und die Ordnung wiederherzustellen, andererseits brachte er sich – wie einst der Zauberlehrling – durch seine eigenen Handlungen immer mehr unter wachsenden Druck. Seine Anhänger, die in diesem Herbst jede Woche um mehrere Tausende zunahmen, riefen nach Taten. So warnte ihn Anfang November eines morgens Wilhelm Brückner, ein Oberleutnant a. D., dem das SA-Regiment in München unterstand: »Es kommt der Tag, da kann ich die Leute nicht mehr halten. Wenn jetzt nichts geschieht, dann wetzen die Leute weg. Wir haben sehr

viele Erwerbslose darunter, Leute, die ihr letztes Zehnerl in die Ausstattung taten, in der Erwartung, jetzt geht es bald los...«
So war Hitler in einer Art Zwangslage. Er *mußte* die Initiative ergreifen, aber nicht *gegen* das Triumvirat – nicht gegen Lossows 7. Division, oder Kahr und Seissers Landespolizei –, sondern *mit* ihnen. Die »Kampfbund«-Führer Hitler, Göring, Scheubner-Richter, Ludendorff, Kriebel, Streck und Weber meinten, das Triumvirat müsse mit einem fait accompli konfrontiert werden; einer öffentlichen Aktion, die das Triumvirat miteinbezog und kompromittierte, und auf diese Weise zur Kollaboration zwingen würde. Eine Aktion, von der es kein zurück mehr geben könne.
Deswegen traf man sich am Nachmittag des 7. November in Hermann Kriebels Wohnung am Sendlingertorplatz, um einen entsprechenden Plan auszuarbeiten.
Kriebel hatte einen Vorschlag. Die »Kampfbund«-Einheiten beabsichtigten sowieso auf einer Wiese nördlich von München in der Nacht vom 10. auf den 11. November ein Biwak aufzuschlagen und Nachtübungen abzuhalten. Der Termin hatte symbolische Bedeutung. Er war der fünfte Jahrestag des Waffenstillstandes von 1918. Statt zu exerzieren, sollten sie einfach in die Stadt einmarschieren und die nationale Revolution ausrufen; Kahr, Lossow und Seisser entführen, und diese zusammen mit Hitler, Ludendorff und anderen als Führer der nationalen Diktatur bekanntgeben. Die Mitglieder der verfassungsmäßigen bayerischen Regierung – Ministerpräsident von Knilling und seine Kabinettsminister – würde man in ihren Wohnungen verhaften und so daran hindern, sich in die Geschehnisse einzumischen.
Der Plan mißfiel Hitler. Er enthielt zu viele Risiken. Wer konnte garantieren, daß alle Mitglieder der verfassungsmäßigen bayerischen Regierung, geschweige denn Kahr, Lossow und Seisser, zu Hause in ihren Betten sein würden? Außerdem war es schwer, einen derartigen Plan geheimzuhalten. Die Wahl eines Wochenendes war im Prinzip gut, er befürchtete jedoch, daß der »Kampfbund« zu wenig Truppen hatte, um die Stadt umzingeln zu können.
Die Diskussion zog sich in die Länge. Die Dunkelheit war schon angebrochen. Plötzlich machte Hitler einen Alternativvorschlag.
Kahr hatte für den nächsten Abend, den 8. November, im Bürgerbräukeller, einem der größten Säle Münchens mit mehreren Tausend Sitzplätzen, eine Ansprache angekündigt. Alle prominenten Bürger einschließlich Hitler und die andern »Kampfbund«-Führer, die Herausge-

ber der wichtigsten bürgerlichen Tageszeitungen, deutsche und ausländische Berichterstatter, Diplomaten, Industrielle und die führenden Persönlichkeiten in Bildung und Erziehung waren eingeladen worden. Niemand wußte, was Kahr zu sagen beabsichtigte. Die Einladungen, erst an jenem Morgen verschickt, waren diesbezüglich vage. Sie deuteten nur an, es handle sich um eine bedeutende »programmatische Ansprache«, die die Einstellung der bayerischen Regierung zu der »innen- und außenpolitischen Lage« definieren würde. Kahr könnte sogar – so konstatierte Hitler etwas verärgert – die Gelegenheit ergreifen, um die Wiederherstellung der Monarchie in Bayern zu verkünden und Rupprecht anschließend auffordern, den Thron zu besteigen, was ein katastrophaler Schlag für seine eigenen Pläne wäre. Weshalb, fragte Hitler, sollte man die Dinge soweit kommen lassen, da doch dieses Treffen den idealen Rahmen und die geeignete Gelegenheit böte, um Kahr zuvorzukommen.

SA und »Oberland« könnten den Bierkeller umzingeln, abriegeln und die Polizei, die ohnedies bis in die höchsten Ränge von der NSDAP durchsetzt war, neutralisieren. Hitler erklärte, er würde das Podium besteigen, Kahrs Rede unterbrechen, die nationale Revolution verkünden, die Triumviren in ein Nebenzimmer zu einer Konferenz bitten und ihnen ihre neuen Positionen in der künftigen Reichsregierung zuweisen. Danach würde er mit den Triumviren in den Saal zurückkehren.

»Dann«, sagte er mit zunehmender Begeisterung, »werden wir die bayerische sowie auch die Reichsregierung für abgesetzt erklären und den Marsch auf Berlin verkünden. Ein Scheitern ist unmöglich!«

Als er dann mit wachsender Erregung auf die Einzelheiten einging, gelang es ihm, die andern mit sich zu reißen. Den Rest des Abends verbrachten sie mit der Ausarbeitung der »militärischen« Schritte. Dann verabschiedeten sie sich, Hände schüttelnd, mit steifen Verbeugungen und gingen in die kalte Nacht hinaus, um den Putsch vorzubereiten, der nach ihrer Überzeugung das Schicksal Deutschlands und der Welt ändern sollte.

Die Stadt

Schon vor seiner Krönung 1825 gelobte Ludwig I. von Bayern aus München, seiner Hauptstadt, eine Stadt zu machen, die »Teutschland zur Ehre gereichen soll. Dass keiner Teutschland kennt, der nicht München gesehen hat.« Seine Vision war ein »neues Athen«, eine Metropole, die großartig in ihrer Konzeption, so breit und weit in ihrer Einstellung zum Leben wie in der Anlage ihrer Boulevards und ihrer Architektur, ein Zentrum der Bildung und der Kultur sein würde.
Dank seines visionären und aufgeklärten Gelübdes hat – während der knapp hundert Jahre, die die bayerische Monarchie noch währen sollte – keine andere deutsche Stadt so viel wie München zur Kunst, Literatur, Musik und Wissenschaft beigetragen.
Hier, am Fuße der Alpen, an den Ufern der Isar, hatte sich das Genie von Dutzenden von schöpferischen Männern und Frauen entfaltet. Nennen wir nur einige: Die Schriftsteller Henrik Ibsen, Paul Heyse, Thomas und Heinrich Mann, Oswald Spengler, Rainer Maria Rilke, Bertolt Brecht; die Komponisten Richard Wagner, Richard Strauss und Max Reger; Dirigenten vom Format eines Bruno Walter und Wilhelm Furtwängler; die Maler Carl Spitzweg, Wassily Kandinsky, Gabriele Münter, Paul Klee, Franz Marc, Lovis Corinth und Max Liebermann; Wissenschaftler, Entdecker und Erfinder vom Range eines Justus von Liebig, Wilhelm Conrad Röntgen, Georg Simon Ohm und Rudolf Diesel.
München war, wie viele der Großen immer wieder in Superlativen bezeugten, eine magnetisch anziehende, herausfordernde, inspizierende Stadt.
Ibsen, der seine größten Theaterstücke während seiner 15 Jahre in München schrieb, erklärte kurz nach seiner Ankunft 1874: »Es gibt eigentlich nur zwei Städte, in denen man leben kann – Rom und München. Doch in München ist selbst die Wirklichkeit schön.«
Kandinsky, der in seiner 20 Jahre währenden Münchner Zeit die abstrakte Malerei begründete, beschrieb die Stadt als »eine einzigartige Insel von Schönheit, die die ganze Welt stimuliert«.

Für Thomas Mann, seine Brüder und Schwestern war München von 1892 – als die Mutter aus Lübeck dorthin übersiedelte – bis 1933, dem Jahr seiner Emigration, eine Heimat. Hier verbrachte er die vier entscheidendsten und fruchtbarsten Jahrzehnte seines Lebens. Hier heiratete er, hier wurden seine sechs Kinder geboren und aufgezogen, hier schrieb er seine größten Romane. In »Gladius Dei« beschrieb er die Stadt: »München leuchtet. Über den festlichen Plätzen und weißen Säulentempeln, den antikisierenden Monumenten und Barockkirchen, den springenden Brunnen, Palästen und Gartenanlagen der Residenz spannt sich strahlend ein Himmel von blauer Seide . . . Die Kunst blüht, die Kunst ist an der Herrschaft, die Kunst streckt ihr rosenumwundenes Szepter über die Stadt hin und lächelt.«

Der amerikanische Romancier Thomas Wolfe, der München 1925 auf seiner Europareise besuchte, schrieb in »The Web and the Rock« »München ist ein großer, deutscher, ins Leben übersetzter Traum – eine Art von deutschem Paradies. Das beste Bier in Deutschland, das beste Bier in der ganzen Welt wird hier gebraut und die riesigen Bierkeller sind in der ganzen Welt berühmt. Der Bayer ist der ›nette Kerl‹ der deutschen Nation. Millionen von Postkarten zeigen ihn in seiner Nationaltracht, den Schaum von einem Glas Bier blasend. In anderen Gegenden Deutschlands erheben die Leute ihre Augen, wenn man ihnen erzählt, man werde nach München gehen, und seufzen voll Entzücken ›Ach München . . . wie schön.‹«

Am Morgen des Donnerstags, des 8. November 1923, zeigte sich München jedoch nicht von seiner besten Seite.

Der Himmel war nicht »seidig blau«, sondern bleiern grau – wie eine Ankündigung des Winters und ein Symbol der düsteren Stimmung. Im Verlauf eines halben Jahrzehnts von Revolution, Terror, Meuchelmord, Gegenrevolution, Hunger, Armut, Massenarbeitslosigkeit, Inflation, Rassenhaß, frustriertem Chauvinismus, unterdrücktem Zorn, politischem Extremismus und Intrigen verwelkten und verdorrten die Blüten der Kunst.

Das Zepter der Kunst war nicht in Rosa, sondern in das Schwarz der Trauer für eine unrettbar verlorene Ära gehüllt.

Wäre Thomas Wolfe an diesem Tage und nicht zwei Jahre später gekommen, er hätte einen Alptraum an Stelle eines Wunschtraums entdeckt; ein Purgatorium an Stelle eines Paradieses. Eine Maß des Bieres, das er liebte, hätte ihn mehrere Milliarden Mark gekostet. Die *riesigen Bierkeller waren damals nicht so sehr berühmt, sondern vielmehr verrucht als Sammelplätze und Brutstätten für Demagogen, insbesondere Adolf Hitler, der Tausende von Zuhörern in einen Taumel hysterischer Begeisterung versetzte. Der Bayer, der sich 1923 verraten und um die Ehre und den Ruhm, seines und Deutschlands Erbgut, betrogen fühlte, war alles andere als der »nette Kerl« der Nation. Er trug vielmehr das Antlitz einer nationalen Gefahr.*

1. Akt
Der Plan wird vorbereitet

Der Eingang des Bürgerbräukellers vor Kahrs Ansprache und Hitlers Putsch

1. Szene

Adolf Hitler erwachte am 8. November 1923, an jenem Tag, der einer der wichtigsten seines Lebens werden sollte, mit einem hämmernden Kopfweh und anhaltenden Zahnschmerzen. Seine Freunde hatten ihn schon seit Tagen gedrängt, zu einem Zahnarzt zu gehen, doch sagte Hitler, er habe keine Zeit, denn eine Revolution, »die alles ändern wird«, stehe vor dem Ausbruch.

Wenn dem so war, so ahnten die meisten von Münchens 640000 Einwohnern nichts davon. Dem flüchtigen Betrachter erschien die Stadt an diesem kalten, trüben Morgen so normal wie in dieser anormalen Zeit überhaupt nur möglich.

Die Straßenbahnwagen klapperten und ratterten durch enge Kopfsteingassen, durch breite Alleen und an Hitlers kleinem, schäbigen Untermieterzimmer in der Thierschstraße 41 vorbei. Autos und Lastwagen hupten und rumpelten um die Pferdewagen, Schubkarren und Fahrräder herum. Malerisch in ihren ledernen Pickelhauben versuchten Polizisten Ordnung in das Verkehrschaos zu bringen: Am Marienplatz vor dem neogotischen Rathaus; am Karlsplatz, den die Münchner nach einem einstigen Ausflugslokal den »Stachus« nennen; auf dem stattlichen Odeonsplatz zwischen der Ludwigstraße und der Feldherrnhalle; in der Nähe des mittelalterlichen Isartors. Auf dem Viktualienmarkt mummelten sich die Gemüsefrauen gegen die feuchte Kälte in ihre Tücher ein, und die Metzger öffneten ihre Stände.

Wer einen Job hatte, eilte zu seiner Arbeit, so auch zwei 36jährige Juristen, Dr. Hans Ehard und Dr. Wilhelm Hoegner – beide erst kürzlich zu Hilfsstaatsanwälten befördert. Ehards Amt war im Justizpalast am Stachus, Hoegners im Gerichtshof im Au-Viertel rechts der Isar.

Wilhelm Briemann, 24, Verlagsvertreter und schon Mitglied der schnell wachsenden Nationalsozialistischen Partei Hitlers und dessen »Stoßtrupp«, begann seinen Rundgang durch die Bücherläden, um die Werke seiner Verleger zu verkaufen.

Briemanns Freund, der militaristische Anführer des »Stoßtrupps«, Leut-

nant a. D. Josef Berchtold, 26, eilte, um seinen kleinen Tabakladen im Tal, im Zentrum der Stadt, aufzuschließen.
Adolf Lenk, 20, der Gründer und Führer des »Jungsturms«, der ersten Jugendbewegung der NSDAP, hatte einen kurzen Weg zur Arbeit. Er ging mit seinem Vater aus der Wohnung, Jahnstraße 20, die Treppen hinunter in die Werkstatt, in der die Familie seit Generationen Klaviere baute.
Heinrich Himmler, 23, der Sohn eines sehr bekannten Münchner Gymnasialdirektors, war – erst kurz vorher hatte er sein Diplom in Agrarwissenschaften erhalten – auf dem Weg zu seiner ersten Anstellung als Laborant in einer Fabrik für künstliche Düngemittel, nördlich der Stadt.
Professor Dr. Ferdinand Sauerbruch, dessen Berufung an den Lehrstuhl der Chirurgie ein großer Gewinn für die Münchener Universitätsklinik und für die Stadt selbst war, operierte an diesem Morgen.
General a. D. Erich Ludendorff, hochgeehrter Kriegsheld, der sich in der Münchner Vorstadt, Solln-Ludwigshöhe, niedergelassen hatte, nahm gemächlich das Frühstück in seinem geräumigen Haus in der Heilmannstraße ein. Seinem Stiefsohn, dem Studenten und Leutnant a. D. Heinz Pernet, teilte er mit, daß er wichtige Besucher aus Berlin erwarte.
Dr. Gustav Ritter von Kahr, ehemaliger Regierungspräsident von Oberbayern und einst bayerischer Ministerpräsident, jetzt »Generalstaatskommissar« mit diktatorischen Vollmachten, der vor sechs Wochen zu seinem letzten Amt ernannt worden war, um den von der bayerischen Regierung verhängten Ausnahmezustand durchzusetzen, ging etwas geistesabwesend durch die Gänge, die seine Wohnung mit seinen Amtsräumen in der Maximilianstraße 14 verbanden.
Ungefähr zu gleicher Zeit fuhr ein offener, grauer Benz-Wagen die Ludwigstraße entlang, bog rechts in die Schönfeldstraße und dann durch das Gittertor in den Hof des einstmaligen Bayerischen Kriegsministeriums. Auf dem Rücksitz saß, steif und aufrecht, mit einem Zwicker auf der Nase, Generalleutnant Otto von Lossow, Oberbefehlshaber des bayerischen Wehrkreises der Deutschen Reichswehr und der 7. Division. Dort befand sich sein Hauptquartier, das Wehrkreiskommando.
Einige Straßen davon entfernt fuhr ein ähnliches Auto, jedoch von dunkelgrüner Farbe, Oberst Hans Ritter von Seisser, Chef der Bayerischen Landespolizei, durch die Türkenstraße zu seinem Amt in der Polizeikaserne.
Unweit davon war Generalmajor Jakob Ritter von Danner, Stadtkom-

mandant von München und Lossows unmittelbarer Untergebener, bereits an der Arbeit in seinen Diensträumen in der Hofgartenstraße, nicht weit vom Armee-Museum.

In der labyrinth-artigen Polizeidirektion an der Ettstraße, in der Nähe des Marienplatzes und des Rathauses, murmelte Karl Mantel, Münchens Polizeipräsident, einige Höflichkeiten seinen Untergebenen und seiner Vorzimmerdame zu, schritt in sein Arbeitszimmer und schloß hinter sich die Tür.

Abgesehen davon, daß er verhältnismäßig neu in seinem Amt war, kämpfte Mantel mit besonderen Schwierigkeiten. Als Konservativer der alten Schule war er ein ausgesprochener Gegner der nationalsozialistischen Bewegung und fühlte sich abgestoßen von der Demagogie Hitlers. Die Gewalttätigkeit der SA war im Zunehmen und Mantel betrachtet sich in der Ausübung seines Amtes als behindert. Der Grund: die fortgesetzte Einflußnahme seines mit Hitler politisch eng verbundenen Vorgängers Ernst Pöhner auf eine Anzahl nationalsozialistisch gesinnter höheren Beamten der Polizei. Zu diesen gehörte vor allem Oberamtmann Dr. Wilhelm Frick, Chef der Politischen Abteilung der Polizeidirektion, und in zweiter Linie der Oberwachtmeister im Nachrichtendienst Matthäus Hofmann und Kriminalassistent Josef Gerum. Als V-Mann mit der Aufgabe betraut, die Hitlerbewegung zu unterwandern, hatte Gerum die Seiten gewechselt und war sogar Mitglied des aus 120 Mann bestehenden »Stoßtrupp« geworden, der Elite-Einheit, die Hitler als Leibgarde diente.

Mantels Schwierigkeiten waren jedoch keineswegs typisch für die Münchener. So schien das Kulturleben der Stadt unberührt weiterzugehen. Thomas Mann setzte sich wie gewohnt um 9 Uhr früh, als das Tageslicht die trübe Atmosphäre durchbrochen hatte, in der Villa in der Poschingerstraße 1, rechts der Isar, in seinem Arbeitszimmer an den Schreibtisch. Er machte sich an die Fahnenkorrektur seines neuesten Werkes »Der Zauberberg«.

Im Opernhaus, dem Nationaltheater, hielt Hans Knappertsbusch, der Bruno Walter erst kürzlich als Generalmusikdirektor gefolgt war, eine Generalprobe für die um 7 Uhr desselben Abends stattfindende Aufführung von Beethovens »Fidelio« ab. In einem andern Teil des riesigen Gebäudes nahm Lauritz Melchior, ein junger, doch bereits schon berühmter dänischer Tenor, einen der Übungsräume in Beschlag, um seine Rollen in »Siegfried« und »Parsifal« einzustudieren.

Knappertsbusch wußte noch nicht, daß Besucher der Münchener Oper –

die prominentesten Bürger der Stadt – für den Abend von Kahr zu einer besonderen Art von »Galavorstellung« in den Bürgerbräukeller »gebeten« worden waren und er infolgedessen vor einem halbvollen Haus dirigieren würde.
Der Bürgerbräukeller liegt in der Rosenheimer Straße, die von der Ludwigsbrücke und dem rechten Ufer der Isar breit und steil ansteigt. Der Pächter, Korbinian Reindl, kam am frühen Morgen von seiner Wohnung die Treppen herunter, um Vorbereitungen zu dem wichtigen Ereignis zu treffen. Sein Bierkeller war jedoch nur einer von vielen, die an jenem Abend überfüllt sein sollten.
Auf der andern Seite der Stadt, am Stiglmaierplatz, hatte Hauptmann der Reichswehr, Ernst Röhm, Chef der »Reichskriegsflagge«, einer rechtsextremen Organisation von »vaterländischen Frontkämpfern«, den Versammlungssaal des Löwenbräukellers, für einen »kameradschaftlichen Festabend« gemietet. Wie es in der Anzeige auf dem Titelblatt des *Völkischen Beobachters*, der nationalsozialistischen Tageszeitung, hieß, würde eine Blaskapelle spielen und »im Verlauf des Abends wird unser Führer, Adolf Hitler, einige Worte zu uns sprechen«. Die Angestellten waren eifrig dabei, den Saal für den Abend herzurichten.
Beschäftigt waren an diesem Morgen auch Adolf Schiedt, Chef vom Dienst der täglich erscheinenden *Münchener Zeitung*, der gleichzeitig als Kahrs Pressesprecher fungierte, und Fritz Gerlich, Chefredakteur der Konkurrenz, der *Münchener Neuesten Nachrichten*. Beide ultrakonservativ und politisch gleichgerichtet waren Schiedt und Gerlich die eigentlichen, natürlich ungenannten Verfasser von Kahrs Rede. Sie überarbeiteten in großer Hast nochmals den Text der Ansprache, auf den von Kahr schon ungeduldig wartete.
In der Nähe von Kahrs Amtssitz, im Schauspielhaus an der Maximilianstraße, arbeitete der 27jährige Carl Zuckmayer, ein damals noch unbekannter, doch bereits brillanter Dramatiker als »Hilfsdramaturg« und Repetitor. An jenem Morgen ahnte er noch nichts von den Ereignissen, deren Zeuge er werden sollte.
Ebenso ahnungslos von den bevorstehenden Ereignissen war auch Dr. Karl Alexander von Müller, 41, Professor der Modernen Geschichte an der Universität München und prominenter konservativer Publizist. Bei seiner Ankunft in der Universität fand er eine Einladung für die Ansprache am selben Abend »Seiner Exzellenz Generalstaatskommissar von Kahr« vor. Unter Müllers Studenten befanden sich eine Anzahl von

Kriegsveteranen; einschließlich zweier ehemaliger Jagdflieger: Leutnant a.D. Rudolf Hess, damals 27, und der 30jährige Hauptmann a.D. Hermann Göring. Beide spielten wichtige Rollen in der Nationalsozialistischen Bewegung: Göring als Kommandeur der SA; Hess als Sekretär Hitlers und »Chef« des SA-Studentenbatallions. Die Abwesenheit dieser beiden Herren von den Vorlesungen an jenem Morgen fiel weder als ungewöhnlich noch als unheilverkündend auf. Denn sie waren eher für ihre Ab- als für ihre Anwesenheit bei Vorlesungen bekannt.

Tatsächlich war Göring noch in seinem luxuriösen Haus in Obermenzing, am nördlichen Rand der Stadt. Er war um seine adlige, vermögende schwedische Frau Carin besorgt, die eben eine Lungenentzündung überstanden hatte, jedoch noch nicht fieberfrei war.

»Wir haben viel vor, heute Abend ist eine große Versammlung im Bürgerbräukeller, vielleicht wird es sehr spät werden«, sagte er sich entschuldigend. »Sorge dich nicht.« Resigniert sagte sie nur: »Nein, ich sorge mich nicht, ich bin ja immer dabei, auch wenn ich hier still liegen muß.«

Auch Hess hatte keine Vorahnung, als er gegen 10 Uhr einen dringenden Anruf erhielt, »sofort« in Hitlers Wohnung zu kommen. Hess, der seinen Führer anbetete und ihm völlig ergeben war, »eilte dorthin«.

Wenn es jemanden gab, der einen Grund hatte, anzunehmen, daß etwas Außergewöhnliches bevorstand, war es Robert Murphy, 28, der amtierende Generalkonsul der USA. Merkwürdigerweise war nämlich die Stadt und das amerikanische Konsulat von normalerweise in Berlin ansässigen amerikanischen Zeitungsreportern überflutet. Der Grund dafür waren Gerüchte über einen bevorstehenden Putsch oder über einen bewaffneten Angriff durch rechtsextreme paramilitärische Einheiten und Lossows 7. Division auf den Nachbarstaat Thüringen, wo sich ein links-extremistisches Regime etabliert hatte. Zu den Berichterstattern gehörten Larry Rue von der *Chicago Tribune*, Hubert Knickerbocker vom *Baltimore Sun*, Lincoln Eyre vom *New York Herald* und die freie Journalistin Dorothy Thompson.

Rue, ein erfahrener Auslandskorrespondent, der seit 1919 die Geschehnisse in Deutschland verfolgt hatte, war insbesondere auf der Suche nach Ernst »Putzi« Hanfstaengl, einem Bekannten Hitlers.

Der 36jährige Hanfstaengl, ein Riese von 195 cm, war bei weitem die exotischste Erscheinung in Hitlers Umgebung. Väterlicherseits der Sproß einer prominenten Münchner Familie von Verlegern und Kunstdruckern, stammte er seitens seiner amerikanischen Mutter von hohen

Offizieren – einschließlich General John Sedgwick – ab, die im amerikanischen Bürgerkrieg in der Armee der Nordstaaten gedient hatten. Sein wichtigster Lehrer und Mentor in Münchens elitärem Wilhelmsgymnasium war einst Gebhard Himmler, der Vater von Heinrich, gewesen. 1905 war er in die Vereinigten Staaten gegangen, hatte in Harvard studiert, 1909 promoviert und war dann Manager des New Yorker Zweiges des Kunstreproduktionsunternehmens seiner Familie an der Fifth Avenue geworden. Schließlich hatte er sein eigenes Geschäft für Kunstbücher in der 57. Straße gegenüber der Carnegie Hall eröffnet. Unter seinen New Yorker Freunden befand sich in jenen Jahren, insbesondere im Harvard Klub, wo Hanfstaengl zu essen pflegte, Franklin D. Roosevelt.

1921 heiratete Hanfstaengl eine Amerikanerin, Helene Niemeyer, beschloß, den Buchladen zu verkaufen und nach München heimzukehren. Bald traf er Hitler und befreundete sich mit ihm, dem er wiederholt finanziell beistand, den er mit seinem Wagnerspiel am Klavier bei guter Laune hielt und mit den »passenden« Leuten bekannt machte. »Meine«, rühmte er sich einmal, »war die erste prominente Münchner Familie, in der Hitler, als er noch unbekannt war, Zugang fand.« Am 8. November 1923 war Hanfstaengl schon einer von Hitlers engsten Mitarbeitern, Beratern und Mitglied des »Küchenkabinetts« des jungen Führers, was er weniger sich selbst als seiner älteren Schwester Erna zu verdanken hatte.

Nach einem späten und gemächlichen Frühstück mit seiner Frau Helene und ihrem drei Jahre alten Sohn Egon verließ Hanfstaengl seine Wohnung in Schwabing und fuhr mit seinem Fahrrad zur Redaktion des *Völkischen Beobachters* in der Schellingstraße 39. Hier befand sich auch das Hauptquartier der SA und des Kampfbundes. Als sich die Gerüchte von Intrigen, Gegenintrigen und von Putschen in den letzten Wochen vermehrt hatten, pflegte Hanfstaengl jeden Tag dort mehrere Stunden zu verbringen, um sich auf dem laufenden zu halten.

Kurz nach 11 Uhr schlenderte er in das weißgetünchte Büro des Chefredakteurs, Alfred Rosenberg, der ihm höchst unsympathisch war. Rosenberg, 30, ein fanatischer Antisemit, war wie Dr. Max von Scheubner-Richter, ein Baltendeutscher, in Rußland aufgewachsen, aber infolge der bolschewistischen Revolution nach Deutschland emigriert. Beide waren enge Berater und Freunde Hitlers.

Grell und auffällig angezogen in einem lilafarbenen Hemd mit roter Krawatte und brauner Weste, stellte Rosenberg auf seinem Schreibtisch eine Pistole zur Schau. Während Hanfstaengl und Rosenberg ein etwas gezwungen belangloses Gespräch führten, krachten plötzlich Türen, stampften Füße, und es erklang im Flur die Stimme ihres erzürnten Führers.

»Wo ist Hauptmann Göring?« schrie Hitler.

»Wie üblich verspätet. Wahrscheinlich schmust er mit seiner Carin«, kam die Antwort.

»Rufen Sie ihn an. Ich will ihn sofort sehen.« Hitler war es nicht zum Scherzen zu Mute. In einem zerknitterten, enggeschnallten Regenmantel, in der Hand eine Reitpeitsche aus Rhinozeroshaut – das Kostüm war sozusagen sein Wahrzeichen – stürmte er in das Zimmer des Chefredakteurs. Hanfstaengl und Rosenberg sprangen von ihren Sitzen. Mit einer Geste der Reitpeitsche deutete Hitler, sie sollten sich wieder setzen.

»Der Moment zum Handeln ist gekommen«, sagte er emphatisch. »Was das heißt, wissen Sie selbst. Doch darüber zu keiner lebenden Seele ein Sterbenswort! Heute Abend schlagen wir im Bürgerbräukeller während Kahrs Ansprache los.«

Während die SA und Einheiten des »Bundes Oberland« den Bierkeller abriegelten und Schlüsselstellungen in und um die Stadt besetzten, würde er, Hitler, Kahrs Ansprache unterbrechen, um die »nationale Revolution« und die Gründung einer neuen Reichsregierung mit sich selbst als Diktator zu verkünden. Lossow und Seisser würden Mitglieder der Regierung sein, und Ludendorff, der Stolz aller Deutschen, der oberste Befehlshaber der neuen Reichswehr. Kahr und Ernst Pöhner, der ehemalige Münchner Polizeipräsident, würden die bayrische Landesregierung bilden. Die Mitglieder der gegenwärtigen Regierung, sowie alle Sozialisten, Kommunisten, Juden und andere »Feinde des Volkes« würden als Geisel festgenommen. Und dann würden alle Patrioten von München aus auf Berlin marschieren.

»Falls Kahr oder einer der anderen Herren zögern oder Widerstand leisten sollten, werde ich mit ihnen in einem Nebenzimmer verhandeln«, sagte Hitler und fügte hinzu, er habe Hess bereits damit beauftragt, ein Zimmer von Reindl, dem Pächter des Bürgerbräukellers, für den Abend zu mieten.

Göring und Oberstleutnant a. D. Kriebel, seien, so fuhr er fort, für die militärischen Operationen insbesondere rechts der Isar verantwortlich; sie sollten schon jetzt die Streitkräfte mobilisieren, denen in einem geheimen Waffenlager in der Nähe des Bürgerbräus kurz vor dem Abmarsch die Waffen ausgehändigt würden. Röhm würde dann während seines »Kameradschaftsabends« im Löwenbräukeller die Revolution ankündigen, für die ihm unterstehenden Truppen aus geheimen Versteckplätzen Waffen erhalten und Schlüsselpunkte im Zentrum und links der Isar wie die Kasernen des 19. Infanterieregiments und des Pionierbatallions am Oberwiesenfeld und das Hauptquartier der 7. Division in der Schönfeldstraße besetzen.

Seiner Leibwache unter dem Kommando des Tabakwarenhändlers Josef Berchtold, dem »Stoßtrupp«, würden »Sonderaufgaben« zugewiesen werden. »Meine Ordonnanz ist auf dem Wege zu Berchtolds Laden, um ihn zu benachrichtigen. Adolf Lenk und der ›Jungsturm‹ werden für zusätzliche Dienste beistehen.«

Hitler nahm an, mit Ludendorff an der Spitze und Lossow und Seisser an seiner Seite »wird die Reichswehr und die Landespolizei sich zu uns schlagen. Es wird weder zu einem Widerstand noch zu einem Gegenschlag kommen«. Auf die Frage: »Und falls es doch zu einem Widerstand kommen wird?«, versicherte Hitler Hanfstaengl und Rosenberg: »Dann werden die vereinten Streitkräfte des ›Kampfbundes‹ mit 4000 Mann den 2600 der Armee und der Polizei überlegen sein.«

Der Führer teilte dann Rosenberg und Hanfstaengl ihre besonderen Aufgaben zu. »Putzi«, der schwere Bedenken gegen den Plan hegte, sollte die Berichterstatter der ausländischen Presse »diskret« benachrichtigen, sich um sie kümmern und sicherstellen, daß sie im Bürgerbräukeller eingelassen würden. Dann wandte sich Hitler zu Rosenberg und sagte: »Sie sollten sich jetzt daran machen, die Proklamationen für die Plakate und für die Zeitung zu schreiben. Können Sie mit den Druckern eine frühe Extraausgabe des *Völkischen Beobachters* vereinbaren?« Rosenberg versicherte, daß dies geschehen werde.

»Auf den Einladungen zu Kahrs Rede steht 7 Uhr 30«, überlegte Hitler. »Wahrscheinlich wird die Rede aber erst um 8 Uhr beginnen. Ich habe meinen Auftritt genau um 8 Uhr 30. Wir treffen uns pünktlich um 7 Uhr vor dem Bürgerbräu. Ich werde von der Schellingstraße direkt dorthin fahren. Rosenberg, Sie können mich in meinem Wagen begleiten.«

Auf dem Weg zur Tür sah sich Hitler nochmals um und sprach, mit der Peitsche auf seine Waden knallend: »Und, meine Herren, vergessen Sie Ihre Pistolen nicht!«

2. Szene

Hanfstaengls erster Gedanke, als er die Redaktion des *Völkischen Beobachters* verließ, galt seiner wiederum schwangeren Frau Helene und dem kleinen Egon. Er eilte in die Gentzstraße 2 und bat sie unter einem Vorwand, mit Egon unverzüglich in ihr Landhaus in Uffing am Staffelsee, 80 km südlich von München, hinauszufahren.
Dann machte er sich auf die Suche nach den amerikanischen und englischen Journalisten, die er im Bayrischen Hof oder in den Vier Jahreszeiten vermutete – Hotels, in denen auch die alliierten Offiziere logierten, deren Aufgabe es war, die Einhaltung der Rüstungsklauseln des Versailler Vertrags zu überwachen.
Da die meisten der ausländischen Berichterstatter jedoch erst drei Tage später – am fünften Jahrestag des Waffenstillstandes – mit »Action« rechneten, waren sie ausgegangen. Hanfstaengl hinterließ für sie ohne nähere Erklärung die dringende Nachricht, ihn um sieben Uhr abends vor dem Bürgerbräukeller zu treffen.
Daraufhin ging er in das exklusive Restaurant Hungaria am Wittelsbacherplatz und traf dort Larry Rue, den Korrespondenten der *Chicago Tribune*. Beide freuten sich über das Wiedersehen, und Hanfstaengl gelang es während des Gesprächs, Rue zu überreden, am Abend in den Bürgerbräukeller zu kommen. Dort, so versprach er, würden ihm einige journalistische Delikatessen serviert werden, die den kulinarischen Leckerbissen des Hungarias bestimmt gleichkommen könnten.
Inzwischen war auch Göring endlich in der Schellingstraße eingetroffen. Nachdem er seinen Untergebenen – dem »Stoßtrupp«-Führer Josef Berchtold, dem Chef des »Jungsturms« Adolf Lenk und dem Kommandeur des 1500 Mann starken SA Regimentes-München, Wilhelm Brückner – Befehle zugebrüllt und seine Carin angerufen hatte, um ihr mitzuteilen, daß er sich tatsächlich ziemlich verspäten werde, gesellte er sich zu der Konferenz seiner Mitverschwörer. Diese bestand aus: Hitler, »Kampfbund«-Führer Hermann Kriebel, Friedrich Weber und Adolf Aechter vom »Bund Oberland«, Max von Scheubner-Richter, Luden-

dorffs Stiefsohn Pernet und einem Neuling in dem erlauchten Kreis, dem berüchtigten, 30 Jahre alten Freikorps-Führer Gerhard Rossbach. Dieser war nach einem kurzen Intermezzo in einem Berliner Gefängnis nach München gekommen, um hier seine in der Zwischenzeit in die SA übergetretene Gefolgschaft wieder unter Kontrolle zu bringen.

Es war um die für die meisten Münchener damals sakrosankte und siestaähnliche Mittagszeit. Im Hauptquartier der SA gab es jedoch keine Pause, sondern nur ein Pandämonium von Türeschlagen, Befehlsgebrülle und verschwörerischem Geflüster. Für Paula Schlier, einer jungen Stenotypistin des *Völkischen Beobachters*, war die Atmosphäre einfach »elektrisierend und aufregend gespannt«.

Die Notwendigkeit, zu improvisieren, trug zur Spannung bei. Die mobilisierten Truppen sollten sich um 7 Uhr abends an den folgenden vier Schlüsselpunkten – alle als Stammlokale der SA bekannt – treffen: im Amberger Hof, nahe der NSDAP-Geschäftsstelle in der Corneliusstraße; im Würzerhof, um die Ecke des Hotels Vier Jahreszeiten; in der Kegelbahn des Hotels Torbräu im Tal, unweit vom Isartor und von Berchtolds Tabakladen – das Lieblingslokal des Stoßtrupps, und: im Arzberger Keller in der Nymphenburgerstraße, nicht weit vom Löwenbräu entfernt, in dem Ernst Röhm seinen »Kameradschaftsabend« abhalten wollte. Waffen würden von Lastwagen an abgelegenen Straßenecken in der Nähe des Bürgerbräukellers und aus geheimen Waffenlagern, in denen sie Röhm monatelang versteckt gehalten hatte, ausgehändigt werden.

Die knisternde Spannung wurde erhöht durch die Notwendigkeit, den Zweck der Mobilmachung absolut geheimzuhalten. Die »Kampfbund«-Truppen sollten sich in Bereitschaft halten, ohne zu wissen, weshalb. Die SA-Männer sollten ihre in München bereits wohlbekannte Uniform, graue Windjacken oder Wintermäntel mit rot-weiß-schwarzem Hakenkreuz – Armbinden, grauen Skimützen oder Stahlhelmen und Waffengürteln tragen. Aber Marschbefehl und Anordnungen waren, anstatt auf rotem – dem vereinbarten Zeichen für den »Ernstfall« – auf weißem Papier gedruckt, als würde es sich um »eine routinemäßige Übung« handeln.

Die Mobilisierungsanordnungen wurden langsam – nach Görings Ansicht viel zu langsam – übermittelt: per Telefon, durch Briefe per Boten zu Fuß oder auf Fahrrädern. Viele hatten für den Abend schon andere Pläne – wie Tanzen, Trinken, einen Kino- oder Theaterbesuch – und waren von den zugestellten Befehlen nur wenig begeistert.

Max Neunzert, Leutnant a. D. und »Leiter der Nachrichtenabteilung« des »Kampfbundes«, stand gerade zufällig beim Eingang in der Schellingstraße, als ihn Kriebel antraf. Mit den Worten: »Melden Sie sich in Uniform um halb acht Uhr im Bürgerbräukeller. Ein Auto wird Sie von Ihrer Wohnung abholen«, ließ er ihn stehen.

Friedrich Mayer von der 10. SA-Kompanie hatte soeben sein Mittagessen beendet, als die Kompanie-Ordonnanz klingelte und ihm die Botschaft übergab, sich am Abend in Kampfuniform im Amberger Hof zu melden.

Der Verlagsvertreter Wilhelm Briemann, Mitglied des Stoßtrupps, wollte gerade seine Wohnung verlassen, um weitere Kunden zu besuchen, als ein Bote ihm die Nachricht brachte, er solle abends um 6 im Torbräu erscheinen.

Heinrich Himmler arbeitete bereits wieder in seinem Labor, als er telefonisch benachrichtigt wurde, seine Anwesenheit beim Kameradschaftsabend Röhms sei Pflicht und nicht Vergnügen.

Konrad Kiessling, ein junger Hilfsassistent bei der Polizei und zugleich auch Mitglied von Ludwig Oestreichers 1. Bataillon des Bundes »Oberland«, saß an seinem Schreibtisch in der Polizeidirektion, als er von seinem Zugführer die rätselhafte Telefonnachricht erhielt: »Heute abend 7 Uhr, feldmarschmäßig, Kohleninsel Nr. 3, hinter der Baustelle für das neue Museum.« Von Waffen und dem Grund der Alarmierung wurde nicht gesprochen.

Der Jurastudent Hans Frank erhielt erst am späten Nachmittag einen Anruf mit dem Befehl, sich im Wurzerhof zu einem »Sondertreffen des Münchner SA-Regimentes« zu melden.

Selbst einige Offiziere des SA-Regiments erhielten die Nachricht erst sehr spät: so der Reichsbankangestellte Karl Beggel, Kommandeur des 1. SA-Bataillons. Es war kurz vor 6 Uhr abends und Beggel war im Begriff, die Bank zu verlassen, als eine Ordonnanz seines Adjutanten in das Zimmer stürzte und stammelte: »Hauptmann Göring läßt Ihnen ausrichten, sich sofort nach Geschäftsschluß in den Arzberger Keller zu begeben.«

Während Göring seine Streitkräfte in Bereitschaft setzte, führte Max Amann, 32, beim *Völkischen Beobachter* Ferngespräche. Amann, einst Hitlers vorgesetzter Feldwebel während des Krieges, jetzt Geschäftsführer der NSDAP und des Parteiorganes, versuchte führende Anhänger der Partei außerhalb Münchens zu benachrichtigen.

Um die Mittagszeit gelang es ihm, den kahlköpfigen, stämmigen und

fanatisch antisemitischen Julius Streicher, 38, Hauptlehrer und Parteiführer in Nürnberg, telefonisch zu erreichen.
»Es ist Adolfs Wunsch und von größter vaterländischer Bedeutung«, überdröhnte Amann das Geknister in der Leitung und hoffte, Streicher würde begreifen, worum es sich handelte, »daß Sie sofort nach München kommen. Noch heute nachmittag. Ja! Sie könnten den D-Zug um 1 Uhr 45 noch erreichen, wenn Sie sich beeilen. Sie sollen vor 7 Uhr in der Schellingstraße sein. Verstehen Sie?«
Streicher begriff nicht. Er ließ sich zwar für den Nachmittagsunterricht von seinem Schulleiter aufgrund eines »dringenden vaterländischen Unternehmens« beurlauben, doch nahm er sein Mittagessen noch ohne Eile ein und verließ Nürnberg erst zwischen 3 und 4 Uhr in Begleitung von anderen führenden Parteimitgliedern per Auto.
Die 170 km lange Fahrt auf kopfsteingepflasterten Landstraßen war ein 4- bis 5stündiges Unternehmen. Streicher dachte, es handelte sich nur um »eine öffentliche Versammlung der Partei«.
Gregor Strasser, 31, Apotheker in Landshut und NSDAP Gauleiter von Niederbayern war nicht so schwer von Begriff. Er setzte die 300 SA-Männer in seinem Gau in Alarmbereitschaft, setzte sie in geliehene Lastautos und startete mit ihnen in Richtung Freising zu einem vereinbarten Biwak, auf halber Strecke zwischen Landshut und München.
Schnell reagierten auch die Hitler-Anhänger in der Infanterieschule in der Blutenburgstraße. Mit 400 Schülern war dies die wichtigste Kriegs- und Offiziersausbildungsstelle Deutschlands. Sie unterstand direkt dem Oberbefehl der Reichswehr und dem Kriegsministerium in Berlin – jedoch nicht v. Lossows 7. Division. Die Schüler waren Offiziersanwärter und jüngere, im Krieg zum Leutnant beförderte Soldaten die keine normale Offiziersaubildung mit gemacht hatten. Sie erhielten in Auffrischungslehrgängen Ausbildung an Waffen und in Militärtheorie. Mit einigen Ausnahmen, insbesondere der Lehroffizier, waren fast alle bis zum letzten Mann leidenschaftliche Anhänger der »vaterländischen« Sache, somit auch Ludendorffs und Hitlers.
Der begeistertste unter ihnen war Leutnant Robert Wagner. Zwischen 12 und 1 Uhr bekam dieser in seinem Kasernenzimmer den unerwarteten Besuch eines Freundes: Heinz Pernet. »Komm sofort mit mir in die Schellingstraße«, sagte Pernet. »Mein Wagen wartet draußen, Rossbach wünscht dich dringendst zu sprechen.«
Wagner folgte Pernet zum offenen Wagen, der in der Blutenburgstraße wartete und fuhr mit ihm sofort zum Hauptquartier des Kampfbundes.

Dort führte ihn Rossbach in ein kleines Büro und erklärte: »Heute abend 8 Uhr 30 wird die neue Nationalregierung unter Hitler, Kahr, Ludendorff, Lossow, Pöhner und anderen ausgerufen. Die Reichswehr und die Polizei stehen dahinter. Gleichzeitig wird im ganzen Reich die völkische Revolution ausbrechen. An verschiedenen Stellen werden die vaterländischen Verbände und Organisationen die Macht an sich reißen. Die alte Reichsregierung wird abgesetzt. Die Kriegsschule soll als persönliche Sturmabteilung für Exzellenz Ludendorff Verwendung finden. Sie wird um 8 Uhr 30 abends antreten, sich in Kompanien formieren und 8 Uhr 45 unter meiner Führung zu Exzellenz Ludendorff abrücken.« Fast jubelnd versprach Wagner, die Sache in die Hand zu nehmen.

Um 2 Uhr war er wieder in der Infanterieschule und rief seine vertrautesten Freunde, Leutnant Siegfried Mahler, Leutnant Hans Block und andere, zusammen. Er schloß die Türe seines Quartiers hinter sich und sprach aufgeregt: »Heute abend 8 Uhr 30 ist die ›X‹-Zeit, auf die wir so lange gewartet haben. Exzellenz Ludendorff wird der neue Oberbefehlshaber sein und Herr Hitler übernimmt die Regierung. General Lossow und die Polizei stehen hinter der Bewegung.« Wagner erklärte dann, daß die Infanterieschule unter dem Kommando des berühmten Rossbach marschieren würde und mahnte seine Kollegen, so viele Leute wie nur möglich bereitzuhalten.

Inmitten all dieser chaotischen und turbulenten Aktivitäten blieb Hitler die Ruhe selbst. Nachdem er den *Völkischen Beobachter* mit seinem Leibwächter, dem Pferdeschlächter Ulrich Graf, verlassen hatte, gab er dem Fahrer seines neuen roten Benz zu verstehen, er solle noch ein wenig warten. Dann schlenderte er ein paar Meter die Straße entlang, überquerte sie und betrat das Haus Nr. 50, wo sich das Studio seines Freundes, des Photographen Heinrich Hoffmann, befand. Er plauderte mit Hoffmann ohne den geringsten Hinweis auf seine Pläne, und lud ihn in ihre Lieblingskonditorei am Gärtnerplatz, nahe der Geschäftsstelle der Partei, zu Tee und süßem Gebäck ein.

Sie scherzten und plauderten über belanglose Dinge, als Hitler Hoffmann plötzlich fragte: »Würden Sie mit mir auf ein paar Minuten Hermann Esser besuchen? Ich möchte mal sehen, wie es ihm geht.«

Hermann Esser, 23, blond und gut aussehend, in der Stadt als Don Juan bekannt, war einer der Schlüsselfiguren der nationalsozialistischen Bewegung. Einer der wenigen Duzfreunde Hitlers, NSDAP-Mitgliedsnummer 2, Redakteur des *Völkischen Beobachters* und wirksamer Agitator, galt er unausgesprochen allgemein als der rangzweite Mann der

Partei. Zu dieser Zeit jedoch war er schon seit Wochen mit Gelbsucht an sein Bett gefesselt.
Auch Hoffmann war mit Esser befreundet. Doch merkwürdigerweise bat Hitler Hoffmann als sie gegen 3 Uhr in Essers Wohnung in der Bergmannstraße im Münchener Westend ankamen, im Vorzimmer zu warten, da er mit Esser unter vier Augen sprechen müsse. Eher perplex als gekränkt tat Hoffmann wie befohlen. Dann erklärte Hitler seinem bestürzten und skeptischen Freund Esser den Plan und fügte hinzu: »Mir ist es gleich, wie krank du bist und wie schlecht du dich fühlst. Du mußt meine Stelle bei Röhms Kameradschaftstreffen im Löwenbräukeller einnehmen. In den Anzeigen steht ›der Führer spricht‹. Einer von uns muß also da sein. Das Treffen beginnt um 7 Uhr 30. Sprich zu der Menge, bis du einen Anruf aus dem Bürgerbräu bekommst – das wird zwischen halb 9 und 9 Uhr sein –, daß alles planmäßig vor sich geht. Das Kodewort an Röhm heißt ›glücklich entbunden‹! Du verkündest dann, die Revolution habe im Bürgerbräukeller stattgefunden. Danach weiß Röhm, was er zu tun hat.«
Widerwillig und mit leidender Stimme seine Krankheit demonstrierend gab Esser nach. Schließlich handelte es sich um die historische Schicksalstunde, auf die auch er gewartet hatte.
»Es geht ihm viel besser«, sagte Hitler, als er aus dem Zimmer herauskam und schlug vor, in die Schellingstraße zurückzukehren. Als Hoffmann ihm jedoch bis in die Räume des *Völkischen Beobachters* folgen wollte, versuchte Hitler, ihn davon abzubringen.
Hitler schien sich seltsam sprunghaft und »verschwörerisch« zu benehmen. So murmelte er, sobald sie das Gebäude betraten, eine Entschuldigung und stellte sich abseits, um mit Göring, der gerade vorbeikam, im Flüsterton zu sprechen. Als Hoffmann noch fragte: »Was haben Sie für heute abend vor?« bekam er von Hitler nur die Antwort: »Ich gehe nach Hause, um eine größere Arbeit zu erledigen.« Verdrießlich bummelte Hoffmann daraufhin in den nahe gelegenen Schelling-Salon, um Tarock zu spielen. »Komische Geheimniskrämerei heute«, dachte er noch.
Denselben Eindruck hatte auch Ferdinand Schreiber, Besitzer einer Druckerei in der Ismaningerstraße unweit vom Bürgerbräukeller, als gegen 4 Uhr nachmittags das Telefon bei ihm klingelte. Der Anrufer war Philipp Bouhler, Max Amanns stellvertretender Geschäftsführer bei der NSDAP. Bouhler bat Schreiber, zwecks eines größeren Plakatauftrags spät am Abend, Schriftsetzer und Drucker in Bereitschaft zu halten. Ungefähr zur selben Zeit erhielten auch zwei von Schreibers Konkurren-

ten, Anton Schmidt und Hans Stiegeler, ähnliche Anrufe von Bouhler. »Es wird wahrscheinlich sehr spät«, betonte Bouhler am Telefon.
Schreibers Unternehmen machte für die Partei fast seit dem Tage ihrer Gründung Druckarbeiten und war an außergewöhnliche Aufträge gewöhnt. Doch dieses schien mehr als außergewöhnlich. Er wollte genaueres darüber erfahren: Worum ging es, wann würde ihm der Auftrag erteilt, wie viele Angestellte sollte er zurückhalten? Insbesondere interessierte ihn das letztere, da in seiner Druckerei nur bis um halb 6 Uhr gearbeitet wurde. Außerdem hatte er selbst am Abend etwas vor – er wollte sich Kahrs Rede im Bürgerbräu anhören.
Bouhler war telefonisch unerreichbar – die Leitung war ständig besetzt – und so fuhr Schreiber mit der Straßenbahn zur NSDAP Geschäftsstelle in der Corneliusstraße. »Nun«, log Bouhler und versuchte so nonchalant wie möglich zu klingen, »es handelt sich um ein Plakat für eine Veranstaltung im Zirkus Krone am Sonntag, den 11. Aber die Polizeidirektion hat eine Reihe von Auflagen gemacht, die die Partei nicht erfüllen kann. Man verlangt unter anderem die Garantie, daß die Teilnehmer keine Waffen mit sich führen, daß der An- und Abmarsch nicht in geschlossenen Zügen stattfinden darf. Außerdem muß eine Kaution in Goldmark gestellt werden. Es ist jetzt eine starke Deputation bei Herrn Generalstaatskommissar von Kahr, um die Bedingungen von der Polizeidirektion abzuschwächen. Sie müssen also die Ergebnisse dieser Verhandlungen abwarten.«
Schreiber wie auch die anderen Druckereibesitzer, die ähnliche Erklärungen von Bouhler erhielten, fanden die ganze Sache trotzdem merkwürdig.
Nicht nur den Druckern kamen die Vorgänge an jenem Nachmittag seltsam vor. Den leitenden Angestellten des Bankhauses Schneider und Münzing schien es nicht weniger rätselhaft, als einer ihrer angesehensten Kunden, Dipl.-Ing. Gottfried Feder, kurz nach 4 Uhr in die Bank kam, sein Guthaben vom Konto abheben wollte und um die Herausgabe seines Bankdepots mit einer Anzahl von Effekten und Aktien bat.
Feder, 40, ein wohlhabender Bauunternehmer, war Gründungs-Mitglied und der »wirtschafts- und finanzpolitische Theoretiker« der NSDAP. Hitler hatte, nachdem er im September 1919 bei einem Parteiabend Feders Vortrag über die »internationale Zinsknechtschaft« gehört hatte, beschlossen, der kleinen Gruppe, deren Hauptquartier damals in dem düsteren Sterneckerbräu im Tal und deren Name noch Deutsche Arbeiter Partei war, beizutreten. Und Feder hatte ihm auch wichtige Verbin-

dungen und Zugang zu gesellschaftlich und politisch tonangebenden Kreisen in München vermittelt.
»Ohne vorherige Ankündigung, Herr Ingenieur?« fragte der Bankangestellte überrascht. »Es tut mir leid. Das können wir heute nicht mehr schaffen. Es ist fast Geschäftsschluß. Ein Teil der von Ihnen gekauften Papiere sind noch nicht hier. Sie sind auch morgen noch nicht verfügbar. Kommen Sie bitte am Montag, den 12., wieder, und wir werden dann die Angelegenheit in Ordnung bringen.«
Verärgert verließ Feder die Bank. Sein Versuch war ein kalkuliertes Risiko. Falls Hitlers Plan glückte – und wie könnte er nicht glücken –, würde Feder noch in dieser Nacht zu Deutschlands neuem Finanzminister ernannt werden. Schlug der Plan jedoch fehl, würden die übertragbaren Wertpapiere besser in seiner Hand als im Banksafe aufgehoben sein. Doch hatte er jetzt keine Wahl mehr. Feder grübelte.
Das tat auch Münchens Polizeipräsident Karl Mantel, verschanzt hinter seinem Schreibtisch in der Polizeidirektion an der Ettstraße. Er hatte an diesem Nachmittag eine Reihe von Problemen zu lösen. Da war erstens die Versammlung von Röhm im Löwenbräukeller. Ein anderes Treffen von Rechtsextremen war im Hofbräuhaus angekündigt. Bei beiden mußte die Ordnung aufrechterhalten werden. Aber das Wichtigste von allem, er hatte für die Sicherheit von Kahrs und der Mitglieder der bayerischen Staatsregierung im Bürgerbräu Vorsorge zu treffen.
Mantels Situation war nicht beneidenswert und nicht nur, weil seine Polizei von NSDAP-Sympathisanten und Anhängern Hitlers durchsetzt war.
Einerseits war er der Chef von Münchens »Blauen«, der städtischen Polizei, die zuständig war für: Verkehrsregelung, Dingfestmachen von Dieben, Freihalten der Straßen von Betrunkenen, Schlichtung von Familienstreitigkeiten, das Ausstellen von Reisepässen, Aufenthaltsbewilligungen und aller möglichen Lizenzen, die Aufklärung von Kriminalfällen sowie die politische Sicherheit. Die Blaue Polizei war nur mangelhaft ausgerüstet. Funkverbindungen gab es noch nicht und das Telefon, zumindest als Hifsmittel der Polizei, steckte noch in den Kinderschuhen. Es gab zwar eine berittene Abteilung und einige Wachtmeister hatten Fahrräder, aber es waren fast keine Polizeiautos vorhanden. Streifenpolizisten gingen ihren Pflichten nach, so gut sie konnten, jagten Verbrecher zu Fuß oder sie sprangen, wenn die Umstände Eile erforderten, auf einen der weiß-blauen Straßenbahnwagen.
Andererseits war Mantel – innerhalb Münchens Stadtgrenzen – auch der

oberste Zivilbeamte von Oberst Hans Ritter von Seissers »Grünen«, der schwer bewaffneten, divisionsstarken Landespolizei, die dem bayerischen Innenministerium unterstand. Die LAPO, sozusagen die Nachfolgerin der alten königlichen Armee, mit ihrer Kampfgliederung von Regimentern, Bataillonen, Kompanien und Zügen, wurde von ehemaligen Reichswehroffizieren – die rangälteren alle Stabsoffiziere mit Kriegserfahrung – befehligt. Die Mannschaften sowie die Unteroffiziere niedrigeren Ranges waren kaserniert und betrachteten sich als Soldaten, nicht Polizisten. Obwohl Mantel Seissers drei in München stationierte Kavallerie- und Infanteriebataillone – jede 400 Mann stark mit zwei motorisierten und Panzerkompanien – mit Einwilligung des Innenministers, dem er rangmäßig unterstand, zur Hilfe rufen konnte, war er nicht befugt, diesen Streitkräften Befehle zu erteilen. Das Befehlen war Obersten, Majoren und Hauptleuten vorbehalten. Einige von diesen hatten ihre Diensträume eine Etage über Mantels im ersten Stockwerk des Polizeipräsidiums gelegenen Büro.

Röhms Löwenbräukeller-Treffen und die Versammlung im Hofbräuhaus waren zwei Tage vor dem Termin angemeldet und von der Polizei genehmigt worden. Einige Wachtmeister, so schätzte Mantel, würden genügen, um die Ordnung aufrechtzuerhalten. Aber die Versammlung im Bürgerbräu für Kahrs Ansprache, zu der die wichtigsten Repräsentanten der Wirtschaft, Politik, Publizistik, sogar ausländische Diplomaten eingeladen worden waren, stellte für ihn ein verzwickteres Problem dar.

Mantel wußte, daß Kahr einerseits auf Schutz und die sofortige Unterdrückung jeder Störung durch Zwischenrufer und Raufbolde im Saal bestand, sich andererseits jedoch, aus politischen und »Image«-Gründen, der offenen und einschüchternd wirkenden Präsenz von Polizeigewalt in oder um den Bierkeller widersetzte.

Seisser hatte eine Hundertschaft der Landespolizei zum Schutze angeboten und einer von Mantels Beamten hatte mit Korbinian Reindl, dem Bürgerbräuwirt, vereinbart, diese in einem kleineren Raum mit Zugang zum Vestibül und zu dem großen Versammlungssaal zu stationieren. Doch Kahr lehnte dies noch am Morgen des 8. November als zu auffällig ab. Mantel wurde beauftragt, die Landespolizisten diskreter zu stationieren – in der alten Reiterkaserne in der Morassistraße links der Isar, 10 bis 15 Minuten zu Fuß entfernt oder dementsprechend weniger, falls sie den Hügel im Laufschritt hinaufeilten.

Er befahl auch, zwei naheliegende Polizeireviere, das eine am Weißenburgerplatz, das andere in der Zeppelinstraße zusätzlich mit je 15 »blauen« Polizisten zu verstärken. Überdies veranlaßte Mantel, daß sich 12 Kriminalbeamte unters Publikum mischten. Allerdings wußte er nicht, daß mehrere von diesen in der NSDAP als verläßliche Aktivisten galten. Ihm war bekannt, daß Seisser sich auf dem Podium und auch noch eine Anzahl seiner ranghöchsten Offiziere, unter ihnen Oberst Josef Banzer und Major Franz Hunglinger, im Saal befinden würden. Er, Mantel, würde mit einem halben Dutzend seiner zuverlässigsten Zivilbeamten ebenfalls anwesend sein.

In der Tat beabsichtigten so viele von Mantels Leuten – einschließlich Regierungsrat Otto Bernreuther und Präsidialsekretär Georg Rauh –, ihn zu begleiten, daß in der Ettstraße nur der Leiter der politischen Abteilung, Oberamtmann Dr. Wilhelm Frick, zurückbleiben würde. Frick hatte gesagt, Kahrs Rede interessiere ihn nicht und überdies könne er sie in den Morgenzeitungen lesen. Es würde ihn freuen, für die andern Herren an diesem Abend Bereitschaftsdienst zu tun.

Es gab natürlich auch noch andere, die nicht in den Bürgerbräukeller gingen. Major der Landespolizei Sigmund Freiherr von Imhoff würde in der Ettstraße bleiben, um dort jüngeren Offizieren in der Taktik der Aufstandskontrolle Unterricht zu erteilen. Regierungsrat Friedrich Tenner, ein anderer Zivilbeamter der Polizeidirektion, und Oberstleutnant der Landespolizei Wilhelm Muxel wollten den Abend gemütlich zu Hause verbringen. Auch von Lossows drei rangnächste Untergebene, die Generalmajore Jakob Ritter von Danner, Stadtkommandant von München, Friedrich Freiherr Kress von Kressenstein, Kommandant der Artillerie der 7. Division, und Adolf Ritter von Ruith, Kommandant der Divisionsinfanterie, hatten vor, zu Hause zu bleiben. Kressensteins Stabschef, Major Max Schwandner, wollte zu einem Vortrag über den deutschen Handel mit Amerika gehen, und von Lossows Stabschef, Oberstleutnant Otto von Berchem, war zu einem Abendessen eingeladen. Hilfsstaatsanwalt Hans Ehard, der sich nicht besonders für Politik interessierte, beabsichtigte mit seiner Frau Annedore und ihrem kleinen Sohn Carlhans den Abend daheim zu verbringen. Sein Kollege in der Staatsanwaltschaft, Wilhelm Hoegner, ein aufsteigender Stern in der sozialdemokratischen Partei, hatte unterdessen eine dringende Verabredung mit dem bayerischen SPD-Vorsitzenden Erhard Auer in der Redaktion der SPD-Tageszeitung *Münchener Post*.

Selbstverständlich hatten viele Münchener andere Pläne für diesen Abend, an dem u.a. in der Oper »Fidelio«, im Operettentheater

»Madame Pompadour« und im Schauspielhaus eine leichte Komödie gespielt wurden. Zu denen, die dem Bürgerbräu fernblieben, gehörten sogar zwei der engsten Freunde Hitlers: Heinrich Hoffmann, der Photograph, und Dietrich Eckart, der Schrifststeller, bekanntgeworden durch seine Bücher mit völkisch-nordischen Themen und seinen glühenden Antisemitismus. Sie hatten sich für diesen Abend zum Tarockspiel im Schelling-Salon verabredet.

Dennoch konnte Kahr mit einem vollen Haus – und Hitler mit einem großen Fang – rechnen. Hitler war zwar immer der Ansicht gewesen, man müsse einen Putsch am Wochenende beginnen, »weil am Wochenende niemand auf der Hut ist«, doch konnte er in diesem Falle kein geeigneteres Datum als die Wochenmitte zur Ausführung des Staatsstreichs gewählt haben.

Während Mantel noch mit den Sicherheitsvorkehrungen beschäftigt war, probte Gustav von Kahr im neogotischen Generalstaatskommissariat »seine« – in Wirklichkeit von den Zeitungsredakteuren Schiedt und Gerlich verfaßte – Rede. Und er erwartete zur selben Zeit auch Seisser und Lossow zu einem Treffen mit Erich Ludendorff, der Tag für Tag heftiger zum »Handeln« gedrängt und Kahr damit Tag für Tag ängstlicher und unsicherer gemacht hatte.

Um 4 Uhr, mit dem Glockenschlag, fuhr Ludendorff, die Haltung steif und das Gesicht wie aus Stein gemeißelt, beim Generalstaatskommissariat in einem ihm von Lossow zur Verfügung gestellten Stabsauto der Reichswehr vor.

Ludendorff hatte um ein Treffen für sich und für Hitler gebeten. Kahr wollte jedoch nur Ludendorff empfangen. Der Zweck des Treffens war, nach Ludendorffs eigenen Worten, »von Kahr persönlich zu erfahren, welche Position er einnahm und was er zu tun gedachte«. Laut Kahr war das Ziel der Unterredung, »Seine Exzellenz zu überzeugen, daß die Zeit noch nicht reif war«. Beide hatten ein gemeinsames Endziel: die verhaßte Reichsregierung des Präsidenten Ebert und des Reichskanzlers Gustav Stresemann in Berlin zu stürzen und durch ein neues »vaterländisches« Regime, das Deutschlands »Ruhm und Ehre« wiederherstellen sollte, zu ersetzen.

Wie es Ludendorff sah, hatten »beide Herren, Lossow und Kahr, mir sowohl in bezug auf das Ziel, als auch in bezug auf den Weg zum Ziel vollkommen beigestimmt«. Mit »Weg« war der Marsch auf Berlin gemeint. Ihre Meinungen unterschieden sich, so Ludendorff, nur in bezug auf den Zeitpunkt und die Details; er ermahnte Kahr und Lossow,

keine Zeit zu verlieren und »bald zu handeln«, da »das Verlangen und die Not des Volkes so groß ist«.
Doch er mußte erkennen, daß Kahr und Lossow noch nicht bereit waren und Aufschub gewinnen wollten. Wie Kahr erklärte, sei »eine von Bayern ausgehende Gründung einer neuen Reichsregierung unmöglich ohne die aktive Unterstützung und Kooperation von nationalen und vaterländisch gesinnten Kräften im Norden des Reiches«. Er ließ auch seine Ansicht durchblicken, daß nur ein Preuße wie Ludendorff die Streitkräfte im Norden zu motivieren und zu mobilisieren vermochte.
Kahr befürchtete, eine einseitige Aktion Bayerns werde einen Bürgerkrieg entfachen. Ludendorff, von seinem eigenen Charisma überzeugt, meinte, die Reichswehr würde, mit ihm an der Spitze der revolutionären Armee, keinen Widerstand leisten.
Wie früher stattgefundene Besprechungen, führte auch diese in eine Sackgasse. Das Treffen war um 5 Uhr zu Ende. Auf der Fahrt zurück nach Solln bat Ludendorff den Fahrer, vor Scheubner-Richters Wohnung in der Widenmayerstraße, einer ruhigen, breiten Allee links der Isar, anzuhalten. Er eilte ins Haus, gab Scheubner ein kurzes Resümee des Treffens und setzte darauf seine Fahrt fort. Zu Hause angekommen, wartete er auf die weiteren Ereignisse.

Es war kurz nach 6 Uhr. Die Sonne hatte die schweren grauen Wolken den ganzen Tag lang nicht durchdringen können, und nun war es bereits dunkel. Seltsame Dinge begannen sich zu ereignen.
Wachtmeister Georg Alban, der den Verkehr am Isartor regelte, war überrascht, als ihm ein vorbeifahrender Radfahrer zurief: »Haben S' schon gehört? Heut' Nacht geht's auf!«
Drei Straßenzüge vom Isartor war Wachtmeister Georg Christ in der Corneliusstraße »auf den ungewöhnlich lebhaften Personen- und Lastwagenverkehr vor der Geschäftsstelle der NSDAP« aufmerksam geworden. Von einer naheliegenden Telefonzelle aus rief er den diensthabenden Beamten seines Reviers an und berichtete, »die Insassen der Personenwagen, meist Personen in Militäruniform, begeben sich auf kurze Zeit ins Parteilokal und fahren dann wieder weiter«.
In Zivilkleidung auf seinem Weg nach Hause bemerkte Wachtmeister Josef Bömerl an der Kreuzung Corneliusstraße und Gärtnerplatz einen Bekannten, Josef Berchtold, mit einer Anzahl von Stoßtrupp-Angehörigen. Als er zu ihnen hinüberschlenderte, hörte er noch Berchtold

»den Männern befehlen, gewisse Straßen abzusperren«, dann sah ihn Berchtold. Er hielt abrupt inne.

Drei Kilometer nördlich davon betrat Wilhelm Pöhlmann, ein Schreiner, in Hast die Polizeistation am Englischen Garten und erzählte dem Wachtmeister vom Dienst, Leo Günzer: »Ich sah soeben eine Gruppe von SA mit einer Hakenkreuzflagge die Biedersteinerstraße hinunter durch die Heimhauserstraße in Richtung Ungererstraße marschieren. Sie hielten bei einem Laden an, gingen hinein und drinnen hörte ich eine Frauensperson das Wort ›Alarm‹ sprechen.«

In der Nähe der Maximilianbrücke sah Polizeikommissar Anton Zahner vom 13. Revier, ebenfalls auf dem Wege nach Hause, »einen Zug Hitler-Leute – in der Stärke von ungefähr 120 Mann, großteils in Uniform« – die Brücke kreuzen und in Richtung Bürgerbräukeller bergauf marschieren.

Alle diese Beamten versuchten, ihre Beobachtungen der Polizeidirektion in der Ettstraße und der politischen Abteilung telefonisch mitzuteilen. Die meisten hatten Schwierigkeiten, mit einer dafür zuständigen Person sprechen zu können. Wem dies dennoch gelang, der wurde mit einem »Beruhigen Sie sich« abgefertigt. »Es besteht keine Ursache zur Sorge. Hitlers Anhänger wurden zu der Ansprache Seiner Exzellenz von Kahr in den Bürgerbräukeller eingeladen.«

Wilhelm Hoegner und Erhard Auer dagegen nahmen die Warnsignale ernster.

Sie unterhielten sich mit dem bayerischen SPD-Reichstagsabgeordneten, Hans Unterleitner, der die Absicht hatte, noch am selben Abend nach Berlin zurückzukehren, in Auers Büro in der Redaktion der *Münchener Post*. Diese befand sich am Altheimer Eck, einer kurzen, engen und kopfsteinbepflasterten Gasse in Hörweite der Ettstraße, des Marienplatzes und des Rathauses. Generalstaatskommissar von Kahr hatte das Erscheinen der Zeitung für acht Tage verboten. Den Anlaß zu dem Verbot hatte die scharfe Kritik der Diktatur und insbesondere der Verordnung zur Landesverweisung der osteuropäischen Juden aus München gegeben. Die Zeitung war gerade am Morgen dieses Tages zum erstenmal wieder erschienen.

Das Gespräch wurde durch die Ankunft eines unbekannten Mannes unterbrochen, der Auer dringend und vertraulich zu sprechen wünschte. Der Besucher, dessen Identität auch heute noch immer unbekannt ist, war ein Offizier der Reichswehr in Zivilkleidung, der Auer über den bevorstehenden Putsch bis in viele Einzelheiten informierte und auch darüber, daß er als Vorsitzender der SPD Bayerns ganz oben auf der

Liste der zu verhaftenden Politiker stünde. »Der Putsch könnte noch heute Abend oder auch am Wochenende stattfinden. Es gibt zwei Versionen. Jedenfalls sind die Reichsregierung sowie auch Sie, Herr Auer, in großer Gefahr.«

Auer versuchte vergeblich, Präsident Ebert telefonisch zu erreichen. So schrieb er schnell eine Nachricht, die Unterleitner, der den 9 Uhr Nachtzug nach Berlin zu nehmen beabsichtigte, dort persönlich übergeben sollte.

Auer und Hoegner standen auf, um Unterleitner zum Bahnhof zu begleiten, wo sie zusammen noch vor der Abfahrt Abendessen wollten. Als sie die Treppen zum Hof hinabstiegen, hörten sie das rhythmische Klappern von Stiefeln und die rauhen Singstimmen vorbeimarschierender Truppen. Auer löschte die Lichter im Treppenhaus, und die drei Männer tasteten sich im Dunklen die Treppen hinunter. Als sie den Hof erreicht hatten, sahen sie gerade noch eine Gruppe behelmter und bewaffneter SA-Männer am Gittertor vorbeiziehen. Sie warteten einige Minuten, bis es in der Straße ruhig geworden war, und verließen das Gebäude dann in Richtung Kaufinger-/Neuhauserstraße, um von dort mit der Trambahn zum Hauptbahnhof zu fahren.

Etwa 750 m von der Redaktion der *Münchener Post* entfernt beobachtete der Tabakwarenhändler Josef Berchtold in der rauchigen Kegelbahn des Torbräus das Eintreffen der Angehörigen seines »Stoßtrupp-Hitler«. Da kamen Ludwig Schmied, Wilhelm Briemann, Hans Kallenbach, Emil Maurice, Heinrich von Knobloch, Walter Hewel und mehr als hundert andere in der Sonderuniform dieser Einheit, die die Vorgängerin der gefürchteten SS war. In ihren feldgrauen Waffenröcken mit schwarzen Gürteln und Hakenkreuz-Armbinden, dem Totenkopf auf ihren Skikappen norwegischen Stils, waren sie die kampflustigste und brutalste Abteilung von Hitlers Privatarmee. Jeder war einzeln und für die besondere Härte im Nahkampf ausgewählt worden. Ihr Glaube war: »Macht ist Recht.«

»Kameraden«, so verkündete Berchtold, »jetzt ist die Stunde gekommen, die Sie alle wie auch ich herbeisehnten. Hitler und Herr von Kahr haben sich geeinigt und noch heute abend wird die Reichsregierung gestürzt und eine neue Regierung Hitler-Ludendorff-Kahr gebildet. Die von uns auszuführende Tat wird der anstoßgebende Moment zu den neuen Ereignissen sein. Aber, ehe ich fortfahre, fordere ich diejenigen, die aus irgendwelchen Gründen gegen unsere Sache Bedenken haben, auf, auszutreten.«

Kein einziger Mann trat aus den Reihen. Daraufhin wurden alle Stoßtruppangehörigen von Berchtold auf Ehrenwort und Handschlag zu unbedingtem Gehorsam gegenüber ihrem Führer und restlosem Einsatz für die »heilige Sache« verpflichtet. Nach dem vollzogenen Zeremoniell marschierte er an der Spitze seiner Truppe aus dem Versammlungslokal zurück zur Ecke Gärtnerplatz/Corneliusstraße, über die Isar und den Nockherberg hinauf zur Ecke Balanstraße und St.-Martin-Straße, wo Lastwagen mit Gewehren, Maschinengewehren, Handgranaten und Munition auf sie warteten.

In der Jahnstraße verließ der Jungsturmführer Adolf Lenk die Werkstatt seines Vaters und überquerte die Straße, um seine Truppe flaumbärtiger Hitlerjugend zu inspizieren.

In seiner Amtswohnung in der Maximilianstraße stand Gustav von Kahr steif und unbeholfen, »seine« Rede nochmals durchlesend, während die Tochter den Gehrock abbürstete.

In der Ludwig-Maximilian-Universität hatte Professor Karl Alexander von Müller soeben seine letzte Vorlesung beendet, ging in sein Zimmer, nahm Hut und Mantel vom Kleiderständer und verließ das Gebäude in Hast, um mit der Straßenbahn zum Bürgerbräu zu fahren und Kahrs Rede zu hören.

Im Bürgerbräukeller verhandelte etwas irritiert durch das späte Ersuchen, in der letzten Minute sozusagen, der Pächter Korbinian Reindl mit einem hochgewachsenen, hageren jungen Mann mit buschigen Augenbrauen, Rudolf Hess, der darauf bestand, »das kleine Nebenzimmer privat für Herrn Hitler« für den Abend zu mieten. Fast alle Sitze im Saal waren schon besetzt. In der Rosenheimerstraße stand vor dem Bierkeller eine riesige, Einlaß begehrende Menschenmenge, die den Fahrweg überflutete. Die Behinderung des Verkehrs veranlaßte den zuständigen Polizeioberkommissar Philipp Kiefer, das Präsidium anzurufen und um Rat und Beistand zu bitten. Der LAPO-Offizier vom Dienst, Hauptmann Fritz Stumpf versprach, sofort 30 Mann Verstärkung zu schicken. Kiefer befahl daraufhin, fortan nur noch schriftlich eingeladenen Personen Eintritt in den Bierkeller zu gewähren.

Der Nachrichtenoffizier des »Kampfbundes«, Leutnant a. D. Max Neunzert, war soeben eingetroffen. Als er aber sah, daß die Mehrzahl des Publikums Zivilkleidung trug, fühlte er sich in seiner Uniform unpassend angezogen und beschloß, heimzufahren und sich schnell wieder umzuziehen. Inzwischen war aber das Auto, das ihn hergebracht hatte, verschwunden. So bestieg er eine Straßenbahn.

Unbeholfen und die zum Eingang drängende Menschenmenge riesenhaft überragend stand »Putzi« Hanfstaengl inmitten von Larry Rue, Herbert Knickerbocker, Dorothy Thompson und anderer amerikanischer Journalisten. In seiner nicht zum Waffentragen geschnittenen Hosentasche steckte unbequem der für Hitlers engste Freunde obligate Revolver. »Ich bin halt kein geborener Revolutionär«, dachte er und suchte verzweifelt nach einem Einfall, wie er mit seinen Schützlingen durch den Polizeikordon in den Saal gelangen könnte. »Wo bleibt denn nur Hitler? Weshalb kommt er nicht rechtzeitig?«

Zu dieser Zeit befand sich Hitler noch in seinem düsteren, eintönigen Untermieter-Zimmer in der Thierschstraße. Übernervös zappelte er in einem seltsamen Gewand, einer dunkelgestreiften Hose und schwalbenschwanzartigen Frackjacke, an die sein Leibwächter Ulrich Graf sich gerade bemühte, das EK I anzuheften. »Beeil dich«, sagte Hitler, »wir haben noch so viel zu tun. Wir müssen zurück in die Schellingstraße und die anderen abholen.«

Dort saß Julius Schreck, 25, Stabsfeldwebel der SA und Büro-Angestellter des »Kampfbundes«, an seinem Tisch und schrieb auf seiner Schreibmaschine. Mit lautem Krach sprang die Tür auf. Im Rahmen stand Göring, in einem Gummimantel mit Gürtel, den Pour le mérite an einem Ordensband um den massiven Hals gehängt und auf dem Kopf einen Stahlhelm mit aufgemaltem riesigen Hakenkreuz. »Mensch, was machen Sie bloß?« schrie Göring. »Ziehen Sie sofort Ihre Jacke an und machen Sie sich fertig. Schnell!«

Der Strudel

1. November 1923

LONDON WARNT PARIS VOR ZWEITEILUNG DEUTSCHLANDS

– New York Herald

MONARCHISTISCHE STREITKRÄFTE AN DER THÜRINGISCHEN GRENZE – BAYERISCHE LANDESPOLIZEI BILDET REKRUTEN AUS

– New York Times

2. November 1923

LUDENDORFF IM MONARCHISTISCHEN LAGER – GENERAL IN ZUSAMMENHANG MIT VERSCHWÖRUNG GENANNT RUPPRECHT AUF DEN THRON BAYERNS ZU SETZEN

– New York Herald

MARK FÄLLT WIEDER – 380 MILLIARDEN ZU EINEM DOLLAR – PANIK AN DER BERLINER BÖRSE

– New York Times

3. November 1923

FASCHISTEN MOBILISIEREN IN BAYRISCHEN BERGEN

COOLIDGE BEFÜRCHTET WINTERHUNGERSNOT IN DEUTSCHLAND

– New York Herald

4. November 1923

EIN DOLLAR 420 MILLIARDEN MARK

– New York Tribune

RHEIN-SEPARATISTEN BEREITEN SICH AUF NEUE OFFENSIVE VOR

– New York Times

5. November 1923
BERLIN ERWARTET AUFSTAND GEGEN REPUBLIK AM MITTWOCH
BERLINER SCHULKINDER HUNGRIG IN DER KLASSE

– *New York Times*

6. November 1923
DEUTSCHLAND VERLANGT GETREIDE AUS AMERIKA – KANN NICHT BAR BEZAHLEN – BITTET USA UM KREDIT

– *New York Herald*

HUNGERNDE BERLINER STÜRMEN BÖRSE UND LÄDEN – POLIZEI GREIFT POGROM PÖBEL MIT MASCHINENGEWEHREN AN

– *New York Tribune*

7. November 1923
700 000 IM RUHRGEBIET VON HUNGERTOD GEFÄHRDET

– *New York Herald*

BAYRISCHE FASCHISTEN VERLIEREN GEDULD
MÜNCHEN (AP) Mit dem Herannahen des fünften Jahrestages des Waffenstillstands wird es für den bayerischen Diktator Dr. von Kahr zunehmend schwieriger, die bayrischen Faschisten im Zaum zu halten. Die Führer der gemäßigten Parteien sehen den kommenden Tagen mit Besorgnis entgegen.
Die sogenannten »vaterländischen Verbände«, die nominell hinter v. Kahr stehen, in Wirklichkeit jedoch vom Faschistenführer Adolf Hitler beherrscht werden, fordern immer eindringlicher »eine starke, nationale Regierung in Berlin«. Ihrer Ansicht nach ist der Reichstag völlig diskreditiert und kann nur durch Autorität rehabilitiert werden. Von Kahrs Maßnahmen zur Regelung der Nahrungsmittelverteilung und Stabilisierung des Markkurses blieben bisher erfolglos. Die sich zunehmend verschlechternden Zustände in München und in der Provinz bedrohen die Stellung des Diktators. Die in die Höhe schnellenden Lebensmittelpreise, der Verfall von Handel und Gewerbe und die valutarische Entwertung der Mark bilden einen paradoxen Hintergrund für die arroganten Ultimaten des Diktators an die Reichsregierung.
Die aufständischen Bayern entlang der thüringischen Grenze werden von maßgebenden Stellen nicht ernst genommen, da v. Kahr mit den Rebellen im Ernstfall fertig werden würde.

– *New York Times*

Während die konservative München-Augsburger Abendzeitung *ihren »Sonderbericht« von Benito Mussolinis erfolgreicher Machtübernahme* in Rom in Fortsetzungen veröffentlichte, informierte am Morgen des 8. November 1923 die sozialdemokratische Münchener Post ihre Leser, daß ein Rentner sich bei der gegenwärtigen Preislage sechs Laib Brot, ein Pfund Kartoffeln und eine Kerze pro Monat leisten könne.

Die Münchener Post – Einzelpreis 8 Milliarden Mark – meldete den offiziellen Kurswert von 630 Milliarden Mark zu einem Dollar. Der Preis eines 1 Pfundlaibes Brot war in weniger als zwei Wochen fast auf das 17fache gestiegen, von 1,8 auf 32 Milliarden Mark, ein Viertel Liter Milch von 3 auf 25 Milliarden, ein Pfund Fleisch von 5 auf 50 Milliarden und ein Liter Bier von 3,3 auf 42 Milliarden. Ab 10. November verkündete die Zeitung, wird eine Münchener Straßenbahnfart, je nach Anzahl der Zählstrecken, von 5 bis 10 Milliarden Mark kosten. Die Arbeitslosenunterstützung würde ebenfalls erhöht werden, und zwar auf wöchentlich 21 Milliarden Mark für Männer, 16,8 Milliarden für Frauen und 6,2 Milliarden für jedes abhängige Kind.

»Brot war fast unerhältlich. In der letzten Zeit«, so berichtete die Zeitung, »waren viele Bäckereien tagsüber geschlossen.« Offensichtlich konnten sich die Bäcker das Mehl nicht leisten.

Wenn Brot erhältlich war, kostete ein Laib mehrere Körbe voller Papiergeld. Da die Inflation so rapide zunahm und die Preise so steil anstiegen, waren die Deutschen gezwungen, ihren Wochenlohn ohne Verzug in Nahrungsmittel umzusetzen. Geld wurde so schnell gedruckt, wie sich die Pressen drehen konnten. Die Nennwerte gingen ins sinnlos Astronomische: Millionen, Milliarden, Billionen, Billiarden...

Die satirische Wochenzeitschrift Simplicissimus verbildlichte die Situation in einer Karikatur mit einem kleinen Mädchen, das mit zwei riesigen Bündeln Papiergeld an ihrer Seite am Randstein saß und bitterlich weinte. »Weshalb weinst du denn?« fragte sie ein Passant. Ihre Antwort: »Jemand hat die Riemen, die das Geld zusammenhielten, gestohlen.«

München – Bayern – Deutschland; eine Stadt, ein Land, ein Staat; verwirrt, verzweifelt und wutentbrannt. Zu verdanken war die Stimmung nicht nur der Inflation, dem ökonomischen wirtschaftlichen Chaos, dem Hunger oder der Arbeitslosigkeit – in München 25% der arbeitenden Bevölkerung.

Im Januar hatte die französische Regierung Raymond Poincarés das für Deutschland lebenswichtige Ruhrgebiet besetzt, um die überfälligen Reparationszahlungen in Form von Industrieerzeugnissen und Rohstoffen einzutreiben. Reichspräsident Friedrich Ebert hatte darauf mit passivem Widerstand und einen neun Monate anhaltenden Generalstreik geantwortet. Fünf Jahre nach dem Waffenstillstand glichen die deutsch-französischen Beziehungen einem Krieg ohne Kriegserklärung.

Die Franzosen schürten und unterstützten unverhohlen separatistische Bewegungen im Rheinland und in der einst zu Bayern gehörigen Pfalz. In Sachsen und Thüringen waren kommunistische bzw. linksextreme Regime an die Macht gekommen. Und Bayern widersetzte sich offen der Reichsregierung in Berlin.

Obwohl die Revolution von 1918 und der Waffenstillstand Deutschland Frieden und Demokratie gebracht hatten, lehnte eine knappe Mehrheit oder eine große Minderheit der Deutschen beides ab. – Sie weigerten sich, die militärische Unterlegenheit des alten Kaiserreiches zu akzeptieren und setzten Demokratie und Frieden der Niederlage und der Erniedrigung gleich: Es war für sie ein abscheuliches Verbrechen gegen die Werte, Symbole, Überlieferungen und Institutionen, die sie als erzdeutsch und als Deutschlands geschichtliches Erbrecht betrachteten. Ob es sich um Sozialdemokraten wie Friedrich Ebert oder um Konservative wie die Reichskanzler Wilhelm Cuno und Gustav Stresemann handelte, die Urheber und Behüter des Friedens und der Demokratie waren in den Augen der »Vaterländischen« und der Monarchisten nichts als Verbrecher und Verräter.

Die Stimmung und die Einstellung Ludendorffs, Hitlers, ja fast aller Konservativen bis Rechsextremen des Landes, wurden in einem Artikel zusammengefaßt und prägnant dargelegt, den Ludendorff im Oktober 1923 exklusiv für die amerikanische Presseagentur North American Newspaper Alliance (N.A.N.A.) geschrieben hatte, und den die New York World am 12. November veröffentlichte:

»Während des Krieges«, so Ludendorff, »wurde wiederholt behauptet, daß wir Deutschen die Psychologie der anderen Völker nicht verstünden. Ich weiß nicht, wie weit das stimmt. Eines weiß ich jedoch: ich persönlich kann Euch Amerikaner nicht verstehen ...

Ich verstehe nicht die grundverschiedene Einstellung der Amerikaner zu den Sozialisten in ihrem eigenen Lande und den Sozialisten in Deutschland. Der doppelte Maßstab ist mir unverständlich. Denn entweder ist die im Sozialismus verkörperte Doktrin des Internationalismus überall verwerflich, oder sie ist es nirgendwo. Entweder ist der Patriotismus und die Vaterlandsliebe in allen Ländern lobenswert, oder in keinem.

Ich kann nicht verstehen, wie Ihr Amerikaner im Endeffekt sagen könnt: ›Wir schätzen den Patriotismus über alles, aber Ihr Deutschen

dürft ihn nicht hegen; wir verabscheuen die roten Internationalisten und Pazifisten, aber Ihr Deutsche müßt sie lieben.‹
Vor einigen Monaten griff Euer Kriegsminister die Pazifisten in den Vereinigten Staaten auf das Schärfste an. Doch werden in der amerikanischen Presse wenige Deutsche so oft, so bereitwillig und so zustimmend zitiert als deutsche Ultrapazifisten, wie Friedrich Wilhelm Förster, Helmuth von Gerlach und Maximilian Harden. Mir ist gesagt worden, daß die Artikel Hardens wöchentlich in fünfzig der führenden amerikanischen Zeitungen erscheinen.
Wie können aber die Pazifisten in Amerika verachtungsvolle Leute sein während die deutschen Pazifisten lobenswert sind? Ihr sagt, in anderen Worten: ›Wir in Amerika halten Patriotismus und Vaterlandsliebe in Ehren. Ihr aber, in Deutschland, sollt sie als reaktionär verachten und verwerfen ...‹
Stark bürgerliche Journalisten besuchen des öfteren Deutschland und beziehen regelmäßig einen Großteil ihrer Informationen und Kenntnisse von sozialistischen und internationalistisch-pazifistischen Quellen. Was würdet Ihr Amerikaner sagen, wenn sich europäische Journalisten über die Situation in Amerika hauptsächlich bei Upton Sinclair oder Eugene Debs informieren würden? Oder glaubt Ihr, daß die deutschen Sozialisten mehr patriotisch und weniger internationalistisch eingestellt sind als die amerikanischen? Gerade das Gegenteil ist der Fall.
Ihr Amerikaner seid stolz auf Eure Armee und Marine. Wißt Ihr denn nicht, daß die deutschen Sozialisten ständig einen Kampf gegen die deutsche Armee geführt haben? ...
Und wißt Ihr denn nicht, daß der Sozialismus im Ruhrgebiet der französischen Zerstörungswut nur mit einer Waffe, der des passiven Widerstandes, entgegentreten wollte? ... Wenn der Glaube an Gott und Vaterland ›reaktionär‹ sein soll, dann sind wir eben reaktionär. Aber dann seid Ihr es auch ... Die Einheit eines Volkes kann nur auf nationalistische, nicht auf einem internationalistischen Fundament herbeigeführt werden. Das ist der Grund, warum wir gegen den Sozialismus, Internationalismus und Pazifismus und für ein vereinigtes deutsches Volk mit starkem Nationalgefühl kämpfen ... Ich kann nicht verstehen, warum Amerikaner das als ›reaktionär‹ betrachten, wenn es doch, wie in Amerika, nur Vaterlandsliebe ist!«
Mit solchen weitverbreiteten Ansichten, die in Bayern ganz besonders stark verwurzelt waren und auch geschürt wurden, befand sich Mün-

chen am 8. November 1923 in einem politischen, ökonomischen und emotionellen Strudel.

Die Revolution war in München am 7. November 1918, 36 Stunden früher als im übrigen Deutschland ausgebrochen, und zwar ironischerweise auf der Theresienwiese, dem Schauplatz des berühmten Oktoberfestes. Dabei war es zu kaum mehr Gewalttätigkeiten als bei den alljährlichen derben Bierorgien gekommen. Der Ausbruch der Revolution in München glich eher einer Opera comique. Ihre Führer waren pazifistische Intellektuelle und Literati, viele von ihnen jüdischer Abstammung. Der auffälligste war ein gewisser Kurt Eisner, ein Zwerg mit wildem roten Bart, langen zerzausten Haaren und einem Zwicker vor seinen kurzsichtigen Augen. Die Führer der Münchner Revolution gehörten zur Unabhängigen Sozialistischen Partei, die an Deutschlands Schuld am Kriege glaubte und sich aus diesem Grunde über die Frage, ob die deutschen Arbeiter den Krieg des Kaisers unterstützen sollten oder nicht, mit den gemäßigten Sozialdemokraten und ihrem Voristzenden in Bayern, Erhard Auer, entzweit hatten.
An diesem Nachmittag waren Auer und Eisner jedoch Verbündete in einer Friedenskundgebung von mehreren Tausend Demonstranten auf der Theresienwiese. Das Treffen sollte gerade mit einem stummen Marsch durch die Stadt abgeschlossen werden und seinen Höhepunkt erreichen, als jemand aus Eisners Gefolge mit einer roten Fahne auf das Podium sprang und »Auf in die Kasernen! Es lebe die Revolution!« schrie. Ohne auf Widerstand zu stoßen und ohne daß ein einziger Schuß fiel, besetzte Eisners Gruppe innerhalb einiger Stunden die Kasernen, Ministerien und das bayerische Parlamentsgebäude. Dort wurde Eisner zum Vorsitzenden eines Arbeiter- und Soldatenrates ernannt. Er selbst proklamierte sich zum provisorischen Ministerpräsidenten einer bayerischen Republik und eines »freien Volksstaat Bayern«.
Im Schutz der Dunkelheit und ohne formell abgedankt zu haben, war der greise König Ludwig III. mit seiner Familie aus der prunkvollen Münchener Residenz in eines seiner Landschlösser nicht weit von Berchtesgaden geflohen.
Die Revolution hatte zwar unblutig begonnen, doch endete sie in einem Blutbad. Die Regierung Eisners repräsentierte eine linksextreme Gruppe, die sich von einer Minderheitspartei abgespaltet hatte. Er verfügte zwar über die widerwillige Unterstürzung von Auers bayerischen Sozialdemokraten und den bayerischen Kommunisten, die alle

angeblich das Massenproletariat Bayerns, das es nicht gab, vertraten. Die Mehrheit des Landes waren Bauern und Handwerker, treu der Monarchie und treu den Wittelsbachern ergeben. Sie waren zwar über das Ende des schrecklichen Krieges erleichtert, doch hatten sie und insbesondere die heimgekehrten Frontkämpfer, nicht die geringste Sympathie für Eisners militanten Pazifismus und Internationalismus.

Hitler war einer der heimgekehrten Frontkämpfer. Er weinte bitterlich, als der Kaiser abgedankt hatte und Deutschland für geschlagen erklärt worden war. Bei der Rückkehr in die Heimat seiner Wahl und als Gefreiter der bayerischen Infanterie noch im aktiven Dienst, fand er ein München vor, das er kaum wieder erkannte und schwor, den vermeintlichen Verrat zu rächen.

Auch der 19jährige Leutnant Wilhelm Briemann war ein Frontkämpfer gewesen. Kurz nach seiner Heimkehr trat er der kleinen deutschen Arbeiter-Partei (DAP) bei, deren Mitglied auch Hitler geworden war. Der Grund für diesen Schritt war ein Erlebnis, das sich unauslöschbar in sein Gedächtnis eingeprägt hatte. Als er am Tage seiner Entlassung aus der Armee, noch in Uniform, die Kaserne verließ, lief er in die Arme eines »Mob von Roten, die mich beschimpften und versuchten die Kokarde von meiner Mütze zu reißen«.

Für Briemann war es »ein bitteres Erlebnis, das ich einfach nicht vergessen konnte. Ich hatte mich freiwillig gemeldet, dem Tod mehrmals in die Augen geschaut. Ich hatte das Vaterland mit meinem Leben verteidigt und gekämpft für die Werte, die mir beigebracht worden waren und die ich für richtig und ehrbar hielt. Und nun diese Schmach – mir die deutschen, die bayerischen Farben von Uniformrock und Mütze zu reißen. Wenn das die neue Ordnung sein sollte, dann war sie nicht für mich.«

Auch Leutnant Anton Graf Arco Valley widersetzte sich der neuen Ordnung. Am 21. Februar 1919 schoß er auf offener Straße und am hellichten Tage Kurt Eisner auf dem Weg von seinem Amt im Montgelas-Palais zum Parlament nieder. Ironischerweise beabsichtigte Eisner im Parlament – nach einer peinlichen Wahlniederlage – seinen Rücktritt einzureichen.

Als Halbjude – seine Mutter war eine Freiin Emmy von Oppenheim – hoffte der 22jährige Arco auf die Anerkennung seiner antisemitischen, monarchistisch gesinnten Standesgleichen durch diese spektakuläre, vaterländische Tat – »die Beseitigung dieses jüdisch-bolschewistischen Verräters«.

Diese Tat verwandelte die bayerische Revolution von einer Komödie in eine blutige Tragödie.
Binnen einer Stunde nach Eisners Ermordung stürmte ein Mitglied des »Revolutionären Arbeiterrates« in das Abgeordnetenhaus, tötete einen konservativen Abgeordneten und schoß Erhard Auer, den die Linksextremen noch mehr haßten als die Rechtsextremen, nieder.
So hatte Bayerns »zweite Revolution« begonnen, ein zehn Wochen langer Alptraum von »rotem« und »weißem« Terror. Die Linksextremen verkündeten die bayerische Räteprepublik. Ihre Führer waren Anarchisten und Mitglieder der jungen kommunistischen Partei (KPD), unter ihnen ein gewisser Rudolf Egelhofer, ein früherer Matrose der kaiserlichen Marine, der den Titel »Oberkommandierender der Roten Armee« trug.
Den Geist dieses Regimes hatte Egelhofer am besten beschrieben, als er sagte: »Es tut mir jedesmal leid, wenn ich nach München komme und nicht an jedem Laternenpfahl einen Offizier oder Kapitalisten hängen sehe.« Das Morden war besonders während des Monats April mutwillig und wahllos, und trug viel dazu bei, junge Männer wie Adolf Lenk, der zu dieser Zeit Lehrling in der Klavierwerkstatt seines Vaters gewesen war, bis ans rechte Ende des politischen Spektrums zu treiben. Er konnte niemals den Morgen vergessen, an dem ihm sein Vater sagte: »Kurz vor Sonnenaufgang ist jemand für nichts und wieder nichts vor unserem Hauseingang erschossen worden.« Lenk ging auf die Jahnstraße hinaus und sah dort den Leichnam eines Jünglings in seinem Alter noch immer auf der Straße liegen. »Er hatte gar nichts getan. Er ging einfach nur die Straße entlang, als ihn ein Trupp von Roten angehalten hatte. Ohne Grund hatten sie ihn erschossen. Sie wußten noch nicht mal seinen Namen und haben ihn dort einfach verbluten lassen. Es war schrecklich.«
Die Grausamkeit der »Zweiten Revolution« entfachte eine nicht minder grausame Gegenrevolution – unter Führung einer Bürgermiliz, der »Einwohnerwehr«, Freikorps-Condottieri unter Generalmajor Franz Ritter von Epp, dem einstmaligen Kommandanten der königlichen Ehrengarde, und Einheiten der Reichswehr, einschließlich des Hauptmanns Ernst Röhm, der bald als der Befreier Münchens bekannt werden sollte. Die »Weiße Armee« ging am 30. April zur Offensive gegen Egelhofers »Rote« über und drang in die Hauptstadt ein. Es war, nach den Worten eines Zeugen, des Sozialdemokraten Wilhelm Hoegner, »ein wahrhafter Bürgerkrieg. Von allen Seiten krachten Kanonen und Gewehrschüsse. Es gab unglaubliche Ausschreitungen, insbesondere

scheußliche Geiselmorde auf beiden Seiten – den Mord an den katholischen Gesellen, die mitten in der Stadt niedergemetzelt wurden, die Erschießungen der unschuldigen Perlacher Arbeiter im Hofbräuhauskeller, die elfhundert Leichen erschossener Menschen auf den Münchener Friedhöfen. Der Haß tobte sich ungehemmt aus und vergiftete noch jahrelang das politische Leben des Landes.«

Als das Gemetzel am 2. Mai ein Ende nahm, zählte man die Opfer: 58 »weiße«, 100 »rote« Soldaten und 2000 Zivilisten, die mit Schüssen, Äxten, Bajonetten, Messern, Totschlägern und Fußtritten umgebracht worden waren.

Eine Zeitlang herrschte ein gemäßigtes sozialdemokratisches Regime. Doch wuchs der durch die Räterepublik und den Bürgerkrieg entfachte Haß gegen die »Roten« beständig und damit verlagerte sich die effektive Macht immer weiter zur politischen Rechten.

Die Rechte in Bayern bestand aus der Reichswehr mit ihren Offizieren, den Monarchisten, den Staatsbeamten, der Polizei und zahlreichen anderen Konservativen und Reaktionären, die noch von einem »Großdeutschland« träumten. Sie haßten die in Berlin ausgerufene Republik sowie die parlamentarische Demokratie und die Weimarer Verfassung. Fest glaubten sie daran, Deutschland hätte den Krieg nur an der »Heimatfront« verloren. Die Heimatfront war, wo die »Anarchisten, Sozialisten, Pazifisten, jüdischen Kriegsgewinner« gediehen, – alle jene also, die dem deutschen Frontkämpfer in der entscheidenden Großschlacht den »tödlichen Dolchstoß« in den Rücken versetzten und dann den »Novemberverbrechern«, Präsident Ebert und seinen Reichskanzlern zu Macht verhalfen, die den Vertrag von Versailles unterzeichneten, der das Land mit Reparationen, Rüstungseinschränkungen, Kontrollen der Industrie und Wissenschaft lähmte und seiner Territorien und Gesamtkolonien beraubte. Für die »Rechte« war der Vertrag und die Politik seiner »Erfüllung« unannehmbar.

Zur Rechten gehörten auch die entlassenen demobilisierten Soldaten und einstmaligen Berufsoffiziere, für die 1918 eine Welt zusammengestürzt war. Diese Männer, die der Krieg gestählt, teilweise gefühllos, gewalttätig und skrupellos gemacht hatte, sehnten sich nach jener vaterländisch gesinnten Gesellschaft, die ihnen 1914 zur Schlacht zugejubelt hatte. Hungrig, zerlumpt, demoralisiert, arbeitslos und außerdem für die Arbeit unbrauchbar, hörten sie auf jeden Demagogen und waren bereit, jedem Freibeuter zu folgen, der eine Armee aufbaute und ihnen einen vollen Magen, ein Dach über dem Kopf und ein wenig Ruhm versprach.

1919 und 1920 mangelte es in Deutschland nicht an Armeen, die Männer suchten. Die Reichswehr, auf hunderttausend Mann beschränkt und von Rache und besseren Zeiten träumend, versorgte die Freikorps insgeheim mit Waffen und Munition. Da gab es den »Bund Oberland«, die »Einwohnerwehr«, das »Freikorps Epp«, das »Rossbach-Bataillon« und die »Ehrhardt-Brigade« von Kapitän zur See a.D. Hermann Ehrhardt. Diese wurden zuerst mit der stummen Billigung – manche sprachen von Einwilligung – der Berliner Regierung hauptsächlich dazu benutzt, strittige Territorien an den östlichen Grenzen Deutschlands wiederzugewinnen. Es währte jedoch nicht lange, bis die Freikorps Intrigen und Putsche, die auf den Umsturz der Republik zielten, unterstützen.
Ein solcher Putsch fand am 13. März 1920 statt, als Ehrhardts Brigade Berlin besetzte und Dr. Wolfgang Kapp, einen rechtsextremen monarchistischen Staatsbeamten, als Reichskanzler einsetzte. Die Reichswehr unter General Hans von Seeckt unternahm nichts, somit waren Ebert und seine Minister zur Flucht gezwungen. Der Kapp-Putsch brach erst zusammen, als die Gewerkschaften Berlin mit einem Generalstreik lahmgelegt hatten.
Einen Tag später hatte München seinen eigenen Miniputsch. Der Führer der Einwohnerwehr, der Kommandant der 7. Division, Polizeipräsident Ernst Pöhner, sowie Gustav von Kahr, der monarchistische Regierungspräsident von Oberbayern, verbündeten sich und stellten der gemäßigten sozialdemokratischen Regierung ein Ultimatum: Rücktritt oder Militärdiktatur. Die Regierung trat zurück und von Kahr wurde Ministerpräsident.

In den 18 Monaten seiner Amtsführung als Ministerpräsident war Kahr bemüht, Bayern zu einer »Ordnungszelle« innerhalb des Reiches zu machen. Während dieses Vorgangs wurde München zu einem Mekka für Männer wie Ehrhardt, Rossbach, Ludendorff und für alle, die entschlossen waren, die Weimarer Republik zu stürzen. Wie ein Magnet, zog die Stadt fanatische Antisemiten und Emigranten aus dem roten Rußland wie Alfred Rosenberg und Max von Scheubner-Richter sowie »Dichter« und »Philosophen« nordischer und teutonischer Reinheit an, die sich in der Geheimgesellschaft »Thule« trafen.
München war auch die Brutstätte, in der die Ermordungen des Reichsfinanzministers Matthias Erzberger und des Außenministers Walter Rathenau geplant worden waren. Die strafrechtliche Verfolgung der Attentäter, die mit Ehrhardts Brigade in Verbindung gestanden hatten,

wurde von dem Ministerpräsidenten Ernst Pöhner und seinem treuen Schüler Dr. Wilhelm Frick, vereitelt. Es war in der Zeit, in der man die Polizeidirektion in der Ettstraße schlicht als »Mörderzentrale« bezeichnete. Als Pöhner öffentlich mit der Behauptung konfrontiert wurde, daß in München ganze Gruppen von politischen Meuchelmördern frei herumliefen, ausgebildet wurden und »arbeiteten«, blickte Pöhner eiskalt durch seinen Zwicker und sagte: »Soo ... aber zu wenig.«

Das war die Atmosphäre, die es einem österreichischen Gefreiten der deutschen Armee a. D., einem Mann mit minimaler Schulbildung, ermöglicht hatte, einen Debattierklub, der sich großartig die »Deutsche Arbeiterpartei« nannte innerhalb von vier Jahren in die mächtigste und gefürchtetste politische Bewegung Bayerns umzuwandeln. Geschichtsschreiber mit einer Neigung zur sozialökonomischen Auslegung historischer Vorgänge behaupten, Hitler sei der richtige Mann mit der richtigen Botschaft im richtigen Augenblick gewesen. Die Münchener behaupten, es hätte nur in ihrer Stadt geschehen können, da sie »so offen und tolerant ist, daß jeder Spinner sich hier Gehör verschaffen kann und ein Publikum finden wird«.

Beide Behauptungen enthalten ein Quantum Wahrheit.

Überdies wußte Hitler genau, wie man den Menschen das, was sie hören wollen, sagt. »Mein Vater nahm mich mit zu einem von Hitlers ersten öffentlichen Veranstaltungen«, erinnert sich Lenk, »und was ich dort hörte, hatte so viel Hand und Fuß, daß ich aufstand und jubelte.« Rudolf Hess, der ihn zum ersten Male im Mai 1920 hörte, war nach der Ansprache ganz benommen. »Alles war so logisch, so klar, so frei von jedem Ansatzpunkt möglichen Zweifels.«

Er sprach die Sprache der Schützengräben und die ehemaligen Frontkämpfer folgten ihm. Er verfügte über quasi messianische Kräfte, die es dem Ex-Gefreiten ermöglichten mit Obersten und Generalen – einem Ludendorff, Lossow, auch dem Kronprinzen Rupprecht als Gleicher, wenn nicht Erster unter Gleichen zu verhandeln und sie seinem Willen zu unterwerfen.

Er sprach von Not und Mangel an Brot und Kartoffeln, von den astronomisch ansteigenden Preisen, und die Frauen in der Zuhörerschaft schluchzten. Er zog gegen die Ausbeuter und kapitalistischen Kriegsgewinner los, und die Arbeiter ballten ihre Fäuste in ohnmächtigem Zorn. Er wütete gegen die jüdischen Kaufhausbesitzer, die die Einzelhändler ruinierten, gegen die Bankiers, die Geld nur gegen unmenschlich hohe Zinsen verliehen und entfachte den Haß der kleinen Unternehmer gegen

das Großkapital. Er fauchte gegen die »Roten Verräter« in Berlin und brachte Chauvinisten und Patrioten zur Weißglut.
Er war wohl der richtige Mann, mit der richtigen Botschaft im richtigen Augenblick. Doch war er als solcher keineswegs allein. Was ihn vor allem von Hunderten von gleichgesinnten Agitatoren unterschied, war zweifellos seine »magnetische«, fast hypnotische Wirkung auf die Massen, ja auf seine Mitmenschen schlechthin. Der Rhythmus seiner Sprache und der Klang seiner Stimme allein versetzte die Zuhörer in Erregung. Sie waren bereit, ihm bis ans Ende der Welt zu folgen.
Der im Dezember 1923 verstorbene Professor Dr. Max von Gruber, Präsident der Bayerischen Akademie, schrieb über seine Eindrücke, als er Hitler zum ersten Mal im Zirkus Krone reden hörte: »Ich bewunderte seine Fähigkeit, zwei Stunden lang ohne Ermüdung in dem Riesenraum frei zu sprechen. Er beherrschte die vieltausendköpfige Menge vollständig ... dieselben Bevölkerungsteile – kleine Leute, Handlungsgehilfen, Arbeiter, kleinere und mittlere Beamte und Geschäftleute – welche vor ein bis eineinhalb Jahren ganz und gar von demokratischen und sozialistischen Träumen und Wünschen erfüllt waren ... sangen nun ›Deutschland, Deutschland über alles‹ und die ›Wacht am Rhein‹ ... ich hatte den Eindruck eines überzeugten Mannes ... ein seltenes Redner- und Agitatorentalent ... höchst wertvoll als Faust, die zum Gehorsam zu bringen ist, höchst gefährlich, wenn er Kopf sein will ... Ich sah mit steigender Besorgnis seinen Einfluß auf die Studenten und weite Bürgerkreise wachsen ...«
Professor Karl Alexander von Müller, der Hitler des öfteren privat begegnet war, bevor er ihn öffentlich reden hörte, verzeichnete beim ersten Male: »Er ging ganz nahe an mir vorbei und ich sah: das war ein anderer Mensch als der, dem ich da und dort in Privathäusern begegnet war: die schmalen, bleichen Züge wie von einem besessenen Ingrimm zusammengeballt, kalte Flammen ausschleudernd aus den vorgewölbten Augen ... war es die Masse, die ihm diese rätselvolle Kraft eingab? Fanatisierende, hysterische Romantik, mit einem brutalen Willenskern ... er wirkte wie ein Schauspieler, manchmal wie ein Hysteriker, manchmal wie ein Besessener ... der orgiastische Ausbruch blieb nie aus, auch nicht die orgiastische Erwiderung ...«
Hitlers Macht und Einfluß wuchs mit zunehmender Anhängerschaft. Oft ziemlich schlampig gekleidet, benahm er sich in Gesellschaft linkisch, exzentrisch und lümmelhaft. Trotzdem galt es als chic, mit ihm gesehen und identifiziert zu werden. Frauen insbesondere rissen sich

darum, ihn zum Abendessen oder zum Kaffee mit Kuchen als Gast zu haben.

Mit seiner Privatarmee, der SA, Zehntausenden von Beitrag zahlenden Parteimitgliedern und einer frenetischen Gefolgschaft, war Hitler schon im Frühjahr 1923 eine beherrschende Figur auf der politischen Bühne Bayerns. Sein Einfluß wuchs mit den Bündnissen, die er offensichtlich mit Ludendorff, Ehrhardt, den Anführern der verschiedenen vaterländischen Verbände, mit Röhm, und durch Röhm mit der Reichswehr und ihrem Befehlshaber in Bayern, General von Lossow, geschlossen hatte.

Anfang 1923 begann eine neun Monate lange Periode von Agitation, Intrigen und Gegenintrigen, von Pläneschmieden, Polarisierung, wirren Träumen, Volksaufwiegelung, Bluffen und Einschüchterungen. Die spezifisch bayerische Aversion gegen alles Preußische und der zunehmende Druck, den die marxistisch orientierte Berliner Regierung auf Münchens Politik und Handlungsweise ausübte, taten ihr übriges.

In Anbetracht dieser chaotischen Lage gab es nach Auffassung des Generals von Lossow drei Möglichkeiten: entweder würde »die Wurstelei noch eine Zeitlang weitergehen«, oder Bayern müßte seinen eigenen Weg gehen, oder »wir kommen dem Norden zu Hilfe in der Aufstellung einer ausgesprochenen Rechtsdiktatur unabhängig von parlamentarischen Einflüssen, so wie der Norden uns in München zur Zeit der Rätediktatur zu Hilfe gekommen ist«. Das letztere bedeutete in anderen Worten, den »Marsch auf Berlin«.

Da die erste Alternative für München indiskutabel war, blieben nur die beiden andern übrig.

In einem gewissen Sinne handelte es sich um eine Verschwörung aller gegen alle. Eine große Zahl von Konservativen teilten viele von Hitlers Ansichten und Zielen, obwohl sie seine Volkshetze immer wieder schokkierte. Andererseits wirkten Ludendorffs arrogante preußische Manieren und sein aggressiver Antikatholizismus abstoßend auf die Bayern. Und doch war Ludendorff – viel mehr als Hitler, der Parvenu und »Trommler« mit seinen zerlumpten Horden – die einzige Figur von nationaler Statur um die sich nicht nur Bayerns, sondern auch des übrigen Deutschlands Rechte scharen konnten.

Jene, die Hitler haßten oder ihm mißtrauten, fürchteten ihn gleichzeitig. Sie zögerten, ihm zu folgen, wagten es aber auch nicht, ihn anzugreifen. Hitler seinerseits mißtraute und verachtete das Establishment. Manchmal meinte er, es sei kleinmütig und ein anderes Mal wieder hegte er den Verdacht, es würde ohne ihn losschlagen. Inzwischen verursachte seine unablässige und hochwirksame Agitation in der Massenversammlung eine Erregung, die er vielleicht sogar selbst nicht mehr zu bändigen in der Lage war.

Angewiesen war Hitler vor allem auf von Lossow, der nicht nur über die nötigen Waffen verfügte, sondern überdies mit ihm »in neun von zehn Punkten« übereinstimmte. Hitler beschwor ihn immer wieder, loszuschlagen, die Reichswehr zur Revolte aufzurufen, auf Berlin zu marschieren und eine nationale Diktatur auszurufen. Während des Monats April hatte er den General fast täglich aufgesucht und versucht, ihn mit Argumenten und Suggestion zum Handeln zu veranlassen. Von Lossow schien jedoch kein geeignetes Medium zu sein.

Mittlerweile hatte in Berlin Gustav Stresemann im August 1923 Wilhelm Cuno als Reichskanzler abgelöst. Stresemann war ein konservativer Demokrat und ein Realist. Am 24. September, sechs Wochen nach seinem Amtsantritt, blies er die passive Widerstandsaktion im Ruhrgebiet ab und erklärte sich mit der Abzahlung der Reparationen nolens volens einverstanden. Die Rechte sowie die äußerste Linke Deutschlands reagierte auf diesen Schritt mit Empörung.

In Bayern war Hitlers Stimmung am Siedepunkt angelangt. Stresemanns Haltung bedeutete für ihn die erniedrigendste und schmählichste Form von Kapitulation und Unterwürfigkeit. Wenn jemals die Zeit reif war, auf Berlin zu marschieren – in Sachsen und Thüringen waren zudem die Kommunisten an der Macht beteiligt –, so war sie es jetzt. Ob er losschlagen würde, hing jetzt nur von der allgemeinen Stimmung ab.

Um die Stimmung zu prüfen, alarmierte er seine 15000 Mann von der SA und verkündete, er würde am 27. September vierzehn Massenversammlungen abhalten und in jeder selbst sprechen. Bayerns Regierung geriet in Panik und Ministerpräsident von Knilling verhängte den Ausnahmezustand. Dann betraute er mit der Ausführung seiner Anordnungen ein aus Kahr, Lossow und Seisser bestehendes Triumvirat. Dies veranlaßte wiederum Ebert, den nationalen Ausnahmezustand auszurufen und von Kahr zu befehlen, sich den Reichsverordnungen zu fügen. Die Bayern widersetzten sich jedoch dem Reich.

Die Krise verschärfte sich während der Monate September und Oktober. Von Kahr griff die Reichsregierung an und forderte offen ihren Umsturz. Hitler gebärdete sich bald wie Napoleon, bald wie der Messias. Mehr denn je davon überzeugt, daß das Volk die Revolution brauchte und wollte, sowie von seiner Mission, das Volk zu führen,

schrie er in jeder Ansprache: »Nur eine Frage bedrückt heute das deutsche Volk: Wann geht es los?«
Im gewissen Sinne war die Revolution schon im Gange. Ehrhardt hatte seine Brigade von Freibeutern und Condottieri mit Seissers Einverständnis als eine Art von Hilfs-Landespolizei entlang der bayerisch-thüringischen Grenze konzentriert und drohte, gegen die links-extreme Regierung in Thüringen zu marschieren. In München sprach von Kahr davon, daß Stresemann nur in einer »anomalen Weise« gestürzt werden könne, und meinte damit, feiner ausgedrückt, das gleiche, was Hitler offen und laut verlangt hatte. Doch hatte von Kahr keine Lust, den »anomalen Weg« mit dem Führer der NSDAP zusammen zu beschreiten. Mehr als einmal jedoch ließ er sich von Hitler versprechen, daß dieser nicht allein, ohne das Triumvirat putschen würde.
Am Dienstag, den 6. November wurde es Hitler klar, daß er sein Versprechen weder halten konnte noch wollte. An diesem Nachmittag traf das Triumvirat die Führer aller vaterländischen Kampfverbände, mit der Ausnahme von Hitler. Bei diesem Treffen drängten Hitlers Verbündete Kriebel und Weber zu baldigem Handeln. Je mehr sie aber drängten, um so mehr widersetzten sich die Triumviren.
»Ja«, wiederholte Kahr, »Stresemann muß schon auf dem anomalen Wege ersetzt werden ... es kann aber nur nach einem einheitlichen, ganz genau vorbereiteten und durchdachten Plan gearbeitet werden ... wir müssen der Mitwirkung der norddeutschen Reichswehr sicher sein, um konzentriert und einheitlich vorzugehen. Erst, wenn alles bereit ist, beginnt die Tat. Den Befehl dazu gebe i c h!«
»Ich will marschieren«, sekundierte Lossow, »Herrgott, ja, ich will marschieren, aber nur wenn ich 51 Prozent Chancen auf meiner Seite habe. Ein Abenteuer mache ich nicht mit.«
Dann warnten Kahr, Lossow und Seisser noch eindringlich, sie würden »einseitiges Vorgehen«, »Phantastereien und ähnliche Vorgänge« der vaterländischen Verbände in Bayern nicht dulden. Einem Putsch »oder dergleichen« würden sie mit Gewalt entgegentreten.
Als Kriebel und Weber noch am selben Nachmittag Hitler Bericht erstatteten, traf er seine Entscheidung. Wenn er das Triumvirat zum Handeln nicht überreden könne, werde er sie dazu zwingen. Und zwar in aller Öffentlichkeit.

2. Akt
Der Plan wird ausgeführt

Ein Zug des »Stoßtrupp Hitler«, hier mit seinem Führer, Josef Berchtold, links auf dem Lastwagen stehend

3. Szene

Abends kurz nach 7 Uhr 15 hielt Hitlers roter Benz mit einem Ruck vor der Schellingstraße 39.
»Schneller«, brüllte Hitler Ulrich Graf an, bevor er die Treppen zu den Räumen des *Völkischen Beobachters* hinaufeilte. Den Flur entlang stürmend riß er die Türen auf und schlug sie wieder zu. »Rosenberg! Amann!« schrie er. »Sind alle fertig zum Gehen? Und wo ist Göring?«
Der fettleibige Sturmtruppführer wartete bereits in seiner Uniform in Schrecks kleinem Büro. Hitler gab ihm noch letzte Anweisungen, dann aber sagte er etwas ungeduldig: »Sie müssen sich beeilen, Hauptmann Göring. Alles läuft zu langsam. Wir sind schon spät dran!«
Göring schlug die Hacken zusammen. Dann winkte er seinem Adjutanten, Walter Baldenius, und auch Schreck. Mit diesen zwei SA-Männern in seinem Gefolge stieg er in ein wartendes Auto.
»Wohin, meine Herren?« fragte der Fahrer Michael Ried.
»Wir zeigen Ihnen den Weg«, brummte Göring.
Um den Bierkeller nicht direkt anzusteuern, fuhren sie auf Umwegen durch die Stadt zu einer Fabrik in der Balanstraße, nicht weit vom Bürgerbräukeller entfernt. Als der Wagen durch eine dunkle Seitenstraße fuhr, öffneten Schreck und Baldenius eine Kiste auf dem Rücksitz. Behutsam nahmen sie ein paar Handgranaten und zwei Maschinenpistolen heraus.

Auf dem abseits gelegenen, schwachbeleuchteten Lagergelände an der Ecke Balan-/St. Martinstraße bewegten sich Josef Berchtold, Wilhelm Briemann, Ludwig Schmied, die anderen Mitglieder des »Stoßtrupp« und mehrere Hundert SA-Männer nervös und ungeduldig um vier riesige Lastwagen herum, die mit Gewehren, schweren Maschinengewehren, vielen Kisten von Handgranaten und Munition beladen waren. Sie warteten auf Göring, ohne den die Waffen nicht ausgegeben werden durften und der die endgültigen Befehle und Anweisungen geben sollte.
»Er ist doch nie pünktlich«, murrte Berchtold zum Jungsturmführer

Adolf Lenk, der eben mit mehreren Dutzend halbwüchsigen Soldaten eingetroffen war.

Auch Hitler, der im Hauptquartier in der Schellingstraße mit Alfred Rosenberg und Max Amann sprach, wurde zunehmend nervös.
»Haben Sie die Aufrufe fertig und ist alles für eine Sonderausgabe bereit?« fragte Hitler den Chefredakteur. »Sind genügend Schreibkräfte und Stenotypistinnen für die Nacht im Dienst?« Rosenberg versicherte Hitler feierlich, daß alles bereit war.
Dann wandte sich Hitler zu Amann und sprach: »Ich nehme auch an, daß die Räume für die neue Regierung in der Kanalstraße bereit stehen. Und wie ist das mit den Druckereien? Wissen die, daß sie noch Plakate anfertigen müssen?« Amann nickte zustimmend. »Alles in Ordnung. Nur Herr Streicher ist noch nicht hier. Wenn er den D-Zug um dreiviertel zwei genommen hat, würde er schon längst hier sein – mindestens vor drei Stunden. Ich habe ihm gesagt, nicht später als 7 Uhr. Länger können wir nicht mehr warten.« Diese Nachricht enttäuschte Hitler. Julius Streichers Judenhetze hatte einen ganz eigenen Stachel, und er war ein wirkungsvoller Demagoge. Hitler hätte ihn gerne dabei gehabt. Doch jetzt war es an der Zeit, zu gehen.
Max von Scheubner-Richter, wie immer in Begleitung seines treuen Dieners Johann Aigner, traf noch zu einem kurzen Gespräch ein. Dann starteten alle in zwei Autos zum Bürgerbräu. In Hitlers Wagen saßen Rosenberg, Amann und Ulrich Graf, der für den Abend seinen Schnurrbart besonders sorgfältig gezwirbelt hatte. Als sie anfuhren, blickte Rosenberg beim fahlen Licht einer flackernden Straßenlampe auf seine Uhr. Es war viertel vor 8.

Der 3000 Personen fassende Saal des Bürgerbräus war bis zum letzten Stehplatz gefüllt. Die Tische und Stühle waren so eng zusammengerückt, daß sich die Kellnerinnen, die Maßkrüge fest im Griff, kaum ihren Weg bahnen konnten.
Auf der Suche nach einem Platz traf der Drucker Ferdinand Schreiber Anton Schmidt, die Konkurrenz. Er bat ihn, seinen Stuhl mit ihm teilen zu dürfen, und sie tauschten ihre Eindrücke über den seltsamen Anruf Philipp Bouhlers aus.
Kriminalsekretär Georg Stumpf und Kriminalassistent Georg Ott, beide nicht im Dienst, waren als Veteranen der Einwohnerwehr von 1919 eingeladen worden. Sie suchten vergeblich auf der Empore, die den

ganzen Saal umrankte, einen Platz zu finden. Schließlich entschieden sie sich für die Treppe, die zum Balkon hinaufführte.
Präsidialsekretär Georg Rauh, Regierungsrat Otto Bernreuther und andere hochgestellte Polizeibeamte trafen zusammen mit ihrem Chef, Karl Mantel, ein. Bernreuther und Mantel hatten reservierte Sitze am Ehrentisch, Rauh jedoch mußte sich selbst einen Sitz suchen. Als er sich an Kriminaloberkommissar Philipp Kiefer um Hilfe wenden wollte, fand er ihn im Gespräch mit Kriminalkommissar Siegfried Herrmann. »Haben Sie schon etwas davon gehört, daß die Versammlung von Hitler gesprengt werden soll?« fragte Kiefer gerade in dem Augenblick, da Rauh sich näherte. Herrmann wechselte das Thema abrupt. »Ach entschuldigen Sie einen Moment, Herr Oberkommissar. Mal sehen, ob ich für Herrn Rauh einen guten Sitzplatz in der Nähe des Rednerpultes finden kann.« Die Tatsache, daß er Kiefers Frage nicht beantwortet hatte, beunruhigte Rauh. Auf der Jagd nach einem Platz hatte er das jedoch wieder vergessen, als er sich endlich auf einer Serviertheke in der Nähe der Küche niederließ.
Karl Alexander von Müller, der sich dank seiner Einladungskarte durch die Menschenmenge und den Polizeikordon hindurchquetschen durfte, war erfolgreicher. Sein Freund Robert Riemerschmid hielt einen Stuhl für ihn in der Nähe des Podiums frei. Während er sich mühsam seinem Platz näherte, konstatierte er erstaunt die Verschiedenartigkeit und unüberschaubare Menge der Zuhörer. Er hatte den Eindruck, daß mehr Leute zugegen waren, als Kahr erwartet oder gewünscht hatte. Die Atmosphäre war unheimlich und wie elektrisch aufgeladen.
Als seine Augen, vom beizenden Rauch schmerzend, den Saal durchsuchten, trafen sie auf viele bekannte und prominente Gesichter: Ministerpräsident von Knilling und drei Mitglieder des Kabinetts, Innenminister Franz Schweyer, Justizminister Franz Gürtner und Landwirtschaftsminister Johann Wutzelhofer, sowie auf den ehemaligen Polizeipräsidenten Ernst Pöhner und Kronprinz Rupprechts Kabinettschef, Josef Maria Graf Soden.
Einen Teil der Zuhörerschaft bildeten die Eingeladenen: das Establishment. Einen andern Teil bildeten jedoch Hunderte von uneingeladenen Gästen, die in den Saal eingedrungen waren, bevor die Polizei den Eingang versperrt hatte. Unter diesen fiel Professor von Müller – soweit er dies erkennen konnte –, die ungewöhnlich große Anzahl von führenden Anhängern des »Kampfbunds« und der NSDAP auf.
Einige der eingeladenen Gäste waren Juden, obwohl Kahr den Sponsor

und Organisator der Versammlung, den Münchner Geschäftsmann Kommerzienrat Eugen Zentz, gebeten hatte, keine einzuladen. Doch widersprach Zentz in diesem Punkte Kahr »in Anbetracht der Tatsache, Exzellenz, daß einige von ihnen Ihre begeistertsten Anhänger sind«.
Während von Müller die Szene weiter beobachtete, erkannte er auch einen seiner Studenten, Rudolf Hess, in der Uniform der alten bayerischen Armee. Offensichtlich wartete er auf etwas und stand linkisch bei der Garderobe herum. Ja, er schien zu warten, aber auf wen oder auf was? Müller machte wie üblich Notizen für sein Tagebuch.
Die Zuhörerschaft wurde allmählich immer ungeduldiger und verärgerter. Wo war von Kahr? Und weshalb dauerte es eine Ewigkeit, ein Bier zu bekommen? Man hörte zornige Rufe »Hinsetzen vorne! Wir können nichts sehen!« und entsprechende Gegenrufe: »Es gibt nichts zu sehen – nur zu hören!«

Die Menschenmenge im Biergarten und vor dem Eingang auf der Rosenheimerstraße wuchs von Minute zu Minute und »Putzi« Hanfstaengls Nervosität von Sekunde zu Sekunde. Es gab noch immer kein Zeichen von Hitler, ohne den er nicht die geringste Chance hatte, in das Gebäude zu gelangen. Die Polizei ließ nur geladene Gäste oder Prominente, die sie erkannten, durch. Hanfstaengl und die ausländischen Journalisten gehörten zu keiner dieser Kategorien und Hanfstaengl wußte, daß ein deutscher Polizist sich nicht durch Worte beeinflussen ließ. Andererseits gab es auch noch kein Zeichen von Kahr, Lossow und Seisser. So versuchte er die Geduld und die Aufmerksamkeit seiner Begleiter mit interessanter Konversation aufrechtzuerhalten.
Da plötzlich fuhr ein Reichswehr-Generalstabsauto mit dem Triumvirat vor und wenige Augenblicke später Hitlers Karawane – der rote Benz an der Spitze, gefolgt von Scheubner-Richters Cabriolet.
Die Menge drängte sich an Kahr heran und beschwor ihn, sie einzulassen, doch der stämmige, kleine Mann schritt wortlos, und ohne sich umzuschauen, durch den Korridor, den die Polizei für ihn freigemacht hatte. Dann aber bemerkte die Menschenmenge Hitler. Könnte nicht *er* etwas für sie unternehmen? »Ich bin selbst nur ein Gast«, entschuldigte sich dieser ziemlich hilflos.
Das Drängen der Masse und die große Zahl der Polizisten beunruhigte ihn. Würde diese Menschenmenge Göring und Berchtold bei der Ausführung ihres Vorhabens nicht hinderlich sein? Hitler sprach einen ihm bekannten Polizisten an und schlug ihm vor, er solle doch die Straße

räumen lassen und die Sicherheitskräfte reduzieren, denn der Saal sei voll und die Ansprache würde im nächsten Moment beginnen. Dann wies Hitler auf Hanfstaengl, die Journalisten, Rosenberg, Amann, Graf und Scheubner und herrschte den wachhabenden Polizeikommissar an: »Diese Herren hier gehören zu meiner Begleitung!« Die Bezeichneten folgten Hitler auf den Fersen. Am Eingang stand strahlend und erlöst Rudolf Hess.

Hanfstaengl bildete mit Dorothy Thompson die Nachhut der Privilegierten, als die Bierkellertür plötzlich vor ihren Nasen wieder zuschlug. »Aber diese Dame hier vertritt eine große amerikanische Zeitung«, protestierte Hanfstaengl und blickte die Polizisten drohend an. »Wollen Sie es etwa auf sich nehmen, die ausländische Presse an der Berichterstattung über eine wichtige Rede des Herrn Generalstaatskommissars zu hindern? Ich sage Ihnen, das gibt einen sauberen Skandal!« Trotz Hanfstaengls beeindruckender Statur machten seine Drohungen keinen Eindruck auf die stur dreinblickenden Ordnungshüter, ein Verhalten, das sich erst änderte, als seine Begleiterin eine Lucky Strike-Packung aus ihrer Handtasche zog, eine Zigarette anzündete und den Polizisten den würzigen Duft des Virginiatabaks in die von Tabakersatzmischungen seit Jahren mißhandelten Nasen blies. Wer solche Zigaretten rauchte, mußte schon eine bedeutende ausländische Persönlichkeit sein. Und das reichte aus, Dorothy Thompson und Hanfstaengl den Weg endlich freizugeben.

Die Ovation war herzlich, obwohl etwas gedämpft, als sich Kahr, Lossow, Seisser und ihr Gefolge Millimeter für Millimeter zur Rednerbühne durchzwängten. Ihnen folgten Larry Rue von der *Chicago Tribune* und Hubert Knickerbocker vom *Baltimore Sun*, die noch immer hofften, irgendwo einen Sitz zu finden.

Währenddessen bezogen Hitler und seine Leute ihre Stellung an einer Säule in der Nähe des Haupteinganges, ungefähr dreißig Meter vom Podium entfernt. Hitler trug noch immer den Trenchcoat über seinem Cut und spielte nervös mit seiner Browning-Pistole in der Tasche. Mit einem Bündel von Milliardenmarkscheinen schlenderte Hanfstaengl nonchalant zu einem Ausschank und kaufte drei Maß Bier. Eine für Amann, eine für sich selbst und eine für seinen Führer, der mit einem Bier in der Hand weniger auffällig aussehen würde.

Als die Menschenmenge allmählich verstummte, bestieg Eugen Zentz das Podium, um Kahr vorzustellen. »Exzellenz«, sagte er behäbig, in starkem bayerischen Dialekt, »in schwerster Stunde unseres Vaterlandes, am Jahrestag des größten Verbrechens am deutschen Volk, begrüßen wir Eure Exzellenz in der Mitte eines Kreises treuer deutscher, bayerischer Männer aller Stände. In diesen drei Worten: treu, deutsch und bayerisch, liegt das, was uns hier, so verschieden sonst unsere Anschauungen sein mögen, zusammengeführt, liegt das, was wir alle in Ihnen, Euer Exzellenz, verehren. Wir wollen Ihnen sagen, daß wir alle treu zu Ihnen stehen.

Es mag für die Jüngeren unter uns heute oft schwer sein, angesichts der verzweifelten Wirtschaftslage, insbesondere aber angesichts des Fehlens einer starken Hand in Berlin, abzuwarten, das heiße Herz zu bezwingen; wir wissen aber, es muß sein, denn es steht für uns fest, daß in der Treue der Gefolgschaft die Stärke des Führers liegt, daß es Wahnsinn oder Verbrechen ist, wenn die Sozialdemokratie gelehrt hat, der einzelne könne mitregieren ohne andere Kenntnisse der Vorgänge als der, die er aus seinem Parteiblatt geschöpft hat, ohne Unterordnung, ohne freiwillige Anerkennung einer wahren Autorität. Exzellenz, seien Sie uns Führer in ein neues, besseres, schwarz-weiß-rotes Deutschland. Wir alle werden Ihnen folgen!«

»Aber ohne Juden«, schrie jemand, als Zentz' einführende Worte mit stürmischem Beifall begrüßt wurden.

Kahr, in seinem altmodischen Gehrock, mit Hängeschultern und viel zu langen Ärmeln, sein Haar brav in der Mitte geteilt, mit dichtem Schnurrbart, den feisten Nacken tief in den Stehkragen versenkt, stolzierte ungeschickt zum Rednerpult. Alle Augen waren auf ihn gerichtet. Dem Titel nach war er ein Diktator und Zentz hatte soeben eine Lobrede auf ihn als Führer gehalten. Doch von Kahr war im Grunde seines Herzens nur ein Verwalter, ein Bürokrat mit bestenfalls der Schlauheit eines echten Bauern. Ein Staatsmann war er nicht, nicht einmal ein Politiker. Seine kleinen Augen spähten furchtsam in einen Ozean von Gesichtern. Als er anfing, methodisch und fast im Murmelton sein umfangreiches Manuskript zu lesen, wurde es mausestill im Auditorium. Mit Ausnahme seiner leisen monotonen Stimme war ein gelegentliches Schlürfen oder Schmatzen das einzige hörbare Geräusch in dem riesigen Saal. Bald jedoch verwandelte sich das Schweigen in die Wortlosigkeit der Langeweile. Die Gäste waren gekommen, um eine entscheidende, epochemachende Aussage zu hören. Stattdessen wurstelte sich von Kahr »strohtrocken« und kaum vernehmbar durch seinen Text, »als hielte er ex cathedra eine historische Vorlesung«.

Adolf Hitler lehnte sich gegen die Säule unter dem Balkon hinten im Saal. Er biß an einem Fingernagel und nahm einen langen, bedacht-

samen Schluck Bier. Kurz und verächtlich blickte er auf das Podium und Kahr und dann, erwartungsvoll auf den riesigen Haupteingang.
Der Gastwirt Korbinian Reindl bemerkte den Nationalsozialistenführer kaum, als er in die Küche ging, um die Bedienung anzuspornen, doch war er überrascht, dort zwei junge Männer – Wilhelm Kolb und Rolf Reiner – in SA-Uniform um das Telefon herumlungern und es gleichsam bewachen zu sehen.
»Wir warten auf einen Anruf«, erklärte Kolb überzeugend auf seinen fragenden Blick.

Die Menschenmenge vor dem Bürgerbräukeller hatte sich enttäuscht zerstreut und nur ein Dutzend blau-uniformierte Polizisten blieben im Dienst, unter ihnen Wachtmeister Johann Bruckmeier. Es gab wenig Verkehr. Von Zeit zu Zeit kreischte und ratterte ein Straßenbahnwagen die steile Straße hinauf oder herunter. Nach der anfänglichen Erregung schien es Bruckmeier, daß es am Ende doch noch eine ruhige Nacht werden würde.
Plötzlich hörte er das Geräusch von Stiefeln und erblickte auf der Straße zwei Männer mit Stahlhelm und Maschinenpistolen. Sie liefen am Bürgerbräu vorbei, ohne sich dabei umzusehen, den Rosenheimer Berg hinunter stadteinwärts. Einmal blieben sie kurz stehen, blickten in eine kleine Seitenstraße und in Richtung der Ludwigsbrücke, dann liefen sie wieder bergauf, an Bruckmeier vorbei, in Richtung Rosenheimerplatz. Wahrscheinlich sind das Reichswehrsoldaten«, dachte Bruckmeier. »Aber was tun die zu dieser Stunde? Und warum sind sie gerade hier?«

»Der Marxismus«, fuhr von Kahr langweilig fort, »steigert das Begehren des Menschen, indem er, der allgemein menschlichen Trägheitsneigung schmeichelnd, erklärt, daß jeder Mensch auch ohne eigene Leistung, beziehungsweise Leistungssteigerung Anspruch auf alle materiellen Güter der Erde habe. Weil die Massen von diesen Gedanken beherrscht sind ...«
Hanfstaengl gähnte, beugte sich zu seinem Nachbarn hinunter und flüsterte: »Glaubst du, daß eine solche Regierung noch lange dauern kann?« Der Mann zuckte mit den Achseln. »Ich sage dir«, fuhr Hanfstaengl fort, »eine solche Regierung kann keine 24 Stunden mehr dauern ... keine zwölf Stunden, keine Stunde mehr!« Jetzt schreckte der Mann, ein Beamter, doch auf.
Hitler ging langsam vom großen Saal in das Vestibül zur Garderobe, zog

seinen Trenchcoat aus und gab ihn Graf. Dann steckten er und Amann, Rosenberg, Scheubner-Richter und Friedrich Weber, die dort gewartet haben, ihre Köpfe zusammen. Sein Bier noch immer in einer Hand haltend, fischte Hitler mit der anderen nach seiner Taschenuhr und begann die Minuten zu zählen: 8 Uhr 25 . . . 8 Uhr 26 . . . 8 Uhr 27 . . .

4. Szene

Hermann Esser erkannte sich kaum wieder, als er in den Spiegel sah, um seine Krawatte zu binden. Sein Gesicht und seine Augen hatten das tiefe Ocker der Gelbsucht, die ihn seit Wochen ans Bett gefesselt hatte. Seine Muskeln schmerzten bei jeder Bewegung. Er wußte, daß sein Fieber noch viel zu hoch war, um in die Kälte hinauszugehen, auf einem Podium zu stehen und eine Ansprache zu halten. Hätte Hitler denn nicht einen andern Abend wählen können? Um den äußeren Schein zu wahren und aus diplomatischen Gründen hatte er Hitler jedoch versprochen, ihn bei Röhms Kameradschaftsabend im Löwenbräukeller zu vertreten.
Er entschloß sich, nach getaner Pflicht wieder ins Bett zu gehen. Wenn diese Nacht die der Wiederauferstehung Deutschlands sein sollte, müßte das historische Ereignis ohne ihn stattfinden. Nach dem an Röhm weitergeleiteten Kode »glücklich entbunden«, würde er ihm den Rest überlassen und sofort nach Hause gehen.

Als sich Friedrich Mayer von der 10. SA-Kompanie wie befohlen im schäbigen Amberger Hof in der Corneliusstraße unweit der Geschäftsstelle der NSDAP einfand, kannte er noch immer nicht den Grund für den »Alarmbefehl«. Er fand die Kneipe überfüllt mit fast 300 anderen SA-Männern, die meisten schienen einander nicht zu kennen. Mayer entschloß sich, ein Bier zu bestellen.
Um 7 Uhr 45 rief Hans Knauth, der Kommandeur des 3. SA-Bataillons plötzlich: »Alle Mann auf die Straße.« Dort erklärte er ihnen: »Wir marschieren von hier zum Arzberger Keller am Stiglmaierplatz. Von dort geht's zum Löwenbräukeller, wo Hauptmann Röhm und die »Reichskriegsflagge« eine Versammlung abhalten, an der auch Adolf Hitler teilnehmen wird. Antreten! Im Gleichschritt! Marsch!«
Dann zogen sie mit wehenden Hakenkreuzfahnen unter dem »lauten Gesang von Kampfliedern« durch die Innenstadt zu ihrem nächsten Treffpunkt.
Der Kommandeur des 1. SA-Bataillons, Karl Beggel, begab sich nach

Arbeitsschluß um 6 Uhr in Zivil direkt in den Arzberger Keller. Der war fast leer. Er sah nur einige Leute seines Bataillons in Zivil und Sturmmützen und setzte sich zu ihnen. Sie tranken ein Glas Bier und dann noch eines. Niemand wußte, um was es sich eigentlich handeln sollte. Sie saßen schon einige Zeit beisammen, als Beggels Adjutant – ebenfalls in Zivilkleidung – erschien und sich an ihren Tisch setzte. Sie unterhielten sich noch eine Weile, als eine Ordonnanz in Uniform von Görings Oberkommando atemlos in den Saal stürzte und Beggel mitteilte, daß er sich sofort in die Kaserne des Infanterie-Regimentes 19 begeben solle, es fände eine Nachtübung statt. Der Befehl käme direkt von Göring. Beggel befahl seinen Leuten, nach Hause zu gehen, ihre Uniformen anzuziehen und auf ihn in der Kaserne zu warten. Er selbst ließ sich aus seiner nahegelegenen Wohnung SA-Mütze, Sturmjacke und Gürtel holen.

Er fühlte sich jetzt passender angezogen und war gerade dabei, das Lokal zu verlassen, als er Knauths singendes 3. Bataillion sich dem Arzberger Keller nähern hörte. Ohne sie anzuhalten und zu fragen, wohin sie gingen, marschierte er, seine Ordonnanz ihm auf den Fersen, in Richtung Kasernen am Oberwiesenfeld.

Als Hans Frank vom 2. SA-Bataillon die Wurzerhofer-Kneipe, ein Lieblingslokal des Münchner SA-Regimentes, betrat, war diese bereits mit uniformierten, stahlhelmtragenden Hitlerleuten überfüllt. Er drängte sich durch die zechende Menge auf der Suche nach seinem Bataillonsführer, Edmund Heines, um sich zum Dienst zu melden.

»Wir sind alarmiert«, sagte Heines, den jungen Jurastudenten wohlwollend musternd. Frank war mehr als ein gewöhnlicher SA-Mann. Er war ein Veteran des »Freikorps Epp« und ein Gründungsmitglied der Partei. »Wir sollen zum Bürgerbräukeller gehen, wo uns der Führer persönlich erwartet. Wir werden dort einer nationalen Demonstration zur Verfügung stehen.«

Frank vermutete, daß es sich um mehr als eine Demonstration handelte. Durch die Rauchschwaden hindurch erkannte er einige Gesichter in der Menschenmenge: Kurt Neubauer von seinem Bataillon, den persönlichen Diener und die Ordonnanz Ludendorffs, und auch niemand geringeren als Gerhard Rossbach, den ehemaligen Freikorps-Führer.

Als sich Frank ein Bier bestellte, bemerkte er, wie Heines und Rossbach in einer Ecke tuschelten. »Ich brauche so sechs oder sieben von deinen zuverlässigsten Leuten«, sagte Rossbach. »Ich habe einen Sonderauftrag

von Göring; in der Infanterieschule werden die Schüler schon mobilisiert. Sie warten darauf, daß ich die Führung übernehme.«
»Such dir die besten aus«, antwortete Heines. Frank gehörte nicht zu den Auserwählten. Auf ihn warteten noch »Sonderaufgaben« später am Abend...

Drei Straßen vom Wurzerhof entfernt fiel der Vorhang im Nationaltheater nach dem 1. Akt von »Fidelio«. Hans Knappertsbusch verließ sein Pult. Langsam strömten Männer und Frauen in Abendgarderobe durch die prunkvollen Foyers zum Buffet, um für 200 Milliarden Mark ein Gläschen Sekt und einen Appetithappen zu ergattern.

Der Vorsitzende der bayerischen SPD, Erhard Auer, Reichstagsabgeordneter Hans Unterleitner und Wilhelm Hoegner saßen beim Abendessen in der Bahnhofsgaststätte und warteten auf die Abfahrt von Unterleitners Zug.
Die unheilvolle Warnung, die Auer von einem Unbekannten erhielt und die Bande von Hitlerleuten, die an der *Münchener Post* vorbeimarschiert waren, beschäftigten die drei Männer. »Vielleicht reagiere ich übertrieben«, dachte Hoegner in diesem Moment, schrieb aber später, »wir fanden an dem Vorgang nichts Ungewöhnliches. Im Jahre 1923 wurde ständig marschiert... Andererseits war uns aufgefallen, daß die Bedienung in der Bahnhofgaststätte uns seit einiger Zeit beobachtete.« Waren doch Auer und Unterleitner in München wohlbekannt.
Hoegner betrachtete Auer. »Es wäre vielleicht besser für Sie, die Nacht in meiner Wohnung zu verbringen. Die Nationalsozialisten kennen mich kaum und würden niemals daran denken, dort nach Ihnen zu suchen. Meine Frau würde Sie gerne zu Gast haben und es macht uns keine Umstände.« Auer meinte, er wolle sich das noch überlegen.

Das Hauptquartier des 19. Infanterie-Regiments war fast menschenleer. Die meisten Soldaten hatten für den Abend Ausgang. Die verheirateten Unteroffiziere und Offiziere befanden sich in ihren Quartieren, in den düsteren Wohnhäusern der Infanterie-, Barbara- und Elisabethstraße. Nur eine Handvoll war im Dienst zurückgeblieben. Zu diesen gehörte Oberfähnrich Gerhard Böhm. Seine Aufgabe für den Abend bestand in der Ausbildung von etwa 150 Angehörigen eines der weniger militanten vaterländischen Kampfverbände, des »Herrmannsbundes«. Zu diesem Zweck stand ihm befehlsgemäß das ganze Exerzierhaus zur Verfügung.

Zu seiner Überraschung und Bestürzung merkte er, daß ein weiterer Verband, etwa in Zugstärke, anwesend war. Auf Böhms Frage: »Seid ihr denn alle vom ›Herrmannsbund‹?«, wurde ihm mit lautem Gelächter und einiger Entrüstung über die Verwechslung mit diesen Amateuren, »nein, wir sind vom Bund ›Oberland‹«, geantwortet. Ein Leutnant, der angab ihr Führer zu sein, erklärte, sie hätten sich nur für einen Appell versammelt und würden nach Ankunft ihres Befehlshabers Hauptmann Hans Oemler, zu einer Nachtübung abmarschieren.

Böhm fragte sich gerade, wie denn die »Oberländer« in die Kaserne hereingekommen waren, als ein Mann der Kasernenwache in die Exerzierhalle stürzte und ihm meldete: »Herr Oberfähnrich, es steht eine Kompanie ›Oberland‹ vor dem Eingang, die keinen gültigen Ausweis haben. Ihr Führer sei bereits im Haus, und er solle doch zum Tor kommen, um sie hereinzuholen.«

»Und das alles nur für einen Appell? Gerade heute Nacht und hier?« fragte Böhm ungläubig, doch gab er schließlich Befehl, sie hereinzulassen.

In der nächsten halben Stunde marschierten immer neue Trupps in die Exerzierhalle – mindestens 250 Mann – unter der Führung von Karl Beggel, den Böhm vom Krieg her als damaligen Kompaniefeldwebel der 2. Kompanie vom 19. Infanterie-Regiment kannte.

Böhm äußerte Beggel gegenüber seine Bedenken über die Zuständigkeit des Exerzierhauses für die SA oder den »Bund Oberland« für diesen Abend. »Befehlsmäßig steht die Exerzierhalle heute Abend mir allein zur Verfügung. Ich habe ja keinen Platz mehr zum Exerzieren!«

»Reg dich doch nicht so auf«, sagte Beggel nur, »auch wir haben unsere Befehle. Wir bleiben nicht lange. Sobald Hauptmann Oemler eintrifft, marschieren wir hinüber zum Oberwiesenfeld zur Nachtübung.«

»Schon gut«, sagte Böhm, »aber morgen werde ich beim Bataillonskommandeur vorstellig werden. Euere Leuten können nicht nach Belieben in der Kaserne ein- und ausmarschieren. Sie sind nur Hilfstruppen und nicht die Reichswehr. Wir müssen Ordnung und Disziplin halten.«

Verärgert exerzierte er auf dem ihm verbleibenden Raum die »Herrmannsbündler« und hoffte auf die baldige Ankunft des angekündigten Hauptmanns a. D. Oemler und damit den Abzug der Gasttruppen.

In der Pionierkaserne, etwa 50 Meter von Beggel und Böhm entfernt begegnete Hauptmann Oemler einem schwierigeren Problem.

Hauptmann der Reichswehr Oskar Cantzler weigerte sich, ihm und dem

Kommandeur eines andern Bataillons des »Bundes Oberland«, Major a. D. Max von Müller, Waffen und Munition für die angebliche Nachtübung auszuhändigen. Max von Müller war ein jähzorniger Mann und die 400 »Oberländer« waren erstaunt über das Gebrüll zwischen den Herren Offizieren. Hauptmann Cantzler gab nicht nach und verkündete entschlossen: »Ich werde die Waffenkammer *nicht* aufmachen und ich werde Ihren Leuten *keine* Waffen aushändigen!«

Cantzler hatte gute Gründe für sein Verhalten. Während der letzten drei Monate wurden in der Pionierkaserne dreimal in der Woche – Dienstag, Donnerstag und Samstag – Müllers und Oemlers »Oberländer« und Männer aus Edmund Heines' 2. SA-Bataillon illegalerweise als Reservisten der Reichswehr ausgebildetet. Formell waren die Waffen Privatbesitz der »Reservisten«, nicht Eigentum der Reichswehr – einer der vielen Tricks, den Versailler Vertrag zu umgehen und die alliierten Kontrolloffiziere im Hotel Vier Jahreszeiten zu täuschen. Es handelte sich um ein geheimes Übereinkommen, in dem Ernst Röhm als Feldzeugoffizier der 7. Division eine Schlüsselrolle gespielt hatte.

Als Ausbildungsoffizier der »Oberländer«, war Cantzler für die sichere Aufbewahrung und den Einsatz der Waffen verantwortlich. Überdies hatte er strengsten Befehl, darauf zu achten, daß die zur Ausbildung benutzten Waffen niemals scharf geladen würden und den »Hilfstruppen« keine Munition ausgegeben würde. An diesem Nachmittag hatte er einige Mitglieder des »Bundes Oberland« dabei erwischt, wie sie scharfe MG-Munition umgurteten und offensichtlich im Begriff waren, diese zu stehlen. Das war ein Verstoß gegen die Anordnungen und auch, wie Cantzler sich ausdrückte »ein Bruch des Vertrauens und des guten Glaubens«.

So war Cantzler bereits bei der Ankunft von Oemler und Müller mit ihren Truppen für die »geplanten Nachtübungen auf dem Oberwiesenfeld« gereizt und unnachgiebig gestimmt.

Wie oft schon, fragte er sich, waren die »Oberländer« und die SA-Männer ohne seine Kenntnis in der Waffenkammer gewesen und wieviel Munition hatten sie verschwinden lassen und wohin? »Wegen des Vorfalles am heutigen Nachmittag«, sagte Cantzler scharf zu Müller und Oemler, »werde ich es nicht gestatten, daß diese Waffen das Kasernengelände verlassen. Sie können entweder mit Ihren Leuten hier abmarschieren und die vorgesehene Nachtübung streichen oder mit den Waffen hier in der Exerzierhalle üben. Aber nicht draußen.«

Müller, ein ehemaliger Berufsoffizier schimpfte und tobte. Doch je

aggressiver er wurde, um so größer war Cantzlers Widerstand. Allmählich hegte er den Verdacht, daß Müller mehr vorhatte, als Nachtübungen auf einer benachbarten Wiese abzuhalten.
»Ich wiederhole: keiner verläßt diese Kaserne mit einem Gewehr in der Hand. Und noch etwas. Es werden keine Waffen ausgehändigt, bevor sich nicht alle Ihre Leute in der Exerzierhalle befinden.«
Stundenlang sollte dieser Streit noch hin und her gehen. Und obwohl es sich nur um einen banalen Zwischenfall am Rande der Geschehnisse zu handeln schien, änderte er doch den Lauf der Geschichte.

Ebenfalls um 8 Uhr erschien Gerhard Rossbach in Begleitung von Heines' sechs SA-Männern in der Reichswehr-Infanterieschule in der Blutenburgstraße.
Wie erwartet, wurde er dort begeistert empfangen. Seit Wochen schon hatte er sich um freundschaftliche Beziehungen zu Offiziersanwärtern, Schülern und den wenigen Lehrern, die wie Major Hans Fischbach und Oberst Ludwig Leupold Hitler-Sympathisanten waren, bemüht. Er war Stammgast ihrer Lieblingskneipen, ging bei schlagenden Verbindungen ein und aus und hatte in dieser Zeit 80–100 von ihnen als Kern einer loyalen Anhängerschaft angeworben. Seine neuen Freunde hatten ihrerseits keine Schwierigkeiten, fast alle Offiziersaspiranten für den Abend zu mobilisieren.
Die Leutnante Robert Wagner, Hans Block und Siegfried Mahler warteten schon ungeduldig auf Rossbach, als er den ziegelroten Kasernenkomplex betrat.
»Wir sind bereit. Ich übergebe Ihnen hiermit das Kommando«, verkündete Wagner enthusiastisch, seine Hacken zusammenschlagend und zackig salutierend. Fast die ganze Schule war in ihren Kampfuniformen mit Gewehren, Bajonetten, Handgranaten und leichten Maschinengewehren in Kompanien angetreten.
Rossbach verteilte Hakenkreuzfahnen und Armbinden; dann verkündete er dreist – und verfrüht –: »Eine neue nationale Regierung unter Hitler und Ludendorff ist eben gebildet worden. Die Reichswehr steht hinter der Sache. Ihnen steht die Ehre zu, für Seine Exzellenz, den General Ludendorff, eine besondere Sturmabteilung zu bilden.«
Donnernder Beifall dröhnte über den Paradehof.
Die meisten der ranghöheren Lehroffiziere waren an diesem Abend ausgegangen. Jene, die sich in der Kaserne befanden und ihre Schüler davon abzubringen versuchten, Rossbach zu folgen, wurden zwar wie

Gentlemen behandelt, doch sofort unter Hausarrest gestellt. Zu ihnen gehörte auch der Kommandant der Infanterieschule Generalmajor Hans Tieschowitz von Tieschowa. Als er den Lärm und das Geschrei im Hof hörte, verließ der General sein Quartier und eilte hinaus, um zu sehen, was los war. Auf dem Weg wurde er jedoch im Flur von Leutnant Hans Block und drei anderen bewaffneten Offizieren angehalten. Block meldete, es sei eine neue nationale Reichsregierung gebildet worden. Die Infanterieschule trete als Sturmbataillon Ludendorffs an. Dann fragte er formell: »Ich bitte Herrn General um Stellungnahme!«

»Ich verfüge über keine Information, die Ihre Behauptung unterstützt«, antwortete der General kurz angebunden, »aber selbst, wenn dem so wäre, würde ich meinem Eid zur verfassungsmäßigen Regierung treu bleiben. Andererseits kann ich zur Zeit nichts gegen Ihre Pläne unternehmen.«

»Es ist ratsam, daß Herr General sich jeder Einmischung enthält«, entgegnete Block und befahl den SA-Männern, die herbeigeeilt waren, im Flur Wache zu stehen. »Bitte, versuchen Sie nicht, dieses Zimmer zu verlassen.«

Ihre potentiellen Gegner hinter Schloß und Riegel, marschierten nun die Infanterieschüler unter der Führung Rossbachs zum Bürgerbräukeller.

Hans Knauths 3. SA-Bataillon versammelte sich eben wieder vor dem Arzberger Keller, als die Polizeikommissare Lorenz Reithmeier, Rudolf Schmäling und Oberkommissar Anton Altmann auf ihrem Weg zum Löwenbräukeller am Stiglmaierplatz an ihnen vorbeigingen.

Als die drei Polizeibeamten das Versammlungslokal betraten, waren die meisten Plätze schon besetzt oder reserviert. Von den 1500–1800 Versammlungsbesuchern trugen etwa 600 Oberland-, Reichskriegsflagge- oder nationalsozialistische Uniformen. Der Saal war mit weiß-blauen, und schwarz-weiß-roten Fahnen dekoriert. Zwei Musikkapellen spielten abwechslungsweise Märsche und Opernouvertüren, und das Bier floß in Strömen.

Am langen Ehrentisch bemerkten die Polizeibeamten den Führer der »Reichskriegsflagge«, Hauptmann Ernst Röhm, und zwei seiner engsten Freunde, Hauptmann a. D. Josef Seydel und Karl-Leon Graf du Moulin-Eckart, in einem lebhaften Gespräch mit Herrmann Esser und dem Kommandanten des Münchner SA-Regimentes, Wilhelm Brückner. Etwas abseits stand unauffällig Heinrich Himmler, steif wie eine Schaufensterpuppe, einen Flaggenmast festhaltend. Das Schild seiner feld-

grauen Skimütze berührte seine rahmenlosen Brillen und der kleine Schnurrbart oberhalb seiner dünnen Oberlippe sträubte sich widerspenstig.
Als Reithmeier und Schmäling das Szenario betrachteten, öffneten sich die Türe und Knauths Abteilung uniformierter Nationalsozialisten rückte in den Saal ein. Unter den Klängen des Präsentiermarsches und Heilrufen stellten zwei von Knauths Offizieren an der Rampe des Podiums Feldzeichen auf. Dann bestieg Röhm feierlich das Podest, eröffnete das Treffen und kündigte Esser an.
»Hier stimmt irgend etwas nicht. So viele Nationalsozialisten. Die haben doch bestimmt noch was anderes vor«, sagte Oberkommissar Altmann und zog Reithmeier beiseite. »Sie und Herr Schmäling bleiben hier. Ich gehe mal geschwind zum Revier und rufe im Präsidium an.«
Auf seinem Weg durch die Dachauerstraße begegnete er noch mehr SA-Leuten, die, bewaffnet in Felduniform in Richtung Oberwiesenfeld, Infanterie- und Pionierkasernen gingen.
»Das Aufgebot von Nationalsozialisten ist außerordentlich groß«, sagte Altmann am Telefon zu einem von Hauptmann Stumpfs Hilfs-Jourdiensttuenden. »Ich vermute, daß weitere Schritte beabsichtigt sind, seien es Umzüge oder andere Unternehmungen. Überall sind Hitlerleute.«
»Ja, Herr Oberkommissar«, antwortete der Offizier, »aber die Versammlung im Löwenbräukeller hat eine Genehmigung und sonst ist alles in der Stadt ruhig. Ich werde es aber notieren und dem Herrn Oberamtmann Frick mitteilen, sollte er vorbeischauen. Er ist der Diensthabende heute Abend. Danke für den Anruf.«

Erich Ludendorff schob seinen Stuhl langsam vom Eßtisch zurück, erhob sich und ging, nervös an seiner Hausjacke nestelnd – er fühlte sich immer unbequem in Zivilkleidung – in sein Arbeitszimmer. Er wartete noch immer.

Neunzig Kilometer südlich von München in Garmisch Partenkirchen studierte der Kreisführer des »Bundes Oberland«, Oberleutnant a. D. Wilhelm Völk, 33, einen der weißen Umschläge, die der Führer des Bundes, Dr. Friedrich Weber, ihm wie auch den anderen Kreisführern am Vortag in München in die Hand gedrückt hatte. Auf dem Umschlag stand in Maschinenschrift: »Geheim, zu öffnen am 8. XI. 8.30 abends.« Völk betrachtete die Pendeluhr in seinem Wohnzimmer. Es war kurz vor halb neun. Er langte nach einem Brieföffner und schlitzte den Umschlag auf. Auf dem roten »Ernstfall« Papier las er »Nationale Diktatur unter Kahr-Ludendorff-Pöhner-Hitler erklärt, fahren Sie mit Ihrer Ortsgruppe auf Kraftwagen sofort zum Münchener Bürgerbräukeller. Heil!«

Langsam fuhr im Zentrum Münchens ein dreckbespritztes Auto mit einem Nürnberger Nummernschild die Ludwigstraße in Richtung Odeonsplatz entlang. Der Fahrer hielt nach Straßennamen Ausschau. Als er die Schellingstraße erblickte, bog er nach rechts ab und hielt gegenüber der Nummer 39 an. Julius Streicher sprang aus dem Wagen und lief die Treppen zur Redaktion des *Völkischen Beobachters* hinauf, um herauszufinden, »bei welcher Versammlung ich sprechen sollte«. Außer einigen Sekretärinnen und Redakteuren, schienen die Büroräume verlassen. Nur ein SA-Mann war im Dienst.

»Wo ist denn Herr Hitler oder Herr Doktor Rosenberg?« fragte Streicher verblüfft und verärgert. War es denn seine Schuld, daß die Autofahrt so lange gedauert hatte? »Ich bin den ganzen Weg von Nürnberg hierhergekommen, um in einer wichtigen Versammlung zu sprechen. Gibt es hier niemanden in verantwortlicher Stellung, der weiß, was los ist?«

»Ich weiß nur eines«, antwortete der SA-Mann, »mir wurde gesagt, ich sollte alle Redner, die hierher kommen, zum Bürgerbräukeller weiterschicken. Ich glaube, daß alle Herren dorthin gegangen sind. Kennen Sie den Weg? Sie nehmen von hier die Straßenbahn Nummer...«

Bevor er den Satz beendet hatte, war Streicher schon weg.

Verspätet und außer Atem lief Konrad Kiessling vom 1. Bataillon des »Bundes Oberland« über den engen Pfad, der die Ludwigsbrücke mit der Kohleninsel verband, auf der Münchens neues »Deutsches Museum für Wissenschaft und Technologie« eben gebaut wurde. Sich seinen Weg über die dunkle Baustelle bahnend, suchte er seine Einheit. Das Bataillon war schon vollzählig angetreten und versammelte sich um einen Lastwagen mit Anhänger.

Kaum hatte sich Kiessling beim Bataillonsführer Ludwig Oestreicher und seinen Kompanieführer Alfons Weber gemeldet, als diese schon den Marschbefehl gaben. Dann zog Osstreichers Einheit, der Lastwagen mit seinen flackernden Lichtern an der Spitze, über eine Seitenbrücke und bergauf zur Rosenheimerstraße.

»Die Maschinengewehre in den Lastwagen lassen«, zischte Josef Berchtold auf dem Werksgelände in der Balanstraße herumstapfend. »Nehmt nur euere Gewehre, überprüft sie, und dann wieder in die Lastwagen steigen. Ladet die Gewehre nicht. Seitengewehre erst aufpflanzen, wenn wir ankommen.« Adolf Lenk umklammerte sein Gewehr fest. Die Waffe gab ihm ein Gefühl der Kraft und Macht.
»Meine Männer sind bereit«, sagte Berchtold zu Göring, »und Ihre?«
Göring, seinen Säbel an seinen Gürtel heftend und mit baumelnden Pour le mérite an seinem Hals, nickte bejahend.
Das Nieseln in der kalten Nachtluft schien das Geräusch des Ankurbelns der schweren Lastwagen und das Pusten der widerwillig erwachenden Motoren zu dämpfen.
Görings Adjutant, Walter Baldenius, berichtete: »Die Kundschafter sind zurückgekehrt. Die Straße ist frei, die Menschenmenge hat sich zerstreut, nur vor dem Gebäude stehen noch ungefähr zehn ›Blaue‹.«
»Auf die Lastwagen«, befahl Göring. »Es geht los.«

1 *Hitler in seinem üblichen Trenchcoat am »Deutschen Tag« in Nürnberg am 2. September 1923*

2 *Hitler mit Freunden und Begleitern im Herbst 1923. In der 2. Sitzreihe des Wagens, hinter dem Fahrer, sitzt Hitlers Leibwächter Ulrich Graf, hinter Graf der Nürnberger Parteisprecher, Helmut Klotz*

3 *Gottfried Feder*

4 *Dr. Wilhelm Frick* (oben rechts)

5 *Gustav Ritter von Kahr*

8 *Alfred Rosenberg (mit Hut), Hitler, und Dr. Friedrich Weber (in Uniform), die Führer des Bundes Oberland, vor dem oberbayerischen Regierungsgebäude, damals das Generalstaats-*

kommissariat v. Kahrs, beim Vorbeimarsch der SA und Oberland-Verbänden in der Münchener Maximilianstraße am 4. November 1923

6 *Alfred Rosenberg* (oben links)

7 *Hermann Esser* (oben rechts)

9 *Generalleutnant Otto von Lossow*

10 *Ernst Pöhner*

11 *Innenminister Franz Schweyer*

12 *Hauptmann Ernst Röhm*

13 *SA-Führer Hermann Göring*

5. Szene

Gedankenverloren, nahm Adolf Hitler noch einen Schluck von seinem Bier. Es war 8.28 Uhr.
Polizeioberkommissar Philipp Kiefer, der im Vestibül nahe der Garderobe stand, beobachtete Hitler und die kleine Gruppe um ihn herum mit Argwohn. Er bemerkte die Konturen einer pistolenverdächtigen Ausbuchtung in Hitlers Hosentasche. »Was macht denn der Hitler da draußen?« fragte sich Kiefer. »Und weshalb schaut er die ganze Zeit auf seine Uhr, statt Kahr zuzuhören?«
Auf dem Podium säuselte von Kahr monoton und unentwegt weiter: »Die erste und wichtigste Aufgabe, vor der das deutsche Volkstum heutzutage steht, ist zweifellos die der Wiederherstellung seiner Freiheit. Gelingt es ihm nicht, diese wiederzugewinnen, so scheidet es aus der Reihe der großen Nationen aus und wird langsam, aber sicher verschwinden.«
Hitler warf einen Blick auf die Tür zum Hauptgang und zurück auf seine Uhr. 8 Uhr 29. Bis auf das Eiserne Kreuz auf seinem Cut glich sein Äußeres heute dem des Kellners, der gerade eine Pause macht.

Auf der Straße, vor dem bogenförmigen Portal des Bürgerbräukellers mit seinem Biergarten, stellte Wachtmeister Johann Bruckmeier den Kragen seines blauen Mantels gegen die nasse Kälte hoch und schob die Pickelhaube aus der Stirn. In Gedanken war er noch bei den beiden vorbeihuschenden Uniformierten. »Reichswehrsoldaten?« fragte er sich. »Was hätten das sonst sein können? Aber was taten die hier?«
Angestrengt spähten seine müden Augen durch das fahle Licht der Rosenheimerstraße. Plötzlich schreckte er aus seinen Gedanken auf. Von beiden Richtungen ratterten Konvois von Lastkraftwagen mit Anhängern auf das Bürgerbräu zu. Einer Gruppe von Lastautos voran ein offener Personenwagen, auf dessen Trittbrett ein großer Mann mit Stahlhelm stand. Bevor Bruckmeier seine Kollegen alarmieren konnte, hielten die LKWs an und blockierten die Straße. Von den Autos und

Anhängern sprangen Dutzende von Schwerbewaffneten in Kampfausrüstung mit Karabinern, Pistolen, Handgranaten und Maschinenpistolen und stürmten dem Eingang zu. »Polizei aus dem Weg! Eingang freimachen! Die ›Blauen‹ raus!«, riefen sie durcheinander. Das Dröhnen von neu hinzukommenden LKWs erfüllte die Stille der Nacht, während sich die »Blauen« zum Eingang zurückzogen.

Bruckmeier sah noch mit einem flüchtigen Blick, wie zwei Maschinengewehre in der Straße aufgestellt wurden, ein drittes auf einem Schubkarren durch den Garten geschoben und ein viertes zum Eingang des Bierkellers getragen wurde. Zu seiner Überraschung erkannte er in dem Mann, der den Schubkarren schob, den Kriminalassistenten Josef Gerum in der Uniform des »Stoßtrupps Hitler« mit der Hakenkreuzbinde am Arm.

Vom Trittbrett des offenen Autos an der Spitze eines der Konvois war Göring gesprungen. Den Stahlhelm auf dem Kopf und mit seinem gezogenen Säbel fuchtelnd, lief er die Treppen durch den Bogeneingang hinauf. Dort drehte er sich nochmals um und verkündete mit heiserer Stimme: »Die Berliner Regierung, die Reichsregierung ist abgesetzt! Wir erkennen nur mehr die Regierung Ludendorff-Kahr-Hitler an!« Dann machte er kehrt und betrat »wie einstens Wallenstein an der Spitze seines Heeres« den Bierkeller.

»Sie sind hier!« rief Ulrich Graf aufgeregt und lief, die Pistole in der Hand, vor Göring und Josef Berchtold den langen Flur entlang zum Vestibül.

Hitler warf noch einmal kühl einen Blick auf seine Uhr, klappte sie zu und steckte sie in die Tasche. Es war 8 Uhr 30 – auf die Sekunde genau. Und dieses eine Mal in seinem Leben war sogar Göring pünktlich. Hitler nahm noch einen letzten Schluck Bier, warf seinen Bierkrug zu Boden und zog seine Browning aus der Hosentasche.

»Was ist hier eigentlich los? Was tun Sie da?« fragte Philipp Kiefer, wies sich aus als leitender Kriminalbeamter des 15. Polizeibezirks und stemmte sich vergebens gegen die Flut der eindringenden Hakenkreuzler.

»Aus dem Weg oder ich schieße Sie nieder«, fauchte ein SA-Mann und stieß Kiefer mit dem Gewehrlauf beiseite. »Wenn Sie noch Fragen haben, dann wenden sie sich an Hauptmann Göring. Da kommt er.«

»Es wird nicht geschossen!« brüllte Göring den SA-Mann an, und dann,

sich ruhig Kiefer zuwendend: »Eine neue Regierung wurde gebildet. Die Polizeidirektion hat von allem Kenntnis. Herr Dr. Frick wird bald eintreffen. Halten Sie Ihre Leute unter Kontrolle, und wir machen Ihnen keine Schwierigkeiten. Versuchen Sie aber nicht, das Gebäude zu verlassen. Es ist umzingelt.« Göring stampfte eiligst weiter, um Berchtold und den Stoßtrupp einzuholen.
Kiefer folgte ihm zunächst, doch dann überlegte er sich's anders und eilte zur Küche, um das Polizeipräsidium von dort aus anzurufen. Der Eingang zur Küche war jedoch bereits von zwei grimmig dreinschauenden SA-Männern versperrt. Das Durcheinander im Flur ausnutzend gelangte er an den Wachen vorbei in den Garten und von dort auf die Straße, in der noch weitere Lastwagen voll von SA-Männern eintrafen und den Bierkeller umstellten.
So schnell er konnte, lief Kiefer zur Wache am Weißenburgerplatz, um von hier aus die Polizeidirektion zu verständigen.

Hitler wartete nervös im Vestibül, während Gerum und andere Stoßtrupp-Männer eines der Maschinengewehre aufstellten – mit der Mündung zum Saalinnern und auf das noch ahnungslose Auditorium gerichtet.

Im Saal murmelte von Kahr ruhig und besonnen weiter: »In nationalen Kreisen glaubt man, es genüge die Wiederherstellung einer starken Staatsautorität. Auch der stärkste und mit der größten Macht ausgestattete Mann kann das Volk nicht retten ohne tatkräftige und von nationalem Geist getriebene Hilfe vom Volk . . .«

Die Browning fest in der Hand, gab Hitler jetzt das Zeichen, die gewaltigen Schwingtüren aufzureißen, und betrat den Saal umgeben von etwa 20 mit ihren Pistolen herumfuchtelnden Männern: Graf, Gerum und Aigner an der Spitze, gefolgt von Lenk, Scheubner-Richter, der kurzsichtig durch seinen Zwicker spähte, dann Göring mit gezogenem Säbel und Hanfstaengl, der seine Pistole ängstlich so weit wie möglich von seinem Körper weghielt. Den Abschluß bildeten schwerbewaffnete Hakenkreuzler. Zusammen waren sie eine furchterregende Phalanx, die sich ihren Weg mit Drohung und Gewalt durch den vollgepferchten Saal bahnte.
»Wollte man ohne sich auf die begeisterte Mithilfe des Volkes . . .«, Kahr hielt mitten im Satz inne. Bestürzt starrte er auf den zunehmenden

Tumult hinten im Auditorium. Wie Donner rollte das Pandemonium unaufhaltsam auf das Podium zu.
Aus der Zuhörerschaft kamen wütende Rufe wie »Kommunisten! Die Roten! Eine Provokation!«, bis die Leute die Hakenkreuze auf den roten Armbinden bemerkten und dann »Nein! Schau mal! Es ist Hitler! Heil Hitler! Hoch Hitler!« schrien.
»Ruhe! Es richtet sich nicht gegen Exzellenz von Kahr!« brüllte Ernst Pöhner ungehört in den ohrenbetäubenden Lärm vom Haupttisch.
Ein Pistolenschuß krachte. Stühle und Tische wurden umgeworfen. Bierkrüge zerschmetterten am Boden.
Auf dem Balkon drängten sich Georg Ott und Georg Stumpf zum Geländer vor, um zu sehen, was unten los war. Die Menschenmenge geriet in Panik. Manche, unter ihnen Karl Alexander von Müller und Georg Rauh, kletterten auf die Tische, um besser sehen zu können.
»Was ist denn los?« fragte ein Polizeibeamter, der Gerum in seiner Nationalsozialistischen Uniform erkannte.
»Das hörst du gleich«, entgegnete Gerum schroff, »sobald wir hier durch die Menge zum Podium gelangt sind!«
Manche versuchten, den Saal zu verlassen, wurden jedoch von der hereinströmenden SA und der Wache am Maschinengewehr beim Eingang zurückgedrängt. Seissers Adjutant, Major der Landespolizei Franz Hunglinger, verstellte den sich langsam vorwärts schiebenden Nationalsozialisten den Weg. Hitler legte den Lauf seiner Browning an Hunglingers Stirn und knurrte: »Treten Sie beiseite, Herr Major, es ist mein Ernst.« Von Hitlers Stoßtrupp-Männern wurde Hunglinger brutal zur Seite gestoßen.
In einem vergeblichen Versuch, die Ruhe wiederherzustellen, und gleichzeitig Kahr, Seisser und Lossow zu beruhigen, schwang Eugen Zentz auf dem Podium wild die Glocke.
Hitler und die andern überragend, fühlte sich Hanfstaengl immer unbehaglicher in seiner Rolle als Revolutionär. Außerdem war er ständig in Sorge, daß sich aus der Pistole ein Schuß lösen und ihn zum Krüppel machen könnte. Als er Larry Rue und die anderen amerikanischen Berichterstatter entdeckte, winkte er ihnen, ihm zu folgen.
Hitler hatte mit einem schnellen, dramatischen Auftritt gerechnet. Doch brauchte es volle 5 Minuten, bis er sich mit seinen Männern den Weg zum Podium mit Ellenbogen und Gewehrkolben bahnen konnte. Das Getöse im Saal wuchs immer mehr. Inzwischen hatten sich Hakenkreuzler als Wache am Eingang, auf dem Balkon und der Wand entlang aufgestellt.

NSDAP-Mitglieder, einschließlich jener, die als Kriminalbeamte inkognito im Auditorium saßen, zogen nun Hakenkreuzarmbinden aus ihren Taschen und plötzlich wurden bisher verborgengebliebene Pistolen und Handgranaten sichtbar.
Als Hitler schließlich, in Schweiß gebadet, in seinem zerknitterten Cut, am Fuße der Tribüne angelangt war, schrie er »Ruhe!«, bestieg zuerst einen Stuhl und dann einen Tisch. Das Dröhnen von Tausenden von Stimmen wuchs immer mehr. Hitler hob seinen Revolver hoch über den Kopf und feuerte in die Saaldecke.
Als das Dröhnen zu einem Gemurmel abgeklungen war, stieg Hitler vom Tisch auf das Podium, starrte einen Moment den Triumviren in die Augen und wandte sich dann, kreidebleich, die Haare zerzaust und verklebt auf der schweißglänzenden Stirn, der Menschenmenge zu.
»Die nationale Revolution ist ausgebrochen«, schrie er in fast sich überschlagender, vor Erregung bebender und gellender Stimme. »Der Saal ist von 600 Schwerbewaffneten besetzt. Ein Verlassen des Saales ist unmöglich. Wenn nicht sofort Ruhe eintritt, kommt noch ein Maschinengewehr auf die Galerie.«
Es wurde schlagartig still.
»Ich erkläre die Bayerische Regierung für abgesetzt«, rief er. »Eine provisorische Reichsregierung wird gebildet. Die Kasernen der Reichswehr und der Landespolizei sind besetzt, Reichswehr und Landespolizei rücken bereits unter Hakenkreuzfahnen heran. Ich schlage daher vor: bis zum Ende der Abrechnung mit den Verbrechern, die heute Deutschland tief zugrunde richten, übernehme die Leitung der Politik der provisorischen Nationalregierung *ich*.«
Rufe wie »Heil!« und »Hitler, bravo!« aber auch Spottrufe wie »Mexiko!« »Südamerika!« und »Theater!« hallten im Saal wider.
Sich an die Triumviren wendend, sagte er barsch und so laut, daß alle es hörten: »Exzellenz von Kahr, Exzellenz von Lossow, Herr Oberst von Seisser – ich muß die Herren bitten, mit mir zu kommen. In zehn Minuten ist alles erledigt. Ich garantiere für Ihre Sicherheit.«
Das sprachlose Trio war wütend. Doch hatte die Situation auch ihre komische Seite. Da stand dieser Ex-Gefreite, gekleidet wie der Portier eines drittrangigen Hotels und verkündete die Revolution, für die sie, die Triumviren gearbeitet und auf die sie gehofft hatten. Doch waren die auf sie gerichtete Pistole, das Maschinengewehr am Eingang und die schwer bewaffneten SA-Männer alles andere als komisch.
»Ich sehe keinen Grund, mit Ihnen irgendwo hinzugehen«, zischte Kahr

grimmig. »Wir haben einander nichts mehr zu sagen. Sie haben Ihr Ehrenwort, nicht zu putschen, gebrochen.«
»Die Revolution kann nicht mehr aufgehalten werden«, entgegnete Hitler beschwörend. »Die Zeit zum Handeln ist jetzt gekommen.«
»Ist es denn in Berlin und im Norden auch losgegangen?« fragte Lossow mit eisigem Hohn.
Hitler irgnorierte die Frage, fuchtelte wild mit seinem Revolver und gab Lenk, Hess, Graf und den anderen zu verstehen, das Trio aus dem Saal zu führen.
»Komödie spielen«, flüsterte Lossow Kahr und Seisser zu, als sie auf so entwürdigende Art durch die sich für ihren Abzug geformte Passage in das von Hess gemietete Nebenzimmer, geführt wurden.
»Die Herren dürfen nicht miteinander reden!« kommandierte Graf.
Einige aus der unmittelbaren Gefolgschaft des Triumvirats – Hunglinger, Oberst der Landespolizei Josef Banzer, Lossows Adjutant, Major Hans von Hösslin, und der Leiter der Politischen Abteilung des Generalstaatskommissariats, Baron Hubert von Aufsess – versuchten ihnen zu folgen. Mit Ausnahme von Hunglinger wurden sie jedoch von Berchtolds Leibgarde daran gehindert.
Beim Eingang in das Nebenzimmer befahl Hitler Hermann Kriebel und Friedrich Weber, vor der Tür zu warten. Dann wandte er sich zu Scheubner-Richter und flüsterte: »Es ist an der Zeit, Ludendorff zu holen.«

Die Unruhe im Auditorium setzte erneut ein.
Die Gäste, die den Saal verlassen wollten, wurden von den Wachen brutal zurückgedrängt.
Die Redakteure Fritz Gerlich und Adolf Schiedt starrten stumm und bleich in ihre Bierkrüge. Das war kaum die Vertrauenskundgebung, die sie für von Kahr erwartet hatten.
Zentz beteuerte immer wieder, wild gestikulierend, vom Putsch nichts gewußt zu haben.
Seiner aktiven Pflichten für den Augenblick enthoben, steckte Hanfstaengl seine Pistole erleichtert wieder ein und versuchte, den Auslandskorrespondenten die Geschehnisse zu erklären.
Robert Murphy bestand vergeblich auf seiner diplomatischen Immunität. Die Wache am Ausgang erlaubte ihm nicht, den Saal zu verlassen.
Georg Stumpf informierte seinen Freund Ott: »Ich muß unbedingt zum Pissoir.« Ott zuckte skeptisch mit den Achseln und beobachtete, wie

Stumpf zwar bis zum Balkonausgang durchdrang, dort jedoch von der Wache zurückgewiesen wurde.
Umgeben von seinen Adjutanten, Georg Rauh, Otto Bernreuther und anderen, fragte Polizeipräsident Karl Mantel erzürnt: »Für was haben wir denn einen Nachrichtendienst und Agenten in die Hitlerbewegung eingeschleust? Keiner von unseren Gewährsmännern hat uns gewarnt. Jetzt wird Kahr sagen, ›die Polizei hat uns in eine schöne Sauerei geraten lassen‹. Hätte ich nur die geringste Ahnung gehabt, hätte ich mir das von der Hundertschaft von Grünen hier im Saal nicht ausreden lassen.«
Nicht weit vom Podium war Ministerpräsident von Knilling in ein Gespräch verwickelt mit Graf von Soden und den Mitgliedern seines Kabinetts, Schweyer, Gürtner und dem, inzwischen von unter dem Tisch hervorgekrochenen, Wutzelhofer.
Einige Meter von ihnen entfernt, führte Polizeioberwachtmeister Matthäus Hofmann ein fast kameradschaftliches Gespräch mit SA-Männern. Die Nationalsozialisten zeigten mit dem Finger auf verschiedene Gäste, und Hofmann schrieb auf ein Blatt Papier die entsprechenden Namen jüdischer Geschäftsleute, unter ihnen Bankier Ludwig Wassermann.
»Ich habe das ungute Gefühl«, sagte Karl Alexander von Müller zu seinem Freund, Robert Riemerschmied, »daß wir in einer Falle sitzen.«
Im riesigen Saal wuchsen Ärger und Unruhe. Pöhner bestieg das Podium, doch bevor er sprechen konnte, trat ein SA-Mann an ihn heran: »Der Führer bittet auch Sie, ins Nebenzimmer zu kommen.«
Göring zog seinen Regenmantel aus und warf ihn über einen Stuhl. Die Medaillen auf seiner Brust glänzten, als er aufs Podium sprang. »Volksgenossen!« brüllte er mit schmetternder Kommandostimme, »heute beginnt die Nationale Republik. Sie richtet sich in keiner Form gegen Kahr. Wir hoffen, daß er mit in das Reichsdirektorium eintritt. Sie richtet sich nicht gegen die Truppen, sie richtet sich nicht gegen die Polizei, die jetzt schon aus den Kasernen mit Fahnen anmarschieren. Sie richtet sich ausschließlich gegen die Berliner Judenregierung.«
Stürmischer Beifall begrüßte ihn. Karl Alexander von Müller überlegte indessen, wie anders Görings Stimme dort oben klang als noch vor einigen Tagen im Hörsaal der Universität.
»Wir haben diesen Schritt gewagt«, fuhr Göring fort, »weil wir der Überzeugung sind, daß wir unseren Männern, die an der Spitze stehen, diesen schweren Schritt erleichtern.
Wir haben den Schritt gewagt, aber bis die letzten Einzelheiten von den Herren abgesprochen sind, muß ich Sie bitten, hier sitzen zu bleiben und

den Anordnungen der Wachen zu folgen. Niemand darf den Saal verlassen. Die neue Reichsregierung – Hitler, Ludendorff, Pöhner, Kahr! Hoch!«
Ein Dröhnen der Zustimmung durchdrang den Saal und 3000 Stimmen sangen spontan das Deutschlandlied.
»Nebenbei, meine Damen und Herren«, schrie Göring noch der Menge zu, nachdem das Singen zu Ende war, »Ihr Bier haben Sie ja.«

Bevor er Hitler in das Nebenzimmer folgte, schlüpfte Hermann Kriebel in die Küche des Bürgerbräukellers, winkte seinen Adjutanten Rolf Reiner und Wilhelm Kolb zu sich und überreichte Reiner ein Stück Papier. »Rufen Sie diese Nummern an und geben Sie folgende Meldung durch.«
Reiner warf einen Blick auf den Zettel. »Glücklich entbunden«, stand da, und »Polizeidirektion – Dr. Frick (26880) / Löwenbräukeller – Röhm oder Hauptmann Seydel (53568).«

Nachdem Göring die Ruhe wiederhergestellt hatte, stieg er vom Podium und machte sich auf die Suche nach Hanfstaengl. Nachdem er ihn im Gespräch mit Rue und Knickerbocker entdeckt hatte, nahm er ihn kurz zur Seite. »Bitte, sei so nett und rufe Carin an. Sag ihr, daß ich heute Nacht nicht nach Hause komme. Ich kann jetzt nicht weg. Und wenn du nachher auf die Straße kommen solltest«, er zog einen Brief aus seiner Brusttasche, »wirf bitte auch den Brief in den Kasten.«
Hanfstaengl nahm die Gelegenheit wahr, Göring zu warnen. »Sag mal, Hermann, hast du eigentlich den Blick gesehen, mit dem Lossow Hitler während seiner Erklärung gemustert hat? Das hat mir alles gesagt. Es war der Blick eines Generals von und zu, der es nie verwinden wird, daß der Ex-Gefreite Hitler ihn zum Appell beordert hat. Ich sage dir eins, Hermann: Augen auf! Sobald der kann, wird er uns verraten.« Göring machte eine abschätzige Handbewegung. »Wie willst du das wissen?« Hanfstaengl entgegnete. »Ich sage dir doch, ich habe den Blick gesehen, und der hat mir genügt.« Göring lächelte: »Mache dir keine Sorgen, Hanfi«, und als ob er die Bemerkung unterstreichen wollte, wandte er sich zu seiner Ordonnanz, Julius Schaub: »Hol einen Wagen, fahre nach Freising und gib diesen Umschlag Gregor Strasser. Er wartet darauf.« Der Umschlag enthielt die Anordnung, Strasser sollte sein in Freising biwakierendes Bataillon nach München in Marsch setzen.

Im Vestibül wartete Ludendorffs Stiefsohn, Heinz Pernet, ungeduldig, während Josef Aigner seinem Herrn, Scheubner-Richter, in den Überrock half.
Sie eilten hinaus zu den auf der Rosenheimerstraße geparkten Miet- und Privatautos von denen einige »beschlagnahmt« waren. Vor dem Haus waren Maschinengewehre aufgestellt und Lastwagen blockierten die Straße. Trambahnen klingelten von allen Richtungen. Der gesamte Verkehr war zum Stillstand gekommen.
»Wir brauchen sofort einen Wagen«, sagte Aigner. »Nehmen Sie diesen da gleich«, sagte der dafür zuständige SA-Mann, der beim Anblick Scheubner-Richters die Hacken zusammenschlug.
»Wohin die Herren?« fragte der Fahrer Michael Ried. »Solln – Ludwigshöhe«, befahl Pernet. »Heilmannstraße, Nummer 5. Und beeilen Sie sich!«

»Wo waren Sie denn bis jetzt?« fragte Kriebel irritiert. »Ich habe Sie schon seit über einer Stunde gesucht.«
»Bitte Herrn Oberstleutnant um Entschuldigung«, sagte Max Neunzert. »Ich war schon kurz nach halb acht Uhr hier. Ich war in Uniform. Der Saal war bereits dicht voll, und ich war, soviel ich sehen konnte, mit wenigen Ausnahmen, der einzige in Uniform. Ich habe mich entschlossen, mich noch umzuziehen, zumal ein Herr vom Ordnungsdienst mir mitgeteilt hatte, daß Exzellenz von Kahr infolge dienstlicher Verhinderung erst nach 8 Uhr erscheinen würde. Das Auto war weggefahren, so fuhr ich mit der Straßenbahn. Aber, wenn Herr Oberstleutnant wünscht, daß ich doch in Uniform . . .«
»Nein, bleiben Sie hier!« kommandierte Kriebel. »Ich werde Sie brauchen . . .«

Am Fuße des Bürgerbräuhügels, wo Ludwig Oestreichers »Oberland«-Bataillon die Rosenheimerstraße abriegeln half, versuchten zwei Männer auf ihrem Heimweg von der Arbeit, an den Wachen vorbeizukommen.
»Hier darf niemand passieren! Befehl der neuen Regierung!« brüllte sie einer der »Oberländer« an und winkte andere herbei, die den beiden Fußtritte gaben und sie mit ihren Gewehrkolben schlugen.
Die Männer ergriffen die Flucht. Zur gleichen Zeit keuchte ein dreckbespritzter Wagen mit einem Nürnberger Nummernschild die steile Straße mühsam bergauf.

Julius Streicher zeigte seinen Parteiausweis. Die Wache salutierte und winkte den Wagen vorbei.

Ziemlich außer Atem, infolge seiner scharfen Gangart bergauf, betrat Philipp Kiefer das 15. Polizeirevier am Weißenburgerplatz.
»Verbinden Sie mich sofort mit dem Präsidium, Abteilung VI«, befahl Kiefer dem wachhabenden Beamten. Er erhielt aber dort keine Antwort und wandte sich deshalb an den Beamten vom Dienst, Hauptmann Fritz Stumpf. »Hitler-Truppen – fast in Bataillonsstärke – haben den Bürgerbräukeller besetzt und die Versammlung von Kahrs gesprengt. Sie sagten, es gäbe eine neue Regierung und daß man im Präsidium schon unterrichtet wäre. Wissen Sie was davon?«
»Mir ist nichts bekannt«, sagte Stumpf.
»Ja, was soll ich denn machen? Meine paar Leute sind im Bürgerbräukeller eingesperrt. Wir sind total überrannt worden.«
Stumpf versprach, Dr. Frick von der Abteilung VI oder einen andern Abteilungsleiter herbeizurufen. Nach etwa 10 Minuten bekam Kiefer einen Rückruf von Stumpf mit der Nachricht, daß nunmehr der »Herr Oberamtmann Dr. Frick anwesend« sei und mit ihm sprechen möchte. Der Name, den er zuerst von Göring gehört hatte, rüttelte Kiefers Gedächtnis auf. Kurz schilderte er nochmals die Vorgänge im Bürgerbräu.
»Tja, Herr Oberkommissar«, antwortete Frick in recht überheblichem Ton, »ich glaube da ist nicht sehr viel zu machen. Sie sagen, daß Sie mit ihren Leuten der bewaffneten Truppe gegenüber machtlos sind, daß Sie augenblicklich gar nicht die Möglichkeit haben zum Bürgerbräukeller zurückzukommen, weil die ganze Rosenheimerstraße und die Linie Franziskaner-/Steinstraße von den Bewaffneten besetzt sind? Da kann ich Ihnen nur raten, vorerst nichts zu unternehmen. Bleiben Sie, wo Sie sind, und warten Sie auf weitere Befehle. Die maßgebenden Herren – der Herr Polizeipräsident, die einzelnen Minister und Dr. von Kahr sind ja alle im Bürgerbräu draußen. Wir werden das nötige schon veranlassen. Die wissen sicher besser Bescheid als Sie oder ich. Aber sollten Sie mich noch benötigen, ich bin hier im Dienst. Sie können ohne weiteres wieder anrufen.«
In der Leitung gab es ein klickendes Geräusch.

Drei Hauptstädte

Budapest

ABGEORDNETER FESTGENOMMEN – VERSCHWÖRUNGSVERDACHT
RECHTSEXTREME SUCHEN UNTERSTÜTZUNG
BAYERISCHER FASCHISTEN

BUDAPEST – 8. November (AP) – der Parlamentsabgeordnete Ulain wurde heute auf dem Weg nach München, Bayern, in einem Eisenbahnzug verhaftet. Die Anklage lautet auf Verschwörung, die Regierung des Grafen Stefan Bethlen zu stürzen.
Laut polizeilichem Beweismaterial fuhr Ulain im Auftrage einer Gruppe rechtsextremer Abgeordneter des ungarischen Parlamentes nach München. Das Ziel der Reise war, die Unterstützung des bayerischen Faschistenführers, Adolf Hitler, für den Staatsstreich in Ungarn zu gewinnen. Im selben Zusammenhang wurden noch zehn weitere Politiker festgenommen.

Berlin

Am Abend des 8. November herrschte in Berlin nach den, von der Lebensmittelnot verursachten Unruhen der letzten Tage, die im Plündern von Lebensmittelgeschäften und in Pogromen gipfelten, wieder Ruhe. Doch glich die Ruhe – mit der in den Straßen patrouillierenden grünen Landespolizei – eher einem Waffenstillstand.
Brot war schon vom frühen Morgen an unerhältlich. Hungersnot drohte der Stadt. Aus Angst vor neuen Unruhen, zogen es viele Lebensmittelhändler vor, ihre Rolläden geschlossen zu halten. Ab und zu schlichen Stammkunden mit gutversteckten Paketchen von teuer erstandenem Proviant heimlich aus den Hintertüren der geschlossenen Läden.
Die Stadt war voller Gerüchte, besonders über einen bevorstehenden Aufstand der Schwermetallarbeiter. Die Polizei warb in einem dringenden Aufruf um 2500 »bedingungslos verfassungstreue« Freiwillige im Alter von 23 bis 35 Jahren. Zur ohnehin düsteren Stimmung Berlins trug

auch noch die plötzliche Kältewelle bei, die einem ungewöhnlich warmen Herbst gefolgt war.

In manchen Bereichen nahm das Leben jedoch seinen gewohnten Lauf. In den UFA-Lichtspielen im Tauentzien-Palast war die deutsche Uraufführung von »The Kid«, mit Charlie Chaplin als Autor, Regisseur und Hauptdarsteller, unter der Mitwirkung von Jackie Coogan und Edna Purviance – »der Film, der in der ganzen Welt viele Monate hindurch auf das Publikum die ungeheuerste Anziehungskraft ausübte«.

Opernenthusiasten hatten die Wahl zwischen »Tristan und Isolde« in der Großen Volksoper, »Tiefland« im Deutschen Opernhaus, »Figaros Hochzeit« in der Volksbühne und »Cavalleria Rusticana« im Staatstheater. Die Schauspielhäuser boten »Cäsar und Cleopatra« im Deutschen Theater, den »Bettelstudent« im Großen Schauspielhaus, »Joujou« mit Erika Glässner im Trianon und Gogols »Revisor« im Zentral Theater. Die Cabarets waren, wie immer und trotz der Inflationspreise ausverkauft.

In der Wilhelmstraße fragte sich Präsident Friedrich Ebert, ob die ungewöhnliche Ruhe ein gutes Omen war oder ob sie nur die Stille vor einem neuen Sturm bedeutete. General von Seeckt und Reichswehrminister Otto Gessler verbrachten den Abend zu Hause.

Nur der Reichskanzler saß noch immer an seinem Schreibtisch. Für Gustav Stresemann war die Arbeit eines langen Tages von Konferenzen, Diskussionen und Beratungen, bezüglich der geplanten Währungsreform, mit den Repräsentanten des Handels, der Wirtschaft und der Finanz noch lange nicht getan. Die drastische Reform, die er mit seinem Finanzminister Hans Luther ausgearbeitet hatte, sollte am 15. November in Kraft treten. An diesem Abend hatte er jedoch noch eine Verabredung, die für den Erfolg der Reform ausschlaggebend sein könnte. Es handelte sich um das Abendessen mit dem jungen, vielversprechenden Direktor der Darmstädter Nationalbank, Hjalmar H. G. (Horace Greeley) Schacht, den Luther als »Sonderbevollmächtigten für die nationale Währung« vorgeschlagen hatte. Stresemann hoffte, daß ihm an diesem Abend – nach dem Treffen mit Schacht – die fast zur Routine gewordene Mitternachtssitzung des Kabinetts erspart bleiben würde.

Bayern – München – Adolf Hitler? Dies alles schien von Berlin sehr weit entfernt zu sein. Zugegeben, Gustav von Kahr und General Otto von Lossow trotzten den Verordnungen der Reichsregierung und insbesondere den Befehlen General von Seeckts. Auch konnte mit Hermann

Ehrhardts rechtsextremer und faschistischer Söldnerhorde, als eine Art Hilfs-Grenzpolizei entlang der bayerisch-thüringischen Grenze, die Gefahr einer bewaffneten Konfrontation nicht ausgeschlossen werden. Doch bildete die Brigade Ehrhardts nach den Informationen des militärischen Nachrichtendienstes keine wirkliche Gefahr. Sie war der Reichswehr im Ernstfall keineswegs gewachsen. Überdies hatte die Reichswehr in Sachsen und Thüringen die Ordnung im Land und die Autorität der Reichsregierung wiederhergestellt und damit die Gefahr einer Konfrontation verringert.

Die Gesamtlage schien einen gemäßigten Optimismus zu rechtfertigen. Der Staatssekretär des Ministeriums für Auswärtige Angelegenheiten, Baron Adolf von Maltzan, erklärte noch früh am Abend dem britischen Botschafter, Viscount d'Abernon: »Die Nachrichten aus Bayern klingen entschieden beruhigender, Herr Botschafter.« Einige Stunden später weckte er allerdings Lord d'Abernon aus tiefstem Schlaf mit den Worten: »Es sieht durchaus nach dem Beginn eines Bürgerkrieges aus.«

Rom

»Nervös und unruhig« betrat der »außenpolitische Berater« Hitlers, Kurt Lüdecke, selbsternannter Botschafter in Benito Mussolinis Rom, die Redaktion der Corriere d'Italia in der Annahme, daß Berichte über den Putsch in München schon eingetroffen wären.

Der in Berlin geborene und als verwöhnter Sohn eines reichen Chemie-Industriellen aufgewachsene Kurt Lüdecke, 33, gehörte zu den undurchschaubarsten und rätselhaftesten Gestalten aus Hitlers engstem Kreise. Er war in die verschiedensten Unternehmen, einschließlich dem Handel mit Flugzeugen, verwickelt. Seine unzähligen Aktivitäten verschafften ihm ein beträchtliches, zusätzliches Vermögen und internationale Verbindungen. Er zählte nicht nur führende Persönlichkeiten der nationalsozialistischen Bewegung wie Röhm, Rosenberg und Gregor Strasser, sondern auch Magnaten der internationalen Industrie, wie Henry Ford und Hugo Stinnes zu seinen Freunden. Seine Geliebte, Rosita Mapleson, stammte aus Kuba und war die Witwe eines ehemaligen Adjutanten des Herzogs von Marlborough. Lüdecke war gleichzeitig deutscher und mexikanischer Staatsangehöriger. In den Nachkriegsjahren hatte er in Mexiko gelebt und dort mit einer Gruppe von nach Mexiko ausgewanderten deutschen Veteranen des Weltkriegs eine sogenannte Fremdenlegion, die dem Präsidenten

Venustiano Carranza als Leibgarde diente, gebildet. Nach der Ermordung Carranzas, 1920, hatte Lüdecke die Flucht ergriffen und war nach Europa zurück gekehrt.
Lüdecke, gleichermaßen in Buenos Aires, New York, Lima, Havanna sowie in Berlin oder München zu Hause, war Antisemit aus Überzeugung und gewann für die Hitler-Bewegung die Sympathien und finanzielle Unterstützung zahlreicher einflußreicher Persönlichkeiten aus der Welt der Finanz und Industrie in Deutschland, der Schweiz, England und Italien. Er stellte einen großen Teil seines eigenen Vermögens der NSDAP zur Verfügung und stiftete sogar die Uniformen für Josef Berchtolds »Stoßtrupp«.
Um die Möglichkeit einer engeren Zusammenarbeit zwischen dem Duce und Hitler zu erkunden, hatte er im September 1922 eine Reise nach Rom, wo er Mussolini zum ersten Mal begegnete, unternommen. Oktober 1923 kehrte er – diesmal als Berichterstatter des Völkischen Beobachters *mit einem von Hitler persönlich unterzeichneten Empfehlungsschreiben nach Rom zurück, wo er den faschistischen Diktator auf die bevorstehende »Nationale Revolution« in Deutschland vorbereiten und dessen Unterstützung für einen eventuellen »Marsch auf Berlin« gewinnen sollte.*
Lüdecke wußte, daß am 8. November in München »Entscheidendes geschehen würde« – aber was? Die Ungewißheit quälte ihn. Um 9 Uhr abends war noch keine Nachricht von ihrem Münchener Berichterstatter, Negrelli, in der Redaktion der Corriere d'Italia *eingetroffen. Lüdecke ging in sein Hotel zurück. Von Schlaf konnte jedoch keine Rede sein.*

6. Szene

»Also, meine Herren, das wäre es für heute Abend. Aber wenn Sie einen Moment warten, gehe ich mit Ihnen hinaus.« Mit diesen Worten beendete der Major der Landespolizei, Sigmund Freiherr von Imhoff den Taktikunterricht für jüngere Offiziere.
Er war etwas müde und wollte nach Hause gehen, doch nicht bevor er den Offizier vom Dienst, Hauptmann Stumpf, von seinem Vorhaben informiert hatte. Er ging mit einigen der Offiziere die Treppen zu Stumpfs Dienstraum hinunter, als ein Kriminalbeamter auf ihn zukam.
»Gestatten, Herr Major. Haben Sie es noch nicht gehört? Hitler und die Nationalsozialisten haben die Versammlung im Bürgerbräukeller überfallen, die Regierung gestürzt und niemand darf den Saal verlassen.«

In der Annahme, jemand hätte sich einen Jux erlaubt oder zumindest stark übertrieben, betrat Imhoff Stumpfs Dienstraum.
»Das scheint zu stimmen«, meinte der Hauptmann ernst. »Seit etwa einer halben Stunde bekomme ich fast gleichlautende Berichte, den authentischsten von einem Oberkommissar Kiefer, dem es gelang, an der in den Saal hereinströmenden SA vorbei hinauszuschlüpfen. Die schwer bewaffneten Hitlerleute haben die gesamte Rosenheimerstraße mit Lastwagen und Maschinengewehren verbarrikadiert. Einer der Informanten behauptete sogar, die SA und ihre Verbündeten hätten ein kleines Feldgeschütz oder einen Mörser an der Ludwigsbrücke aufgestellt.
Aber mir scheint das folgende merkwürdig, Herr Major«, fuhr Stumpf, seine Stimme senkend fort und wies auf den Block, auf dem die einlaufenden Anrufe vermerkt waren. »Der Polizeipräsident und fast alle höheren Beamten befinden sich im Bürgerbräukeller. Hier ist nur der Herr Oberamtmann Frick – Sie wissen schon, wen ich meine, der, der dem Herrn Pöhner so nahe steht. Als ich ihm von den Vorgängen und von Kiefers Anruf berichtete, hatte ich das Gefühl, daß ihn die Nachrichten keineswegs überraschten. Es war im Gegenteil fast, als ob er

etwas wußte oder erwartete. Und als er dann am Telefon mit Oberkommissar Kiefer sprach, riet er ihm, nichts zu unternehmen.«
Stumpf hielt plötzlich inne, blickte scharf auf Imhoff und dann auf die offene Tür.
Dort stand Dr. Wilhelm Frick, sein frühzeitig ergrautes Haar preußisch kurzgeschoren, mit dunklen Brauen und bohrenden Augen, seine scharfen Gesichtszüge zu einem maskenhaften Lächeln erstarrt.
»Na, Herr Major«, rief er etwas überrascht, »sie arbeiten aber spät heute Abend. Ich hätte nicht erwartet, Sie zu dieser Stunde noch hier anzutreffen.«

»Ich hatte eine Übung mit einigen jüngeren Offizieren abgehalten und war gerade im Begriff, das Haus zu verlassen, als ich von den Vorgängen hörte, entgegnete Imhoff und weiter: »Es ist Ihnen doch sicher bekannt, Herr Oberamtmann, daß wir eine Hundertschaft in der Alten Schweren Reiter-Kaserne zur Verfügung haben. Meinen Sie nicht, daß man sie am Bürgerbräukeller einsetzen sollte?«

»Was? Und Blut vergießen?« entgegnete Frick. »Ja nicht. Das wäre sinnlos. Die sind doch nur mit Karabinern bewaffnet und die einlaufenden Berichte besagen, daß die Nationalsozialisten schwere Waffen haben. Wir wären auch mit dieser Verstärkung den Nationalsozialisten zahlenmäßig weit unterlegen. Das Tunlichste im Moment ist, nichts zu tun – bis wir mehr wissen und auf Weisungen warten. Die wichtigsten Herren sind doch im Bürgerbräu – Oberst von Seisser, General von Lossow, Herr von Kahr, Polizeipräsident Mantel, der Ministerpräsident. Wir können doch nicht selbständig handeln.«
Imhoff stimmte Frick zu: es war zu spät, die Kompanie in der Kaserne zu alarmieren und dieser Verband war überdies zu schwach für diese Aufgabe. Doch wuchs sein Argwohn gegen den Oberamtmann beständig. Imhoff war kein Bewunderer der unentschlossenen und wankelmütigen Reichsregierung. Auch war er, wie viele Berufsoffiziere der Reichswehr und der Landespolizei, nicht nur Patriot, sondern auch Monarchist. Doch verachtete er mehr noch als die Reichsregierung die Nationalsozialisten mit ihrer Brutalität und ihren opportunistischen Sympathisanten. Das Deutschland der Nationalsozialisten war nicht das Deutschland seiner Träume. Er entschloß sich, unabhängig zu handeln.
»Ich glaube, ich bleibe noch eine Weile hier und gehe in mein Büro«, verkündete er mit gespielter Nonchalance. »Ich nehme an, Sie werden oben in Ihrer Wohnung sein, Herr Doktor Frick?«
Imhoff eilte den langen, kahlen Korridor entlang zu seinem Amtszimmer

und machte sich ans Werk. Auf eigene Verantwortung befahl er allen telefonisch erreichbaren Hundertschaftsführer der Landespolizei in München, ihre Verbände in hohe Bereitschaft zu setzen. Dann veranlaßte er die Besetzung des Telegraphenamtes gegenüber dem Hauptbahnhof und des Fernamtes in der Hauptpost Ecke Maximilian-/Dienerstraße durch die Landespolizei. In der Hoffnung, Näheres zu erfahren, versuchte er wiederholt und vergeblich, den Bürgerbräukeller zu erreichen. Schließlich befahl er noch dem Kompaniechef in der Schweren Reiter-Kaserne in der Morassistraße, die Lage in dem Bierkeller zu erkunden, eine Konfrontation mit der SA jedoch zu vermeiden.
Frick erschien noch wiederholt in Imhoffs Zimmer und versuchte seine offensichtliche Neugier mit harmloser Witzelei zu vertuschen. Doch wuchs mit jedem seiner »freundschaftlichen Besuche« Imhoffs Zweifel an der Harmlosigkeit seines Gehabes. Er wartete, bis er sicher war, vollkommen ungestört zu sein. Dann rief er Generalmajor von Danner, den Stadtkommandanten der Reichswehr München an.
»Ich komme unverzüglich«, versicherte ihm von Danner und eilte noch in Zivil von seiner Wohnung in die Ettstraße. Dies war die Schlüsselentscheidung: Der Beginn der Gegenrevolution.

Oberleutnant Michael Freiherr von Godin, 26, amtierender Kompaniechef und Führer der 2. Stationsverstärkung Mitte des 1. Bataillons der Landespolizei, sah einem ruhigen Junggesellenabend in seiner Dienstwohnung in der Kaulbachstraße entgegen. Er beabsichtigte, früh zu Bett zu gehen. Sein Tag war zwar ereignislos, doch, angefüllt mit bürokratischen Pflichten und dem Exerzieren seiner in der Residenz der Wittelsbacher untergebrachten Kompanie, ermüdend gewesen.
Da klopfte ein unerwarteter Besucher an seiner Türe. Es war sein Bursche.
»Habe dem Herrn Oberleutnant zu melden, daß er sich sofort in der Residenz einfinden soll. Aus der Polizeidirektion kam ein Anruf von einem Herrn Major Baron Imhoff. Wir sind alarmiert.«
Godin folgte ihm unverzüglich – es war gegen 9 Uhr abends. Die Ereignisse des folgenden Morgens sollten ihn aus der Anonymität einer Polizeikarriere in das Rampenlicht der Schlagzeilen und der Geschichtsbücher katapultieren.

Das Getöse im Löwenbräukeller war ohrenbetäubend, als Ernst Röhm

das Podium bestieg, um den Kameradschaftsabend der »Reichskriegsflagge« zu eröffnen.
Die Polizeikommissare Rudolf Schmäling und Lorenz Reithmeier hatten den Eindruck, daß die Mehrzahl der Gäste Röhm kaum beachtete und zunehmend betrunkener und lauter wurde.
Stämmig und feist, die Uniform, die offensichtlich aus athletischeren Tagen stammte, zum Bersten ausfüllend, rief Röhm die Kameraden zur Ruhe. Die Geschoß- und Schrapnellnarben auf seinen Wangen und quer über seiner Nase glänzten weinrot. Schweißperlen liefen von seinem kurzgeschorenen, kugelförmigen Schädel. Obwohl Verschwörer und Waffenschieber vom Fach verfügte auch er über die Gabe, eine Menschenmenge zu fesseln und ihre Leidenschaft zu entfachen.
»Heute«, schrie er, »sind es genau fünf Jahre seit der Schmach des größten Verbrechens gegen das deutsche Volk. Es gibt keinen geeigneteren Moment, um mit dem Marxismus und den Novemberverbrechern abzurechnen. Kameraden! Für das deutsche Volk ist die Stunde des Aufstandes gekommen, die Stunde der Befreiung!«
Fast 2000 Stimmen brachen in ein donnerndes »Heil!« und »Deutschland! Deutschland!« aus.
Strahlend und wie ein erfahrener Schauspieler wartete Röhm geduldig, bis sich der Sturm gelegt hatte. »Ich hoffte«, fuhr er fort, »unser großer Führer, Adolf Hitler, würde hier zu uns sprechen. Doch kann er wegen dringender Geschäfte nicht anwesend sein. Von seinem Krankenlager aufgestanden – kam jedoch an seiner Stelle – Hermann Esser.«
Mühsam, mit vom Fieber schmerzenden Beinen, erkletterte Esser das Podium. Ohne Einleitung und Formalitäten stürzte er sich mitten in eine Tirade gegen die »internationale Verschwörung des jüdischen Kapitals, das mittels des internationalen Bolschewismus den Ruin Deutschlands herbeiführen will«.
»Kurz vor dem Weltkrieg«, begann Esser mit düsterer Stimme, fast pianissimo, »beschlossen die internationalen Großkapitalisten, mit dem jüdischen Bankier Morgan an der Spitze, in einem Geheimtreffen die Vernichtung Deutschlands. Der wirtschaftliche und finanzielle Aufstieg Deutschlands war den jüdischen Großfinanziers höchst unangenehm, ja gefährlich geworden. Sie waren sich bewußt, daß, infolge der sozialen Gesetzgebung Deutschlands, die sonst nirgends in der Welt zu finden war, die arbeitende Bevölkerung niemals revoltieren würde. Ein Krieg allein vermochte die Revolutionierung der deut-

schen Bevölkerung herbeizuführen. Und so beschlossen sie in dieser Konferenz, mit dem Juden Morgan an der Spitze, Deutschland den Krieg zu erklären.«
Das war die reinste Musik für die Ohren von Heinrich Himmler, Hans Knauth und Friedrich Mayer. Sie pfiffen, klatschten, jubelten und tobten, als Esser hinzufügte, daß er seine Informationen aus »einer englischen, jawohl, einer englischen Zeitung« hatte.
Wer ihm nicht zuhörte waren Röhm, Seydel, Moulin-Eckart und Brückner. An dem Vorstandstisch vor dem Podium hatten sie ihre Köpfe in vertraulichem Gespräch zusammengesteckt.
Unauffällig kam ein SA-Mann zu ihrem Tisch und meldete Röhm und Seydel, »Sie werden am Telefon verlangt«. Seydel folgte ihm in die Küche. Rolf Reiner im Bürgerbräukeller sprach am anderen Ende vom Bürgerbräukeller aus und stammelte »glücklich entbunden«. Seydel ging eiligst zum Tisch zurück und berichtete.
Röhm sprang daraufhin sofort auf das Podium, klopfte Esser auf die Schulter und flüsterte ihm die Nachricht ins Ohr.
Eine Trompete spielte eine Fanfare und Esser wandte sich strahlend der Versammlung zu. »Ich habe soeben vom Bürgerbräukeller einen Anruf erhalten. Die Bayerische Regierung ist verhaftet und die Reichsregierung für abgesetzt erklärt. Eine neue nationale Diktatur unter Hitler und Ludendorff ist ausgerufen worden!«
Für den Bruchteil einer Sekunde herrschte Stille. Dann brach der Sturm los. »Heil!« und »Hoch!« schrien die Menschen, jubelten und sprangen auf die Tische, umarmten einander und tanzten. Die Soldaten der Reichswehr rissen die Kokarden der Republik von den Mützen und traten sie mit Füßen. Beide Kapellen spielten »Deutschland, Deutschland über alles«.
Karl Osswald, der Führer des Münchener Ortsverbandes der »Reichskriegsflagge« war spät gekommen und fragte seinen Freund Leutnant Theodor Casella, der beim Eingang in der Halle Wache stand: »Was hat Röhm gesagt? Was ist denn eigentlich los? Weshalb schreien sie alle?«
»Die nationale Revolution ist verkündet worden!« überschrie Casella das Getöse.
»Oh«, schrie Osswald, bestieg einen Tisch, brüllte und sang mit.
Röhm und Esser dagegen standen still abseits und warteten bis sich das Toben gelegt hatte.
Dann schlug Röhm vor, daß sie alle – SA, Oberland und RKF – in

Marschordnung zum Bürgerbräukeller ziehen sollten, um Ludendorff, Hitler und Kahr zu huldigen.
Befehlsworte dröhnten durch den Raum. Die »Kameraden« verließen einer nach dem andern den Saal und stellten sich in Marschordnung in der Briennerstraße und am Stiglmaierplatz auf. An die 2000 Mann, formten sie eine kleine, obwohl noch nicht bewaffnete, Armee. Die Waffen sollten sich jedoch bald finden lassen – in geheimen Lagern, in denen sie Röhm deponiert hatte: so im Hause des Studentenkorps »Palatia« und, vor allem, im Keller eines Franziskanerklosters am St. Annaplatz. Eine der Militärkapellen führte den Zug, blies Marschmusik und die »Wacht am Rhein«. Hinter den Tubas stand, die Flagge fest in den Händen haltend, Heinrich Himmler.
Als sie erfuhren, was geschehen war, brach eine Menschenmenge informationshungriger Zuschauer in Beifall und Jubelrufe aus. Viele eilten in alle Himmelsrichtungen, um die Botschaft in der Stadt zu verbreiten.
Die Polizeikommissare Reithmeier und Schmäling sahen dem Treiben einige Minuten zu. Dann entschlossen sie sich, so schnell wie möglich zum Polizeipräsidium zu eilen. Sie gingen über die Dachauerstraße, um dort an der Haltestelle ungeduldig auf eine Straßenbahn Richtung Stadtmitte zu warten.

Inzwischen marschierte bereits eine Kolonne, kleiner zwar als die von Röhm, doch bewaffnet und in Felduniform, durch die Kaufingerstraße – Münchens wichtigste Einkaufsstraße – auf den Marienplatz zu: Offiziere und Kadetten der Infanterieschule unter der Führung von Gerhard Rossbach, Robert Wagner und Hans Block. Sie sangen aus vollem Halse.

Einige Häuserblöcke entfernt, hatte Edmund Heines endlich sein 2. SA-Bataillon in der Wurzerstraße vor der Kneipe aufgestellt. In den ersten Reihen standen Hans Frank und Kurt Neubauer in Habacht-Stellung. Frank wußte noch immer nicht genau, worum es ging. Aber Neubauer wußte es. Er fragte sich nur, ob sein Herr und Gebieter, Ludendorff, bereits im Bürgerbräu angekommen war, und hoffte, daß Heines sich beeilen und sein Bataillon bald in Gang setzen würde.

Nachdem er Hans Unterleitner auf dem Hauptbahnhof verabschiedet und Erhard Auer gute Nacht gesagt hatte, ging Wilhelm Hoegner die Briennerstraße entlang am Wittelsbacher Palais vorbei. In der Ferne hörte er die Musikkapellen Röhms und die begeisterten Rufe der Putschisten. Passanten, die er anhielt, sprachen aufgeregt von der Revolution.

»Ich muß Auer unverzüglich warnen«, dachte er, kehrte um und eilte in die entgegengesetzte Richtung durch die Stadtmitte zu Auers Wohnung in der Nußbaumstraße.

Während Oberfähnrich Karl Böhm im Exerzierhaus der Infanterie-Kaserne mit etwa 150 Angehörigen des »Hermannsbundes« Übungen machte, ließ er Beggels SA-Leute, die »Oberländer« und Hauptmann Oemler, der kam und ging, nicht aus den Augen.

Kurz vor 9 Uhr waren einige Soldaten von Böhms Bataillon mit vagen Nachrichten über die Geschehnisse im Bürgerbräukeller aus der Stadt zurückgekehrt. Je mehr er vernahm, um so klarer wurde ihm das Vorhaben der SA und der »Oberländer« in der Kaserne und um so fester sein Entschluß, sie auf irgendeine Weise loszuwerden.

Zur Zeit verfügte er nur über insgesamt 40 Soldaten und Unteroffiziere. Diese setzte er insgeheim in Bereitschaft und ließ ihnen Waffen und Munition aushändigen. Dann verständigte er die Kasernenwache persönlich und versuchte die höheren Offiziere in ihren Privatwohnungen telefonisch zu benachrichtigen. Er erreichte u. a., Oberstleutnant Hugo von Wenz, den Regimentskommandeur, der sich eiligst auf den Weg machte.

Böhm kannte viele der anwesenden SA-Leute und »Oberländer« als Freunde oder als Kriegskameraden und er zog es vor, sie ohne Anwendung von Gewalt loszuwerden, doch würde er sich nicht scheuen, im Notfall Waffen einzusetzen. Einem Putsch im 19. Infanterie-Regiment würde er entgegentreten.

Die Situation war prekär. Bald wurde sie kritisch. Das war zwei Umständen zu verdanken.

Erstens hielt – kurz nachdem Böhm seine Leute in Bereitschaft gesetzt hatte – ein mit Gewehren, Karabinern, Maschinengewehren und Munition beladenes und mit einer Plane abgedecktes Lastauto in der Infanteriestraße gegenüber dem Haupteingang der Kaserne. Die Waffen waren für Oemlers und Beggels Einheiten bestimmt.

Und zweitens traf zur gleichen Zeit Hauptmann Eduard Dietl, einer der Regimentsoffiziere, ein. Böhm wußte nicht, daß der als Anhänger der NSDAP bekannte Dietl am Nachmittag in einem geheimen Gespräch mit Hitler den Auftrag erhalten hatte, die Besetzung der Infanterie-

Kaserne durch SA und »Oberland« zu betreuen. Oberstleutnant von Wenz war noch nicht eingetroffen, und so berichtete Böhm naiv und ahnungslos Dietl, als dem jetzt gegenwärtig ranghöchsten Offizier, von den Ereignissen und den getroffenen Sicherheitsmaßnahmen.
Dietl sagte, er werde in Abwesenheit des Regimentskommandeurs die Führung übernehmen, und ging, unter dem Vorwand, mit den »Oberländern« und der SA zu verhandeln, in Wirklichkeit jedoch, um sie zu mobilisieren, in die Exerzierhalle.
Gleichzeitig wurde Böhm ins Bataillonsgebäude gerufen, wo er angeblich vom Wehrkreiskommando oder von der Stadtkommandantur am Fernsprecher verlangt wurde. Die Verbindung war aber gleich wieder unterbrochen und vielleicht nur eine List, um ihn aus dem Exerzierhaus herauszuholen.
Als er wieder auf den Kasernenhof zurückgekehrt war, traf er, zu seiner Erleichterung, den soeben eingetroffenen Oberstleutnant von Wenz. Böhm war gerade im Begriff, Wenz über die Ereignisse Bericht zu erstatten, als Dutzende von »Oberländern« und SA-Leuten, mit Rufen wie »Waffen! Los, holt sie!« aus dem Exerzierhaus über den Hof in Richtung Haupttor und das dort geparkte Lastauto strömten.
»Stoppt sie!« befahl von Wenz. »Es dürfen keine Waffen abgeladen werden! Und laßt sie nicht wieder in die Kaserne!« Böhm und seine Truppe von zirka 40 Mann folgten den Putschisten bis auf die Infanteriestraße. »Halt! Oder wir schießen!« schrie er und umzingelte mit seiner kleinen Truppe den Lastwagen und Beggels sowie Oemlers Leute.
Jetzt schlichen sich 30 weitere und bereits bewaffnete SA-Männer aus einer Seitenstraße heran. Böhm blieb jedoch standhaft, während Wenz Dietl rügte und ihm befahl, die Putschisten aus der Kaserne hinauszuwerfen und nicht wieder hereinzulassen. »Zu Befehl!« gehorchte Dietl widerwillig, die Hacken zusammenschlagend.
Mit Flüchen und Drohungen, »die Rechnung später zu begleichen«, marschierten Beggel und Oemler mit ihren Truppen – ohne Waffen – ab. Die Waffen im Lastauto wurden beschlagnahmt, der Wagen in den Kasernenbereich gefahren und die Tore für den Rest der Nacht strengstens bewacht.
Das war die erste Instanz, in der die Putschisten eine Niederlage erlitten. Die zweite sollte kurz darauf folgen, und zwar in der 50 Meter entfernten Pionierkaserne, wo der Hauptmann Oskar Cantzler in seiner Auseinandersetzung mit dem »Oberländer« Max von Müller einen Kompromiß erzielt hatte. Müller hatte sich bereit erklärt, mit seinen 400 Mann in die

Exerzierhalle zu marschieren, wo, so hatte es Cantzler versprochen, ihnen Waffen jedoch *ohne Munition* für Übungszwecke ausgehändigt würden.
Sobald seine Mannschaft in der Halle angetreten war, zog Müller jedoch einen Zettel aus seiner Tasche und las seinem erstaunten Verband sowie dem überraschten Cantzler die Nachricht von der »nationalen Revolution« und der neugebildeten Reichsregierung vor.
»Unter diesen Umständen«, erklärte er, »werden Sie, Herr Hauptmann, zweifellos zustimmen, daß meine Leute *mit den Waffen* abziehen.« Er habe, so log er, den Befehl, mit seiner Truppe zum Bürgerbräukeller zu marschieren, wo sie »ihr neuer Befehlshaber« Ludendorff inspizieren würde. Tatsächlich aber lautete sein Befehl, das Telegraphenamt und das Fernmeldeamt zu besetzen sowie den Hauptbahnhof, »um die reichen jüdischen Devisenschieber« daran zu hindern, die Stadt zu verlassen.
»Nicht ehe ich mehr Information über diese neue Reichsregierung und eindeutige Anordnungen von meinem Bataillonskommandeur oder vom Divisionshauptquartier habe«, entgegnete Cantzler in eisigem Ton.
»Na, rufen Sie doch an«, provozierte ihn Müller.
Und wieder kam es zu einer heftigen Auseinandersetzung zwischen den beiden. Am Ende stimmte Cantzler zu, weitere Anordnungen telefonisch einzuholen und verließ das Exerzierhaus. Doch tat er nicht wie gesagt, sondern alarmierte stattdessen die Handvoll Soldaten und Unteroffiziere, die er in der Kaserne auftreiben konnte. Dann ließ er das Tor der Exerzierhalle von außen abriegeln und zwei Maschinengewehre – auf dieses gerichtet – davor in Stellung bringen . . .
Für Müllers 400 »Oberländer« schnappte die Falle zu.

Michael Ried fuhr den schweren grauen Wagen mit Höchstgeschwindigkeit entlang der Isar durch die südlichen Wohnviertel Münchens und das feudale Solln mit seinen Villen, Herrenhäusern und gepflegten Privatgärten. Als das Cabriolet den steilen Hügel die Ludwigshöhe hinaufpustete, kam ihm dichter Nebel entgegen und die Karbidscheinwerfer schnitten unheimliche Silhouetten in den Dunst. In einer Wolke von Auspuffgasen und Straßenstaub hielt das Auto knirschend vor Ludendorffs luxuriösem Haus in der Heilmannstraße. Wie sehr auch der arrogante alte Preuße alles Bayerische verachten mochte, im Ruhestand hatte er sich doch hier, auf einem der anmutigsten und teuersten Fleckchen in der Umgebung der Hauptstadt Bayerns, niedergelassen.

Aigner sprang aus dem Wagen und öffnete die Türen für Pernet und Scheubner-Richter, die durch das Gartentor den Hügel hinauf ins Haus eilten.
Ludendorff in seiner Hausjacke erwartete sie bereits mit Ungeduld. Kurz informierten sie ihn über die Geschehnisse im Bürgerbräu. Der General interessierte sich besonders für die Reaktion v. Lossows. Jetzt war jedoch keine Zeit, über Einzelheiten zu sprechen.
Sollte der Feldherr sich schnell in seine Uniform werfen? Nein, die Zeit reichte nicht. Sein Erscheinen in Zivilkleidung würde auch einen spontaneren und weniger berechneten Eindruck machen.
Pernet half seinem Stiefvater in seinen Lodenmantel und drückte ihm seinen zerknitterten Filzhut in die Hand. Sodann eilten die drei Männer zum Wagen, der mit laufendem Motor auf sie wartete.
»Wild und mit halsbrecherischer Geschwindigkeit« raste Ried zum Bürgerbräukeller.

7. Szene

Die Tür des Nebenzimmers im Bürgerbräukeller schlug zu. Rudolf Hess, Adolf Lenk und Ulrich Graf, die im Zimmer als Wache postiert waren, richteten ihre Pistolen drohend auf Kahr, Seisser, Lossow und Major Hunglinger, der unbemerkt mit den anderen hineingeschlüpft war.
»Niemand verläßt dieses Zimmer lebend ohne meiner Erlaubnis«, schrie Hitler, hysterisch mit seinem Revolver herumfuchtelnd.
Die Szene war bizarr. Schweißbedeckt und mit zitternden Händen schrie sich Hitler in eine »ekstatische Trance« hinein. Doch machte er in seinem schlecht sitzenden Cut und der sackförmigen Hose einen eher chaplinesken Eindruck, der sich kaum dazu eignete, die hochmütigen bayerischen Adeligen, die er mit vorgehaltenen Pistolen in Schach halten ließ, zu beeindrucken.
Das Triumvirat stand unter Schock. Ihre Gefühle schwankten zwischen Wut, Verachtung, Demütigung und tiefer Entmutigung, war doch Hitler ihrem eigenen Vorhaben mit einem fait accompli, was ihrer Ansicht nach nur scheitern konnte, zuvorgekommen.
Steif und unbequem auf der Tischkante sitzend, verfiel der 55jährige General von Lossow ins Grübeln und in »tiefe Trauer , daß die vaterländische Bewegung in Bayern auf das schwerste geschädigt wurde und daß nun der moralische Druck, der gerade aus der Geschlossenheit der Bewegung auf Berlin ausgeübt werden sollte, durch Hitlers Putsch verpuffen mußte. Die überwiegende Mehrheit der Bevölkerung wird eine Hitlersche Diktatur ablehne«, dachte er. »Es wird zu einem allgemeinen Durcheinander kommen. Die bereits trostlose wirtschaftliche Lage wird sich weiter verschärfen. Das Ausland wird damit reagieren, daß die Tschechen von Osten, die Franzosen von Westen einmarschieren und von Seeckt mit einem Angriff der Reichstruppen von Norden und von Thüringen.« Was aber konnte er mit seinem Säbel gegen die Pistolen der Wache im Zimmer und die Maschinengewehre der SA im Saal ausrichten? Mit schriller, hysterischer Stimme unterbrach Hitler schroff Lossows düstere Überlegungen. Er sprach zum Triumvirat, als stehe er

vor einer Massenversammlung, und wiederholte, wild mit seiner Pistole gestikulierend, seine zuvor im Saal gehaltene Ansprache: »Die Bayerische Regierung ist abgesetzt! Eine neue Reichsregierung ist gebildet! Bayern ist das Sprungbrett für die neue Reichsregierung!

In Bayern muß es einen Landesverweser geben und der Landesverweser, das sind Sie!« tobte er, von Kahr fixierend. »Pöhner wird Bayerischer Ministerpräsident mit diktatorischen Vollmachten. Und die Reichsregierung heißt: Hitler; nationale Armee: Ludendorff; Reichswehrminister: Lossow; Reichspolizeiminister: Seisser!«

Für den Zeitraum einer Sekunde schien er aus der Trance zu erwachen und merkte, daß Hunglinger noch im Zimmer war. »Raus!« gestikulierte er mit seiner Pistole in Richtung des Polizeimajors.

Dann schien er wieder in die Trance zurückzufallen und noch immer mit der Pistole fuchtelnd, aber seine Stimme um einige Dezibels senkend, sprach er wie zu einem unsichtbaren Publikum, als ob das Trio gar nicht anwesend wäre:

»Ich weiß, daß den Herren der Schritt schwer fällt, aber er muß gemacht werden. Jeder hat den Platz einzunehmen, auf den er gestellt wird. Tut er das nicht, hat er keine Daseinsberechtigung. Sie müssen mit mir kämpfen, müssen mit mir siegen oder mit mir sterben.

Wenn die Sache schief geht, habe ich vier Schüsse in der Pistole, drei für meine Mitarbeiter, wenn sie mich verlassen, die letzte für mich.« Dabei setzte er die Pistole an seine Schläfe. »Wenn ich nicht bis morgen Nachmittag Sieger bin, bin ich ein toter Mann.«

Es herrschte totale Stille. Die Triumviren starrten bestürzt auf diesen unglaublichen Schauspieler. Er schien wie besessen.

Dann entgegnete ihm von Kahr, der sonst nicht gerade als mutig oder gar heldenhaft bekannt war, mit einer Stimme, so fest und ausgeglichen, daß er seine Kollegen in Staunen versetzte.

»Sie können mich festnehmen«, sagte er ruhig, jede Silbe betonend, »Sie können mich totschießen lassen, Sie können mich selber totschießen. Sie haben jetzt die Macht. Sterben oder nicht sterben ist für mich bedeutungslos.«

Es war ein Ausdruck von Resignation und Trotz, eine Haltung, der Hitler nie zuvor begegnet war. Er sah, daß er mit dem hysterischen Theaterspiel, mit dem er die Massen so faszinieren konnte, bei den Dreien hier nichts erreichen würde. Er änderte seine Taktik.

»Exzellenz« sagte er nun in einem viel ruhigeren Ton, »ich bitte Sie vielmals um Entschuldigung, daß ich Ihnen diese Überraschung bereiten muß, doch Sie wissen so gut wie ich, daß die Not unseres Volkes aufs höchste gestiegen ist. Längeres Zögern ist nicht mehr möglich, und so habe ich mich heute zu diesem Schritt entschlossen, um Ihnen zu ermöglichen zu beginnen. Die Verbrecher vom November 1918 sollen den 5. Jahrestag ihres Verrats nicht mehr ungestört feiern. Der morgige Tag soll ein neues Deutschland sehen, und so bitte ich Exzellenz, den Posten eines Statthalters von Bayern zu übernehmen. Die nationale Revolution ist ausgebrochen, ein Zurück gibt es nicht mehr.«

»Aber Sie haben Ihr Wort, keinen Putsch zu machen, gebrochen.« Unterbrach ihn Seisser in eisigem Ton.

»Ja, das habe ich getan«, sagte Hitler und fing wieder an, mit der Pistole zu gestikulieren. »Verzeihen Sie mir. Aber ich tat es im Interesse des Vaterlandes und...«

»Aber unter diesen Umständen«, unterbrach von Kahr Hitlers soeben beginnenden neuen Monolog, »können Sie nicht von mir erwarten, daß ich mitmache. Denn ich wurde von Bewaffneten herauseskamotiert. Es könnte bei der Versammlung der Eindruck erweckt werden, als ob ich bei meinen Entschlüssen unter einem Zwang gestanden hätte.«

Hitler fühlte sich matt gesetzt. Seine Irritation wuchs von Minute zu Minute. Auch war seine Kehle völlig ausgetrocknet. Die Folgen eines Gasangriffes an der belgischen Front im letzten Monat des Krieges machten sich wieder bemerkbar.

»Maßkrug her!« herrschte er Graf an. Und während er auf sein Bier wartete, versuchte er es nochmals mit der härteren Gangart.

»Die Herren dürfen nicht miteinander reden«, brüllte er, als Lossow sich zu Kahr wenden wollte.

Erzürnt und entrüstet über Hitlers Manieren, sprang der General von seinem Sitz auf der Tischkante ab und ging zu einem Fenster mit Aussicht auf den Garten des Bürgerbräukellers. Die im Garten aufgestellten SA-Männer dachten offensichtlich, er beabsichtige zu fliehen und richteten ihre in Anschlag gebrachten Gewehre auf ihn.

»Tatsächlich«, dachte er, als er die behelmten und schußbereiten SA-Männer auch durch die anderen Fenster drohend in das Zimmer spähen sah, »wir sind umzingelt. Diesbezüglich hat Hitler also nicht geblufft. Vielleicht sprach er sogar die Wahrheit, als er den Triumviren mitgeteilt hatte, die Reichswehr und die Polizei stünden auf seiner Seite und befänden sich bereits auf dem Marsch?«

Plötzlich wirkte Lossow wachsam und interessiert. »Wie steht Ludendorff zur Sache?« fragte er. Die Frage bot Hitler die willkommene

Gelegenheit zu einer Atempause. »Ludendorff ist bereit und wird gleich eintreffen.« Daraufhin entschuldigte er sich nochmals bei Kahr und verließ das Zimmer. Gehorsam folgten ihm Lenk und Hess.
Draußen bat er Pöhner, Friedrich Weber und Hermann Kriebel, für ihn bei den Triumviren einzustehen. Vielleicht würden sie bei den drei Herrn mehr erreichen bis zu Ludendorffs Ankunft.
Inzwischen hatte er beschlossen, in den Saal zurückzukehren. Dort war er in seinem Element und er konnte als Agitator in der Volksmenge mit mehr Erfolg rechnen, als bei seinen »Gefangenen«.
»Es wird gelingen«, versicherte er einigen seiner Anhänger die im Korridor Wache hielten. »Soeben wird die Stadt links der Isar besetzt.«

Hermann Görings ermunternde Ansprache und sein frivoler Trost: »Ihr habt ja Bier«, hatte das Publikum nur vorübergehend beruhigt. Während Hitlers viertelstündiger Abwesenheit wuchsen wieder Unruhe und Verstimmung, ja Verwirrung, im Auditorium.
Karl Alexander von Müller sprach aufgeregt mit Robert Riemerschmid, Professor Max von Gruber und anderen Freunden, die sich durch die Menschenmenge mit ihren Ellenbogen den Weg zu ihm gebahnt hatten. Von Müller galt aufgrund seiner zeitgenössischen Kommentare in den *Süddeutschen Monatsheften* und, nicht zuletzt, seiner Verschwägerung mit Hitlers Hauptfinanzberater, Gottfried Feder, politisch tonangebend. »Sie glauben doch nicht, daß der Hitler das schafft, so wie er hier hereinkam?« fragten ihn die Leute. »Das ist doch die Gelegenheit, auf die Kahr wartete«, entgegneten ihnen andere in der Gruppe. Von Müller selber aber sah nur auf seine Uhr und bemerkte: »Es ist Hitler offensichtlich nicht gelungen, die Triumviren zu gewinnen. Hatte er nicht versprochen, sie würden in 10 Minuten in Eintracht mit ihm zurückkehren?«
An dem Haupttisch machten sich währenddessen Ministerpräsident von Knilling, seine Kabinettsminister sowie Polizeipräsident Mantel mit seinen Adjutanten und Oberst Josef Banzer gegenseitig Vorwürfe. Sie waren ratlos.
Franz Schweyer, der ergraute Innenminister, hielt mit vor Entrüstung bebendem Ziegenbart laut und aus dem Stegreif eine Ansprache an seine Kabinettskollegen.
»Ich wußte es«, sagte er. »Ich wußte, daß er dies machen würde, und ich habe es ihm gesagt. ›Herr Hitler‹, habe ich ihm gesagt als ich nach der Sache mit Mussolini in Italien in meinem Geschäftszimmer eine Unterredung mit ihm hatte, ›Herr Hitler eines Tages werden Sie einen Putsch

machen. Ihre Auftritte sind so demagogisch und gefahrenvoll, daß Ihre Bewegung eines Tages zu einer Explosion treibt. Sie können nicht jahrelang bloß reden, sondern müssen eines Tages handeln. Darin liegt eine große Gefahr.‹ Darauf sprang er von seinem Sitz auf, schlug mit seiner rechten Hand an seine Brust und sprach in erregtem Ton: ›Herr Minister, ich gebe Ihnen mein Ehrenwort, ich werde nie in meinem Leben einen Putsch machen.‹ Ich sagte ihm darauf: ›Ihr Ehrenwort in Ehren, aber es wird eine Zeit kommen, wo die Bewegung über Ihren Kopf hinweggeht; Sie werden zur Tat getrieben werden und vor der Wahl stehen, entweder erledigt zu sein oder mitzuschwimmen. Und Sie werden schwimmen.‹
Und jetzt? Schauen Sie sich's doch an, was sein Ehrenwort nach 12 Monaten wert ist. Warum wurde er nicht im Mai ausgewiesen, als er es am Oberwiesenfeld versuchte«, sagte Schweyer und blickte anklagend in Richtung des Justizministers, Franz Gürtner. »Er ist doch Ausländer, ein Österreicher. Es hätte damals jede rechtliche Grundlage für eine Ausweisung gegeben.«
Gürtner schwieg.
Eugen Zentz, der nach Görings Rede allein und verdrossen auf dem Podium verblieben war, verkündete, die Versammlung sei offensichtlich beendet und die Gäste sollten heimgehen. Sein Vorschlag traf jedoch auf scharfen Widerspruch bei der SA. Aus allen Richtungen kamen Rufe wie »das Gebäude ist umzingelt!« »alle Ausgänge sind bewacht!« und »niemand darf die Halle verlassen!« In der Tat durfte niemand.
So versuchten die Kriminalkommissare Siegfried Herrmann und Theodor Singer mit ihren hochgehaltenen Ausweisen winkend, die Aufmerksamkeit Görings und Berchtolds auf sich zu lenken. Doch auch sie durften den Saal nicht verlassen. Vergeblich bat Herrmann auch die Torwachen, einen älteren Herrn mit Kreislaufkollaps oder Platzangst aus dem Saal herauszulassen.
Nachdem Hanfstaengl entdeckte, daß nicht nur die Presse, sondern selbst führende Mitglieder der NSDAP eingesperrt waren, bestieg er einen Stuhl und begann weit über die Köpfe der Menge hinausragend, eine Art Pressekonferenz abzuhalten. Er übersetzte die Ansprachen und erklärte den um ihn versammelten Journalisten, es sei eine neue Regierung gebildet worden, die die »Ordnung und Disziplin im Lande wiederherstellen« werde. Hin- und hergestoßen im Gedränge, versuchten die ausländischen Pressekorrespondenten, sich auf ihren Schreibblöcken Notizen zu machen.

Der Redakteur Fritz Gerlich und Wilhelm von Borscht, Münchens Bürgermeister bis 1919 und ein persönlicher Freund der Familie Hanfstaengl, bahnten sich ihren Weg zu der Gruppe. »Hilf uns doch bitte aus dem Saal hinaus«, sagte Borscht, »wir werden gefangengehalten.« Hanfstaengl ging mit Borscht zum Haupteingang, an dem Julius Schreck, Josef Gerum und die Maschinengewehrmannschaft Wache hielten. »Niemand darf den Saal verlassen«, sagte Schreck, »das ist Hauptmann Görings Anordnung. Sie sind ein Zivilist und nicht befugt, Befehle zu erteilen.«

Die Wichtigtuerei ärgerte Hanfstaengl. Er ging zur Serviertheke, bestellte sich noch eine Maß Bier und unterhielt sich intensiv mit einer Kellnerin.

»Du kannst durch die Küche hinausgehen«, flüsterte er lächelnd Borscht zu. An dieser Theke vorbei entkamen später auch Gerlich, Larry Rue, Hubert Knickerbocker, Lincoln Eyre, Dorothy Thompson, Negrelli und andere Journalisten, die allmählich ungeduldig wurden, da sie ihre Berichte durchgeben wollten, oder, wie im Falle Gerlichs, die neusten Meldungen noch in der Morgenausgabe seiner Tageszeitung unterbringen wollten.

Die Spannung wuchs von Minute zu Minute; noch immer kein Zeichen von Hitler und den Triumviren. Die SA-Leute wurden immer gereizter und gröber zu ihren Gefangenen.

Georg Stumpf hatte schließlich und endlich die Erlaubnis erhalten, das Pissoir aufzusuchen. Als er jedoch in den Saal zurückgekehrt, ein Fenster auf der Galerie öffnete, weil es »hier drinnen so rauchig und heiß ist«, brüllte ihn ein SA-Mann mit »Nicht hinausschauen! Fenster zumachen!« an. Den Befehl mißachtend, lehnte sich Stumpf aus dem Fenster und warf einen kurzen Blick auf die bewaffneten Sturmtrupps im Garten und in der Rosenheimerstraße. »Verstehen Sie denn kein Deutsch?« brüllte der SA-Mann und ging mit in Anschlag gebrachtem Karabiner auf ihn zu. Stumpf trat zurück, doch ließ er das Fenster offen.

Im Parterre begann das Publikum über das Vorgehen und Verhalten der Hitler-Leute zu murren. »Einen solchen Saustall hätten wir doch nicht erwartet«, sagte ein Mann zu Kriminalkommissar Singer. Ein SA-Mann hörte die Bemerkung und näherte sich ihnen drohend.

»Was soll denn diese starke Bewaffnung gegenüber einer unbewaffneten Versammlung von Gleichgesinnten?« fragte Johann Kress, ein 55 Jahre alter Tiefbauunternehmer und Mitglied des Verbandes »Bayern und Reich«, einen ihm bekannten »Hitler-Gardisten«, wie er die SA nannte.

»Falls die Anordnungen des Führers nicht bedingungslos befolgt werden«, lautete die wie auswendig gelernte Antwort, »wird der Gehorsam durch Waffengewalt erzwungen.«

»Wollen Sie damit sagen«, fragte Kress ungläubig und entrüstet, »wenn wir uns einer Verhaftung des Herrn von Kahr widersetzten, würden Sie schießen?«

»Das ist doch selbstverständlich«, entgegnete der SA-Mann keck und schroff: »Wozu haben wir sonst unsere Waffen?«

Kress verschwand in der Menge. Er war entsetzt und bedrückt. In ihm hatte Hitler soeben einen potentiellen Anhänger verloren. Und Kress war bei weitem nicht der einzige, den die Ereignisse ernüchtert hatten. Obwohl ultrakonservativ und nationalistisch gesinnt lehnten viele der Anwesenden den Putsch und die Hitlerbewegung ab. Leute, die die Vorgänge mit einer gewissen Vorahnung betrachteten, sahen im Maschinengewehr am Haupteingang, in Görings tölpelhaftem Benehmen und der brutalen Arroganz der schwer bewaffneten Wachen ein böses Vorzeichen für die Zukunft Deutschlands, wenn es Hitler gelänge, an die Macht zu kommen.

»Wenn Hitler nicht bald zurückkommt und eine Erklärung abgibt«, bemerkte von Müller zu einem Freund, »wendet sich die Stimmung im Saal vollends gegen ihn.«

Er hatte den Satz noch nicht beendet, als Hitler plötzlich wieder im Saal war, begleitet von Hess und Lenk. Er bestieg das Podium und dann hielt er eine Rede, die v. Müller später als »ein rednerisches Meisterstück, das jedem Schauspieler Ehre gemacht hätte«, beschrieb. Der Hauptzweck war, Zeit zu gewinnen und den ungeduldigen Zuhörern mitzuteilen, daß die »Verhandlungen« mit Kahr, Lossow und Seisser mehr Zeit in Anspruch genommen hätten als die versprochenen 10 Minuten. Fast alle Anwesenden waren innerhalb von Sekunden auf seiner Seite. »Ich kann mich nicht erinnern«, so beschrieb von Müller die Szene, »je in meinem Leben einen solchen Umschwung der Massenstimmung in wenigen Minuten, fast Sekunden, erlebt zu haben . . . Die Stimmung der Mehrheit hatte völlig umgeschlagen. Hitler hatte sie mit einigen Sätzen umgedreht, wie man einen Handschuh umdreht. Es hatte fast etwas von einem Hokuspokus, von einer Zauberei. Laute Zustimmung rauschte auf, kein Widerspruch war mehr zu hören . . . Er begann völlig ruhig, ohne jedes Pathos. Was geschehe, richte sich in keiner Weise gegen Kahr. Dieser habe sein volles Vertrauen.« Dann folgte seine Rede:

»Deutsche Volksgenossen«, begann er. »Heute vor 5 Jahren wurde die größte Schandtat begangen, die unser unglückliches, armes Volk in dieses maßlose Elend gestürzt hat. Heute noch müssen wir dem Elend und der Schande ein Ende setzen. Ich schlage deshalb folgendes vor:
Das Kabinett Knilling ist abgesetzt.
Unter einem Landesverweser und einem mit diktatorischen Vollmachten ausgestatteten Ministerpräsidenten wird eine Bayerische Regierung gebildet. Ich schlage als Landesverweser Herrn von Kahr und als Ministerpräsidenten Herrn Pöhner vor.
Die Regierung der Novemberverbrecher in Berlin wird für abgesetzt erklärt.
Eine Deutsche Nationale Regierung wird in Bayern hier in München heute noch ernannt.
Es wird sofort gebildet: Eine Deutsche Nationale Armee.
Ich schlage daher vor: Bis zum Ende der Abrechnung mit den Verbrechern, die heute Deutschland tief zugrunde richten, übernehme die Leitung der Politik der provisorischen nationalen Regierung *ich*.
Exzellenz Ludendorff übernimmt die Leitung der Deutschen Nationalen Armee.
General Lossow wird Deutscher Reichswehrminister. Oberst von Seisser wird Deutscher Reichspolizeiminister.
Die Aufgabe der provisorischen Deutschen Nationalen Regierung ist, mit der ganzen Kraft dieses Landes und der herbeigezogenen Kraft aller Deutschen Gaue den Vormarsch anzutreten in das Sündenbabel Berlin und das Deutsche Volk zu retten.«
Der Beifall war stürmisch und der Jubel ohrenbetäubend. Hitler wartete, bis sich der Beifall gelegt hatte, dann sprach er, jedes Wort betonend, langsam und in tiefem Ernst, mit Rührung in der Stimme:
»Ich frage Sie nun: Draußen sind 3 Männer: Kahr, Lossow, Seisser. Bitter schwer wird ihnen der Entschluß. Sind Sie einverstanden mit dieser Lösung der deutschen Frage?«
Dreitausend Stimmen brüllten begeistert »Jawohl« und »Heil Hitler«.

Im Nebenzimmer stand jetzt nur noch Ulrich Graf Wache. Er steckte seine Pistole diskret in die Manteltasche. Die Atmosphäre war merklich angenehmer, ja fast kameradschaftlich geworden. Weber, Kriebel und Pöhner versuchten in einer Art, die Seisser später »als süßlich« beschreiben sollte, die Mitarbeit des Triumvirats zu gewinnen.
Von Kahr saß mißgestimmt auf dem einzigen Stuhl im Zimmer und

protestierte noch immer erzürnt gegen die Demütigung, der ihn Hitler vor der ganzen Öffentlichkeit ausgesetzt hatte.
»Auf diese Weise hereinzumarschieren, mich mitten in meiner Rede zu unterbrechen und mit bewaffneten Wachen aus dem Saal zu eskamotieren«, grollte er. »Unter diesen Umständen und mit so einem Mann kann von meiner Mitarbeit keine Rede sein.«
Mit gespieltem Respekt versuchte Pöhner den widerspenstigen Bürokraten, dem er als Polizeichef von München so lange gedient hatte, zu beschwichtigen. Kahr hörte nicht auf ihn und murmelte nur vor sich hin: »Unerhört, daß man auf diese Weise herauseskamotiert wird. So was muß man einem doch früher sagen, so kann man einen doch nicht einfach auf Brigantenart herauseskamotieren.« und »Man hätte doch noch 8 oder 10 Tage warten können. Ich habe ja schon Leute nach Norddeutschland geschickt, um mir die Zustimmung der Herren dort zu sichern.«
Lossow und Seisser dagegen zeigten Anzeichen für einen Meinungsumschwung. Von besonderer Wirkung auf sie war Webers ruhige, aber wiederholte Mahnung: »Wir haben doch schon seit Monaten über die Notwendigkeit dieses Schrittes übereingestimmt.«
»Ja, meine Herren«, bekräftigte Kriebel, »seit Monaten, in allen unseren Unterredungen, waren wir uns doch über die notwendigen Schritte einig. Heute haben wir nur versucht, es Ihnen leichter zu machen, Ihnen ein Sprungbrett zu geben.«
Weber steckte sich eine Zigarette in den Mund und bot eine Seisser an. »Haben Sie für mich auch eine?« fragte Lossow und stand vom Tisch auf. Auf Seissers Drängen gestattete Weber, daß Major Hunglinger in das Zimmer zurückkehren durfte. Abgesehen von Kahr, der noch immer grollte und mürrisch vor sich hinstarrte, glich das Bild eher einer Generalstabskonferenz. Einen kurzen Moment kam nochmals Spannung auf, als Lossow Hunglinger abermals zuflüsterte: »Komödie spielen«.
»Bitte«, sagte Weber scharf, »die Herren dürfen nicht miteinander . . .« den Rest erstickte der dröhnende Jubel im Saal.

Hitler betrachtete die Szene mit verschränkten Armen und wartete, bis sich der Jubel gelegt hatte. Dann fuhr er fort.
»Was uns führt, ist nicht Eigendünkel und Eigennutz, sondern den Kampf wollen wir aufnehmen in zwölfter Stunde für unser deutsches Vaterland. Aufbauen wollen wir einen Bundesstaat föderativer Art, in dem Bayern, das erhält, was ihm gebührt.«
Der Beifall brach wieder los. Hitler sprach weiter: »Halten Sie sich ruhig.

Der Saal ist abgesperrt vom ›Deutschen Kampfbund‹.« Dann beendete er die Ansprache dramatisch: »Ich kann Ihnen noch dies sagen: die Deutsche Revolution beginnt heute Nacht. Der Morgen findet entweder in Deutschland eine Deutsche Nationale Regierung oder uns tot.« Abermals folgten Heilrufe.

Er hatte wie ein Harfenvirtuose auf allen Saiten der Gefühle seiner Zuhörer gespielt. Was aber meinte er mit seinen Aussagen? Ein Regent für Bayern? Die Position gab es nicht. Föderalismus in Deutschland? Das gab es auch nicht. Doch appellierte er mit diesen Ausdrücken an die Sympathien von Monarchisten, Separatisten und Anhängern von Kahrs. Ludendorff als Oberster Befehlshaber der Armee? Der Name wirkte wie ein Zauber. Ein Reichspolizeiminister? Den gab es zwar noch nie zuvor, doch waren alle Anhänger von »Ordnung und Disziplin« der Ansicht, es sollte einen geben. Ein Marsch auf Berlin, um die Novemberverbrecher rauszuschmeißen? Das klang wie die Erfüllung eines Wunschtraumes.

Der Jubel, der Hitler auf seinem Weg aus dem Saal begleitete war ohrenbetäubend.

Karl Alexander von Müller empfand die Schauspielerei und das Melodrama indes als peinlich. Er konnte sich nicht entscheiden, ob Hitler ein besessener Fanatiker, ein brillanter »Showman« oder ein politischer Mephisto war. Eines jedoch war ihm klar: Kahr, den er ebenfalls gut kannte, würde sich niemals einem derartigen Unternehmen anschließen. Hitler werde also, so meinte er zu seinen Freunden am Tisch gegenüber, Kahr gefangenhalten, »und wir werden wahrscheinlich alle hier eingesperrt bleiben, zumindest bis zum Morgen«. Die Vorhersage sollte sich als falsch erweisen.

Die Druckereibesitzer Ferdinand Schreiber und Anton Schmidt sahen einander wissend an. Jetzt endlich begriffen sie, weshalb man sie gebeten hatte, Schriftsetzer und Drucker »für einen großen Plakatauftrag«, der erst »spät« eintreffen würde, bereitzuhalten.

»Ich versuche, Max Amann zu finden. Mal sehen, ob er uns nicht hinauslassen kann«, sagte Schreiber zu seinem Konkurrenten.

Den SA-Türwachen als ein »Parteidrucker« bekannt, hatte Schreiber keine Schwierigkeiten, aus der Halle in das Vestibül zu gelangen.

»Es wird noch viel Arbeit heute Nacht geben«, sagte Amann als ihn Schreiber endlich gefunden hatte. »Aber leider müssen Sie noch eine

Weile hier bleiben, bis alle den Saal verlassen dürfen. Aber lange wird es nicht mehr dauern.«

Bevor er triumphierend und zuversichtlich in das kleine Nebenzimmer zurückging, zog Hitler Hess mit zu Göring hinüber und gab ihm ein zerknülltes Stück Papier, das er seit Stunden in seiner Tasche getragen hatte. »Nehmen Sie diese Herren im Hauptsaal fest und lassen Sie sie bis auf weitere Anordnungen irgendwo im ersten Stock streng bewachen.«
Hess betrachtete die Liste: Knilling, Schweyer, Gürtner, Wutzelhofer, Berchem, Bernreuther, Zetlmeier. Ein achter Name – Banzer – war durchgestrichen.
Göring bot Hess zehn mit Waffen und Handgranaten bewaffnete SA-Männer »zur Unterstützung« an. Dann warf er einen Blick auf die Liste und schlug vor, noch zwei weitere Namen hinzuzufügen: Polizeipräsident Karl Mantel und Graf von Soden, Kronprinz Rupprechts Kabinettschef.

»Haben Sie die Begeisterung gehört?« sprudelte Hitler, als er in das Nebenzimmer zurückkam. »Exzellenz von Kahr, man wird Sie als den Retter begrüßen, man wird Sie auf den Händen tragen, mit Jubel empfangen und vor Ihnen niederknien!«
»Ich lege darauf keinen Wert, insbesondere nachdem ich auf so beschämende Art und Weise aus dem Saal herauseskamotiert wurde«, murrte Kahr, der, wie er später sagte, noch darauf hoffte, »es könnte die Polizei vielleicht doch noch Anstrengungen machen und uns aus dieser fatalen Lage befreien.«
Die kurze Diskussion wurde von Rufen wie »Achtung! Stillgestanden!« und dem Geräusch zackigen Hackenschlagens im Flur unterbrochen. Die Tür flog auf. Herein kam Ludendorff, kerzengerade und stolz wie immer, obwohl er in Zivilkleidung eher wie ein Rentner, der seinen Hund zum Spaziergang ausführt, als ein General aussah.
»Meine Herren ich bin ebenso überrascht wie Sie«, sagte er und vermied es, Hitler auch nur eines Blickes zu würdigen. Dies nicht so sehr, um ihn nicht zu kompromittieren, sondern um seine Verärgerung darüber zum Ausdruck zu bringen, daß man nicht ihn, Ludendorff, zum Diktator Deutschlands ausgerufen hatte. »Aber der Schritt ist getan. Es handelt sich um das Vaterland und um die große nationale, völkische Sache«, sprach er mit einer Stentorstimme. »Ich nehme an, daß Sie den einmal eingeschlagenen Weg mit uns gehen – bis zum Ende.«

Seine Annahme stimmte nicht ganz, wie sich in den nächsten 20 Minuten zeigen sollte. Die Atmosphäre hatte sich jedoch mit dem Auftritt des Generals dramatisch verändert.

Zunächst wandte sich Ludendorff an Kahr: »Versagen Sie sich nicht diesem Ruf, der jetzt an Sie ergeht. Es ist die Schicksalsstunde des Deutschen Reiches. Tun Sie, was wir alle sehnsüchtig von Ihnen erwarten.« Als Kahr jedoch unnachgiebig blieb, überließ er ihn den Überredungskünsten Hitlers, Pöhners und Webers und widmete seine Aufmerksamkeit Lossow und Seisser, die abseits standen.

Lossow und Seisser gewannen zunehmend den Eindruck, daß Ludendorffs »Überraschung« gespielt war. Als Offiziere hatten sie zwar der Verfassung von Weimar den Treueeid geschworen, doch lehnten sie den Putsch nicht aus Loyalität zur Verfassung, sondern aus Antipathie gegen Hitler und wegen ihres Zweifels an der Wahl dieses Zeitpunktes ab.

War es doch anzunehmen, daß die Franzosen in die am weitesten im Westen gelegene Stadt Bayerns, Aschaffenburg, einmarschierten und der Präsident der Tschechoslowakei, Thomas Masaryk, der davor gewarnt hatte, daß er eine faschistische Diktatur in Deutschland nicht dulden würde, durch den Böhmerwald in den Bayrischen Wald vorrückte.

Zudem fragten sie sich, ob von Seeckt nicht die Thüringische Division gegen Bayern einsetzen werde und ob man sich auf Ehrhardts Brigade an der thüringischen Grenze oder auf den persönlich ehrgeizigen Ehrhardt überhaupt verlassen könne?

Sie legten ihre Bedenken Ludendorff vor. Doch dieser tat die Einwände der Triumviren mit einer Geste als »taktischer«, nicht »strategischer« Natur ab.

Die Franzosen hatte Ludendorff nie gefürchtet und die Tschechen verachtete er mit der herkömmlichen Verachtung des Preußen für den Slawen. Zudem glaubte er fest an »Reichswehr schießt niemals auf Reichswehr« und schon gar nicht mit ihm als Oberbefehlshaber der Aufständischen. »Außerdem«, bemerkte er wiederholt: »was geschehen, ist geschehen«, und, »es gibt kein Zurück.« Doch hatte auch er keine klare Vorstellung von den Konsequenzen eines »Vorwärts« gehens.

In den verschiedenen Ecken des Zimmers schien sich die Diskussion endlos in die Länge zu ziehen. Ludendorff bot seine ganze Autorität und Beredsamkeit auf und appellierte an Lossows und Seissers »Patriotismus« und »Pflichtgefühl«.

Die neuerliche Verzögerung nach Hitlers erfolgreichem Auftritt verursachte allmählich wieder Unruhe und Verstimmung im Saale. »Das Stimmungsbarometer«, schrieb von Müller, »begann wieder zu schwanken.«

Ruhe kam wieder auf, als Rudolf Hess, hager, mit buschigen Brauen und fanatisch brennenden Augen in seiner feldgrauen Uniform einen Stuhl in unmittelbarer Nähe des für die Ehrengäste reservierten Tisches bestieg und bekanntgab: »Die Herren, deren Namen ich jetzt verlesen werde, ersuche ich, sich an den Eingang des Saales zu begeben.« Nacheinander verlas er dann von einem Zettel die Namen.

Als Hess mit »Seine Exzellenz von Knilling« begann, meldete sich Knilling wie ein Rekrut beim Appell mit »Hier«. Er erhob sich mit zornrotem Gesicht, setzte seinen Zwicker zurecht und glättete mit zitternder Hand seinen Schnurrbart.

Und so ging es weiter: »Minister des Innern, Schweyer ... Landwirtschaftsminister Wutzelhofer ... Ministerialrat Otto Bernreuther ... Graf von Soden ...« Nur Justizminister Gürtner, und die Abwesenden. Ministerialrat Josef Zetlmeier und von Lossows Stabschef, Oberstleutnant Otto von Berchem, meldeten sich beim Aufruf nicht. Von Berchem war an diesem Abend zum Essen eingeladen, Zetlmeier hatte es vorgezogen, daheim zu bleiben, und Gürtner versuchte sich in der Menge zu verstecken.

Als das Auditorium erkennen mußte, daß die »Herren« nicht etwa zu einer Kabinettssitzung gebeten, sondern verhaftet werden sollten, schlug die Stimmung in Bestürzung und Protest um. Rufe wie: »Eine schöne vaterländische Rettung! Hitler und seine Leute benehmen sich wie Schweine!« wurden laut.

»Ist dies der Anfang des verheißenen selbständigen Bayern im neuen freien Deutschland?« fragte sich Karl Alexander von Müller.

Sobald die Geiseln aus dem Saal geführt worden waren, war es zu Ende mit der Höflichkeit. Die SA-Leute im Foyer wollten sich am Establishment rächen. Sie drängten und stießen die Gefangenen, besonders aber Wutzelhofer, die Treppen hinauf.

»Sein Sohn hat sich mit Devisenspekulation bereichert«, sagte ein SA-Mann beim Eingang höhnisch.

»So, dann laß uns ihn suchen und sie beide aufhängen.«

Jemand fragte: »Wo ist denn eigentlich das Schwein Gürtner?«

»Der war vorher im Saal«, kam die Antwort, »ich habe ihn gesehen. Wahrscheinlich versucht er, sich zu verstecken.«

Hess schickte sofort zwei SA-Männer in den Saal, die Gürtner aufspürten und ihn herausholten.
Georg Rauh, der Gerüchte gehört hatte, daß »Oberamtmann Dr. Frick Polizeipräsident werden sollte«, war in der Nähe von Mantel, als ihn Göring im Vorraum anhielt: »Was machen *Sie* denn da?
»*Sie* sind doch nicht unter Arrest, nur die anderen.« Rauh durfte schließlich Mantels Überrock aus der Garderobe holen, und es gelang ihm mit Hilfe des ihm bekannten Scheubner-Richter, den er im Vorraum getroffen hatte, das Gebäude zu verlassen. Zu Fuß eilte er sofort zum Polizeipräsidium.
Andere, die den Bierkeller ebenfalls verlassen wollten, wurden mit Knüppeln in den Saal zurückgedrängt. Die Situation war so explosiv, daß Burckhardt Büchs, einer der zehn noch anwesenden »Blauen« befürchtete, »die Nationalsozialisten würden jede Minute anfangen in die Menge zu schießen«.
Zwei SA-Männer forderten Major Hans von Hösslin, Lossows Adjutanten, auf, die republikanische Kokarde von seiner Mütze zu entfernen. Mit den Worten: »Mir gibt nur General von Lossow Anordnungen«, entzog er sich ihrem Zugriff.
Die Verhafteten wurden einzeln in einen Bankettsaal im ersten Stock, unweit von Korbinian Reindls Wohnung, geführt. Hier sollten sie auf Hitlers Entscheidung über ihr Schicksal warten. Zwei SA-Männer standen Wache am Eingang, drei weitere, mit Gewehren und Handgranaten bewaffnet, im Saal. Rudolf Hess war ihr Kerkermeister.
Als Hanfstaengl das brutale Vorgehen von Hitlers Schergen sah, war er bestürzt. Außerdem: Welchen Eindruck mußte das auf die ausländischen Korrespondenten machen? Er ging hinauf in den Bankettsaal wo er zu seiner Erleichterung feststellte, daß die Geiseln noch lebten und nicht auf der Stelle umgebracht worden waren. Er machte sich auf den Weg und bestellte ihnen mit seinen restlichen Milliarden einige Maß Bier. Schweyer weigerte sich, das Bier von Hitlers Freund anzunehmen. Trotz seines Ärgers über die schroffe Ablehnung mußte ihn Hanfstaengl für seine Haltung bewundern.

Im Nebenzimmer begannen sich Ulrich Graf und Adolf Lenk allmählich zu langweilen. Sie waren einfache Leute, deren Schulzeit durch den Krieg verkürzt gewesen war, und die Gesellschaft von Ministern und Generälen machte sie verlegen. Niemals hätten sie geahnt, daß es bei einer Revolution soviel zu reden geben würde. Die hohen Herren besprachen sich in den Zimmerecken so gedämpft, daß Graf und Lenk kaum etwas hören konnten und, was sie hörten, der Fachausdrücke wegen nicht verstehen konnten. Um die Zeit totzuschlagen inspizierte Graf Hitlers Browning, entlud und lud ihn wieder und gab ihn dann seinem Herrn und Meister zurück, der die Waffe langsam in seine Tasche gleiten ließ.

Kahrs Haltung war noch immer ausweichend. Doch Lossow und Seisser schienen Ludendorffs Drängen nachzugeben.

»Nun Lossow«, fragte Ludendorff mit seiner gebieterischen Feldherrnstimme, »was sagen Sie?«

Eine kurze Pause folgte. Dann sprang Lossow auf und stand, mit Tränen in den Augen, straff wie ein Rekrut vor einem Feldwebel: »Euer Exzellenz' Wunsch ist mein Befehl.«

»Na, Lossow, jetzt machen wir's!« sagte Ludendorff strahlend.

»Ich werde die Armee so organisieren, wie Exzellenz sie zum Schlagen benötigen«, antwortete Lossow. Die neue Allianz wurde mit einem Handschlag bekräftigt. Auf Seisser schien dies alles wie ein Signal zu wirken. Mit ausgestreckter Hand ging er auf die beiden zu.

Nun richtete Ludendorff seine Aufmerksamkeit auf Kahr, der, umgeben von Pöhner, Weber und Kriebel, die ihn mit Argumenten überschütteten, nach wie vor trotzig und pikiert dasaß. Quer durch das Zimmer ging er – hinter sich Lossow und Seisser – auf Kahr zu. »Sie dürfen sich in dieser historischen Stunde dem deutschen Volke nicht versagen«, sprach er dramatisch. »Es wird nicht gehen, die Sache wird sich nicht halten«, entgegnete von Kahr kleinmütig und: »Sie hätten noch warten müssen. Sie hätten noch 8 oder 10 Tage warten sollen.« Ludendorff war dadurch nicht zu erschüttern: »Was in 8 oder 10 Tagen geht, geht auch heute. Auf ein oder zwei Herren aus Norddeutschland kann es doch nicht ankommen.«

»Und überdies«, fügte Pöhner hinzu, »sind die Namen Kahr und Ludendorff so zugkräftig und ihr Klang so glorreich, daß ich, wenn auch noch Herr Hitler, der es versteht auf die großen Massen Einfluß auszuüben, hinzukommt, keinen Zweifel am Erfolg der Sache habe.«

Nun war wieder Hitler an der Reihe. »Sie können nicht zurück«, wiederholte er herausfordernd. »Sie haben doch selber den Jubel im Saal gehört, als ich der Versammlung sagte, was wir hier beraten und daß Sie uns führen werden. Glauben Sie denn wirklich, daß ich in den Saal zurückgehen kann, um Ihren Anhängern zu sagen, es war alles ein Irrtum, ein Mißverständnis und es gibt heute doch keine nationale

Revolution, weil Exzellenz von Kahr sie auf eine Woche aufschieben möchte? Ist es das, was Sie von mir verlangen?«
Als Kahr keine Gegenargumente mehr aufbringen konnte, änderte er plötzlich und überraschend seine Taktik. »Ich kann auch nicht mitmachen, weil ich Monarchist bin«, beharrte er. »Ich bin hier der Vertreter des Königs und ohne Einwilligung des Königs könnte ich so etwas gar nicht machen.«
»Exzellenz«, unterbrach ihn Pöhner, »das ist ganz mein Standpunkt, auf diesem Boden haben wir doch immer zusammengearbeitet, weil wir beide Monarchisten und königliche Beamte sind. Gerade deshalb haben Sie die Pflicht, jetzt, wo es sich darum handelt, Farbe zu bekennen. Wir dürfen uns nicht *hinter* den König, sondern müssen uns *vor* ihn stellen, und dürfen ihn nicht hineinziehen. Gerade als königliche Beamte haben wir die Pflicht, durch die Tat zu beweisen, daß wir der alten Gesinnung sind.«
Hitler erkannte sofort den psychologischen Wert dieses Aspekts, der ihm bisher entgangen war. »Jawohl, Exzellenz«, sagte er erregt, »gerade am Königtum, das in so schamloser Weise dem Verbrechen von 1918 zum Opfer gefallen ist, gilt es, ein schweres Unrecht gut zu machen. Wenn Exzellenz gestatten, werde ich selbst unmittelbar von der Versammlung weg zu Seiner Majestät fahren und ihr mitteilen, daß durch die deutsche Erhebung das Unrecht, das Seiner Majestät hochseligem Vater widerfahren ist, jetzt wieder gutgemacht werden soll.«
Die Idee schien von Kahr zu gefallen, er nickte beifällig.
»Also gut«, sagte er, nun endlich zustimmend, »ich bin bereit die Leitung der Geschicke Bayerns als Statthalter der Monarchie – nicht als Regent oder Landesverweser – zu übernehmen.« Mit dieser Formel vermied er, sich mit Hitler und Ludendorff zu identifizieren und verlegte den Schwerpunkt der Aktion auf die Wiederherstellung der Monarchie.
Hitler und Ludendorff waren begeistert. Ihr Sieg war zweifach.
Beide hielten zwar nicht viel von Kahr, doch brauchten sie seinen Namen und eine Versicherung, daß sich seine diktatorische Vollmacht nicht gegen sie wenden würde. Daß Kahr mit ihnen *im Namen der bayerischen Krone* kollaborieren würde, war mehr, als Hitler oder Ludendorff hoffen konnten. Hatten sie doch immer befürchtet, Kahr würde einseitig Bayerns Unabhängigkeit vom Reich und die Wiederherstellung der Monarchie mit Rupprecht als König erklären und die Alternative einer neuen Reichsregierung ablehnen. Für Hitler war ja der Kronprinz sowieso nur Ballast, den man sobald er seinen Zweck erfüllt hatte, über Bord wirft.

Nun war es also so weit. Man schüttelte sich die Hände.
»Exzellenz, ich vergesse es Ihnen niemals. Sie haben in mir den treuesten Freund«, sagte Hitler überschwenglich. »Das Vaterland wird Sie als einen der Größten feiern.«
Sofort machten sich alle an die Arbeit und entwarfen die Erklärungen, die sie der Versammlung geben wollten.
Noch ein letztes Mal versuchte sich Kahr zu sträuben: »Ich müßte mich schämen in eine Versammlung zurückzukehren, aus der ich mit Gewalt herauseskamotiert worden bin«, und er schlug vor, seine Erklärung sollte von einem andern verlesen werden. Doch bald beruhigte er sich und ließ seine letzten Bedenken fallen, als ihm Hitler immer wieder versicherte, daß ihm das Volk zujubeln würde.
Noch während Hitler und Pöhner den kleinen Mann vor sich her auf die Tür zu schoben, redeten sie weiter auf ihn ein: »Die da draußen wollen *Sie* Exzellenz. Sie werden zugejubelt und applaudiert werden, wie niemals zuvor in Ihrem Leben.« Und dieses Mal sagten sie die Wahrheit.
Bei diesem Gedanken hellte sich v. Kahrs Miene sichtlich auf.
Dann richtete er seinen Gehrock zurecht und stolzierte, gefolgt von der Clique der Verschwörer, aus dem Zimmer.
Im Korridor winkte Hitler Amann, Scheubner-Richter, Rosenberg, Streicher, Gottfried Feder, Göring und Berchtold – den Treuesten der Treuen, die dort auf ihn warteten – mit einem triumphierenden Lächeln zu.

Es war 9 Uhr 40. Vor etwas mehr als einer Stunde waren Hitler und seine SA-Leute in den Bürgerbräukeller eingedrungen, hatten das Gebäude umstellt und das ganze Riesenauditorium gefangengesetzt.
Die Stimmung in dem rauch- und alkoholgeschwängerten Saal war ein Gemisch aus Gereiztheit, Ungeduld, kleinmütiger Resignation, Entrüstung und enthusiastischer Erwartung.
Karl Alexander von Müller starrte in seinen Krug. Er war noch immer wie betäubt vom Schock der Verhaftung Knillings und der andern, zum Teil demokratisch gewählten, zum Teil von der Regierung ernannten, hohen Staatsbeamten, als ihn »Heil«-Rufe und ein Getöse hinten im Saal aus seinen Gedanken rissen. Um zu sehen, was los war, stieg er auf seinen Stuhl und glaubte seinen Augen nicht trauen zu können, als Hitler, Ludendorff, Kahr, Lossow und Seisser offensichtlich vereint und einmütig hereinmarschierten.
Langsam und feierlich bewegte sich die Gruppe zwischen den Tischen.

Die dichtgedrängte Menge öffnete sich vor und schloß sich hinter ihnen, als die Herren langsam und würdig auf das Podium zugingen und mit Kahr an der Spitze die Treppen hinaufstiegen.
Da das Podium nicht breit genug war, konnten sie sich nicht in einer Reihe aufstellen. So stand Ludendorff in der Mitte, Kahr zu seiner Linken, Hitler zu seiner Rechten und die andern, fast nicht zu sehen, hinter den drei Hauptakteuren.
Totenstille herrschte im Saal, als Kahr mit maskenhaft starrem Gesicht zu sprechen begann:
»Meine Herren! In des Vaterlandes schwerster Not, übernehme ich die Leitung der Geschicke Bayerns als Statthalter der Monarchie.« Stürmischer, ja ekstatischer Beifall unterbrach seine Rede. »... als Statthalter der Monarchie«, fuhr er fort, als sich der Sturm gelegt hatte, »die vor fünf Jahren von frevelnden Händen zerschlagen worden ist. Ich tue es schweren Herzens und – wie ich hoffe – zum Segen unserer lieben bayerischen Heimat und unseres großen deutschen Vaterlandes.«
Mit schimmernden, hellblauen Augen und einem glücklich-kindlichen Lächeln auf seinem Gesicht ergriff Hitler Kahrs Hand und hielt sie lange wie in einer Art Rütli-Schwur fest. Dies zumindest war der Eindruck, den die Szene auf den Großteil des Publikums machte, während sie die weniger emotional empfängliche Minderheit eher an so etwas wie den Handschlag zur Bekräftigung eines Übereinkommens zwischen zwei Steuerbeamten erinnerte. Anderen wiederum schien es, als ob Hitler Kahrs Hand an sich gerissen hätte und festhielt. Einer fragte sogar: »Was tut er denn? Hypnotisiert er den Kahr?«
Jetzt trat Hitler vor und begann: »Den Dank an Exzellenz von Kahr brauchen wir heute nicht auszudrücken – er ist in diesem Augenblick in die Geschichte des deutschen Volkes eingeprägt! Jetzt teile ich Ihnen mit, daß sich Präsident Pöhner bereit erklärt hat, mit Exzellenz von Kahr die Regierung des Landes zu übernehmen. Zugleich ist eine provisorische Deutsche Nationalregierung gebildet und der Führer und Chef mit diktatorischer Gewalt der Deutschen Nationalarmee ist Exzellenz Ludendorff. Damit ist das Schandmal von der Stirn der deutschen Soldaten wieder genommen!«
Stürmischer Beifall rauschte auf.
»Ich teile weiter mit, daß General von Lossow als deutscher Wehrminister die Organisation jener Armee durchzuführen hat, die Deutschland reinigen soll von jenen Verbrechern, die vor fünf Jahren uns diskreditiert und zu Tode gebracht haben. Oberst von Seisser als deutscher Reichspo-

lizeiminister wird mitwirken, um Deutschland zu säubern von jenen Elementen, die uns in dieses Unglück gebracht haben, und *ich* will jetzt in den kommenden Wochen und Monaten das erfüllen, was ich mir heute, an dem Tage vor fünf Jahren, als ich als blinder Krüppel im Lazarett lag, gelobte: nicht zu ruhen und nicht zu rasten, bis die Verbrecher des November 1918 zu Boden geworfen sind! Bis aus den Trümmern des heutigen jammervollen Deutschlands wiederauferstanden sein wird ein Deutschland der Macht und der Größe, der Freiheit und der Herrlichkeit. Amen!

Es lebe die Bayerische Regierung Kahr-Pöhner, hoch, hoch, hoch! Es lebe die Deutsche Nationalregierung! Hoch, hoch, hoch!«

Ohrenbetäubende Schreie von »Heil Hitler« erfüllten den Saal. Und während das Publikum tobte, übersetzte Hanfstaengl die Reden geschäftig für die sich um ihn drängenden ausländischen Journalisten.

Nun war Ludendorff an der Reihe. Mit seinem massiven Kopf, einem Gesicht wie aus Stein gemeißelt, sah er aus, als wollte er sagen, es handle sich jetzt um Leben und Tod, oder vielmehr, um Tod und Leben. Kerzengerade stand er da, von Kopf bis Fuß der General, der seine Armee in den fast sicheren Tod schickt:

»Ergriffen von der Größe des Augenblicks und überrascht stelle ich mich kraft eigenen Rechtes der Deutschen Nationalregierung zur Verfügung, und es wird mein Streben sein, der alten schwarz-weiß-roten Kokarde die Ehre wieder zu geben, die ihr die Revolution genommen hat.

Es geht heute um das Ganze! Es gibt für einen deutschen Mann, der diese Stunde erlebt, kein Zaudern zur vollen Hingabe nicht nur mit dem Verstand, nein – zur Hingabe mit vollem deutschen Herzen an diese Sache.

Diese Stunde bedeutet den Wendepunkt in unserer Geschichte. Gehen wir in sie hinein mit tiefem sittlichen Ernst, überzeugt von der ungeheueren Schwere unserer Aufgabe, überzeugt und durchdrungen von unserer schweren Verantwortung. Gehen wir mit dem übrigen Volk an unsere Arbeit! Wenn wir reinen Herzens diese Arbeit tun – deutsche Männer, ich zweifele nicht daran! –, wird Gottes Segen mit uns sein, den wir herabflehen auf diese Stunde. Ohne Gottes Segen geschieht nichts. Ich bin überzeugt und zweifele nicht daran – der Herrgott im Himmel, wenn er sieht, daß endlich wieder deutsche Männer da sind, wird mit uns sein!«

Die Ovation war etwas gedämpft. Die Nachfrage nach Gott schien an jenem Abend nicht besonders groß gewesen zu sein.

Dann kam von Lossow. Mit einem ironischen Lächeln um die Lippen,

machte er einen fast nonchalant gelangweilten Eindruck. Er trat nicht vor, sondern sprach von der hinteren Reihe aus nur wenige Worte: »Ich wünsche, daß die Aufgabe, eine Armee zu organisieren, die den Aufgaben gewachsen ist, die hier eben festgstellt worden sind, gelingen werde und daß diese Armee unsere Flagge Schwarz-weiß-rot mit Stolz tragen wird.«
Seisser pflichtete ihm bei und versprach eine vereinte nationale Polizei unter den alten kaiserlichen Farben zu bilden.
Der sonst so arrogante Pöhner sprach dann ganz kurz und feierlich: »Ich werde Herrn von Kahr treu zur Seite stehen bei der schweren Aufgabe, die er haben wird. Wir haben bisher immer zusammengestanden«, erinnerte er die Zuhörer. »Seine Exzellenz wird sich auf mich verlassen können.«
Dann kam es zum feierlichen Handschlag. Selbst der sonst so scharfsichtige Karl Alexander von Müller dachte nicht an die Möglichkeit, daß es sich um eine abgekartete Komödie handeln könnte. Freilich hielt er den geplanten »Versuch, Berlin zu erobern und den Kurs der europäischen Politik von München aus zu lenken«, für Wahnsinn. Er kannte jedoch jeden der sechs Männer auf dem Podium persönlich gut genug, um an ihre Aufrichtigkeit trotz der bombastischen Sprache und des theatralischen Gehabes zu glauben. Der einzige, der ihm vielleicht nicht ganz glaubwürdig schien, war Lossow mit seiner undurchdringlichen Miene.
Nach dem Handschlag sprach Hitler nochmals: »Gedenken Sie in dieser Stunde des deutschen Vaterlandes, dem wir Treue geloben wollen über alles in der Welt. Deutschland, Deutschland über alles!«
Dreitausend Menschen stimmten in die Nationalhymne ein.
Julius Streicher bahnte sich seinen Weg durch die frenetisch jubelnde Menschenmenge, um als einer der ersten, »den Mitgliedern der neuen Regierung« zu gratulieren.
Umgeben von der SA und der Polizei, deren Angehörige, selbst wenn sie nicht Nationalsozialisten waren, jetzt der »rechtmäßigen Regierung«, zu dienen glaubten, schoben sich die Triumviren und die Verschwörer durch die Menschenmenge zum kleinen Nebenzimmer, »um an die Arbeit zu gehen«, und den nächsten Schritt, den »Marsch auf Berlin«, zu planen.
Hitler nahm Göring beiseite und bat ihn, einige zuverlässige Kriminalbeamte, »Hofmann, Glaser, möglicherweise Herrmann« – mit einer strengen Identitätskontrolle an den Ausgängen zu betrauen. »Wir müssen sicher sein, daß sich keine sozialistischen oder kommunistischen

Spitzel im Saal befinden«, sagte er, »und lassen Sie Oberst Banzer, Seissers Stellvertreter, bewachen. Seinen Namen habe ich wohl von der Liste gestrichen, trauen tue ich ihm aber nicht.«
Friedrich Weber suchte seinen Schwiegervater, den Verleger Julius Lehmann, in der Menschenmenge. Er wollte ihn um die Schlüssel der Lehmann Villa in der eleganten Vorstadt Großhesselohe bitten. Die Villa würde sich vorzüglich als bequemes und würdiges, trotzdem vollkommen isoliertes Gefängnis für von Knilling und die andern Geiseln eignen. Wer käme schon auf den Gedanken, sie in der Holzkirchenerstraße zu suchen?
Rosenberg gelang es, Lenk im Saal zu finden. Er schickte ihn mit einem »dringenden Text« zum *Völkischen Beobachter*.
Als Hanfstaengl den Andrang an den Ausgängen sah, schmuggelte er die ihm anvertrauten Journalistenkollegen durch die Küche hinaus. Göring, der ihn bemerkte, nahm an, er würde ebenfalls den Saal verlassen und rief ihm zu: »Sei so nett und rufe Carin an. Und, bitte, vergiß auch den Brief nicht.«

Fern vom Lärm und dem Tumult gingen die Mitglieder der »neuen Regierung« im Nebenzimmer endlich an die Arbeit.
Kein einziges Mitglied des einstmaligen Triumvirats schien es im geringsten zu stören, daß sie sich – obgleich unter Zwang oder, wie es Lossow später beschreiben sollte, mit der Vorgabe, »Komödie zu spielen« – des Hochverrates schuldig machten.
Eine der ersten Maßnahmen der »neuen Regierung« war Gottfried Feder zum »Reichsfinanzminister« zu ernennen. Als solcher sollte er in den Räumen der »provisorischen Regierung« amtieren, d. h. in einer Bank in der Kanalstraße – ein Stockwerk unter der Wohnung Max Amanns – die dieser zu beschlagnahmen beabsichtigte.
Pöhner und von Kahr sprachen über die Ministerliste.
Kahr schien sich hauptsächlich mit der Wahl des Nachfolgers von Wutzelhofer als Landwirtschaftsminister zu beschäftigen. Pöhner war allerdings, »jetzt, wo Mantel sozusagen verhindert ist, sein Amt auszuüben«, mehr an der Wahl des zukünftigen Polizeipräsidenten gelegen. Kahr nahm Pöhners Wunsch vorweg und schlug Dr. Frick für diesen Posten vor: »Frick wird Ihnen wohl am liebsten sein, weil Sie mit ihm schon lange zusammengearbeitet haben und weil Sie gleich eingestellt sind.«
Das waren sie in der Tat. Pöhner dankte von Kahr für die »gute Idee« und fragte Hermann Kriebel, ob Frick schon von den Geschehnissen

unterrichtet worden war. Nun ja, mit Ausnahme natürlich seiner Ernennung zum Polizeichef. Kriebel entsandte seinen »Verbindungs- und Kommunikationsoffizier« Max Neunzert, um Frick persönlich in der Ettstraße informieren zu lassen.
Ludendorff, Lossow und Seisser konzentrierten sich auf Probleme der militärischen Strategie und die Organisation der Armee. Kriebel, der an diesen Gesprächen teilgenommen hatte, bot seine Dienste, entsprechend seinem letzten Rang als aktiver Offizier, als Regiments- oder Bataillonskommandeur an, betonte jedoch, daß er für seine Rolle in der vaterländischen Bewegung keine persönlichen Vorteile erringen wolle. »Bis die Dinge wieder ihren normalen Gang nehmen«, würde er jedoch Ludendorff gerne als »eine Art von Generalstabschef« beistehen.
Die erste Handlung des neuen Stabschefs war, Hauptmann Röhm in die Briennerstraße, eine Nachricht per Motorrad-Boten zukommen zu lassen. Er soll, so hieß es darin, seine Männer nicht zum Bürgerbräukeller marschieren lassen, wo sie nicht mehr gebraucht würden, sondern mit ihnen das Hauptquartier der 7. Division im einstmaligen Kriegsministerium in der Schönfeldstraße besetzen und dort auf Exzellenz Ludendorff warten.
»Wie sollen wir die Bevölkerung verständigen?« fragte Kahr, und Hitler bat ihn sofort, ihm das zu überlassen. »Ich werde die propagandistische Tätigkeit vollständig allein besorgen. Schließlich ist Propaganda meine Spezialität.« Amann und andere, versicherte er, arbeiteten bereits an Entwürfen für die Proklamationsplakate, und Streicher bereite schon Massenkundgebungen für den kommenden Morgen vor.

Infolge der genauen Kontrollen durch Polizei, SA und Berchtolds Stoßtrupp-Angehörige im Saal, im Vestibül und im langen engen Korridor, der zur Straße führte, hatte sich die Menschenmenge im Bürgerbräukeller noch kaum gelichtet. Alle Anwesenden mußten ihre Personalausweise oder Reisepässe vorzeigen, die in vielen Fällen auf das genaueste geprüft wurden. Die Szene war wie eine vorzeitige Generalprobe zur Uraufführung der »Nationalen Ordnung« in dem »Freien Deutschland«. Schließlich wurden Georg Stumpf, Karl Ott, Max von Gruber, Karl Alexander von Müller, Robert Riemerschmid, Julius Lehmann, Eugen Zentz, Johann Kress, Theodor Singer, die Drucker Ferdinand Schreiber und Anton Schmidt und die meisten andern, nachdem sie im Gänsemarsch, Ausweise in der Hand, an den SA-Männern und Kriminalbeamten vorbeidefiliert waren, durchgelassen.

Zurückgehalten wurde der Bankier Ludwig Wassermann. »Da kommt der Saujud«, knurrte einer von den SA-Männern, der ihn erkannte, ein anderer zerrte und schubste ihn die Treppe hinauf. Dort übernahm ihn Rudolf Hess.
Wütend suchte Wassermanns Freund und Gastgeber für den Abend, der prominente Münchener Bierbrauer Georg Pschorr, den Polizeikommissar Siegfried Herrmann und forderte ihn, als er ihn endlich gefunden hatte, auf, den Bankier sofort freizulassen.
»Ich bin augenblicklich nicht in der Lage, etwas zu tun«, entgegnete Herrmann mit einem höflichen Lächeln und die Achseln zuckend: »Ich rate Ihnen, wenden Sie sich an einen der nationalsozialistischen Führer dort – den Hauptmann Göring oder den Leutnant Berchtold.«
Pschorr verzichtete darauf und überließ Wassermann seinem Schicksal. Wassermann war der erste von etwa vier Dutzend jüdischer Geiseln, die die SA in jener Nacht im Bürgerbräukeller festnahmen.

Die Rosenheimerstraße war noch immer blockiert, der Verkehr in beiden Richtungen staute sich. Ungefähr tausend Mann von der SA und vom »Bund Oberland« waren jetzt auf der Straße. An der Ludwigsbrücke wurde noch ein Feldgeschütz aufgestellt.
Im Nationaltheater fiel der Vorhang nach dem letzten Akt von »Fidelio«. Hans Knappertsbusch zog sich in seine Garderobe zurück, und das Publikum strömte aus dem Theater auf den Max-Josef-Platz. Nur die letzten Gäste, die das Opernhaus etwas später verließen, bemerkten die Kompanie der Landespolizei in ihren grünen Uniformen, die im Laufschritt durch die Residenzstraße eilten, um das in der Nähe gelegene Hauptpostamt und die Fernsprechzentrale zu besetzen.
Eben verließ der vielversprechende junge Dramaturg Carl Zuckmayer das Schauspielhaus in der Maximilianstraße, um Freunde in einer der Schwabinger Künstlerkneipen zu treffen.
Der teutonisch-völkische Barde, Dietrich Eckart und der Photograph Heinrich Hoffmann leerten ihre Maßkrüge und spielten die letzte Runde Tarock im Schelling-Salon.
Es war 10 Uhr. Die Temperatur war fast bis zum Gefrierpunkt gefallen, und es begann ein naßer Schnee-Regen.
Der größte Teil der Bevölkerung der Isarmetropole – Ludwigs I. »Neuem Athen« – ahnte noch nichts von den historischen Ereignissen dieses Abends.
Als die Augenzeugen dieser Vorgänge aus dem Bürgerbräukeller her-

auskamen, sogen sie begierig in ihre vom Bierdunst und Tabakrauch der letzten zwei Stunden strapazierten Lungen die reine Nachtluft ein. Dann bildeten sie auf der Straße je nach ihrer Zugehörigkeit zu den verschiedenen patriotischen Verbänden – wie Frontkämpfer, Freikorps, weiße Gegenrevolution 1919 und Bürgerwehr – einzelne Marschkolonnen. Es war ein bunter Haufen: Junge, reife und auch ältere Männer mit Kriegsauszeichnungen auf ihren alten Uniformen, in der bayerischen Volkstracht in Loden und Lederhosen oder in der damals noch immer beliebten Zivilkleidung von Gehrock, Stehkragen und Melonen der Jahrhundertwende.
Während sie die Rosenheimerstraße singend heruntermarschierten, über die Ludwigsbrücke in die Stadt, verkündeten sie die Nachricht von der großen »nationalen Revolution«. In entgegengesetzte Richtung marschierende SA-Einheiten und Rossbachs Kadetten der Infanterieschule begegneten ihnen.
Auf seinem Weg zum Polizeipräsidium beobachtete Max Neunzert von seinem Fensterplatz in der nur langsam und ruckweise vorwärts kommenden Trambahn die johlenden Massen. Nachdem er eigens zum Umziehen nach Hause gegangen war, kam er sich jetzt in Zivil ziemlich dumm vor. Sobald er seine Aufgabe in der Ettstraße erledigt hatte, wollte er sich schnellstens wieder seine Uniform anziehen.

Karl Alexander von Müller und Robert Riemerschmid kamen zusammen den Hügel vom Bürgerbräu die Rosenheimerstraße herunter.
»Mich wundert, daß du dich nicht der neuen Regierung zur Verfügung gestellt hast«, sagte Riemerschmid.
Von Müller wiederholte seine Bedenken und seine Sorgen, insbesondere die Möglichkeit einer französischen und tschechischen Intervention – »einer Besetzung der Mainlinie«.
»Und was machst du, wenn diese neue Regierung dich morgen früh zur Mitarbeit auffordert?« fragte Riemerschmid eindringlich.
Von Müller atmete tief und hing seinen Gedanken nach. »Dann«, sprach er nach einer Weile »wird nichts übrigbleiben als mitzutun, auch wenn man den Staatsstreich für verhängnisvoll und für unberechenbar in seinen Auswirkungen hält.«

8. Szene

Die Polizeikommissare Lorenz Reithmeier und Rudolf Schmäling sprangen aus der Trambahn Ecke Neuhauser-/Ettstraße, drängten sich durch die Fußgänger und liefen um die Ecke zum »Nachteingang« des Polizeipräsidiums. Dort stiegen sie in den Paternoster, der sie in den zweiten Stock brachte. Sie stürmten den Gang entlang in das Amtszimmer von Fritz Stumpf, der gerade in ein Gespräch mit Wilhelm Frick verwickelt war.
Atemlos erzählte ihnen Reithmeier, was er im Löwenbräukeller gesehen und gehört hatte.
»Wir wissen es schon«, sagte Stumpf ruhig und bot ihm seinerseits Informationen über den Bürgerbräukeller an. Er wandte sich von Frick ab und fuhr, während er Reithmeier zuzwinkerte, um ihn zu warnen, fort: »Herr Oberamtmann Dr. Frick ist der Meinung, daß vorerst nichts unternommen werden sollte, um unnötiges Blutvergießen zu vermeiden. Er rät, man sollte die Entwicklung erst mal abwarten.«
»Ja«, unterbrach ihn Frick, »vorerst gar nichts. Ich würde Sie bitten, Herr Kommissar, hier zu bleiben. Es kann sein, daß Sie mir bei der Abwicklung des Dienstbetriebes behilflich sein können.«
Reithmeier und Schmäling nickten und warfen einander einen Blick zu. Dann schlenderten sie auf den Korridor hinaus, scheinbar, um auf die Toilette zu gehen. Außerhalb von Fricks Hörweite sagte Schmäling: »Der Geschichte traue ich nicht. Sollte er nach mir fragen, erfinden Sie eine Ausrede, denn ich gehe jetzt mal zum Bürgerbräukeller, um mir selbst ein Bild der Lage zu machen.«
Er verließ das Polizeipräsidium, bog, um den Weg abzuschneiden, rechts in die schlecht beleuchtete Augustinerstraße und ging dann schnellen Schrittes an den Zwiebeltürmen der Frauenkirche vorbei. So kam es, daß er Georg Rauh, der schwer atmend nach dem langen Weg von der Rosenheimerstraße das Polizeipräsidium betrat, nicht wahrgenommen hatte. Rauh seinerseits wußte wiederum nicht, daß Ministerialrat Josef Zetlmeier einige Schritte hinter ihm war.

Zetlmeier, ein makelloser Staatsbeamter der alten Schule, der sogar in jenen Tagen so etwas wie eine Verpflichtung zur parlamentarischen Demokratie empfand, war Innenminister Schweyers ranghöchster Referent. Als scharfsichtiger politischer Beobachter hatte er die Regierung bereits seit zwei Jahren vor den potentiellen Gefahren der sich verbreitenden nationalsozialistischen Bewegung und dem Risiko jeglicher Zusammenarbeit mit Hitler gewarnt. Er wußte vielleicht besser als alle andern, wie tief und weit Frick und Pöhner die Polizei bereits untergraben und für die Sache der Faschisten gewonnen hatten.
Das war für Hitler ein hinreichender Grund, ihn verhaften zu lassen. Ahnungslos, daß man nach ihm fahndete, hatte Zetlmeier, den Kahrs Rede nicht besonders interessierte, den Abend zu Hause verbracht. Dort hatte ihn aus Wutzelhofers Landwirtschaftsministerium Ministerialrat Albrecht Haenlein angerufen. Haenleins Bericht von den Ereignissen im Bürgerbräukeller war lückenhaft und schien ihm absurd. Dennoch rief er das Polizeipräsidium an, wo er nur Frick zu sprechen bekam. Fricks ausweichende Antworten und vage Erklärungen überzeugten Zetlmeier sofort vom Ernst der Lage und versetzten ihn in einen Zustand fieberhafter Aktivität.
Zunächst ging er in sein Amt im Innenministerium, dann ins Parlamentsgebäude. Als er in diesen nichts Beunruhigendes vorfand, ging er stracks zum Polizeipräsidium, wo er aus Frick vergeblich konkrete Informationen herauszuholen versuchte. »Sie *müssen* mehr wissen, als Sie mir am Telefon mitteilten!« Doch Frick schüttelte bloß den Kopf mit einem sphinxartigen Lächeln.

Präsidialsekretär Rauh, der den Bürgerbräukeller nach der Konfrontation mit Göring und der brutalen Festnahme Mantels und Bernreuthers verlassen hatte, wußte nichts von den weiteren Geschehnissen in dem Bierkeller. Im Polizeipräsidium eilte er die Stufen hinauf zum dritten Stock und zu den Dienstwohnungen der höheren Beamten, die sich dort befanden. Dann klopfte er bei Frick an.
Frau Frick, die die Tür öffnete, wußte angeblich nicht, wo ihr Mann war. Rauh glaubte ihr nicht. Doch ging er, bevor er sich auf die weitere Suche nach Frick machte, in seine eigene Wohnung, ein Stockwerk höher, um seinen naßen Überrock abzulegen und sich präsentabel zu machen. Er war eben dabei, die Lichter zu löschen und wieder hinunterzugehen, als das Haustelefon klingelte. Der Anruf kam von Polizeikommissar Reithmeier. Er wollte wissen, ob der Herr Präsidialsekretär schon von den

neuesten Ereignissen unterrichtet sei? »Nicht nur unterrichtet, ich habe sie miterlebt . . . ich war dabei«, entgegnete Rauh. »Nun, Herr Oberamtmann Frick ist hier unten im Dienstzimmer und möchte, daß Sie sofort herunterkommen«, und etwas geheimnisvoll, gleichsam wie in einem Nachgedanken: »Er möchte, daß Sie auch die Schlüssel zum Präsidium mitbringen, zu Herrn Mantels Amtsräumen.«
Es ist also doch wahr, dachte Rauh, während er, tief in Gedanken versunken, am dritten Stockwerk vorbei die Treppen hinunterging. Fast wäre er mit einem hochgewachsenen Mann, der es offensichtlich eilig hatte, zusammengestoßen. Er kannte diesen Mann: Max Neunzert.
»Wissen Sie, wo Frick ist?« fragte ihn Neunzert. »Im Dienstzimmer. Ich bin auf dem Weg dorthin«, antwortete Rauh, der höchst erstaunt war, einen Vertrauten Hitlers und Kriebels in der Ettstraße zu treffen. Hatte er ihn denn nicht kurz zuvor im Bürgerbräukeller gesehen? Was wollte der Mann hier?

»Aber Herr Zetlmeier, Sie müssen doch zustimmen, daß es vollkommen sinnlos wäre, eine unzulänglich ausgestattete Hundertschaft der Landespolizei in den Bürgerbräukeller zu schicken, den angeblich an die tausend bewaffnete SA-Leute besetzt haben«, rechtfertigte Frick seine passive Haltung.
Frick wurde von Rauh und Neunzerts plötzlichem Eintritt unterbrochen. Als Rauh Zetlmeier sah, nahm er ihn zur Seite, berichtete von den Ereignissen bis zu Schweyers und Mantels Verhaftung und warnte den Ministerialrat, daß sein Name ebenfalls auf der Liste derer stehe, die zu verhaften seien. Zetlmeier mißtraute jedoch Rauh nicht weniger als den anderen Polizeibeamten und dachte, diese Warnung sei nur eine List, um ihn aus dem Gebäude herauszulocken. Er ließ Rauh einfach stehen und wandte sich Frick und Neunzert zu, um zu erfahren, wovon letzterer so begeistert war.
». . . und Kahr ist Statthalter für den König und Pöhner wurde zum Ministerpräsidenten ernannt und das Publikum tobte und jubelte«, sprudelte Neunzert, »und Sie, Herr Oberamtmann, ich bin beauftragt, Ihnen auszurichten, daß Sie das Präsidium sofort übernehmen müssen.«
»Wer hat denn das gesagt?« spielte Frick den Mißtrauischen und Erstaunten. »Wer hat das befohlen? Wenn das, was Sie von Herrn Mantel sagen, wahr ist, könnte ich es unmöglich tun.« Darauf entgegnete Neunzert: »Wenn Sie es nicht tun wollen, dann werden Sie dazu gezwungen. Das ist die volle Nachricht.«

»Nun«, sagte Frick heuchlerisch, »laßt uns unter diesen Umständen sagen, ich sei amtierender Chef, während Herr Mantel davon abgehalten wird, seine Pflichten auszuführen.«
Dann fuhr Neunzert fort: »Es ist noch nicht entschieden, ob das Oberkommando der neuen Regierung hier oder im Divisionshauptquartier aufgestellt wird. Ich werde Sie diesbezüglich benachrichtigen. Inzwischen möchte ich mich aber zuhause in Uniform umziehen. Falls Sie mich benötigen, bin ich dort vorerst erreichbar.« Dem sprachlosen Reithmeier diktierte er die Rufnummer: »5-4-9-6-3«, schlug seine Hacken zusammen, hob den rechten Arm zum Hitlergruß und – mit einem bedeutsamen Seitenblick auf Rauh und Zetlmeier – »Heute Nacht aber werden wir noch einige aufhängen« – verschwand er.
Bestürzt über Neunzerts Bericht über Kahrs, Lossows und Seissers Zusammenarbeit mit Hitler verließ Zetlmeier einige Minuten später das Polizeipräsidium in Richtung des Generalstaatskommissariats, in der Hoffnung, zuverlässige Informationen zu erhalten. Falls es um die Dinge wirklich so schlecht stünde, wie Neunzert berichtete, so hoffte Zetlmeier, daß zumindest die noch auf freiem Fuß stehenden Mitglieder der Bayerischen Regierung dem Staatsstreich widerstehen und eine Exilregierung bilden würden, die unter Berlins Oberbefehl von der Reichswehr gestützt würde. Der stellvertretende Ministerpräsident und Minister für Unterricht und Kultus, Franz Matt, schien ihm der rechte Mann für ein solches Unternehmen.
Als Zetlmeier aus dem Polizeipräsidium in die kalte, nasse Nacht hinausging, hörte er ein rauhes Singen und das Geräusch im Takt marschierender Stiefel in der Neuhauserstraße. Er entschloß sich, an der Rückseite des Gebäudes entlangzugehen. Der Putsch, den er so lange gefürchtet und vorausgesehen hatte, war also jetzt grimmige Wirklichkeit geworden. Zetlmeier befürchtete, daß die Polizeigewalt bereits in den Händen der Putschisten war.

Im Dienstraum, in dem Frick der ranghöchste Beamte war, schien das wohl zu stimmen. In Major von Imhoffs Amtszimmer jedoch im zweiten Stockwerk nahmen die Ereignisse eine andere Wendung.
Als er Sigmund von Imhoffs Zimmer betrat und das Regenwasser von seinem Zivilmantel schüttelte, machte Generalmajor Jakob Ritter von Danner eher den Eindruck eines nassen Hundes als eines Generals der Reichswehr.
Imhoff berichtete ihm über die Ereignisse. Wiederholt unterbrach ihn

von Danner mit einem »Aber das ist doch unglaublich, das muß ein Scherz sein.«
Zuständig für die Durchführung von Kriegsrechts- und Notstandsmaßnahmen war die Armee, nicht die Landespolizei. Imhoff war erleichtert, die Verantwortung für Entscheidungen dieser Art an die zuständige Instanz abtreten zu können.
Er meldete dem General, er hätte vorsorglich die Verbindung mit dem Offizier vom Dienst im Generalstaatskommissariat, Baron Karl von Freyberg, aufgenommen sowie alle Landespolizeistellen alarmiert und das Telegraphenamt und die Telefonzentrale besetzen lassen. Der Stadtkommandant billigte Imhoffs Anordnungen.
Dann überlegten Imhoff und Danner, was sie als nächstes unternehmen sollten. Beiden war bekannt, daß Lossow und Seisser noch zwei Tage zuvor erklärt hatten, eine Kollaboration mit Hitler und seiner Horde käme nicht in Frage. Deutsche Offiziere ändern doch ihre Ansichten nicht über Nacht! Was aber, wenn Lossow und Seisser eine Ausnahme dieser Regel bildeten?
Während sie über weitere Maßnahmen berieten, Stadtpläne und die ihnen zur Verfügung stehende Truppenstärke analysierten, trat nochmals »zufällig« Wilhelm Frick ins Zimmer. »Ich bin neugierig, wie alles enden wird«, sagte er nonchalant und so nebenbei beim Hinausgehen: »Apropos neue Regierung, Ministerpräsident Pöhner ist auf dem Weg zum Präsidium. Haben Sie Lust, sich zu uns zu gesellen?«
Danner und Imhoff murmelten nur eine unhörbare Antwort und beugten sich wieder über ihre Stadtpläne.
»Ich muß weg von hier«, sagte der General, als Frick das Zimmer wieder verlassen hatte. »Ich gehe auf die Stadtkommandantur, wo ich mehr Bewegungsfreiheit habe. Schicken Sie alle Leute, die hierher kommen oder anrufen, zu mir.«
Imhoff beauftragte einen jungen Hauptmann der Landespolizei, Hans Bergen, den General als Verbindungsoffizier zu begleiten. Auf ihrem Weg die Treppen hinunter bemerkte weder der Generalmajor noch Bergen den Zivilisten, der vollkommen durchnäßt, im Paternoster in das zweite Stockwerk hinauf fuhr. Es war Oberstleutnant Otto von Berchem, Stabschef der 7. Division.
»Was ist los?« fragte Berchem erregt, als er in Imhoffs Amtszimmer stürzte. »Ich war nach einem Abendessen mit Freunden auf dem Weg nach Hause, als ich überall in der Stadt SA und ›Oberland‹-Truppen herummarschieren sah. Sie sahen aus, als zögen sie in den Krieg.«

Von Imhoff versuchte, ihn zu beruhigen, und informierte ihn über alles, was vorgefallen war.
»Aber das ist doch unglaublich. Absurd. Hanebüchen«, kommentierte Berchem jede neue Einzelheit.
Der Oberst wartete, bis Danner in seinem Amt angekommen war und rief ihn dann von Imhoffs Schreibtisch aus an. Dann verließ er das Präsidium.

Hauptmann Karl Wild, stellvertretender Kommandeur der Landespolizeiwache in Kahrs Generalstaatskommissariat in der Maximilianstraße, hatte an diesem Abend eigentlich dienstfrei.
Es war gegen 10 Uhr. Wild hatte es sich im Wohnzimmer seiner gemütlichen Parterre-Wohnung Ecke Glück-/Amalienstraße bequem gemacht, nachdem er ein üppiges Abendessen und mehrere Maß Bier zu sich genommen hatte. Er wollte schon zu Bett gehen, als er lautes Geschrei, Gesang und das Schmettern einer Blaskapelle vernahm. Der Lärm schien von der Briennerstraße her zu kommen. Er riß das Fenster auf und sah Männer in Uniform ihre Hakenkreuz- und schwarz-weiß-roten kaiserlichen Flaggen schwingen.
»Was ist denn der Lärm?« schrie er zum Fenster hinaus, »wißt ihr denn nicht, wie spät es ist? Die Leute wollen schlafen, das Oktoberfest ist doch schon lange vorbei.«
»Hitler hat die Regierung gestürzt«, schrien die Leute freudig, »die nationale Revolution ist ausgebrochen!«
Ohne sich um seine grüne Uniform zu kümmern, griff Wild nach ein paar Schuhen und seinem Überrock und lief auf die Straße hinaus. Er überquerte den Odeonsplatz und kam an der Residenz vorbei, zur Maximilianstraße.
»Hier ist alles ruhig, Herr Hauptmann«, sagte ihm die Wache vor Kahrs Dienstwohnung, »doch habe ich auch das Gerücht gehört.«
Wild konnte keinen seiner unmittelbaren Vorgesetzten von dem Kahr zugeordneten Stab – Major Franz Hunglinger, Oberstleutnant Wilhelm Muxel oder Major Heinrich Doehla – erreichen. So handelte er auf eigene Faust und dies mit beispielloser Geschwindigkeit und bewundernswerter Weitsicht. Er mißachtete dabei völlig die Regeln der militärischen Hierarchie und setzte sich einfach über die eiserne Disziplin des Berufsoffiziers, nicht ohne Befehle zu handeln, hinweg.
Innerhalb von 15 Minuten alarmierte er die etwa eine Kompanie starke Wache und umstellte mit ihnen den ganzen Komplex des neogotischen

Regierungsgebäudes mit seinen verzweigten Flügeln und zahllosen Zufahrten. Er befahl der Wache strengstens, niemanden ohne seine persönliche Erlaubnis das Landeskommissariat betreten zu lassen. »Schießt, falls nötig«, befahl er den Soldaten, und zweimal wäre es fast in den folgenden drei Stunden dazu gekommen. So wurde jetzt, dank der Geistesgegenwart und Umsicht Wilds, auch das Kommissariat – wie zuvor schon dank anderer loyaler Offiziere die Pionier- und Infanteriekaserne und die Telefon- und Telegraphenzentralen – zu einer weiteren wichtigen Festung der Triumviren, deren sich die Putschisten trotz wiederholter Versuche nicht bemächtigen konnten.

Sobald das Kommissariat abgeriegelt worden war, ging Wild in Kahrs Amtsräume im zweiten Stock, um weitere Informationen einzuholen. Dort fand er Baron von Freyberg und Major Doehla vor. Letzterer war eben nach den Anrufen von Freyberg und Imhoff mit dem Fahrrad im Generalstaatskommissariat eingetroffen. Doch wußten weder Freyberg noch Doehla mehr, als was sie gerüchteweise gehört hatten.

Stolz mit seinem wehenden Banner marschierte Heinrich Himmler an der Spitze von Röhms 2000 Mann starker Truppe von SA, »Oberland« und »Reichskriegsflagge« durch die Briennerstraße. Röhms junger Freund und Vertrauter Karl Leon Graf du Moulin-Eckart fuhr mit seinem ratternden, übelriechenden »Viktoria«-Motorrad neben der Kolonne, wie ein Schäferhund, der seine Schafe innerhalb unsichtbarer Abgrenzungen hält. Die Militärkapelle dröhnte. Die Neugierigen auf den Gehwegen nahmen mit den aus den Theatern herausströmenden Menschen beständig zu. Als sich die Nachricht von der Revolution verbreitete, jubelten sie Röhm und seiner Armee freudig zu.

Röhm und seine Adjutanten – Karl Osswald, Hans Seydel und Hans Streck – sowie Wilhelm Brückner vom Münchener SA-Regiment, Hans Knauth und Herrmann Esser, der sich schließlich doch gegen das Bett und für die Revolution entschieden hatte, führten die Kolonne. Nicht weit hinter ihnen folgten Himmlers RKF-Freunde Theodor Casella, Martin Faust, Walther Lembert, Karl Hühnlein und Ludwig Binz.

Ihr Ziel war offensichtlich der Bürgerbräukeller. Auf dem Weg dorthin hatten sie jedoch geplant, beim St.-Anna-Kloster und dem Korpshaus »Palatia« anzuhalten, da dort die für den Kriegsfall nötige Menge von Waffen und Munition untergebracht war.

Plötzlich erschien ein zweites Motorrad in der Briennerstraße und

näherte sich der Kolonne. Der Fahrer trug eine Skimütze mit den Totenkopf-Insignien des Berchtold'schen Stoßtrupps.
Er winkte Röhm zur Seite: »Befehl von Oberst Kriebel und Hauptmann Göring. Nur die SA und der ›Bund Oberland‹ gehen zum Bürgerbräukeller. Sie besetzen mit ihren Leuten das Wehrkreiskommando und etablieren dort ein Hauptquartier für General Ludendorff. Seine Exzellenz und General von Lossow folgen bald.«

»Laufschritt Marsch!« kommandierte Karl Osswald. Himmler mit seiner wehenden Flagge, gefolgt von Casella, Faust, Hühnlein, Binz und einer Hundertschaft der RKF liefen über den Odeonsplatz durch den Hofgarten, die Prinzregentenstraße vor, hinunter in die Reitmoorstraße zum Korpshaus »Palatia«.
Wilhelm Brückner und Hans Knauth führten ihre Verbände, denen sich vom Bürgerbräu losgeschickte SA-Stürme und Lastwagen hinzugesellten, an der Residenz und der Stadtkommandantur vorbei durch das friedliche Wohnviertel »Lehel« zum St.-Anna-Kloster.
Mit Seydel, Streck und Lembert in seinem Gefolge, marschierte Röhm an der Spitze einer weiteren Kompanie der RKF über den Odeonsplatz, die Ludwigstraße mit ihren Prachtbauten und Regierungsgebäuden hinunter zum Kriegsministerium.
Die Kapelle des Löwenbräukellers wußte nicht, welcher Kolonne sie folgen sollten, und entschied sich, nach Hause zu gehen.

Andreas Mutz, seit 22 Jahren Korpsdiener des Studentenkorps »Palatia«, Reitmoorstraße 28, war schon im Schlafanzug, als die Hausglocke läutete. Ein später Besucher könnte einen reizbareren und weniger wohlwollenden Mann als Mutz verärgert haben, doch war Mutz an dergleichen gewöhnt. Die Korpsstudenten hatten zwar ihre eigenen Schlüssel, aber es gab kaum eine Nacht, in der der eine oder andere der »Jungens« diesen nicht verlegt oder verloren hätte und gezwungen war, den guten Mutz zu wecken. Mühsam zog er sich den Hausrock an und schlurfte zum Eingang. Die Besucher waren jedoch nicht die üblichen angeheiterten Studenten.
Osswald und Casella warfen ihn fast um, als sie durch die Tür an ihm vorbeistürmten, gefolgt von Hühnlein, Binz, Himmler, Faust und Dutzenden von RKF-Männern. Einen Schlüssel aus der Tasche ziehend, führte Binz die Gruppe die Treppen hinunter zur Kegelbahn, wo er, Hühnlein und andere Mitglieder der RKF vor 3 Tagen zahlreiche Muni-

tionskisten, Gewehre, Karabiner, ein leichtes Maschinengewehr und Stahlhelme zur Aufbewahrung eingelagert hatten.
Innerhalb weniger Minuten stand Osswalds Sonderkommando bewaffnet und bereit zum Abmarsch wieder auf der Straße. Im Laufschritt rückten sie auf das Kriegsministerium in der Schönfeldstraße vor.
Dort wurden sie von Röhm schon mit Ungeduld erwartet.

Pater Polycarp, Abt des St.-Anna-Klosters und musterhafter Franziskaner, wurde aus seiner Kontemplation durch das Geräusch von Lastwagen und durch Tausende von schreienden Stimmen aufgescheucht.
»Aufmachen! Waffen herausgeben!« brüllten Brückner und Knauth, und hämmerten ununterbrochen an das Haupttor.
Der Abt wußte zwar um das große Waffenlager, das Röhm »im Falle eines bolschewistischen Angriffs« in der Krypta des Klosters versteckt hatte, doch er befürchtete ganz richtig, daß es sich jetzt um etwas anderes, Unheilvolles, handeln könnte, und lief in seine Schreibstube, um jemanden in Kahrs naheliegendem Hauptquartier um Rat und Beistand zu bitten. Noch bevor jedoch Major Doehla dem aufgeregten Abt mitteilen konnte, daß er nicht über hinreichende Kräfte zu seinem Schutz verfügte, hatte der »Kampfbund« das Tor schon eingeschlagen.
Die Eindringlinge luden binnen einer halben Stunde – laut späterer offizieller Schätzung – dreitausend Infanteriegewehre mit der zugehörigen Munition auf die Lastautos. Voll bewaffnet zog jetzt das Münchener SA-Regiment, verstärkt durch die »Oberländer«, über die Isar zum Bürgerbräukeller, wo sie ihre weiteren Anweisungen erhalten sollten.

Durch den Anruf Major v. Imhoffs wußte der Hauptmann der Reichswehr Wilhelm Daser, Offizier vom Dienst, genau, was er zu erwarten hatte, als Röhm, Seydel und Streck, unterstützt von Osswalds einsatzbereitem Sonderkommando, in das Kriegsministerium einzudringen versuchten. Doch half ihm Imhoffs Warnung wenig, denn er verfügte nur über eine zahlenmäßig kleine Wache.
Diese wollte Widerstand leisten. Sie stand schußbereit, als Röhm an der Spitze seiner Truppen in den Hof des Gebäudes, in dem er fast fünf Jahre gedient hatte, eindrang. Ein Blutvergießen wurde dank der Intervention Dasers vermieden. Abgesehen von der Übermacht der Angriffskräfte waren die Auskünfte von der Ettstraße unzureichend. Und was sollte er glauben, als ihm Röhm, den er seit Jahren gut

kannte, verkündete: »Ich wurde beauftragt, eine Ehrenwache für Ludendorff und Lossow, die jeden Augenblick eintreffen werden, bereitzustellen.«
Daser ahnte zwar, daß es nicht mit rechten Dingen zuging, doch beugte er sich den Argumenten und der militärischen Überlegenheit Röhms. Seine Reaktion und sein Verhalten waren typisch für viele Offiziere der Reichswehr und der Polizei während der frühen Stunden des Putsches. Die Nachrichten waren widerspruchsvoll und ihre Loyalität zwiegespalten, befanden sich doch unter den Putschisten viele ihrer Freunde; Veteranen des Weltkriegs, Männer der »weißen« Gegenrevolution und der Freikorps – also wahre Patrioten. Wie könnte sich ein Daser dem Unternehmen widersetzen, an dem Ludendorff und Lossow beteiligt waren?
Mit seiner Vorhut im Hof und in den Gängen des Wehrkreiskommandos sowie Verstärkungen im Anzug richtete sich Röhm sein provisorisches Hauptquartier im Vorzimmer der Amtsräume seines unmittelbaren Vorgesetzten v. Lossow im dritten Stockwerk ein. Für den Rest der Nacht war das der zentrale Kommandoposten des Putsches.
Daser und seine wenigen Leute durften ihren Routinepflichten nachgehen und für die Dauer der folgenden zwei Stunden behielten sie sogar die Kontrolle über die Telefonzentrale des Wehrkreiskommandos.

»Aber ich brauche unbedingt ein Auto«, beteuerte Max Neunzert, er hielt den Telefonhörer in der einen Hand, während er mit der anderen die Jacke seiner alten Leutnantsuniform zuzuknöpfen versuchte. »Ich kann doch nicht die ganze Nacht hin- und herlaufen oder auf die Tram warten.«
Er telefonierte von seiner Wohnung aus mit dem in der Küche des Bürgerbräukellers diensthabenden Telefonisten des Kampfbundes, Hauptmann Wilhelm Kolb.
»Ja ... zu meiner Wohnung in der Marsstraße ... ich war in der Ettstraße ... ich bin zu Hause, weil ich Kleider wechseln mußte ... stimmt ... ich fühlte mich deplaciert in Zivil ...« Er war dabei, die Geduld zu verlieren – mit Uniformknöpfen und mit Kolb. »Bitte, schicken Sie mir den Wagen und kümmern Sie sich um nichts anderes. Ich warte auf der Straße.«

Die Stenotypistin des *Völkischen Beobachters*, Paula Schlier, erhielt am Abend des 8. November die Mitteilung, sie solle wegen einer »Nachtausgabe« der Zeitung um zehn Uhr in die Redaktion kommen. Als sie auf die Minute pünktlich eintraf, ging es dort wie auf dem Oktoberfest zu. Auf ihrem Tisch fand sie einen druckfeuchten Zettel: »Im Bürgerbräukeller wurde soeben die Deutsche Nationalregierung proklamiert! Die Regierung der Novemberverbrecher in Berlin ist für abgesetzt erklärt!«

Die folgende Beschreibung stammt aus ihrem später veröffentlichten Tagebuch: »Die Redakteure gebärdeten sich als seinen sie völlig verrückt geworden. Fast alle hatten sie rote Ohren und bleiche oder auch erhitzte Gesichter. Des alten Herrn Josef Stolzing-Cernys Stimme war überlaut und überschlug sich. Ein anderer fuchtelte mit seinem Revolver, drohte allen seinen Feinden mit dem Strick und erklärte, von der Revolution längst gewußt zu haben. Alle waren sie angeheitert und auf den Tischen klebte der verschüttete Schnaps. Man holte neuen Wein und Delikatessen, hob die Gläser auf das Wohl des ›neuen Staates‹ und begann mit schwerer Stimme die Artikel der ersten Zeitung der ›Neuen Zeit‹ zu diktieren, doch niemand kam über die ersten Zeilen hinaus. Die ganze Nacht hindurch fuhren sie unentwegt mit dem Auto zum Bürgerbräukeller und wieder zurück zur Redaktion, in die ›Etappe‹. Nur der alte Stolzing-Cerny blieb und ging im Saal auf und ab, in seiner ausgedienten österreichischen Uniform. Seine Augen waren feucht und blinzelten. Mit seinen Händen fuhr er sich verzweifelt durch die weißen Haare, daß sie wie gesträubt stehen blieben; vor Freude war er nicht imstande, einen Gedanken zu fassen.« Schließlich sagte er mit zitternder Stimme zu Fräulein Schlier:

»Liebes Kind, schreiben Sie:

›Deutschland erwacht aus seinem wüsten Fiebertraum, eine neue große Zeit bricht in strahlendem Glanze durch die Wolken, die Nacht lichtet sich, es wird Tag, stolz erhebt sich wieder das Symbol deutscher Macht und Größe, der Aar! . . .‹«

Sichtlich erschöpft von diesem Erguß erklärte er abschließend: »Das muß von Herrn Rosenberg genehmigt werden, bevor ich weiter diktiere. Schreiben Sie indessen das bisher Gesagte in die Maschine.«

Wilhelm Hoegner ignorierte den eisigen Wind und den Schneeregen, der einsetzte. Atemlos kam er in Erhard Auers Wohnung in der Nußbaumstraße an.

»Sie sind in größter Gefahr«, erklärte er dem bayerischen SPD-Vorsitzenden. »Hitler hat einen Putsch gemacht. Überall marschieren Nationalsozialisten. Sie müssen hier weg. Kommen Sie auf jeden Fall für diese Nacht zu mir. Auf den Gedanken, Sie bei mir zu suchen, kommt bestimmt keiner von denen.«

Auer gab nach. Er umarmte seine Frau und seine Tochter, schaute kurz in das Schlafzimmer, in dem ein Enkelkind im Säuglingsalter schlief, nahm einige Papiere von seinem Schreibtisch und ging mit Hoegner zur Tür. Dann wandte er sich nochmals zu Frau und Tochter: »Sollten sie nach mir suchen«, sagte er besorgt, »sagt ihnen einfach, ich wäre fortgegangen und ihr hättet keine Ahnung, wohin, aber vielleicht nach Berlin. Seid tapfer.« Schauderhafte Erinnerungen an den roten sowie den weißen Terror von 1919 kamen Auer in diesem Moment in den Sinn. Dann sagte er noch: »Es wird sicherlich sehr unangenehm und schwierig für euch.«

Die zwei Männer eilten in die kalte, nasse Nacht hinaus.

Durch Seitenstraßen gelangten sie zu Hoegners Wohnung in der Schellingstraße, nur einen Häuserblock vom *Völkischen Beobachter* entfernt, sozusagen unter der Nase der SA. Ein sichereres Versteck hätte es fast nicht geben können.

»Erzählen Sie alles«, bat Philipp Bouhler aufgeregt den Drucker Ferdinand Schreiber, der ihn kurz nach 10 Uhr in der Geschäftsstelle der NSDAP anrief. »Sie wissen mehr als ich. Ich habe den ganzen Abend hier verbracht.«

Den Vorarbeiter und die Drucker beschwichtigend, versicherte ihnen Schreiber, es würde jetzt nicht mehr lange dauern, bis das Material für das Plakat einträfe, und schon eilte er – wiederum mit der Trambahn – über die Isar zu den schäbigen Amtsräumen der Partei in der Corneliusstraße.

Er hätte sich die 5-Milliarden-Mark-Fahrt ersparen können. Sein Konkurrent Anton Schmidt war schon vor ihm eingetroffen und berichtete Bouhler, dem stellvertretenden Geschäftsführer der NSDAP gerade von den Ereignissen im Bürgerbräukeller. Aber auf die Frage der beiden Druckereibesitzer, wann denn nun die angekündigten Aufträge kämen, konnte Bouhler wiederum nur die Achseln zucken und ausweichend antworten, daß er nichts genaueres wüßte als am Nachmittag. Er bat die Herren, sich noch eine Weile zu gedulden und ihre Setzer und Drucker weiter in Bereitschaft zu halten.

»Es kann höchstens noch eine Stunde oder zwei dauern«, versicherte Bouhler. »Aber dann haben sie mit Bestimmtheit die Texte und können

an die Arbeit gehen. Es wird ein großer und gewinnträchtiger Auftrag für Sie sein.«
Auf Gewinn zu warten, waren Schreiber und Schmidt gerne noch eine Weile bereit.

»Der Lossow ist ein trauriges Mannsbild« sagte General von Danner zu Hans Bergen, als sie zusammen von der Ettstraße zu Danners Stadtkommandantur im Armee-Museum an der Hofgartenstraße eilten. »Seit Monaten schon laviert er und mischt sich politisch ein. Das wenigste, was er im Bürgerbräu hätte tun können, wäre gewesen, dem Hitler die kalte Schulter zu zeigen.«
Verblüfft blickte der junge Polizeioffizier auf. Noch niemals hatte er einen General so offen, geschweige denn so verächtlich, über einen anderen General sprechen gehört.
Bergen wußte freilich nicht, daß Danner seit Wochen schon vor Wut, Enttäuschung und Verachtung kochte. Zwei weitere Generalmajore der 7. Division, der Befehlshaber der Infanterie, Adolf von Ruith, und der Befehlshaber der Artillerie, Baron Friedrich Kress von Kressenstein, teilten Danners Gefühle. Als von Lossow sich durch seinen Treueeid auf die bayerische Verfassung und die einseitige Unabhängigkeitserklärung der 7. Division von der Befehlsgewalt der Reichswehr gegen von Seeckt und Berlin aufgelehnt hatte, hatten die drei Generäle zwar versucht den Kommandeur von seiner Entscheidung abzubringen, denn sie betrachteten diesen Schritt als Meuterei. Sie hatten ihm jedoch nach der getroffenen Entscheidung den Gehorsam nicht verweigert. Einerseits gehorchten Offiziere ihrer Kaste einem Vorgesetzten weiter, selbst wenn dieser *seinem* Vorgesetzten den Gehorsam verweigert hatte, und andererseits waren sie, um einen offenen Konflikt aus dem Weg zu gehen, bereit, Lossows Ungehorsam großmütig als einen Fall von »Kompetenzkonflikt« zu sehen.
Ein Putsch war jedoch etwas ganz anderes. Kollaboration mit Freikorps-Leuten, mit Hitler, mit der SA? Da machte Danner nicht mehr mit, und er wußte, daß auch Kress und Ruith gleichen Sinnes waren.
Als Danner sich in Begleitung von Bergen schnellen Schrittes an der Hofgartenstraße entlang – in Hörweite von Röhms johlender Legion – der Stadtkommandantur näherte, war seine Entscheidung gefallen. Er würde sich »diesem Putsch mit allen militärischen Mitteln«, die ihm zur Verfügung standen, sei es mit oder gegen Lossow, widersetzen.
Er war erleichtert, daß die Kommandantur von den Putschisten noch

nicht angegriffen worden war. In Zivilkleidung erwarteten ihn bereits die Generalmajore Ruith und Kress, die von Imhoff benachrichtigt worden waren. Auch andere loyale und zuverlässige Offiziere, einschließlich seines Stabschefs, Oberstleutnant von Sauer und Kress von Kressensteins Bruder, Gustav, ein Oberst a. D., waren ebenfalls auf der Stadtkommandantur.
Danner spürte, daß die Lage sofortiges Handeln erforderte. Schließlich befanden sich seine Amtsräume nur ein paar hundert Meter entfernt vom Wehrkreiskommando, dem Korpsstudentenhaus »Palatia« und dem Kloster St. Anna, und was dort vorging, konnte man selbst durch geschlossene Fenster hören. Sie brauchten einen vor den Angriffen der Putschisten gesicherten Kommandoposten – vielleicht die Kaserne des 19. Infanterie-Regiments. Es mußte unverzüglich gehandelt werden.
Innerhalb von 15 Minuten hatte Danner per Telegraph und Telefon sämtliche der 7. Division unterstellten Reichswehreinheiten und Garnisonen außerhalb der Landeshauptstadt – in Augsburg, Landsberg, Eichstätt, Ingolstadt, Regensburg und im Norden bis Bayreuth – alarmiert und den erstaunten Kommandeuren befohlen, mit ihren Truppen sofort nach München abzurücken. Außerdem hatte er den Offizieren und Kommandeuren, die er telefonisch erreichte, noch eingeschärft: »Nur Befehle die von mir persönlich oder in meinem Namen gegeben werden, sind gültig.« Danner ging offensichtlich davon aus, daß Lossow mit den Putschisten kollaboriere. Erst viel später entschuldigte er diese Anordnung damit, daß er einen Mißbrauch von Lossows Namen befürchtete, »da sich der General ja in ›Schutzhaft‹ in den Händen Hitlers und des Kampfbundes befand.«

Nachdem ihm Rauh pflichtgetreu die Schlüssel übergeben hatte, etablierte sich Bayerns »Neuer Ministerpräsident«, Ernst Pöhner, in den Amtsräumen Mantels in der Ettstraße.
»Jawohl«, sagte Pöhner mit dem aufrichtigsten und offiziellsten Gesichtsausdruck zu Frick, »Herr Neunzert berichtete Ihnen die Wahrheit. Sie *sind* der neue Polizeipräsident, und dieses hier ist tatsächlich *Ihr* Amtsraum. Das war die erste Entscheidung, die ich und Seine Exzellenz von Kahr getroffen haben. Ihre Ernennung war sein Vorschlag, ja ausgesprochener Wunsch gewesen.« Frick spielte noch immer den überraschten und Widerspenstigen, besonders als er Imhoff und Oberst Josef Banzer im Türrahmen sah. Sein Mißtrauen Imhoff gegenüber wurde immer größer. Und über Banzers Einstellung zu einem Putsch war er

bereits unterrichtet und aus diesem Grunde erstaunt, Seissers Stellvertreter noch immer in Freiheit zu sehen.
»Ah«, improvisierte Pöhner, »die Herren sind wohl hierher gekommen, um Ihnen zu gratulieren.«
Doch weder Imhoff noch Banzer waren zu Heiterkeit aufgelegt. Am wenigsten Banzer, der vom Bürgerbräukeller als ein De-facto-Gefangener eines seiner eigenen Untergebenen, Landespolizeileutnant Gerhard von Prosch, Mitglied der NSDAP, in die Ettstraße gekommen war.
Waren die meisten Polizei- und Reichswehroffiziere in jener Nacht von einander widersprechenden Pflichtgefühlen hin- und hergerissen, so aber nicht Josef Banzer. Einige Wochen zuvor hatte er in einem Treffen mit anderen hochrangigen »Grünen« keinen Zweifel betreffend seiner Meinung über Hitlers »Pöbel« offengelassen. »Jeder Offizier oder Angehörige der Landespolizei, der sich nicht imstande fühlt, einem eventuellen Befehl, auf Nationalsozialisten zu schießen, auszuführen, sollte sofort seine Dienstentlassung einreichen.«
Die Landespolizei war durch und durch mit Nationalsozialisten und Hitler-Sympathisanten – einige von ihnen waren Doppelagenten – unterwandert. Die NSDAP kannte also Banzers politische Einstellung genau, und somit war er für sie ein gezeichneter Mann. Aus diesem Grunde stand sein Name auf der ursprünglichen Liste der Geiseln, von der er aber dann von Hitler selbst im Nachhinein gestrichen worden war. Der Führer hatte sich auf die Mitarbeit von Banzers Vorgesetztem Seisser, verlassen – ein folgenschweres Fehlurteil. Trotzdem traute er Banzer nicht und hatte Göring beauftragt, dem Oberst einen verläßlichen »Schutzengel«, den Leutnant der Landespolizei von Prosch, zuzuweisen. Da stand also Banzer mit Prosch in SA-Uniform und Helm an seiner Seite.
»Ich will wissen, Herr Pöhner«, sagte Banzer in eisigem Ton, »was es mit dieser ›Ehrengarde‹ auf sich hat, die sich weigert von meiner Seite zu weichen. Bin ich ein Gefangener? Wenn nicht, nehme ich an, daß Sie als Ministerpräsident etwas diesbezüglich unternehmen könnten.«
»Kann ich auf Ihren Beistand rechnen?« fragte Pöhner hochmütig.
Nicht gefaßt auf diese Frage, zögerte Banzer einen Augenblick. Schließlich war er ja im Bürgerbräukeller zugegen gewesen, als sich Kahr, Pöhner, Seisser und Hitler inmitten tosenden Jubels einen Treueeid schworen. Gab es einen Grund dafür, Pöhner nicht als den neuen Ministerpräsidenten und obersten Befehlshaber der Landespolizei anzuerkennen?

»Aber das versteht sich doch«, entgegnete er schließlich und wußte in diesem Moment nicht, ob er sich selbst, Pöhner oder beide täuschte.
»Sie brauchen Oberst Banzer nicht zu begleiten, wenn er heute Abend auf Ihre Dienste verzichtet«, sprach Pöhner daraufhin und entließ Prosch mit einer Handbewegung.
Banzer stieß Imhoff unauffällig an und verließ mit ihm Pöhners Amtsräume. Sie gingen in ihre Büros, wo sie unbeobachtet waren. Was sollte er nun tun? Einen Plan hatte er nicht. So versuchte er zunächst verzweifelt Seisser zu finden. Vergeblich bemühte er sich, ihn überall in der Stadt – mit Ausnahme des Bürgerbräukellers, den Seisser noch nicht verlassen hatte – telefonisch zu erreichen.
Inzwischen sprachen Pöhner und Frick über die Art und Weise, in der sie »die Öffentlichkeit, insbesonders in der Provinz« informieren und der Presse »Richtlinien« geben sollten. Schließlich beriefen sie für Mitternacht eine Pressekonferenz ein und fuhren zusammen zum Generalstaatskommissariat, um dort die Formalitäten einer »geregelten Machtübertragung« einzuleiten.

Der Gymnasialschüler Ludwig Hümmert, 18, war um halb elf Uhr noch in der elterlichen Wohnung in der Herzog-Wilhelm-Straße nahe dem Stachus mit Hausaufgaben beschäftigt, als sein Vater »vor Aufregung sprudelnd« heimkam.
»Ich bringe dir wunderbare Nachrichten, mein Sohn«, stammelte er, kaum seine Aufregung beherrschend, »für Deutschland ist ein neuer, großer Tag angebrochen. Hitler und Kahr haben sich endlich geeinigt. Ich sah und hörte es selbst. Eine neue Regierung, eine nationale Revolution wurden verkündet, mit Ludendorff an der Spitze des Heeres.«
Der junge Hümmert war bestürzt. Die Begeisterung seines Vaters, der war zwar kein Nationalsozialist, doch ein enthusiastischer Anhänger der »Erneuerung des Reiches« war, dessen Vorboten er in Hitlers Bewegung sah, konnte er nicht teilen. Für den Vater war der »Trommler« ein deutscher Garibaldi, für den Sohn hingegen, der an die Demokratie und die Weimarer Verfassung glaubte und seinen Vater zu einigen der Massenversammlungen Hitlers begleitet hatte, »ein gefährlicher Demagoge, ein potentieller Diktator«. Vater und Sohn debattierten heftigst bis tief in die Nacht hinein. »Unsere Debatte«, bemerkte der Sohn fünfzig Jahre später, »war leider nicht typisch für die Münchener Familien jener Tage.«

Im Generalkonsulat der Vereinigten Staaten diktierte Robert Murphy seinem Freund und Vertrauten, dem deutschen Angestellten Paul Drey – er war Jude – ein Telegramm.

HITLER ERKLÄRT AUFGABE NEUER REGIERUNG MARSCH AUF BERLIN UND SCHLACHT IN ZWÖLFTER STUNDE STOP BEHAUPTET MORGENDÄMMERUNG WERDE ENTWEDER NEUES DEUTSCHLAND ODER TOD DES SPRECHERS SEHEN STOP ...

Murphy befürchtete, sein Telegramm würde München per Draht niemals verlassen. Er wandte sich an seinen Stellvertreter, Konsul Albert Halstead: »Ich weiß, die Fahrt ist lang und anstrengend, besonders in einer Nacht wie dieser – über 200 Kilometer auf furchtbaren Straßen – doch muß ich dich bitten, also unverzüglich nach Stuttgart zu fahren und unserem dortigen Konsulat eine Kopie dieses Kabels zu übergeben. Washington muß auf dem laufenden gehalten werden. Paul und ich werden versuchen, das Telegramm auch von hier abzusenden und die weiteren Entwicklungen verfolgen. Irgendeine Verbindung mit Washington muß unter allen Umständen aufrechterhalten bleiben.«

Nachdem sie endlich in ihren Hotels, den Vier Jahreszeiten und im Bayerischen Hof, angekommen waren, begaben sich Larry Rue, Hubert Knickerbocker, Lincoln Eyre und Dorothy Thompson sofort auf ihre Zimmer, um die ersten Berichte zu schreiben. Sie wollten so schnell wie möglich ihre Büros in Berlin, London und Paris erreichen.

»Im Einvernehmen mit Diktator von Kahr« schrieb Larry Rue, »setzte Adolf Hitler Ministerpräsident von Knilling ab. Herr Hitler formte eine Nationale Diktatur mit General von Ludendorff als Kriegsminister und Oberbefehlshaber der neuen Nationalen Armee ...

›Wir folgen Ihnen, wo immer Sie hingehen‹, jubelten ihm Hunderte in der Halle zu.«

In seinem Zimmer, einige Türen entfernt, schrieb Eyre: »Es kam zu keinem Blutvergießen, nicht einmal in den Vierteln, in denen sonst die üblichen faschistischen Straßenschlachten stattfinden ... Während Hitler die Proklamation vorlas, hielten seine Truppen draußen die Ordnung mit aufgesteckten Bajonetten in einem fünfreihigen Kordon aufrecht ...«

Nach der letzten Tarockpartie mit Dietrich Eckart ging der Photograph Heinrich Hoffmann nach Hause. Als er seine Wohnung über dem Atlier in der Schellingstraße betrat, klingelte das Telefon. Es war ein Freund.

»Haben Sie denn die Neuigkeiten nicht gehört?« fragte ihn der Anrufer ungläubig und berichtete ihm von den Ereignissen.
»Aber das gibt es doch gar nicht«, sagte Hoffmann, »ich habe doch noch vor ein paar Stunden mit Hitler gemütlich Tee getrunken und er sagte kein Wort von alledem.«
»Es ist trotzdem wahr. Die SA und die ›Oberländer‹ haben bereits die Schlüsselgebäude in der Stadt besetzt.« Hoffmann stürzte aus dem Haus und quer über die Straße zum *Völkischen Beobachter*. Die Redakteure gingen ein und aus, und die SA stand Wache am Eingang. Er eilte zurück in sein Atelier und raste mit Kamera, Platten und Magnesiumleuchten den historischen Ereignissen nach, um sie für die Nachwelt festzuhalten.

Der Flügel der Residenz, der einstmals der Ehrengarde Ludwigs III. als Quartier gedient hatte, beherbergte 1923 Oberleutnant Michael Freiherr von Godins Hunderschaft (die offizielle Bezeichnung war »Stationsverstärkung«) der Landespolizei, die im sogenannten »Kaiserhof« seiner Ansprache zuhörte. Godin gemahnte sie ihres Eides, die Regierung unter »allen Umständen« zu verteidigen. Hätte ihn einer seiner »Grünen« gefragt, welche Regierung er denn meinte, wäre er um die Antwort verlegen gewesen.
Er befolgte schließlich nur den Befehl, die Kompanie in Bereitschaft zu setzen und auf weitere Anordnungen zu warten. Inzwischen erlaubte er seinen Leuten, »mit ihren Gewehren und Karabinern in den Armen schlafen zu gehen«. Er selbst ging in seine kleine Amtsstube. Um wach zu bleiben, befahl er seinem Burschen »reichlich schwarzen Kaffee« zu kochen.

Kurz nach 10 Uhr traf der Kommandeur des Pionierbataillons, Major Hermann Kuprion, in seiner Kaserne ein.
Hauptmann Cantzler berichtete ihm von der Auseinandersetzung mit Max von Müller und den in der Exerzierhalle eingeschlossenen 400 Oberländern. Kuprion hörte aufmerksam zu, dann entschuldigte er sich für einen Augenblick, ging in sein Dienstzimmer und rief den Offizier vom Dienst der 7. Division, Wilhelm Daser, in der Schönfeldstraße an. Daser berichtete ihm vom Anruf aus dem Polizeipräsidium und der Besetzung des Wehrkreiskommandos durch Röhm.
»Was der Herr Cantzler getan hat, ist schon richtig«, sagte Kuprion, als er aus seinem Zimmer herauskam und Müller entgegentrat. »Ihre Leute bleiben im Exerzierhaus. Waffen gibt es heute Abend nicht.«

9. Szene

Ministerpräsident Eugen von Knilling und die anderen Geiseln nippten verdrießlich am Bier, das ihnen Hanfstaengl gebracht hatte und grübelten, Zigarren rauchend über ihr Schicksal nach, als Hitler hereinkam und auf von Knilling zuging. »Meine Herren, ich bedaure lebhaft, daß diese Maßnahme nicht zu vermeiden war.« Auf Knillings Frage: »Halten Sie mich für eine Gefahr für Deutschland?«, entgegnete Hitler: »Ich weiß nicht. Jedenfalls haben Sie den rechtzeitigen Absprung versäumt.« Er entschuldigte sich nochmals für die »Unannehmlichkeit«, die er den Herren verursacht hatte, und versprach, sie würden gut behandelt werden. Dabei vermied er, Schweyer in die Augen zu sehen. Dieser aber stand auf, trat auf Hitler zu und tippte ihm, während sich die schußbereiten Gewehre der Wache auf ihn richteten, mit dem ausgestreckten Zeigefinger auf die Brust: »Jetzt will ich Ihnen aber etwas sagen, Herr Hitler. Von Ihren Versprechungen halte ich nicht viel. Wissen Sie noch, was Sie mir im Sommer vorigen Jahres in meinem Büro aus freien Stücken versprochen haben? Wissen Sie dies noch?« Sichtbar verlegen, doch ohne ein Wort der Erwiderung, wich Hitler vor dem anklagenden Finger Schweyers zurück. Dann wandte er sich um, ging auf die Tür zu und winkte Hess, er möge ihm folgen.

»Ist alles geregelt?« fragte er unwirsch. Hess nickte. »Worauf warten Sie dann noch? Führen Sie die Geiseln ab und warten sie auf weitere Anordnungen in der Villa Lehmann.«

Unten sah er aus einer angemessenen Entfernung zu, wie man den älteren Herren ihre Mäntel und Hüte aushändigte. Draußen wurden die sieben Geiseln unter Rufen wie »aufhängen!« »drei Bauernhöfe hat er, aufgehängt gehört er!« und »der Schweyer und der Wutzelhofer, die fressen heit' Abend koa Suppen mehr!« an einer Reihe höhnischer SA-Leute in der Rosenheimerstraße vorbeigeführt. Dort warteten drei offene Autos und ein mit SA-Männern besetzter Lastwagen auf sie. Hess stieg neben Michael Ried in den zweiten Wagen, der

Verleger Julius Lehmann, dem die Rolle eines Gefängnisdirektors offensichtlich mißfiel, in den ersten.
»Wohin, meine Herren?« fragte Ried. »Folgen Sie dem führenden Wagen«, antwortete Hess.
Hitler hielt eine kurze Ansprache an die SA im Lastwagen. »Sie haben die Ehre, ehemalige Minister zu bewachen, für deren Sicherheit Sie mit Ihrem Leben bürgen. Im Namen der Nationalen Revolution!«
Die Arme in die Hüften gestemmt, schrie Göring von oben Befehle die Treppen hinunter. Dann setzte sich der Konvoi – mit SA-Männern und einem Maschinengewehr auf dem Lastwagen als Nachhut – langsam in Bewegung in Richtung Großhesselohe zur Villa Lehmann. In der abgelegenen Vorstadt stellte sie ein bequemes und vor allem sicheres Versteck dar.
Berauscht von seinem offensichtlichen Triumph, geriet Hitler in eine überschwengliche Stimmung. Abgesehen von der peinlichen Konfrontation mit Schweyer war alles planmäßig verlaufen. Im Vestibül und in den Gängen des Bierkellers dankte er Görings SA und Berchtolds »Stoßtrupp«.
Jedoch bei der Nachricht von Beggels Fiasko in der Infanteriekaserne und den 400 in der Exerzierhalle der Pionierkaserne eingeschlossenen »Oberländern« – den ersten Anzeichen von Schwierigkeiten – schlug Hitlers Stimmung sofort um. In hemmungsloser Wut beging er den schwersten taktischen Fehler der Putschnacht: Er verließ seinen Kommandoposten im Bürgerbräukeller, um den Streit in den Kasernen persönlich beizulegen. Inzwischen verhandelten im Nebenzimmer des Hauptsaales die Triumviren noch immer mit Ludendorff, Kriebel und Scheubner-Richter.
Ganz hysterisch schrie Hitler, er werde seine Truppen »notfalls mit Artillerie« befreien und organisierte dann mit Friedrich Weber vom »Bund Oberland« ein »Expeditionskorps«. In Begleitung von Ulrich Graf, Julius Schreck, Walter Baldenius, Stoßtrupp-Führer Ludwig Schmied und Polizeioberwachtmeister Matthäus Hofmann, seiner mit Maschinenpistolen und Gewehren bewaffneten Leibwache fuhren Hitler und Weber zu den Kasernen im Oberwiesenfelder Bereich hinaus. Drei Lastwagen voller SA folgten als Nachhut.
Jenseits der Ludwigsbrücke begegneten sie den in entgegengesetzter Richtung marschierenden Infanterieschülern unter Gerhard Rossbach und Edmund Heines' 3. Bataillon, in dem Ludendorffs Diener Kurt Neubauer und der junge Jurastudent Hans Frank dienten.

Stets ein Propagandist, stoppte Hitler beide Züge und hielt aus dem Stegreif eine Ansprache an Rossbachs Offiziersanwärter und Heines' Bataillon. Sodann befahl er seinem Konvoi, einen Umweg durch die Schönfeldstraße zu machen. Dort wollte er Röhm zur erfolgreichen Besetzung des Kreiswehrkommandos gratulieren. Auf der Fahrt jubelten die Menschen beim Anblick der Hakenkreuzflaggen und der schwarz-weiß-roten Banner. Die SA schien die Situation überall zu beherrschen. Auf ihrem Weg begegneten sie weder der Landespolizei noch der Reichswehr, denen Hitler zu diesem Zeitpunkt noch nicht mißtraute.

Glückstrahlend umarmte Hitler Röhm und erklärte: »Dies ist der glücklichste Tag meines Lebens.« Die RKF trat im Hof an. Hitler hielt eine kurze Ansprache. »Nun wird eine bessere Zeit kommen. Wir werden alle Tag und Nacht arbeiten für das große Ziel, Deutschland aus Schmach und Not zu retten.« Unter den Zuhörern stand Heinrich Himmler, mit der Flagge in der Hand, vor Kälte und Rührung zitternd.

Nach dem euphorischen Treffen mit Röhm fuhr Hitler weiter zur Pionierkaserne. Die Tore waren verschlossen und die Wache wies Hitlers Forderung, Cantzler oder Kuprion zu sprechen, glatt ab.

Hitler hätte das Tor der Kaserne sprengen können. Doch wußte er nicht genau, was in der Exerzierhalle vor sich ging. So beschloß er, in den Bürgerbräukeller zurückzukehren und seinen neuen Reichswehrminister, von Lossow, um Intervention zu bitten.

Es war 10 Uhr 30 und der Saal des Bürgerbräukellers fast leer. Einige Stoßtrupp- und SA-Männer tranken Bier und aßen Würste. Es roch nach abgestandenem Bier und beißender Rauch hing in der Luft. Das Bild war typisch für einen Bierkeller nach einer Münchener Festlichkeit. Umgeworfene Tische und Stühle lagen überall im Saal herum. Müde Kellnerinnen, die heimgehen wollten, sammelten die leeren Krüge ein und versuchten, oberflächlich Ordnung zu machen.

Im Nebenzimmer verhandelten die Triumviren noch immer mit Ludendorff, Scheubner-Richter und Kriebel. Gab es eigentlich noch etwas zu sagen?

Scheubner-Richter entschuldigte sich für einige Minuten. Er rief seine Frau an: »Es ist alles wunderbar gegangen, ganz ohne Blutvergießen. Ich habe aber noch sehr viel zu tun und komme heute Nacht nicht mehr nach Hause.«

Ludendorff fühlte sich zunehmend ungemütlicher in seiner Rolle als

»Vorsitzender« und »Aufseher«. Er sah, daß Kahr total erschöpft war. Lossow und Seisser sprachen nur, wenn sie direkt angesprochen wurden. »Vielleicht«, schlug Ludendorff vor, »ist es an der Zeit für die Herren, zu ihren Dienststellen zu gehen, um ihre Streitkräfte hinter das Unternehmen zu stellen und die weiteren Schritte zu organisieren.« Sein Platz als Feldherr war bei den Generälen und Offizieren, die ihm auf dem Marsch nach Berlin folgen würden – im Wehrkreiskommando in der Schönfeldstraße und nicht in einem Bierkeller. »Ich nehme an, Lossow, Sie möchten sich etwas ausruhen. Ich begebe mich mittlerweile ins Wehrkreiskommando und erwarte Sie dort.«

Die Triumviren waren von seinem Vorschlag offensichtlich sehr angetan. Scheubner-Richter war eben vom Telefon zurückgekehrt. Ludendorffs Entscheidung entsetzte ihn. Er zog den General beiseite und flehte ihn an: »Aber Exzellenz, Sie können die Herren doch nicht ohne weiteres gehen lassen. Ohne Wache? Von dem Augenblick an, in dem sie diesen Raum verlassen haben, können wir sie nicht mehr zwingen, die getroffene Vereinbarung einzuhalten.«

»Die Herren sind Offiziere und sie gaben ihr Wort«, entgegnete Ludendorff scharf. »Ich verbiete Ihnen, an dem Wort eines deutschen Offiziers zu zweifeln. Davon abgesehen, können wir sie doch nicht die ganze Nacht in dieses Lokal einsperren. Sie müssen ihren Pflichten nachgehen, und das können sie nur, wenn sie sich auf ihren Posten befinden.«

Als erster verließ Kahr den Bürgerbräukeller in Begleitung des Polizeimajors Hunglinger, und zwar in Seissers Wagen, da das Budget des bayerischen Generalstaatskommissariates kein Auto für den persönlichen Gebrauch Kahrs vorgesehen hatte. Lossow folgte ihm einige Minuten später mit seinem Adjutanten, Major Hans von Hösslin. Seisser wartete solange, bis Hunglinger mit seinem Wagen zurückkehrte.

Es war 10 Uhr 40. Das Triumvirat hatte den Bürgerbräukeller verlassen.

Hermann Esser, der trotz seiner ursprünglichen Absicht, früh zu Bett zu gehen, noch immer auf den Beinen war, um die Stimmung und Atmosphäre der Stadt auszukundschaften, kam eben den Hügel zum Bürgerbräukeller hinauf, als er Kahr gefolgt von Lossow die Bierhalle verlassen sah.

Wie auch sein Freund Hanfstaengl, der am Eingang stand, wußte Esser in dieser Minute, daß »alles verloren« war.

»Das ist doch der reinste Wahnsinn«, stammelte er. »Wer ließ diese Kerle gehen? Wer ist für diese Torheit verantwortlich?«

Friedrich Weber, der inzwischen zurückgekehrt war, da er es Hitler überlassen hatte, in der Stadt mit dem Konvoi herumzufahren, zuckte bloß mit den Achseln. »Ich weiß nur, Exzellenz Ludendorff hat die Herren wieder vereidigt. Er war sogar erzürnt, als Scheubner andeutete, man könne ihnen nicht trauen. Ludendorff meinte auch, man könne einen alten Herrn, wie Kahr, nicht die ganze Nacht in das schäbige Nebenzimmer eines Bierkellers einsperren.«

Esser und Hanfstaengl waren bestürzt. »Ich habe keine Erfahrung mit Revolutionen«, sagte Hanfstaengl, »doch habe ich genug Geschichte gelesen, um zu wissen, daß man seinen mit Gewalt gestürzten Vorgänger nicht einfach davongehen läßt. Ich fürchte, Ludendorff hat es für uns verpatzt, Hermann. Wir sind verloren.«

Esser nickte ihm verzagt zu. Sie gingen zu einer Theke, um noch ein Bier für Hanfstaengl zu bestellen. Da »Putzi« seine letzten Milliarden für die Geiseln ausgegeben hatte, zahlte Esser, der wegen seiner Gelbsucht keinen Alkohol zu sich nehmen durfte. Sie warteten niedergeschlagen auf die Rückkehr des Führers.

Als Hitler in seinem wohlbekannten Trenchcoat über dem Cut zum Bürgerbräukeller zurückkam, mit Revolver im Gürtel und der Rhinozerospeitsche in der Hand, schien er nicht besonders über den Abzug des Triumvirats besorgt zu sein. Was ihn beunruhigte, war der Mangel an revolutionärem Elan.

Die Landespolizei und die Reichswehr schienen sich neutral zu verhalten. Jedenfalls waren sie wie unsichtbar geworden. Das Wehrkreiskommando war in Röhms, und die Ettstraße, soweit Hitler bekannt, in Pöhners und Fricks Hand. Truppen der SA und des »Bundes Oberland« marschierten wohlbewaffnet und von der Bevölkerung bejubelt durch die Straßen, und Verstärkungen waren auf dem Wege – Gregor Strasser aus Freising, Wilhelm Völk aus Garmisch und weitere aus den Gebirgsstädten und Dörfern südlich von München.

Überdies waren die hügeligen Stadtviertel rechts der Isar, von der Max-Josef-Brücke im Norden – nur einen Block von Thomas Manns Haus entfernt – bis zur Wittelsbacher Brücke im Süden, in den Händen der SA. So weit, so gut.

Doch hatte der »Kampfbund« die Reichswehr- und Polizeikasernen, das Hauptpostamt und die Telefonzentrale noch nicht besetzt. Dasselbe galt für andere Schlüsselgebäude der Regierung. Abgesehen von den marschierenden SA-Truppen wirkte München besorgniserregend normal. Das mußte schnellstens geändert werden. Hitler erteilte Göring, Berchtold, Weber, Amann, Esser und Streicher Befehle. Die Ettstraße, die Ministerien, Kahrs Hauptquartier müßten – selbstverständlich mit Ehrenwachen – sofort besetzt werden, zudem wollte er wissen, weshalb SA und »Oberland« noch nicht an die Arbeit gegangen wären, sondern stattdessen im Bürgerbräukeller herumlungerten und auf Tischen und Stühlen schliefen.

Er verlangte außerdem mehr Gefangene und mehr Geiseln, »Feinde des Volkes«, wie Erhard Auer, reiche Juden, Valutaspekulanten, die Offiziere der alliierten Kontrollkommission im Hotel Vier Jahreszeiten, die sozialistischen Stadträte, Kommunisten und Eduard Schmid, den sozialdemokratischen Bürgermeister. Die *Münchener Post*, diese »Giftküche linksverräterischer Lügen«, sollte beschlagnahmt werden. Erstens, um sie zum Schweigen zu bringen, und zweitens, um ihre Druckmaschinen für den *Völkischen Beobachter* zu konfiszieren. Er wollte Plakate sehen, auf denen die neue Regierung verkündet und standgerichtliches Vorgehen gegen alle, die sich dieser Regierung widersetzten, gefordert wird. An allen Straßenecken, bis zur Morgendämmerung! »Tausende von Plakaten. Fünfzigtausend«. Sobald der Morgen graute und die Leute an die Arbeit gingen, sollten Massenversammlungen mit den besten Propagandarednern wie Streicher und Esser in der ganzen Stadt veranstaltet werden.

Hitler stolzierte im Vestibül auf und ab und redete sich selbst und seine Zuhörer in eine Euphorie: »Morgen sind wir entweder siegreich und die Herren eines vereinigten Deutschen Reiches oder wir hängen alle von Laternenpfählen.«

Kriebel unterbrach seine anfeuernden Ansprachen mit der Nachricht, die Infanterieschüler unter Gerhard Rossbach seien draußen in der Rosenheimerstraße zur Inspektion vor Ludendorff und Hitler angetreten.

Dort bot sich dem Zuschauer eine bizarre Szene. In der kaum beleuchteten Straße und im zunehmenden Schneeregen standen fast 400 Kadetten, junge Offiziere und Offiziersanwärter, die zukünftige Elite der Reichswehr, unter dem Befehl des Abenteurers Rossbach, mit ihren im Wind flatternden Hakenkreuzbannern. Die Leutnante Robert Wagner, Hans Block und Siegmund Mahler standen steif und still in der ersten Reihe hinter Rossbach. Die Blaskapelle hatte der Zug irgendwo auf dem Weg von der Marsstraße aufgelesen.

»Infanterieschule meldet sich gehorsamst, Seiner Exzellenz General

Ludendorff und unserem Führer Adolf Hitler«, verkündete Rossbach. »Heil! Heil! Heil!«

Der Feldherr, mit der Linken den Schlapphut, den der Wind ihm vom Kopfe zu reißen drohte, festhaltend, mit der Rechten salutierend, und der österreichische Gefreite strahlten. Dann schritten sie, mit dem »Heil Deutschland«-Ruf die Front der zur Parade angetretenen Infanterieschule ab. Die Kapelle blies aus vollem Halse. Hitler hielt eine Kurzansprache und begrüßte die nahende Dämmerung des neuen Großen Tages.

Die Offiziersanwärter traten ab und gingen in den Bierkeller, um sich aufzuwärmen, Wurst mit Semmeln zu essen und Bier zu trinken. Sie fühlten sich am Anfang einer ruhmreichen militärischen Karriere.

Das 1. Bataillon des Bundes »Oberland« stand noch immer in der Nähe des Bürgerbräukellers Wache. Für Konrad Kiessling war der große Augenblick seines Lebens gekommen. Ludwig Oestreicher und Alfons Weber, seine Bataillons- und Kompaniekommandeure, befahlen seinem Verband, anzutreten. »Wir haben die Pflicht, die Ehrenwache für Seine Exzellenz von Kahr am Generalstaatskommissariat zu stellen«, gab Oestreicher bekannt.

Polizeihilfsassistent Kiessling hatte keine Ahnung, daß man ihn als eine Schachfigur benutzte, die Ludendorffs Fehler, Kahr freizulassen, wiedergutmachen sollte.

Alfons Weber brüllte Kommandos und die Kompanie setzte sich in Bewegung. Sie marschierte die Rosenheimerstraße hinunter, über die Isar zur Maximilianstraße, um Kahrs Hauptquartier zu besetzen und fanden es von der Landespolizei unter Hauptmann Wild bereits dicht abgeriegelt.

Obwohl nur kurz und unblutig, kam es jetzt zur ersten ernsten Konfrontation zwischen Polizei und Putschisten. Kiessling war sich allerdings dessen nicht bewußt. Da er eben die Kadetten der Infanterieschule in ihrer Reichswehr-Uniform und mit ihren Hakenkreuzflaggen vor Hitler und Ludendorff angetreten sah, nahm er tatsächlich an, »daß die Geschehnisse des Abends von der Regierung gebilligt, vielleicht sogar angezettelt worden waren«. Er glaubte der Bund »Oberland« sei »offiziell als Hilfspolizei mobilisiert worden.«

»Es tut mir leid«, sagte Max Neunzert, sich bei Kriebel seiner Verspätung wegen entschuldigend, »doch Sie sagten mir, ich sollte wieder in

Uniform erscheinen. Ich mußte von hier eine Trambahn zur Ettstraße nehmen, um Herrn Frick zu benachrichten, dann wollte ich sehen, was beim Wehrkreiskommando los war und begegnete dem Grafen Dr. Moulin-Eckart – Sie wissen, Röhms Freund –, der mich auf seinem Motorrad in die Ettstraße zurückbrachte und dort nahm ich eine andere Tram zu meiner Wohnung und von dort rief ich Kolb an und . . .«
»Schon gut, schon gut«, unterbrach ihn Kriebel ganz ärgerlich und ungeduldig. »Uns wird noch immer über eine Meinungsverschiedenheit zwischen Hauptmann Cantzler und von Müller vom »Oberland«-Bataillon berichtet. Die ›Oberländer‹ sind in der Pionierkaserne eingesperrt oder so etwas ähnliches. Herr Hitler hatte bereits versucht, die Sache in Ordnung zu bringen, doch ohne Erfolg. Bitte gehen Sie jetzt zu Röhm ins Wehrkreiskommando und fragen Sie ihn, was in der Kaserne vor sich geht. Aber, bitte, verlieren Sie keine Zeit. Ich brauche die ›Oberländer‹, um den Hauptbahnhof und die Telefonzentrale zu besetzen.«
»Ich hoffe, Sie haben diesmal daran gedacht, Ihren Fahrer warten zu lassen«, fügte Kriebel noch hinzu und drängte Neunzert dem Ausgang zu.

Nachdem er die Infanterieschüler inspiziert hatte, begann Ludendorff unruhig zu werden. Es war 11 Uhr und Hitler erteilte noch immer Anordnungen und Befehle an seinen Stab – Göring, Amann, Esser und hauptsächlich Berchtold. Aus der Sicht des alten Generals waren diese Anordnungen »politischer, nicht militärischer Natur«. Sein Platz als »Oberbefehlshaber« war jetzt im Wehrkreiskommando bei Röhm.
»Ich komme Ihnen bald nach.« versprach Hitler.
Gefolgt von seinem Burschen, Neubauer, seinem Stiefsohn Pernet, Kriebel und Friedrich Weber, ging Ludendorff majestätisch an den feiernden SA-Männern vorbei aus dem Bierkeller zum Auto, das ihn in die Schönfeldstraße fahren sollte. Noch zweifelte er keinen Augenblick daran, daß er Lossow dort treffen würde.

Verwirrung und Improvisation

»Ich war, weiß Gott, nur ein Amateur-Revolutionär«, schrieb »Putzi« Hanfstaengl in seinen Memoiren mehr als drei Jahrzehnte später. »Mein Anrecht auf Ruhm beschränkte sich darauf, daß ich Hitler mit meinem Klavierspiel gelegentlich ablenkte und aufheiterte. Doch muß Hitler in jenen Tagen ein noch größerer Amateur gewesen sein als ich.«
Und Erich Ludendorff sollte im September 1924 äußern: »Hitler hat mich irregeführt. Er hat mich belogen, furchtbar getäuscht. Er sagte mir am Abend seines Wahnsinnsputsches, die Reichswehr würde wie ein Mann hinter der Sache stehen. Und ich ließ mich zu einer solchen Geschichte verführen. Das ist ein Sprüchemacher und Abenteurer.«
Hanfstaengl und Ludendorff schrieben zwar mit Bitternis, Enttäuschung und um eine Erfahrung reicher, doch erhellen ihre Kommentare die damalige Situation in München.
Am 8. November, gegen 11 Uhr nachts herrschte in der bayerischen Landeshauptstadt totale Verwirrung. Zufall und Improvisation bestimmten die Ereignisse. Hitler hatte, wie er es später beschreiben sollte, einerseits die »rascheste Entscheidung meines Lebens getroffen«, es andererseits aber – von seinem theatralischen Auftritt und der Anwendung brutaler Gewalt im Bürgerbräukeller abgesehen – unterlassen, die entsprechenden Schritte zur Ausführung der »raschen Entscheidung« zu planen. Überdies war er so geheimtuerisch vorgegangen, daß nicht einmal seine engsten und treuesten Mitarbeiter ahnten, in einen Staatsstreich verwickelt zu sein.
Freilich sagte er später: »Was wir taten, wurde von allen erwartet, schon seit Wochen. Den Staatsstreich haben die Spatzen von den Dächern Münchens gepfiffen.« Doch waren die meisten Angehörigen der SA nicht in der Lage, die Uraufführung von den Generalproben zu unterscheiden.
Viele SA-Offiziere wurden so vage und so kurzfristig benachrichtigt, daß ihre Maßnahmen und Handlungen fast ganz dem Zufall überlassen waren.

Der Zorn, die Bestürzung und die Enttäuschung, mit der sie auf die unzureichende Führung reagierten, spiegeln sich in den ergreifenden, späteren polizeilichen Aussagen einiger von Hitlers loyalsten Anhängern, wie Karl Beggel und des in der 19. Pionierkaserne eingesperrten Oberlandführers, Hans Oemler, wider.

Um 8 Uhr 30 wußte Oemler noch immer nicht, worum es ging. Er wanderte hin und her zwischen der Pionierkaserne, in der Max von Müller mit Oskar Cantzler debattierte, und der Infanteriekaserne, in der Oberfähnrich Gerhard Böhm die Freiwilligen des »Hermannsbundes« exerzierte und Beggel argwöhnisch beobachtete. Er glaubte, »seine Mission sei tatsächlich, mit seinen ›Oberländern‹ und Beggels SA-Männern eine Nachtübung auf dem Oberwiesenfeld zu veranstalten«. Es handelte sich dabei um die Übung, die ursprünglich auf den 10. November angesetzt und, wie er annahm, auf den 8. November, um zwei Tage vorverlegt worden war.

»Ich bin jederzeit bereit, meine Aussage unter Eid zu bekräftigen«, sagte er einem Kriminalkommissar, der ihn vernahm.

Beggel befand sich in einem ähnlichen Dilemma. Ihm wurde um 6 Uhr abends befohlen, um 7 Uhr mit seinem SA-Bataillon im Arzberger Keller anzutreten. Da saß er ahnungslos fast eine Stunde mit seinen SA-Leuten, bevor er den weiteren Befehl erhielt, sich mit seinem Bataillon zur Infanteriekaserne zu begeben. Weder er selbst noch die Mehrzahl seiner Leute trugen zu dieser Zeit ihre Uniformen.

Oemler und Beggel marschierten mit ihren fast 300 Mann durch die Stadt, bis sie erfuhren, der Bürgerbräukeller sei der »Zentrale Kommandoposten«. Sie kamen dort gegen 11 Uhr an. Ein Teil der Truppen ging in den Bierkeller, ein anderer über die Straße in den volkstümlichen Münchener Kindl-Keller. Oemler und Beggel gelang es weder »Hitler noch Göring« zu sprechen. Die Konfusion war total. Niemand schien verantwortlich und niemand war in der Lage, Anordnungen zu geben. So blieben sie ratlos bis zum nächsten Morgen. Wie sie sich später beklagen sollten, »besaß die nationalsozialistische Führung nicht die notwendige Fähigkeit zu führen«.

Viele andere Hitleranhänger äußerten sich ähnlich in jener Nacht. Und dennoch marschierten sie, wann und wohin zu marschieren ihnen befohlen wurde – manchmal ohne jegliches Ziel – und sangen aus vollem Hals Dietrich Eckarts »Sturmlied« »Deutschland, erwache und zerbreche deine Fesseln«. Das waren Menschen, die an die Sache – zu Recht oder zu Unrecht – glaubten, und sich als Soldaten einer Armee betrachteten, ohne auch nur zu unterscheiden zu wollen oder zu können, ob es sich um eine private oder eine reguläre Armee handelte. Schließlich waren sie auch – angesichts der Umstände – sogar gut bezahlt. So gehorchten sie, wie eben Soldaten. In einer Armee, besonders in der deutschen Armee, war ein Befehl ein Befehl, ob er nun einen Grund und ein Ziel hatte oder nicht.

Um 11 Uhr war das Chaos total.

Obwohl Ernst Röhm und seine Reichskriegsflagge, die RKF, das Reichswehrkommando besetzt hatten, unterließen sie es für die Dauer von zwei Stunden, die telephonische Zentrale zu besetzen. So konnte sich der Offizier vom Dienst, Hauptmann Wilhelm Daser, mit General von Danner, der Infanterie- und Pionierkaserne, mit Kahrs Amt, der Landespolizeibeamten in der Ettstraße und dem Bataillonskommandanten der 7. Division außerhalb Münchens in Verbindung setzen. Das Ergebnis dieses Durcheinanders war, daß der Putsch in einem Raum des Wehrkreiskommandos gefeiert und im nächsten sabotiert wurde.

Den Anführern des Putsches war es schon um 10 Uhr, wenn nicht früher bekannt, daß Max von Müllers 400 »Oberländer« in die Exerzierhalle der Pionierkaserne eingeschlossen waren. Obwohl die Besetzung der Verkehrs- und Kommunikationszentren die Vorbedingung einer erfolgreichen Revolution ist, hatte die Führung keinen Alternativplan für die Besetzung des Hauptbahnhofs und der Telefonzentrale bereit, und bis sie einen nach Mitternacht entworfen hatte, befanden sich beide Schlüsselpunkte bereits in den Händen der Landespolizei.

Der vom Kapp-Putsch her bekannte Korvettenkapitän a. D. Hermann Ehrhardt und sein Münchener Bundesgenosse, Kapitänleutnant a. D. Eberhard Kautter waren Hitlers natürliche Verbündete im Staatsstreich gewesen. Ihre Streitkräfte, die »Brigade« und der »Wikingerbund«, deren Uniformen schon lange, bevor Hitler sich das Symbol aneignete, das Hakenkreuz zierte, dienten als Polizeitruppen an der thüringisch-nordbayerischen Grenze als »Bollwerk« gegen das »rote« Thüringen.

Doch hatte sich bis 11 Uhr niemand in der NSDAP-Führung die Mühe gegeben, herauszufinden, auf welcher Seite Ehrhardt und Kautter standen, geschweige denn entdeckt, daß sie sich verschworen hatten, Hitlers Putsch niederzuschlagen.

Während des Prozesses haben viele Putschisten der zweiten Charge ihr Wissen um den Putsch zweifellos auch deshalb geleugnet, um der strafrechtlichen Verfolgung wegen Hochverrates zu entgehen oder die Anklage zu lindern. Doch hatten viele von ihnen tatsächlich bis zum

Augenblick, in dem der Umsturz verkündet wurde, keine Kenntnis von Hitlers Plänen und hatten darauf bestanden bis zu ihrem Tode, beziehungsweise halten heute noch daran fest.
Hermann Esser, der in den Herbsttagen von 1923 mehr oder minder als Hitlers Stellvertreter galt, wurde vom bevorstehenden Putsch von Hitler erst am Nachmittag des 8. November informiert. Heinrich Hoffmann, einer von Hitlers engsten persönlichen Freunden, der einen Teil des kritischen Nachmittags mit Hitler verbracht hatte, doch bei jeder Gelegenheit, in der Hitler seine Mitverschwörer besuchte, draußen warten mußte, erfuhr vom Putsch zu spät, um die Geschichtsbücher mit wesentlichen Photographien bereichern zu können. Der »Hausbarde« Hitlers, Dietrich Eckart, von dessen »Sturmlied« die Straßen Münchens widerhallen sollten, erfuhr vom Putsch erst gegen Mitternacht – von Hoffmann.
Adolf Lenk erhielt zwar seine Anordnungen schon um die Mittagszeit, doch waren diese nur vage formuliert. Wilhelm Briemann und Ludwig Schmied behaupten bis zum heutigen Tag, sie hätten nicht gewußt, weshalb sie sich im gewohnten Treff des »Stoßtrupps«, der Kegelbahn des Torbräus, einfinden sollten. Erst als Josef Berchtold den bevorstehenden Staatsstreich verkündete und seine Leute absoluten Gehorsam schwören ließ, bevor er mit ihnen in den Fabrikhof der Balanstraße marschierte, um sie mit Waffen auszurüsten, wäre ihnen klargeworden, um was es ging.
Hans Frank und Julius Streicher, vom Alliierten Internationalem Tribunal in Nürnberg 1946 als Kriegsverbrecher zum Tod verurteilt, behaupteten bis zuletzt, nichts von dem bevorstehendem Putsch gewußt zu haben. Frank glaubte, er ginge zu einem »gesellschaftlichen Abend« von Edmund Heines' SA-Bataillon in der Wurzerhof-Kneipe. Streicher erklärte, er würde bestimmt den 1 Uhr 45 D-Zug nach München genommen und nicht bis 4 Uhr gewartet haben, wenn sich Max Amann am Telefon deutlicher ausgedrückt hätte.
Hitler war von Natur aus sogar seinen engsten Mitarbeitern gegenüber verschlossen. Wie Hanfstaengl in seinen Erinnerungen bemerkte, »hielt Hitler normalerweise seine verschiedenen Freundeskreise streng von einander getrennt und sagte niemandem, woher er kam oder wohin er ging, noch nahm er irgendwen mit sich.« In dieser Hinsicht gehörte Hanfstaengl zu den wenigen Ausnahmen. Doch wußte nicht einmal Hanfstaengl, wo sich Hitler am Nachmittag des 8. November aufhielt. Er suchte ihn vergebens in der ganzen Stadt, um ihm einen Ort vorzuschla-

gen, der als Gefängnis für Knilling und die andern Geiseln geeignet war. Nur Hitlers Leibwächter, Ulrich Graf und sein Freund und Begleiter Heinrich Hoffmann wußten – ohne jedoch von seinen Putsch-Plänen Kenntnis zu haben –, daß Hitler an jenem Tag Esser, Ernst Pöhner, Hauptmann der Reichswehr, Eduard Dietl, und Scheubner-Richter der Reihe nach aufsuchte, während er für die andern Männer – selbst seines engsten Gefolges – unerreichbar war.

Die unzulängliche Planung, die zu den fieberhaften Improvisationen nach 11 Uhr abends geführt hatte, war das Resultat sowohl von Hitlers Geheimnistuerei als auch des »Führerprinzips«, das er den Gründern der Partei 1920 unter der Drohung, im Falle einer Ablehnung abzutreten, aufgezwungen hatte.

Das Ziel des Putsches war die Zerstörung der parlamentarischen – und nicht nur der parlamentarischen – Demokratie. So duldete Hitler selbst innerhalb seiner eigenen Partei keine Ausschüsse oder Gruppen-Entscheidungen. Nur ein Mann gab Befehle und dieser Mann war er. Aus Naivität, mehr noch aus Eigendünkel, Egomanie und Fanatismus war er stets überzeugt, daß seine Befehle ausgeführt würden. Niemals prüfte er nach, ob dies auch tatsächlich so war.

Letztenendes mißlang der Putsch wegen Hitlers Überzeugung, daß die Zeit für eine Revolution reif war, und seines Irrglaubens, daß das Volk den Aufstand leidenschaftlich ersehnte und nur auf ein Signal wartete, um ihm »bis ans Ende der Welt« zu folgen. Aber wohin und wie? Nach dem ersten Triumph im Bürgerbräukeller wußte er die Antwort auf diese Fragen selbst noch nicht und betrachtete sie sogar als irrelevant und lästig. Er nahm an, Ludendorff und Lossow würden sich um die Einzelheiten kümmern. Schließlich waren sie die militärischen Fachleute. Hatte er sie nicht aus diesem Grunde an die Spitze der Streitkräfte gestellt? Wußte denn Mussolini bei seinem Einzug in Rom schon, wer von seinen Anhängern welche Regierungsabteilung leiten würde? Selbstverständlich nicht. Wesentlich war, dort zu sein. Ähnlich verhielt es sich mit der Verkündung, die Reichsregierung sei abgesetzt. Er glaubte an das, was er sagte. In seinem Glauben an die Allmacht der Propaganda war er ein Vorläufer von Marschall MacLuhan, der das berühmte Schlagwort »the medium is the message« prägte. Selbst wenn er kein absolutes Vertrauen in Lossow, Seisser und den Rest der adeligen Clique von Generälen, Obersten und Oberstleutnanten hatte, was konnten die schon gegen ihn ausrichten?

Er war überzeugt, daß er sich auf die Majore, Hauptleute, Leutnante,

Feldwebel, Gefreite und gemeine Soldaten aus den Schützengräben verlassen konnte. Die würden ihm keinen Widerstand leisten. Sie würden ihm folgen, und ihnen würden wiederum die Herren Generäle und Oberste folgen.

Das traf sogar bis zu einem gewissen Grad zu und erklärte so manche Aspekte der Verwirrung, die in jener Nacht herrschte. Nicht nur, daß viele hin- und hergerissen waren zwischen einander widersprechenden Pflichtgefühlen. Die Komödie des Einklangs, die Hitler und die Triumviren auf dem Podium gespielt hatten, führte dazu, daß niemand in der Armee, Polizei, ja selbst in der Regierung wußte, wie die Dinge wirklich standen und wer die Fäden in der Hand hielt. Tatsächlich wußte das Triumvirat und insbesondere von Kahr, der mit Hitlers fait accompli und dem Jubel, den dieses ausgelöst hatte, konfrontiert wurde, nicht, wie sie reagieren sollten. Und so versteckten sie sich in ihren Ämtern, statt zu handeln.

Und je länger sie unerreichbar und unzugänglich blieben, um so verworrener wurde die Situation.

Truppenführer der SA und des »Bundes Oberland« wie Konrad Kiessling glaubten tatsächlich, sie seien eine Art von Hilfspolizei und Hilfsreichswehr. Und die Polizei, die keine gegenteiligen Anordnungen erhalten hatten und ihre verantwortlichen Vorgesetzten nicht erreichen konnten, war geneigt, die SA und den »Bund Oberland« als solche zu akzeptieren.

Viele Putschisten behaupteten später, daß sie »von den ›Grünen‹ bejubelt und begrüßt« wurden, als sie durch die Stadt marschierten. Als der Oberst der Landespolizei, Josef Banzer, von einem jungen Leutnant gefragt wurde, »Sollen wir die Nationalsozialisten als Freunde behandeln oder als Feinde, oder sollen wir lavieren?« sah dieser ihn nur groß an und antwortete: »Das weiß ich selber nicht.« Polizeioffiziere und Regierungsbeamte werden nun mal geschult zu gehorchen und dafür bezahlt. Wer aber erteilte ihnen Befehle um 11 Uhr abends am 8. November?

Besonders verwirrend war die Lage in der Ettstraße, wo zwei der Hauptverschwörer – Pöhner und Frick – das Recht für sich in Anspruch nahmen als Ministerpräsident beziehungsweise Polizeichef der neuen, anscheinend verfassungsmäßigen, Regierung zu fungieren. Beide waren sie langjährige und erfahrene Polizeibeamte, denen ihre Untergebenen Achtung, wenn nicht sogar Loyalität entgegenbrachten. Die Untergebenen mochten zwar ihre Zweifel an der Legalität der neuen Positionen dieser beiden Herren gehabt haben. Wer aber würde schon seine Kar-

14 *Eines der von den Putschisten verteilten Plakate*

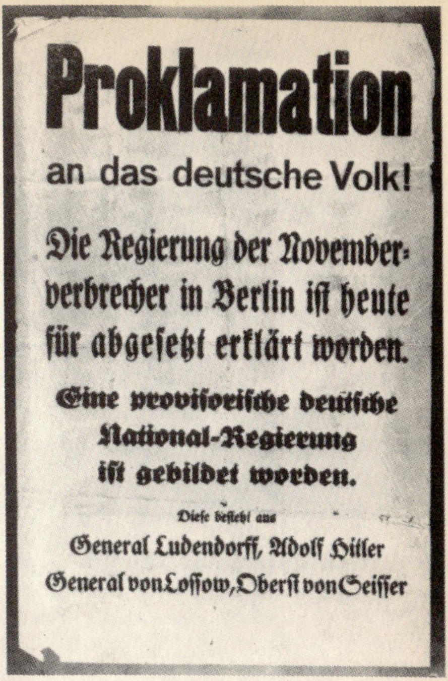

16 *Generaloberst der Reichswehr Hans von Seeckt* (unten rechts)

15 *Landespolizeioberst Hans Ritter von Seisser*

17 *Ministerpräsident Eugen von Knilling*

18 *Kultusminister Franz Matt*

19 *Gruppe der »Reichskriegsflagge« hinter spanischen Reitern und Stacheldrahtbarrikaden vor dem Wehrkreiskommando im ehemaligen bayerischen Kriegsministerium an der Ecke Ludwig-/*

20 *Der Bayrische SPD-Vorsitzende Erhard Auer*

Schönfeldstraße am Morgen des Putsches. Heinrich Himmler (4. von links mit der Fahne), Ernst Röhm (teilweise von einem Balken verdeckt) rechts außen

21 *Wilhelm Hoegner*

22 *Reichspräsident Friedrich Ebert*

23 *Reichskanzler Gustav Stresemann* (oben rechts)

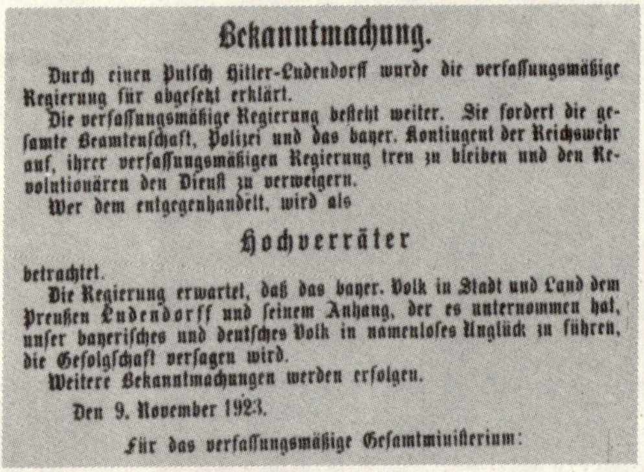

Bekanntmachung.

Durch einen Putsch Hitler-Ludendorff wurde die verfassungsmäßige Regierung für abgesetzt erklärt.

Die verfassungsmäßige Regierung besteht weiter. Sie fordert die gesamte Beamtenschaft, Polizei und das bayer. Kontingent der Reichswehr auf, ihrer verfassungsmäßigen Regierung treu zu bleiben und den Revolutionären den Dienst zu verweigern.

Wer dem entgegenhandelt, wird als

Hochverräter

betrachtet.

Die Regierung erwartet, daß das bayer. Volk in Stadt und Land dem Preußen Ludendorff und seinem Anhang, der es unternommen hat, unser bayerisches und deutsches Volk in namenloses Unglück zu führen, die Gefolgschaft versagen wird.

Weitere Bekanntmachungen werden erfolgen.

Den 9. November 1923.

Für das verfassungsmäßige Gesamtministerium:

24 *Anschlag des Plakats der von Kultusminister Franz Matt gebildeten Exilregierung am Vormittag des 9. November 1923*

riere durch Ungehorsam aufs Spiel setzen, könnte es sich doch am nächsten Morgen herausstellen, daß Pöhner und Frick tatsächlich Ministerpräsident von Bayern und Polizeichef von München waren?
Die Zweifler entschieden sich, auf Nummer sicher zu gehen, und gehorchten.
So schien München, trotz der verkündeten Revolution – von den zechenden, singenden, fahnenschwenkenden Sturmtruppen und den ihnen zujubelnden Menschenmengen abgesehen – um 11 Uhr abends seltsam unrevolutionär.
Die Putschisten verfügten zu diesem Zeitpunkt über eine Streitmacht von 2500 Mann in München und ungefähr 1300 Mann außerhalb der Stadt, die bis zum Morgen eintreffen sollten. Die meisten der Männer in München marschierten hin und her, bewachten Brücken und Straßenekken mit wenig Verkehr oder sie versuchten, auf den Tischen und Stühlen im Bürgerbräukeller zu schlafen.
Mit Ausnahme des Kontingentes, das Sigmund von Imhoff zur Besetzung der Telefonzentrale, der Telegrammzentrale und des Hauptbahnhofes entsandt hatte, waren die ›Grünen‹ unsichtbar, während die ›Blauen‹ wie gewohnt durch die Stadt patrouillierten.
Soweit es ein Außenseiter beurteilen konnte, war die Reichswehr und die Landespolizei in ihren Kasernen. Hier schien alles ruhig zu sein, obwohl es hinter den Mauern bald zu fieberhafter Aktivität kommen sollte. Auch in den anderen Städten und Ortschaften Bayerns wurden die Reichswehr und die Landespolizei in hohe Bereitschaft gesetzt und auf Eisenbahnzügen und Lastwagen mit Bestimmung München verladen.
Wenn man davon absah, daß Reichswehr-Stabsautos und Kuriere durch die Nacht rasten, schien die Hauptstadt in den Händen der Putschisten zu sein. Doch war dies nur eine optische Täuschung.
Ludendorff wartete im Wehrkreiskommando auf Lossow. Mehrere Stunden hindurch wartete er vergeblich, bevor er Verdacht schöpfte.
Um 11 Uhr schien Hitler – noch immer im Bürgerbräu – wahrzunehmen, daß die Revolution zum Stehen gekommen war. Es war die Stunde der Verwirrung. Sobald er dies erkannt hatte, nahm Hitler zu seiner üblichen Medizin, nähmlich Improvisation, Zuflucht.

3. Akt
Der Plan geht schief

Ein Zug aus Gregor Strassers Landshuter SA-Abteilung auf dem Weg nach München am 8. November 1923

10. Szene

Nachdem er Major Hunglinger zum Bürgerbräukeller zurückgeschickt hatte, um Oberst von Seisser in dessen eigenen Wagen abzuholen, stieg Gustav von Kahr langsam und in Gedanken versunken die breiten Treppen zu seiner Wohnung im Regierungsgebäude hinauf. War es wirklich erst 10 Uhr 40 – keine zwei Stunden nachdem Hitler mit seiner SA in den Bierkeller hereingeplatzt war? All das schien schon eine Ewigkeit entfernt zu sein.
Die zwei Stunden hatten den arroganten kleinen »Diktator« zu einem alten Mann gemacht. Er war außer Atem, niedergedrückt und brütete düster vor sich hin. Er konnte den Gedanken an die öffentliche Erniedrigung nicht loswerden und, schlimmer noch, er befand sich nach dem zeremoniellen Händedruck auf dem Podium in einer ausgesprochenen Zwickmühle. Was sollte er tun?
Die Aussicht auf einen zum Scheitern bestimmten Marsch nach Berlin mit Hitler und Ludendorff erfüllte ihn mit Grauen. Weshalb konnten sie sich nicht noch ein, zwei Wochen gedulden? Er hatte ihnen aber öffentlich Wort und Hand auf seine Mitarbeit gegeben. Auch war nicht zu leugnen, daß seine feierliche Zusage einen tosenden Beifall ausgelöst hatte. Das Versprechen nicht zu halten, wäre politischer Selbstmord. Ohne das unakzeptable Risiko eines bewaffneten Zusammenstoßes mit vaterländisch gesinnten Mitbürgern gab es kein Zurück. Die Fahrt vom Bürgerbräukeller durch Kolonnen schwerbewaffneter SA hatte ihn überzeugt, daß Hitler nicht geblufft hatte. Wahrscheinlich hatten seine Sturmtruppen die Kasernen der Landespolizei und der Reichswehr tatsächlich besetzt.
Von Kahr war so tief in Gedanken versunken, daß er seine Tochter, die oben auf der Treppe auf ihn wartete, kaum bemerkte. Geistesabwesend gab er ihr seinen Mantel, bat um Tee und ging schweren Schrittes und niedergedrückt den Flur entlang in sein Arbeitszimmer, in dem er von seinem Adjutanten, Regierungsrat Heinrich Baron von Freyberg, und Ehrhardts Münchener Verbindungsoffizier Kapitänleutnant a. D. Eber-

hard Kautter erwartet wurde. »Endlich«, rief Kautter, »was ist geschehen, Exzellenz? Wir hörten nur unvollständige und widerspruchsvolle Gerüchte.«
Die Frage schien den alten Mann aus seiner Apathie zu reißen. »Die reinste Erpressung, gemein und erniedrigend!« sagte er und beschrieb die Einzelheiten. »Ich habe unter Zwang gehandelt.«
Kautter wartete respektvoll, bis von Kahr zu Ende gesprochen hatte. Dann sagte er: »Sie sind zu pessimistisch, Exzellenz. Noch ist alles nicht verloren. Wenn Sie ohne Verzug handeln, können Sie noch den von Hitler und Ludendorff verfrüht angekündigten und unzureichend geplanten Staatsstreich zu Ihrem eigenen machen und die Initiative an sich reißen.«
Kautter erklärte, er habe den ›Wikingbund‹ und Ehrhardts Brigade im Namen Kahrs an der thüringischen Grenze, unweit von Coburg mobilisiert.
»Mit diesen Streitkräften können Sie Hitler und Ludendorff befehlen, anstatt ihnen zu gehorchen. Sie müssen jedoch sofort eine Proklamation erlassen, die etwa besagt: 1. Herr von Kahr übernimmt als Statthalter die Regierung Bayerns. 2. Die Verfassung von Weimar ist aufgehoben. 3. Bayern hält nach wie vor zum Reich. Dann erklären Sie als folgerichtige Fortsetzung den Kampf gegen den Marxismus. Hitler und Ludendorff werden sich dann zwangsläufig auf Ihre Seite stellen und die Streitkräfte im Norden werden *Ihrer* Flagge folgen.«
Ein hanebüchener Plan? Zweifellos. Doch selbst wenn er es nicht gewesen wäre, für den schwerfälligen Geist von Kahrs war er zu kompliziert. Er brauchte Zeit zum Nachdenken und Zeit, die Positionen Lossows und Seissers herauszufinden. Denn während der zwei Stunden, in denen sie im Nebenzimmer des Bürgerbräusaales zusammen eingeschlossen waren, hatte sich ihnen keine einzige Gelegenheit zu einem Meinungsaustausch geboten. Er zog sich in sein Privatbüro zurück und hoffte, Lossow oder Seisser würden anrufen. Kurz danach klingelte es auch. Doch kam der Anruf von jemandem, auf den er am allerwenigsten gefaßt war – Franz Matt.
Franz Matt, 63, Doyen des Kabinetts, Kultusminister und stellvertretender Ministerpräsident war ein dynamischer Mann von höchster Integrität. Als einer der führenden Persönlichkeiten der katholisch-erzkonservativen Bayerischen Volkspartei und bekannt als politischer Gegner von Kahrs hatte er niemals einen Hehl aus seiner Verachtung für die machiavellistischen Intrigen des pompösen Bürokraten gemacht.

Kahrs Ansprache an diesem Abend hatte weder ihn noch drei weitere Mitglieder des Kabinettes – Heinrich Osswald, Minister für soziale Wohlfahrt, Wilhelm Krausneck, Finanzminister, und Wilhelm von Meinel, Minister für Handel – interessiert. Sie hatten die Einladung in den Bürgerbräukeller ignoriert. Franz Matt verbrachte den Abend in Gesellschaft von Michael Kardinal von Faulhaber, Erzbischof von München, als ihn Schweyers Ministerialrat Josef Zetlmeier vom Putsch benachrichtigte.

Da das halbe Kabinett sich in Haft befand, berief Matt die Herren, »die sich noch auf freiem Fuß befanden«, zu einem Treffen in der neutralen und unverdächtigen Wohnung einer Freundin, Frau Hofrat Ellen Amann, zusammen. Von dort rief er Kahr um 11 Uhr an. Kahr schilderte ihm kurz die Ereignisse und betonte, daß er am Telefon über weiteres nicht sprechen könne. Matt fragte trotzdem weiter: »Was will er denn eigentlich, der Hitler?«, worauf Kahr entgegnete: »Den berühmten Marsch auf Berlin.« Darauf entgegnete Matt: »Da wird er weit kommen. Und der Pöhner, was hat er vor?«

Kahr: »Der will morgen früh die neue Regierung bilden.« Matt: »Das sind ja schöne Zustände. Hat Herr Pöhner schon den neuen Preis für die Weißwurst bestimmt?« Darauf Kahr, mit einem hörbaren Seufzer: »Das wird wohl eine seiner schwierigsten Aufgaben sein.«

Dieses Gespräch überzeugte Matt, daß Kahr entweder mit den Putschisten kollaborierte oder nicht über die Willenskraft und die Mittel verfügte, ihn zu unterdrücken. Matt wandte sich zu den anderen und verkündete seine Entscheidung, mit ihnen in Regensburg eine Exil-»Gesamtregierung« zu bilden. In hundertzwanzig Kilometer Entfernung von der Hauptstadt sollten diese mit dem Schutz von vermutlich loyalen Reichswehreinheiten rechnen können.

An Frau Amanns Eßtisch verfaßten nun auch sie eine an die gesamte Beamtenschaft, Polizei und das bayerische Kontingent der Reichswehr gerichtete Proklamation, »ihrer verfassungsmäßigen Regierung treu zu bleiben und dem Preußen Ludendorff und seinem Anhang, der es unternommen hat, unser bayerisches und das deutsche Volk in namenloses Unglück zu führen, die Gefolgschaft zu versagen«.

Dann machten sich Matt, Krausneck und Meinel mit einem halben Dutzend verläßlicher Mitarbeiter in ihren Autos sofort auf den Weg nach Regensburg.

Würdig und makellos gekleidet, mit sich lichtendem, kurz geschorenem

Haar und sorgfältig gepflegtem Schnurrbart, war Otto von Lossow, 55, der Prototyp eines deutschen Generals. Im Gegensatz zu seiner Erscheinung war seine militärische Laufbahn jedoch ganz und gar nicht typisch gewesen und bot vielleicht eine Erklärung für sein widerspruchsvolles Verhalten in der Nacht des 8. November 1923.

Er wurde in Hof geboren, wo sich die Grenzen Bayerns, Thüringens und Böhmens trafen. Seine militärische Ausbildung erhielt er auf der Kriegsakademie in München.

Als vielversprechender Generalstabsoffizier verließ er Deutschland 1911, um als Regimentskommandeur in der Armee des ottomanischen Sultans, Mohammed V. zu dienen. 1912 spielte er eine Schlüsselrolle im Krieg der Türken gegen die Balkanallianz Bulgarien – Serbien – Griechenland. 1913 kehrte er heim und wurde zum Kommandeur der bayerischen Territorialarmee Reserve ernannt. Nach dem Ausbruch des Krieges 1914 wurde er als deutscher militärischer Bevollmächtigter nach Konstantinopel entsandt, diente bis zum Waffenstillstand 1918 in der türkischen Armee, in der er es bis zum Rang eines Generalmajors brachte.

Viele seiner Zeitgenossen beschrieben ihn als einen kaltblütigen, machthungrigen, politisch ehrgeizigen Offizier, der Befehle ohne Skrupel mißachtete, wenn ihm der Ungehorsam zum persönlichen Vorteil gereichte. Doch paßt diese Beschreibung nicht zu seiner Nachkriegslaufbahn in Bayern – zunächst als Kommandant der Infanterieschule und später als Oberbefehlshaber des Wehrkreises und der 7. Division.

Aus seiner Stellung ergab sich, daß er der Diener mehrerer Herren war, die er gleichzeitig zufriedenzustellen versuchte: In Berlin die Reichsregierung mit dem Reichswehrminister Otto Gessler und dem General Hans von Seeckt, in Bayern den Ministerpräsidenten Eugen von Knilling und den Generalstaatskommissar Gustav von Kahr, die »Schwarze Reichswehr«, bestehend aus den vaterländischen Kampfbünden, Veteranen der Freikorps und schließlich Hitlers SA. Politisch in höchstem Maße ambitioniert war er vom Ehrgeiz besessen, eine Nationale Diktatur – mit ihm als Diktator – zu errichten. Dabei verhielt er sich wie ein Chamäleon, das seine Farben je nach den politischen Umständen wechselte und, sich diesen entsprechend, in Schwarz-Gold-Rot als Demokrat und Republikaner, in Schwarz-Weiß-Rot als Nationalist und Condottiere oder in Weiß-Blau als königstreuer Bayer gebärdete.

Wenn er sich dem Befehl eines Vorgesetzten widersetzte, tat er dies meistens nicht aus eigener Überzeugung, sondern unter dem Einfluß eines ihm Untergebenen, und zwar ohne Rücksicht auf dessen politische Einstellung. Er hörte auf Hitler und hörte auf Ernst Röhm, als dieser sein Feldzeugmeister gewesen war. Doch hörte er auch auf seinen Stabschef, Otto von Berchem, einem standhaften Gegner Röhms, Hitlers und der Rechtsextremen. Es hieß, Lossow höre auf diejenigen, die ihm am nächsten standen, am lautesten redeten oder zuletzt gesprochen hatten. In der Putschnacht schien er, wie einst Talleyrand, in vergleichbaren Umständen, vor allem darauf bedacht zu sein, sich auf die Seite des Stärkeren zu stellen. Im besagten Nebenzimmer mag sein ursprünglicher Widerstand gegen Hitler auf die Antipathie des Generals und der Adeligen gegen den lächerlichen Emporkömmling beruht haben. Ob er den andern Triumviren wirklich »Komödie spielen« zugeflüstert hatte, wie es Hunglinger und Seisser später behaupteten, sei dahingestellt. Jedenfalls war seine Haltung Hitler gegenüber zunächst negativ, denn Befehle von einem mit dem Revolver fuchtelnden ehemaligen Gefreiten entgegenzunehmen, war nicht Lossows Art. Dann aber erschien Ludendorff und in wenigen Minuten drehte sich Lossow um 180 Grad. Was veranlaßte ihn dazu? Der Ruf, die Anwesenheit, der Rang des berühmten Feldherrn oder ganz einfach die Überzeugung, daß weder Politiker noch Reichswehr sich dem nationalen Helden widersetzen würden? Und was veranlaßte ihn innerhalb einer Stunde, abermals seine Haltung zu revidieren? Etwa das Gefühl, die Wirkung des Namens Ludendorff überschätzt zu haben?

Wie dem auch gewesen sei, es genügte festzustellen, daß Lossows und der anderen Triumviren spätere Aussagen seinem tatsächlichen Verhalten in der Putschnacht widersprachen.

Im Stabsauto fuhren Lossow und sein Adjutant, Hans von Hösslin, vom Bierkeller kommend an den marschierenden SA-Leuten vorbei zu General von Danners Kommandoposten in der Hofgartenstraße. Im Auto herrschte bedrückendes Schweigen. Hösslin, der sich noch nicht von dem Schock seiner Begegnung mit den SA-Männern, die ihm die Kokarde von seiner Offizierskappe reißen wollten, erholt hatte, versuchte vergebens bei dem fahlen, wechselnden Licht der Straßenlampen in Lossows unbeweglichem Gesicht zu lesen. Er wagte es nicht, zu sprechen.

Als sie bei der Stadtkommandantur ankamen, erteilte Danner gerade seine telefonischen Befehle zur Alarmierung und Mobilmachung der Einheiten außerhalb Münchens, während die Generäle Ruith und Kressenstein im Flur auf den Transport zu der besser gesicherten Kaserne des 19. Infanterie-Regiments warteten. Die Zeit war, nach Lossows Schätzung, 10 Uhr 45. Die Generäle, die vermutet hatten, Lossow sei noch immer im Bürgerbräukeller, waren ebenso überrascht, ihn nun plötzlich in der Stadtkommandantur zu sehen, wie Hitler, Esser und Hanfstaengl bestürzt waren, zu entdecken, daß Ludendorff die Triumviren hatte gehen lassen.

»Exzellenz, bitte sagen Sie uns, daß es sich nur um einen Bluff gehandelt hat«, sagte von Danner hoffnungsvoll. »Es war ein Überfall«, zischte von Lossow, »ein gemeiner, verbrecherischer Überfall. Man hat mich in eine Falle gelockt und mit einer Pistole bedroht.«

Falls Lossow im Bürgerbräu nicht »Komödie gespielt« hatte, so spielte er sie sicherlich in diesem Augenblick. Je mehr ihm Danner, Ruith und Kressenstein von den bereits getroffenen Gegenmaßnahmen berichteten, um so entschiedener verurteilte er die Putschisten. Schließlich gab er seiner Entrüstung so laut und wütend Ausdruck, daß sich die drei Generäle mit ihm so schnell als möglich in das Privatbüro Danners zurückzogen. Dort gesellte sich Oberst Hans von Seisser zu ihnen. Was kam bei dieser Besprechung heraus? Stimmten Lossow – und Seisser – bereitwillig dem Plan der Generäle zu, den Putsch niederzuschlagen? Billigte von Lossow die Entscheidung, daß die Befehle im Namen seines Untergebenen, von Danner, erlassen werden, um den Mißbrauch seines eigenen Namens durch Hitler und Ludendorff zu vermeiden? Oder hatte er keine Wahl, da ihn die Generäle de facto seiner Befehlsgewalt enthoben haben?

Die Szene mit Lossow und Seisser in ihren Uniformen und den anderen Generälen in Zivilkleidung war grotesk. Die Gefühle der Anwesenden waren gemischt. Alle sympathisierten mit den Zielen, wenngleich nicht mit den Methoden der Putschisten und sahen in ihnen Gleichgesinnte und Waffenbrüder. Alle hofften, eine Konfrontation zu vermeiden und doch unternahmen sie Schritte, die unvermeidlich zu einem bewaffneten Zusammenstoß führen mußten.

Da das Wehrkreiskommando, nur einige Straßen entfernt, sich bereits in Röhms Händen befand, war Danners Hauptquartier in der Hofgartenstraße nicht mehr sicher. Kein Wunder, daß die Generäle überrascht waren, als der Offizier vom Dienst, Hauptmann Daser, ihren Anruf in der Fernsprechzentrale des Wehrkreiskommandos entgegennahm. Sie mußten dennoch die Stadtkommandantur eiligst verlassen, da sie befürchteten, die Putschisten würden jeden Augenblick auch auf ihrer Türschwelle stehen. Seisser, der Hitlers Behauptung, der »Kampfbund« habe die Kasernen besetzt, im Bürgerbräukeller vernommen hatte,

konnte nicht für die Sicherheit seines eigenen Hauptquartiers in der Türkenkaserne garantieren. Die »Oberländer« waren zwar noch immer in der Exerzierhalle der Pionierkaserne eingesperrt, doch könnte sich die Situation dort jederzeit ändern. Nur die Kaserne des 19. Infanterie-Regiments schien einigermaßen sicher, und sie einigten sich, ihren Kommandoposten dort aufzustellen.
Die Situation war undurchsichtig und der Aktionsplan der Generäle entsprechend vage. Zunächst konnte nichts getan werden, bevor die Reichswehr- und Landespolizeiverstärkungen eintrafen und das könnte noch Stunden dauern. Überdies hatte niemand Lust, vor Tagesanbruch etwas zu unternehmen. So einigten sie sich darauf, zu warten.
Lossow fuhr mit Hösslin zur Infanteriekaserne, wo auf der Straße kleine, zurückgebliebene Patrouillen der SA und des »Bundes Oberland« etwas ratlos herumstanden. Die anderen, die keine Autos zur Verfügung hatten, entschieden sich, die fünf Kilometer zum Oberwiesenfelder Kasernenbereich zu Fuß zu gehen, und hofften, da sie in Zivil waren, unerkannt zu bleiben.
Seisser wollte vorerst die Lage in der Türkenkaserne erkunden und einige Polizeiverbände – unter ihnen die Michael von Godins in der Residenz – zu inspizieren. Er versprach Kahr telefonisch, ihn auf seinem Weg abzuholen und die Generäle später zu treffen.
Nach der Angabe von Lossows verließen sie alle, mit Ausnahme von Hauptmann Maximilian Renz, kurz nach 11 Uhr die Stadtkommandantur.
Während die unauffällige, kleine Gruppe der Generäle und Obersten in Zivil den Odeonsplatz überquerte und die Briennerstraße entlang ging, wandte sich General von Danner an den Hauptmann der Landespolizei, Hans Bergen: »Der Lossow hat kein Rückgrat. Weshalb konnte er sich denn nicht gegen Hitler behaupten und einfach nein sagen? Als Folge seiner Schwäche werden jetzt vielleicht bald Deutsche auf Deutsche, Patrioten auf Patrioten schießen. Es ist eine Tragödie.«

Gustav von Kahr war noch am Telefon und sprach mit Franz Matt, als er laute, aufgeregte Stimmen vor seiner Tür hörte. »Draußen steht ein Sturmtrupp von – ich glaube ›Oberländern‹ – mindestens eine Kompanie«, stammelte eine der Torwachen. »Sie sagen, sie seien eine Ehrenwache für Seine Exzellenz von Kahr und kämen, um uns abzulösen.« Landespolizeihauptmann Karl Wild eilte hinunter zum Eingang an der Maximilianstraße.

Dort stand Alfons Webers 2. Kompanie des 1. Bataillons vom »Bund Oberland«, unter ihnen Konrad Kiessling, mit aufgepflanzten Bajonetten.
Weber, ein 22 Jahre alter Student der Technischen Hochschule, der darauf bestand, daß ihn seine Leute – auch Hauptmann Wild – mit »Herr Oberleutnant« anredeten, war der Inbegriff wichtigtuerischer Arroganz.
»Ich habe den Befehl, die Wache abzulösen. Die Polizei geht nach Hause«, sprach er im Befehlston und sah den noch immer in Zivil gekleideten Wild herausfordernd an.
»Wessen Befehl?« brüllte Wild und fügte hinzu: »Das Regierungsgebäude ist unter meinem Befehl von der Landespolizei besetzt und ich übergebe die Wache niemandem.«
Konrad Kiessling hörte bestürzt zu, wie sich die beiden anschrien. Wilds Warnung, er habe seinen Leuten befohlen, auf Eindringlinge zu schießen, schien Weber nicht zu beeindrucken, »besonders, da der Hauptmann nicht einmal Uniform trug«. Glücklicherweise erschien in diesem Augenblick Wilhelm Muxel in seiner Oberstleutnant-Uniform und so gab Weber nach. »Vielleicht sind Sie noch nicht benachrichtigt worden«, murmelte er und marschierte an der Spitze seiner Kompanie die Maximilianstraße entlang zum Ufer der Isar. Von dort schickte er einen Kurier zu seinem Bataillonskommandeur Ludwig Oestreicher im Bürgerbräukeller und bat um weitere Anordnungen.
»Gut gemacht, Herr Hauptmann«, sagte Muxel zu Wild, als sie der sich entfernenden »Oberland«-Kompanie nachschauten. »Halten Sie sich jedoch bereit. Nach dem, was ich da drinnen zufällig mit angehört habe, handelt es sich hier um ein Doppelspiel. Die Probleme dieser Nacht sind noch nicht zu Ende.«

Als er Ecke Maximilian-/Widenmayerstraße mit seinen Kameraden auf die Rückkehr des Kuriers vom Bürgerbräukeller wartete, überkamen Konrad Kiessling Zweifel. Der scharfe Wortwechsel zwischen Wild und Weber war der erste Hinweis darauf, daß nicht alles »so legal zuging, wie ich es ursprünglich angenommen hatte«. Die Zweifel verstärkten sich, als Weber seinen Leuten erklärte, es habe ein Durcheinander in den Anordnungen gegeben und sie würden jetzt zum Bürgerbräukeller zurückmarschieren.

Zweifel ganz anderer Natur begannen auch an Ernst Röhm, der sich im Wehrkreiskommando verschanzt hatte, zu nagen. Wo waren sie denn alle, fragte er sich im Vorzimmer zu Lossows Amtsräumen auf- und abgehend. Wo insbesondere Lossow? Wenn er tatsächlich, wie ihm Kriebel telefonisch mitgeteilt hatte, den Bürgerbräukeller vor einer halben Stunde verlassen hatte, müßte er doch eigentlich schon in der Schönfeldstraße angekommen sein?

Kurz vor 11 Uhr erhielt Röhm die Nachricht, Lossow sei zur Stadtkommandantur gegangen. Er rief dort an – doch ohne Erfolg. Die Leitung war zunächst besetzt, und als sie endlich frei war, meldete sich merkwürdigerweise niemand.

Röhm begab sich daraufhin in Begleitung von Josef Seydel an der Spitze eines Zuges der »Reichskriegsflaggen« zur Stadtkommandantur, vorgeblich, »um sich bei von Lossow, dem neuen Reichswehrminister, zu melden«, tatsächlich jedoch, um das Gebäude, wie Danner es vorausgesehen hatte, zu besetzen.

Er kam jedoch zu spät. Das würdige Gebäude war verschlossen und lag im Dunkeln. Er klingelte und hämmerte an das riesige Tor, bis sich in einem kleinen vergitterten Fenster am Portal der Kopf des Hauptmanns Renz zeigte.

»Lossow? Danner? Ich habe keine Ahnung, wo sie hingegangen sind«, log Renz, »vielleicht zum Wehrkreiskommando, vielleicht zum Infanterie-Regiment 19...«

Röhm deutete auf seine Hundertschaft von der »Reichskriegsflagge« und forderte Eintritt.

»Sie sind uns an Feuerstärke unterlegen«, bemerkte Renz. »Ich habe ein Maschinengewehr im Flur auf das Tor gerichtet aufstellen lassen und falls Sie einzudringen versuchen, gebe ich Befehl, zu feuern.«

Der Bluff wirkte, Röhm zog sich zurück. Er war sich nicht sicher. Ist etwas schiefgegangen, oder hat sich Renz nur wichtig gemacht? Und wo um Himmels Willen war Lossow? Von Zweifeln geplagt führte er seinen Zug ins Wehrkreiskommando zurück, wo Ludendorff, Kriebel, Scheubner-Richter und Friedrich Weber vom »Bund Oberland« eben eingetroffen waren.

»Ach«, rief Major Adolf Hühnlein, Offizier der Reichswehr und Mitglied der NSDAP, »da ist ja der Mann, den ich suche!« Es war Neunzert, dessen Wagen in dem Moment vor dem Wehrkreiskommando anhielt. »Ich wollte gerade in die Pionierkaserne gehen. Dort scheint eine Diskussion im Gang zu sein, worin es um 400 ›Oberländer‹ geht, die in der Exerzierhalle festgehalten werden. Fahren Sie mich doch dort hin.«

Neunzert war nicht besonders begeistert, den Auftrag, den er eben von Kriebel erhalten hatte, mit einem andern zu teilen. Da er aber inzwischen nach Hause gegangen war, um sich umzuziehen, wußte er weder von der Eskalation der Situation in der Pionierkaserne noch von Hitlers vergeblicher Intervention. Er war noch mehr überrascht, in einem Dienstraum der Pionierkaserne General a. D. Adolf Aechter, den »militärischen Leiter« des »Bundes Oberland«, im Gespräch mit Major Hermann Kuprion anzutreffen.

»Schauen Sie, Herr Major, dieser schriftliche Befehl ist von General von Lossow gezeichnet«, sagte Aechter. »Wie Sie sehen, befiehlt Ihnen der General, Ihr Bataillon in Ruhestellung gehen zu lassen, was bedeutet, Sie sollten den Hauptmann Cantzler veranlassen, die ›Oberländer‹, mit ihren Waffen, freizulassen und die Alarmierung aufzuheben.«

Kuprion blieb jedoch unbeeindruckt.

Er konnte nicht wissen, daß Lossow in der Hast und Ungeduld, aus dem Bierkeller herauszukommen, das Schriftstück tatsächlich unterzeichnet hatte, und entgegnete: »Die Handschrift General von Lossows ist mir unbekannt. Ein jeder mag Lossows Namen auf das Stück Papier gesetzt haben. Überdies wurde ich um 10 Uhr 30 angewiesen, nur mündlichen Befehlen Exzellenz von Lossows und schriftlichen Befehlen General von Danners Folge zu leisten. Ich habe General von Lossow seit einer Stunde vergeblich zu erreichen versucht. Falls es Ihnen glücken würde, ihn ausfindig zu machen, und er mir dann mündlich befiehlt, die ›Oberländer‹ gehen zu lassen, werde ich seinen Befehl selbstverständlich durchführen.«

Weder Neunzert noch Hühnlein, die diesem Gespräch beiwohnten, wußten, daß Lossow inzwischen die Seite wieder gewechselt hatte, und meinten, er müsse schon längst in der Schönfeldstraße eingetroffen sein, obwohl es ihnen auch nicht gelungen war, das Wehrkreiskommando telefonisch zu erreichen. So fuhren sie zurück zum Wehrkreiskommando in der Hoffnung, den General dort zu finden und ihn zu veranlassen, Kuprion persönlich anzurufen.

Aechter hingegen hörte, daß Lossow auf dem Weg zu Ludendorff möglicherweise bei der Infanteriekaserne anhalten würde, und beging den folgenschweren Fehler, dort nach ihm zu suchen. Schon am Eingang der Kaserne wurde er, offensichtlich auf Lossows Befehl, festgenommen, und war somit der erste führende Putschist, der in der Nacht der Verwirrungen und Improvisation auf Eis gelegt wurde.

Langsam ratterte ein Konvoi von drei Personen- und einem Lastwagen durch den dichten Wald von Großhesselohe über die matschige Straße. Er hielt in der Holzkirchnerstraße Nummer 2, vor einer in der Jahrhundertwende erbauten Villa.

»Marsch, Marsch! Alles aussteigen«, rief Rudolf Hess. Dem Befehl folgte ein Knirschen von Stiefeln auf dem Kies der Auffahrt und das metallische Geräusch von Gewehren.

»Ich bitte Ihre Exzellenzen, sich als meine Gäste zu betrachten«, sagte Julius Lehmann höflich zu den Geiseln.

»Die Gefangenen werden in getrennten Zimmern untergebracht«, kommandierte Hess weniger höflich. »Herrn von Knilling und den Mitgliedern des Kabinetts werden die bequemeren Zimmer zugeteilt. Die Gefangenen sprechen nicht miteinander. Fluchtversuche ziehen schwere Folgen nach sich. Meine Leute sind bewaffnet, ihre Gewehre geladen, und sie haben Anweisung gegebenenfalls zu schießen. Jeder Gefangene wird von drei meiner Leute bewacht. Das Schicksal der Gefangenen hängt von den Anweisungen ab, die ich von der neuen Reichsregierung Hitlers und Ludendorffs erhalte.« Beim Aussprechen des Namens Hitler schienen seine dunklen, tiefliegenden Augen aufzuleuchten.

Von Knilling, Schweyer, Gürtner und Wutzelhofer wurden in vier von der Familie Lehmann hastig zurechtgemachten Schlafzimmern im ersten Stockwerk, Polizeichef Mantel, sein Adjutant, Otto Bernreuther, und Graf von Soden in drei ziemlich kahle »saukalte« ebenerdige Gastzimmer eingesperrt. Zentralheizung gab es in dem alten Hause nicht.

Der Kabinettschef des Kronprinzen Rupprecht, Graf von Soden, sah noch im Vorbeigehen ein Maschinengewehr, das im Flur aufgestellt wurde, und hörte die Anweisungen an die Wachen. Dann wurde seine Tür von außen verschlossen. Durch das Fenster erblickte er einen Stahlhelm tragenden SA-Mann, der vor seinem Fenster im Schneeregen auf und ab schritt. Die jungen SA-Männer erinnerten ihn an die Nacht der Revolution vor fünf Jahren, in der Ludwig III. aus der Residenz nach Berchtesgaden geflohen war. Es war das gleiche Gehabe, die gleichen Uniformen, nur trugen die jungen Männer damals am Arm das Rot der Revolution anstelle des Hakenkreuzes.

Mit dem Gefühl, seinen Auftrag zufriedenstellend ausgeführt zu haben, fuhr Feldwebel der SA Julius Schaub den schweren Selve Tourer von Freising nach München zurück. Görings verschlossenen Brief hatte er befehlsgemäß dem in Freising mit 600 SA-Männern kampierenden

NSDAP-Leiter Niederbayerns, Gregor Strasser, übergeben und noch lange genug gewartet, um zu hören, wie Strasser und dessen jüngerer Bruder Otto Görings Nachricht von der nationalen Revolution unter tosendem Beifall seinen versammelten Mannschaften vorlas.
»Richten Sie Hauptmann Göring aus, wir werden so bald wie möglich da sein, nicht später als beim Morgengrauen«, sprach Strasser. »Wir müssen noch einige Lastwagen mieten. Und meine Glückwünsche an unsern Führer.«
Schaub wollte Göring schnellstens Bericht erstatten und der Revolution »weiter dienlich sein«. Doch schienen die 35 km nach München endlos lang zu sein. Die Kopfsteinpflasterstraße war glitschig und von der Isar stieg ein dichter Nebel auf.
»Was ist denn mit den Scheibenwischern los?« fragte Schaub seinen Begleiter.
Dann versagten plötzlich die Lichter, und der Wagen stand im Dunkel. Er mußte in der engen Kurve, in der sie sich befanden, augenblicklich stoppen.
»Verdammt noch mal«, sagte er, »ein schöner Platz zum Anhalten in einer Nacht wie dieser!«
Sie bastelten eine Stunde lang an den Lichtern ohne Erfolg und dann gaben sie es auf. Die Fahrt fortzusetzen wäre der pure Selbstmord gewesen. Es war stockfinster. Das Wetter verschlechterte sich und der Nebel wurde immer dichter.
München war keine 20 Kilometer entfernt, doch konnten sie sich im Nebel nicht orientieren.
Die Bauern in den noch vor ihnen liegenden Dörfern, Garching und Ismaning, schliefen um diese Zeit schon, und selbst wenn man sie aufweckte, hätten sie nicht helfen können. Es blieb kein anderer Ausweg, als auf Strassers Konvoi oder einen Wagen, der in Richtung München fuhr, zu warten. Ansonsten müßten sie acht Stunden bis zum Morgengrauen auf der Straße zubringen.

Im Polizeipräsidium in der Ettstraße klingelten die Telefone ununterbrochen und mit jedem Anruf vermehrten sich die Meldungen über Truppenbewegungen der SA und der »Oberländer« in der Umgebung Münchens.
Major Sigmund von Imhoff und Oberst Josef Banzer verstärkten die Wache am Nachteingang in der Löwengrube und bereiteten sich mit allen zur Verfügung stehenden Kräften auf eine Belagerung vor. Mehr

konnten sie ohne Seissers Anordnungen nicht tun. Und Seisser war unauffindbar.
»Ich kann das einfach nicht verstehen«, sagte Imhoff, zunehmend verunsichert, und sah Banzer fragend an. »Wo kann er nur sein?«
Sie hatten vergeblich versucht, ihn in Danners Stadtkommandantur, auf Godins Kommandoposten in der Residenz, auch in der Türkenkaserne zu erreichen und nun sprach Imhoff mit Major Heinrich Doehla im Generalstaatskommissariat, der ihm nur »merkwürdig ausweichende« Auskünfte gab.
Beide Offiziere fühlten sich von NSDAP-Mitgliedern und Sympathisanten in der Polizeidirektion, insbesondere in der Abteilung für »Politische Sicherheit« beobachtet und wußten nicht, wer auf welcher Seite stand. Den höheren Beamten und Landespolizei-Offizieren in den andern Regierungsämtern ging es nicht anders. Während Imhoff und Banzer diesen mißtrauten, trauten Doehla, Muxel und insbesondere Ministerialrat Zetlmeier vom Ministerium des Innern ihrerseits ihnen wiederum auch nicht.
Überdies sahen sie sich mangels eines offiziellen Dementis von seiten der Triumviren zur Annahme gezwungen, daß Pöhner, Frick und ihr Gefolge im ersten Stockwerk die legitime Regierung waren.

In Mantels Amtsräumen etabliert, glaubten Pöhner und Frick nicht nur selbst an die Legitimität ihrer Position, sondern sie bemühten sich auch, die andern davon zu überzeugen.
Als erste »offizielle Amtshandlung« beriefen sie für Mitternacht eine Pressekonferenz ein, um den Münchener Zeitungen die »richtige Anleitung« zur Berichterstattung über die »historischen Ereignisse« zu geben. Der Kriminalbeamte Matthäus Hofmann wurde mit der entsprechenden Einladung zu den Chefredakteuren von vier der sechs Münchener Blätter entsandt. Die zwei Ausnahmen bildeten die sozialdemokratische *Münchener Post*, der eine »Sonderbehandlung« noch bevorstehen sollte, und der *Völkische Beobachter*, dessen Chefredakteur, Alfred Rosenberg, keine Anweisung benötigte. Hofmann, bekleidet mit einer Armee-Uniform, die die kaiserlichen Insignien sowie das NSDAP-Abzeichen zierte, und einer Pistole am Gürtel, ließ bei seinem Auftreten keine Zweifel daran, daß es sich eher um eine Vorladung als um eine Einladung handelte.
Mittlerweile ergriffen Pöhner und Frick angemessene Maßnahmen, zur Verdeutlichung dessen, was sie unter »revolutionärem Recht und Ord-

nung« verstanden. Sie entwarfen Proklamationen für zwei Plakate, die von den Druckern der Partei gesetzt, vervielfältigt und an die SA zum Ankleben verteilt werden sollten. Die Texte entsprachen den Anschauungen sowohl Pöhners – der einmal geäußert hatte, es gäbe zu wenige politische Meuchelmörder in Bayern – wie auch denen seines Mitverschwörers Frick, der knappe zehn Jahre später Deutschlands gefürchteter Innenminister werden sollte.
Auf einem dieser Plakate hieß es:

»Die führenden Schufte des Verrats vom 9. November 1918, soweit sie nicht schon hinter Schloß und Riegel ihrer Aburteilung harren, sind ab heute als vogelfrei erklärt.
Jeder Deutsche, welcher Ebert, Scheidemann, Oskar Cohn, Paul Levi, Theodor Wolff, Georg Bernhard und ihre Helfer und Helfershelfer ausfindig machen kann, hat die Pflicht, sie tot oder lebendig in die Hand der Völkischen Nationalregierung zu liefern.«

Und auf einem zweiten, vielleicht noch drohender:

»Bekanntmachung!
Zur Aburteilung derjenigen Verbrechen, die den Bestand des Volkes und des Staates zu gefährden geeignet sind, wird hiermit ein nationales Staatstribunal als oberster Gerichtshof gebildet.
Die Rechtsprechung dieses Tribunals erstreckt sich auf Schuldig oder Nichtschuldig.
Nichtschuldig gibt Freispruch,
Schuldig den Tod.
Die Urteile werden binnen drei Stunden nach ihrer Aussprechung vollzogen.
Revision findet nicht statt.
Die Zuständigkeit des nationalen Staatstribunals wird im besonderen geregelt.«

Die Texte wurden zu Hitler in den Bürgerbräukeller geschickt. Dann – zu Banzers und Imhoffs großer Erleichterung – verließen Pöhner und Frick die Ettstraße – zu der vielleicht seltsamsten Expedition einer ohnehin seltsamen Nacht – zu von Kahr.
Diesem hatte Pöhner bereits mitgeteilt, daß er die Zusammensetzung der neuen Regierung mit ihm erst am folgenden Morgen zu besprechen wünschte.

War der Grund ihres Besuches Mißtrauen und hofften sie ihn enger, als dies durch seine erzwungene öffentliche Zusicherung im Bürgerbräukeller der Fall gewesen war, in den Staatsstreich zu verstricken? Oder glaubten sie, er stünde auf ihrer Seite und besuchten sie ihn nur, um weitere Maßnahmen zu besprechen?

Wahrscheinlich waren die Motive ihres Besuches gemischten Ursprungs. Kahr verabscheute Hitler und sah im »Trommler« bestenfalls ein propagandistisches Werkzeug. Pöhner hingegen war sowohl politisch als auch persönlich mit Kahr verbunden, und repräsentierte, zuerst als langjähriger Münchener Polizeipräsident, danach als Rat am Obersten Landesgericht, das konservativ-bayerische Establishment. Pöhner und Kahr hatten einander mehr als einmal in kritischen Situationen beigestanden, insbesondere 1920, als Pöhner Kahr den Weg zum Ministerpräsidenten Bayerns geebnet hatte.

Es ist daher anzunehmen, daß Pöhner Kahrs Wort im Bürgerbräu wohl ernst genommen hatte, aber in Kenntnis seines Wankelmutes und seiner Beeinflußbarkeit doch bezweifelte, daß dieser unter dem Druck seiner Berater und unmittelbaren Untergebenen, Baron von Freyberg und Baron von Aufsess, sein Wort einhalten werde. Aus Pöhners Sicht brauchte Kahr bestimmt Ansporn und Unterstützung.

Offensichtlich sah Kahr seine Lage in einem ähnlichen Licht. Um 11 Uhr wurde ihm mitgeteilt, daß Pöhner und Frick ihn zu sprechen wünschten. In der Hoffnung, Seisser würde inzwischen eintreffen oder ihn zumindest wissen lassen, wo er erreichbar sei, versuchte er zunächst, Zeit zu gewinnen. Mehr noch als Banzer und Imhoff in der Ettstraße beunruhigte das spurlose »Verschwinden« des Obersten andere höhere Offiziere der Landespolizei, wie Muxel und Doehla, und die Regierungsbeamten in der Maximilianstraße. Obwohl schon eine ganze Stunde seit ihrer Freilassung durch Ludendorff verstrichen war, hatten die Triumviren ihre Koordination noch nicht wiedergefunden. So war Kahr weder von Seissers Besuch in Danners Hauptquartier noch von seinem Eintreffen in der Türkenkaserne unterrichtet. Wie der »kleine Diktator« später aussagen sollte, »war ich besorgt, die Herren könnten von mir verlangen, daß ich mit ihnen ins Wehrkreiskommando, in die Polizeidirektion oder an einen andern bestimmten Punkt gehen sollte zu einer Besprechung oder Beratung. Ich wollte mich nicht neuerlich in eine schwierige Situation bringen lassen . . . Ich wollte das Eintreffen Seissers abwarten.« Er wollte, mit anderen Worten, wissen, wofür sich Lossow und Seisser entschieden hatten, bevor er mit Frick und Pöhner sprach.

So verschloß er sich in seine Amtsräume unter dem Vorwand, er führe ein Telefongespräch mit dem Vize-Ministerpräsidenten. Fast eine Dreiviertelstunde warteten Frick und Pöhner schon in seinem Vorzimmer, bis Kahr das Gefühl hatte, »daß ich sie nicht länger warten lassen kann«.

Inzwischen hatten Banzer und Imhoff ihren Chef ausfindig gemacht oder, genauer gesagt, hatte dieser sie fernmündlich in der Ettstraße erreicht und aufgefordert, unverzüglich in die Kaserne in der Türkenstraße zu kommen. Seisser hatte offensichtlich seine Vorbehalte gegen eine Autofahrt durch Münchens Straßen, die voll von angetrunkenen singenden Hitlerleuten waren. Banzer und Imhoff wiederum waren in dem Glauben, daß die Polizeidirektion von Putschisten umstellt sei, was bald danach auch tatsächlich der Fall sein sollte, und daß sie von Fricks Leuten beobachtet wurden, was ebenfalls zutraf. So verließen sie das Gebäude durch den Hintereingang, um in Banzers Stabsauto eiligst in die Türkenstraße zu fahren.

Hans von Seisser, 49, mit seinen feingeschnittenen, aristokratischen Gesichtszügen und stählernen Augen, einem kleinen Schnurrbart und etwas zu großen Ohren, die Haare militärisch kurzgeschoren, hatte sich schon vor und auch während des Krieges einen Ruf als brillanter, tatkräftiger und ehrgeiziger Generalstabsoffizier erworben. Im Gegensatz zu vielen seiner Kollegen, war ihm nach dem Krieg klargeworden, daß sich in der deutschen Armee von nun an nur ganz wenige Chancen für Karrieren bieten würden, und entschloß sich demgemäß, die grünuniformierte bayerische Landespolizei de facto, wenn auch nicht de jure, zu seiner eigenen Armee auszubilden. Und so war die Landespolizei mit ihren fast 10000 Mann, Panzern und Artillerie-Bataillonen und sogar einem Geschwader von veralteten Fokker-Jagdflugzeugen, quasi die Nachfolgerin der königlich-bayerischen Armee.
Als Kommandeur dieser Truppe durfte entsprechend dem Versailler Vertrag sein nomineller Rang den eines Obersten nicht überschreiten. Dessenungeachtet entsprachen sein Gehalt und seine Befugnisse denen eines Generalmajors.
Als Bayer und Katholik verachtete Seisser den Preußen und Protestanten Ludendorff. Aber in seinen allgemeinen politischen Überzeugungen stimmte er mit Ludendorff sowie mit anderen führenden Politikern Bayerns, den vaterländischen Verbänden und Hitlers NSDAP überein.

Auch er hätte eine radikale Veränderung der demokratisch-republikanischen Führung in Berlin begrüßt. Doch war er zu stark an die militärische Tradition gebunden, um sich wie Lossow in politische Intrigen verwikkeln zu lassen.
Trotz seiner Position, die es mit sich brachte, daß er zugleich mehreren Meistern – Generalstaatskommissar von Kahr, Innenminister Schweyer und gelegentlich auch von Lossow – dienen mußte, blieb er in seinem Denken unabhängig, obwohl er dieses nicht immer in seinem Handeln zum Ausdruck bringen konnte. Unter den paramilitärischen Gruppen, die im Herbst 1923 die Flammen politischer Leidenschaft und Verschwörungen in Bayern schürten, sympathisierte Seisser zweifellos vor allem mit Korvettenkapitän a. D. Hermann Ehrhardt, Kapitänleutnant a. D. Eberhard Kautter und ihrem »Wikingerbund«, hatte er doch Ehrhardts Brigade als Hilfs-Grenzpolizei an der thüringisch-bayerischen Grenze eingesetzt und diese Privatarmee von Söldnern damit mehr oder weniger als legitim anerkannt.
Seine Beziehungen zu Hitler waren stets freundlich und korrekt, doch niemals warm und eng gewesen. Auch war er zu pragmatisch, um an einen Putsch oder gar einen Marsch auf Berlin zu glauben.

Banzer und Imhoff trafen Seisser auf seinem Kommandoposten in der Türkenkaserne an. »Das war ein zweiter Kapp-Putsch, nur noch schlechter als der erste«, wütete er mit einer Anspielung auf den lächerlichen Versuch des rechtsextremen Bürokraten preußischen Stils, sich mit Hilfe von Ehrhardts Brigade im März 1920 zum Reichskanzler zu machen. »Jetzt haben sie mich sogar zum Reichspolizeiminister ernannt. Den Posten gibt es ja gar nicht. Die Polizei ist doch Sache der Länder. Das weiß doch ein jeder.«
Trotz seiner offensichtlichen Entrüstung, blieb Seisser jedoch zurückhaltend und gab den beiden Untergebenen keine konkreten Anweisungen, den Putsch niederzuschlagen. Stattdessen befahl er ihnen, nur die notwendigen Schritte »zur Sicherheit und zum Schutz« der Landespolizeikasernen zu unternehmen – Maßnahmen also, die nicht einmal so weit gingen wie jene, die Imhoff bereits zwei Stunden zuvor aus eigener Initiative getroffen hatte. Offenkundig wartete auch Seisser, von welcher Seite der Wind wehen und insbesondere wofür sich Kahr entscheiden würde. Er beschloß daher, Kahr in der Maximilianstraße aufzusuchen und ihn, falls das Gebäude gefährdet sei, mit sich in die Infanteriekaserne mitzunehmen, wo Danner und Lossow bereits auf ihn warteten,

Banzer und Imhoff sollten inzwischen in die Ettstraße zurückkehren und von dort die Operationen leiten.
Welche Operationen? Banzer und Imhoff hatten noch immer keine Befehle erhalten, aus denen hervorging, wer ihr Meister war und ob sie die Hakenkreuzler als Feinde oder Freunde ansehen sollten.

»Wir dachten, Eure Exzellenz wünscht eine Proklamation zu verfassen, die wir sofort drucken und noch am Morgen in der ganzen Stadt verteilen könnten?« sagte Ernst Pöhner.
»War das nicht Herrn Hitlers Aufgabe?« entgegnete Kahr. »Er ist der richtige Mann dafür.«
Pöhner nickte zustimmend.
Die seltsamste Begegnung dieser Nacht war wohl die Kahrs mit Pöhner und Frick. Zunächst hatte Kahr die Herren absichtlich warten lassen. Dann empfing er sie mit der leutseligen Herablassung eines Statthalters. Er schien bester Laune zu sein und zeigte keine Spur seiner früheren Verärgerung über Hitlers Verhalten. Obwohl er noch immer an dem Erfolg des Marsches auf Berlin zweifelte, »bevor ihm die Herren im Norden ihre Mitarbeit zusicherten«, sprach er – trotz seiner späteren gegenteiligen Aussage – nur sehr zurückhaltend und sich nicht festlegend darüber mit Pöhner und Frick.
Die Namen Ludendorffs und Hitlers hätten im Norden an Glanz und Prestige in den letzten Wochen verloren, meinte Kahr, wegen deren außerpolitischen Äußerungen und weil man die Reaktion der Alliierten darauf befürchtete. Überdies, sagte er noch, es sei ein schwerer Fehler gewesen, die Mitarbeit der führenden Persönlichkeiten in Handel, Finanz, Industrie und Landwirtschaft nicht vor dem Putsch zu sichern, sei doch die wichtigste Aufgabe des neuen Regimes, die Wirtschaft schnellstens zu stabilisieren. Doch »was geschehen, war geschehen«.
Komödie? Ein Trick, um Pöhner und Frick so schnell wie möglich wieder loszuwerden? Das jedenfalls war Kahrs spätere Erklärung, und falls sie der Wahrheit entsprach, erwies sich sein Verhalten als richtig.
»Haben Euere Exzellenz die Regierungspräsidenten schon benachrichtigt?« wollte Pöhner wissen.
»Nicht nur sie, sondern auch die Landräte und Kreisbehörden«, log Kahr, er hatte ein Blatt Papier in der Hand und bemerkte, es sei ein Telegramm, in dem verkündet wurde, er habe die Statthalterschaft Bayerns im Namen des Kronprinzen übernommen.
Pöhner bat um die Erlaubnis, den Text des Telegrammes der Presse, die

er zu einer Konferenz um Mitternacht einberufen hatte, zu übermitteln. Tatsächlich, fügte er, auf seine Uhr schauend hinzu, warteten die Herren wahrscheinlich bereits und er sollte sich mit Herrn Frick auf den Weg machen.

»Aber gewiß«, ermunterte ihn von Kahr mit einem Lächeln.

»Eine letzte Frage, Exzellenz«, sagte Pöhner, »ich weiß, daß Sie einen langen und anstrengenden Abend hinter sich haben, aber wir müssen bald über die Ministerliste reden. Wann darf ich morgen früh zu Ihnen kommen?«

»Gegen 9 Uhr 30 würde mir gelegen sein«, antwortete Kahr und machte einen Kalendereintrag von der Verabredung.

Zu gleicher Zeit, als Frick und Pöhner im Wagen das Gebäude verließen, traf Oberst von Seisser unbemerkt an einem andern Eingang ein.

Mit maskenhaftem Gesichtsausdruck und kerzengerade saß Erich Ludendorff auf einem hölzernen Lehnstuhl in dem kahlen, fahl beleuchteten Vorzimmer von Otto von Lossows Amtsraum im ehemaligen Bayerischen Kriegsministerium. Lossow war noch immer nicht eingetroffen und Ludendorff kochte vor Ungeduld und Unbehagen. Doch verboten ihm Erziehung und Etikette, das luxuriös eingerichtete Sanktum des Wehrkreiskommandeurs ohne Aufforderung und in dessen Abwesenheit zu betreten.

Mißmutig betrachtete er die Hast und Geschäftigkeit um sich herum. Wo blieb der Mann? Es war jetzt fast Mitternacht und Lossow hatte den Bierkeller um halb 11 Uhr verlassen. Zweifel erwachten in ihm, doch versuchte er, sie zu unterdrücken und auch seine Mitverschwörer an der Äußerung ihrer Zweifel zu hindern.

»Niemand weiß, wo er sich aufhält«, sagte Scheubner-Richter, »Hauptmann Röhm hat schon überall angerufen. Sollen wir ...?«

»Ich verbiete Ihnen«, unterbrach ihn Ludendorff in eisigem Ton, »an dem Versprechen eines deutschen Offiziers zu zweifeln. Ein deutscher Offizier bricht nicht sein Wort.«

Wie aber steht es um das Wort eines bayerischen Bürokraten, der überdies noch der Statthalter eines dem Vatikan untertänigen Wittelsbachers ist? Vielleicht übte Kahr einen Druck auf Lossow aus? War es doch notwendig gewesen, den sich sträubenden »Statthalter« aus dem Nebenzimmer in den Saal des Bürgerbräus zu bugsieren? Und hatte er sich nicht nachher noch unablässig über seine verletzte Würde beklagt? Daß Lossow leicht von Untergebenen beeinflußbar war und dem, der den

Mund am weitesten aufmachte, nachgab, wußte Ludendorff schon seit Jahren. Doch dachte er nicht im geringsten an die Möglichkeit, Lossow sei unter den Einfluß eines anderen Generals – Jakob von Danner – geraten. Er konnte sich vorstellen, daß es Kahr war, der laut geworden war. Und Ludendorff wußte genau, wie man dann mit ihm umging. Er würde Kahr schon zeigen, wer hier befahl und wer nicht.
Er winkte Hermann Kriebel und Hitler, die eben vom Bürgerbräukeller gekommen waren, zu sich. »Richten Sie Rossbach in meinem Namen aus, er solle die Offiziersaspiranten zur Maximilianstraße führen und das Kommissariat besetzen. Unverzüglich!«

Im Bürgerbräukeller tranken die 400 Schüler der Infanterieschule mit ihren Leutnanten Wagner, Block und Mahler Bier oder sie versuchten auf den Bänken zu schlafen, als ihr selbsternannter Führer Gerhard Rossbach in den Saal stürmte.»Infanterieschüler, fertig machen und antreten!« befahl er.
Innerhalb von wenigen Minuten kletterten die Offiziersanwärter, die sich von der Reichswehr nur durch ihre Hakenkreuz-Armbinden unterschieden, auf die mit schweren Maschinengewehren und Mörsern beladenen Lastwagen, die in der Rosenheimerstraße warteten.
»Los«, schrie Rossbach.
Mit einer kleinen Haubitze als Nachhut rollte der Konvoi den Rosenheimer Berg hinunter und über die Ludwigsbrücke zur Maximilianstraße.

»Der Kahr kann doch nicht ganz bei Sinnen sein«, sagte Fritz Gerlich, als er Adolf Schiedt im Bibliothekssaal des Polizeipräsidiums begegnete. »Der Name Ludendorff – von Hitler ganz zu schweigen – wird sämtliche Entente-Staaten sofort gegen Deutschland alarmieren und vereint in Marsch setzen. Wie konnte er nur da oben stehen und den beiden seine Hand geben? Wenn Sie auf dem Weg zu ihm sind, Kollege, dann sagen Sie ihm bitte meine Meinung.«
Schiedt, der zugleich Kahr als Pressesprecher vertrat, zuckte nur die Achseln und schüttelte hilflos und verloren den Kopf. Drei Stunden nach dem Bürgerbräu-Drama schien er sich noch immer in einem Schockzustand zu befinden.
Die Redakteure warteten auf Pöhner und Frick. Ihnen war fast befohlen worden war, hier zu erscheinen, und sie waren als Journalisten selbstverständlich neugierig, was sie erfahren würden. Andererseits war

es fast schon Zeit für den Druckbeginn der Morgenausgaben und das Warten irritierte sie.

Anwesend waren Kahrs Ghostwriter Gerlich, von den *Münchener Neuesten Nachrichten* und Schiedt von der *Münchener Zeitung* sowie Eugen Mündler von der *München-Augsburger Abendzeitung*, Paul Egenter vom unerschütterlich königstreuen *Bayerischen Kurier* und vom *Münchner Tageblatt*.

Da der Rundfunk sich noch nicht einmal in den Kinderschuhen und das Fernsehen nur im Stadium des Zukunftstraumes befanden, war die Manipulation der öffentlichen Meinung das unumstrittene Monopol der Tageszeitungen. Die erzkonservativen Chefredakteure der Mehrzahl der Münchener Tagesblätter hatten weder etwas gemein mit der Demagogie und der Hetzpropaganda des *Völkischen Beobachters* noch mit dem gemäßigt-marxistischen Ton der sozialdemokratischen *Münchener Post*. Sie gehörten zum Establishment und sprachen in dessem Namen. Gewiß, sie waren nationalistisch, monarchistisch und reaktionär, doch sie verabscheuten Gewalttätigkeit, Gesetzlosigkeit und Revolution. Kurz, sie standen den Geschehnissen dieses Abends äußerst skeptisch gegenüber.

Pöhner appellierte an den Patriotismus und das Verantwortungsgefühl der Chefredakteure, nicht jedoch, ohne auf die Möglichkeit einer Einschränkung der Pressefreiheit anzuspielen, falls sie über die Ereignisse nicht im Sinne der Neuen Regierung berichteten. Das geflügelte Wort von »der Manipulation der Medien«, gab es damals noch nicht, doch Pöhners Pressekonferenz war ein gutes Beispiel dafür.

»Ich erinnere daran, daß die ausländische Presse – die englische, französische und die italienische – in den nationalen Fragen einmütig hinter ihrer Regierung steht, und ich möchte erwarten, daß auch hier, bei uns, die verschiedenen parteipolitischen Einstellungen hinter dem Gedanken zurücktreten, daß wir alle Bürger eines Stammes, Deutsche, sind, und unsere Freiheit nur erringen können, wenn wir einig zusammen gehen. Ebenso muß von der Presse erwartet werden die unbedingte Anerkennung dieser Regierung, die sich an den Namen des Herrn von Kahr und meinen Namen knüpft. Welche Maßnahmen im Einzelnen die sich nun bildende Reichsregierung und die Bayerische Landesregierung treffen, werden die nächsten Tage wohl zeigen.

Bei Ihrer Stellungnahme möchte ich die Herren ersuchen, sich vor Augen zu halten, daß die Männer, die sich jetzt einsetzen, mit den Urhebern und Nutznießern der Revolution gegen Deutschtum und

Christentum nichts gemein haben, vielmehr bestrebt sind, die Basis des alten Reiches wieder herzustellen. Ich darf bitten und erwarten, daß die Maßnahmen der neuen Regierung ... nicht feindlich behandelt, sondern von dem Gesichtspunkt betrachtet werden, daß sie von ernsten Männern gefaßt wurden, um Deutschland zu helfen. Dieses Verantwortungsgefühl wird von jedem Chefredakteur erwartet. Jeder Chefredakteur ist letzten Endes mit seiner Person auch dafür verantwortlich. Eine Zensur wird es nicht geben. Aber höchste Pressefreiheit setzt auch höchste Verantwortlichkeit voraus. Das ist die Bitte, die ich an Sie richte, daß sie sich bei der Pressefreiheit dieser höchsten Verantwortung immer bewußt bleiben mögen.«

Dann fuhr er, noch immer höflich, doch mit bedrohlichem Nachdruck fort. »Was die Münchener Presse anlangt, so hat sie die Pflicht, die deutsche Regierung sowie die bayerische Regierung bei der Durchführung ihrer nationalen Ziele mit allen Mitteln zu unterstützen.«

»Meine Herren, haben Sie noch Fragen?«

Egenter vom monarchistischen *Bayerischen Kurier* wollte wissen: »Hat sich Herr von Kahr im Einverständnis mit dem Kronprinzen Rupprecht zum Statthalter der Monarchie erklärt?«

Pöhner erwiderte darauf, sich weitläufig um eine eindeutige Antwort herumwindend: »Wir sind doch alle Bayern und monarchistisch gesinnt und haben das gleiche Ziel, den Wiederaufbau Bayerns und des Reiches. Ich glaube, man darf annehmen, daß Exzellenz von Kahr sich in seinem Entschluß, in Übereinstimmung mit den Intentionen des Kronprinzen befunden hat. Er steht ihm doch so nahe und stimmt mit den Anschauungen Seiner Majestät so überein, daß er auch in dieser Frage so gehandelt hat, wie es den Anschauungen und den Wünschen des Kronprinzen entspricht.«

»Ist da nicht eine Gegensätzlichkeit zwischen der republikanischen Gesinnung der Nationalsozialisten und der monarchistischen des Herrn von Kahr?« drängte Egenter weiter.

»Nicht unbedingt«, entgegnete Pöhner. »Es stimmt zwar, daß die Wiederherstellung der Monarchie nicht im Programm von Herrn Hitlers nationaler Diktatur einbegriffen ist. Da diese jedoch den Vorsatz verfolgt, sich an den Verrätern, die den Umsturz des Kaiserreiches und der Monarchie verursachten, zu rächen, kommt es wohl aufs gleiche heraus.«

Als Pöhner die zum Teil skeptische Haltung der Presse wahrnahm, und insbesondere als ihn Gerlich auf die voraussichtliche außenpolitische

Wirkung von Ludendorffs Bürgerbräukeller-Rede aufmerksam gemacht hatte, schien er seiner selbst weniger sicher geworden zu sein. Gerlich meinte, die Reden Ludendorffs, Seissers und Lossows sollten, »anläßlich des Schadens, der aus ihnen für das Vaterland erwachsen könne«, zensuriert werden.
Pöhner bedankte sich für Gerlichs Anregung und erklärte: »Ich bitte daher die Herren ihrerseits die nötigen Korrekturen an den Reden vorzunehmen.«
Frick meinte, das sei gar nicht nötig, denn »die Franzosen marschieren ja doch, mit oder ohne Provokation«.
Gerlich verlangte dann von Pöhner die Freilassung des im Bürgerbräukeller als Geisel verhafteten Dr. Ludwig Wassermann. »Er mag Jude sein, doch diente er in der Einwohnerwehr und ist ein zutiefst vaterländisch gesinnter Mann.«
»Leider«, erklärte Pöhner, »können wir da vorläufig noch nichts machen«, sagte aber seinen Beistand zu.
Die Konferenz endete um halb ein Uhr früh. Verwirrt und besorgt über die direkten und indirekten Folgen der Ereignisse, kehrten die Pressevertreter in ihre Redaktionen zurück.
Pöhner überließ Frick den Kommandoposten der Ettstraße und fuhr nach Hause, um sich kurz auszuruhen. Jahre später bemerkte Kurt Lüdecke, Hitlers »Gesandter« in Rom: »Revolutionen werden nicht im Bett gewonnen und Hitlers Revolution bildetet keine Ausnahme der Regel.«

Hauptmann Karl Wild und Oberstleutnant Wilhelm Muxel standen am Haupteingang des Regierungsgebäudes in der Maximilianstraße. Wild hatte soeben persönlich im Hauptpostamt und in der Telegraphenzentrale Anordnungen getroffen, die Verbindungen mit dem Ausland zu sperren. Plötzlich hörten sie laute Rufe, die auf einen Auflauf an der Ostseite des Gebäudes deuteten.
»Was geht denn da vor?« rief Wild, als er und Muxel die Straße entlangliefen, um die Ursache des Lärms herauszufinden.
Zu ihrer Überraschung sahen sie eine bataillonstarke Truppe in Reichswehruniform – die Infanterieschule – die mit einem Feldgeschütz und Maschinengewehren gegen das Generalstaatskommissariat vorrückte.
»Angreifen!« befahl Gerhard Rossbach aus einer sicheren Entfernung. Innerhalb weniger Sekunden drangen einige Offiziere und Offiziersan-

wärter durch die Postenkette der Wache, und es kam zu einem Handgemenge.
»Halt! Nicht schießen!« schrie Muxel. »Was ist denn überhaupt los?«
Hans Block befahl seinen Leuten zurückzugehen und entgegnete: »Herr Oberstleutnant, wir haben den Befehl von seiner Exzellenz General Ludendorff, die Wache abzulösen und das Regierungsgebäude zu besetzen.«
»Da muß ein Irrtum vorliegen«, sagte Muxel, um Zeit zu gewinnen. Und als er Siegfried Mahler, einen Freund seines Sohnes Otto, unter den Kadetten bemerkte, nahm er den jungen Leutnant mit einigen der anderen zur Seite und deutete an, daß es zwischen Hitler und Ludendorff auf der einen Seite und Lossow, Kahr und Seisser auf der anderen zu einem Bruch gekommen war und daß letztere sich gegen den Putsch stellten. Mahler, Block und Robert Wagner glaubten ihm nicht. Sie verlangten Seisser oder Kahr zu sprechen.
Während Muxel die Verhandlungen mit den Infanterieschülern auf der Straße fortsetzte, ging Wild unter dem Vorwand, Seisser zu holen, in das Gebäude und rief sowohl die Ettstraße als auch die Türkenkaserne um Verstärkung an. »Schicken Sie uns, was Sie können, womöglich auch Panzerwagen«, bat er Sigmund von Imhoff.
Das Warten verursachte zunehmende Unruhe. Wagner verlangte Eintritt in das Gebäude. Muxel ließ ihn eintreten. »Wenn er in zehn Minuten nicht zurückkommt, werden wir feuern«, rief Block. Das war keine leere Drohung. Sie war jedoch überflüssig geworden, als Seisser durch ein anderes Tor heraustrat und Rossbach zu sprechen wünschte.
Die Begegnung war kurz und scharf.
»Das Gebäude wird von der Landespolizei bewacht. Sie werden nicht gebraucht«, sprach der Oberst kurz angebunden. »Ziehen Sie ab!«
»Das kann ich nicht, Exzellenz« entgegnete Rossbach. »Seine Exzellenz General Ludendorff gab mir spezifische Anordnungen, die Wache hier falls notwendig mit Gewalt abzulösen.«
»Sie hörten, was ich sagte«, erwiderte Seisser. Und während er sich dem einstmaligen Freikorpsführer zuwandte, befahl er: »Marschieren Sie mit Ihrer Truppe sofort ab, oder ich gebe den Befehl zu schießen.« Er meinte, was er sagte. Früher am Abend mochte er sich noch nicht entschieden haben, doch jetzt ließ er keinen Zweifel daran, auf welcher Seite er stand.
Die schroffe Haltung Seissers und der Widerstand der Polizei verunsicherten Rossbach. Er entsandte einen Motorradboten mit einem Bericht

an Göring zum Bürgerbräukeller und bat um weitere Anordnungen. Inzwischen tauchte Wagner mit Muxel und Wild wieder auf. Wagner sagte seinen Kameraden, Kahr und Seisser seien unauffindbar. »Jemand verschweigt uns die Wahrheit oder versucht uns zu täuschen«, sprach er, als er durch die Reihen auf der Suche nach Rossbach schritt.
Die Lage spitzte sich bedrohlich zu. Hundert Mann der Landespolizei standen vierhundert Offizieren und Anwärtern der Reichswehr schußbereit auf zehn Meter Entfernung gegenüber. Brüder, Vettern, Freunde, politisch Gleichgesinnte, die nicht nur den Glauben an die Wiedergeburt Deutschlands teilten, sondern knappe zwei Stunden zuvor noch unterrichtet wurden, daß sie für ihren Glauben Seite an Seite kämpfen würden. Nur die geringste falsche Bewegung konnte als Funke für die Zündschnur zu einer Sprengladung menschlicher Leidenschaft dienen, deren Explosion zu einem Blutbad und Brudermord führen würde. Beide Seiten waren sich dieser Gefahr und Verantwortung bewußt und gleich darauf bedacht, eine unwiderrufliche Konfrontation zu vermeiden.
Während Muxel und Wild ihre Bemühungen, zu einem Kompromiß zu kommen, fortsetzten, wartete Rossbach im Schatten eines Gebüsches ungeduldig auf die Rückkehr seines Boten. Plötzlich schrie Rossbach hysterisch: »Was wird hier noch verhandelt? Sie kennen den Befehl Exzellenz von (sic!) Ludendorffs. Was soll das Zögern? Lassen Sie sofort feuern!«
Das Geräusch der Entsicherung von fünfhundert Gewehren durchdrang die atemlose Stille. Eine Schützenlinie ging Schritt für Schritt gegen die Wache des Landeskommissariats vor.
Dann ertönte ebenso plötzlich – für die Polizei ebenso unerwartet wie für die Kadetten – der Gegenbefehl: »Halt! Kompanien rücken ab!«
»Neue Anordnungen von General Ludendorff«, erklärte Rossbach. Zugleich versuchte er, Block und Wagner zu beruhigen und sie von der Grundlosigkeit der Gerüchte einer Spaltung zwischen den Triumviren und den Putschisten zu überzeugen. »Wir haben den Befehl, den Hauptbahnhof zu besetzen. Kompanien zurück in die Kraftwagen!«
Rossbach hatte tatsächlich einen solchen Befehl erhalten, er kam aber nicht von Ludendorff, sondern von Friedrich Weber vom »Bund Oberland«, der die Infanterieschüler als Ersatz für seine in die Exerzierhalle der Pionierkaserne eingesperrten Truppen brauchte.
Rossbach ließ seine Leute zum Rückzug antreten und bemerkte nicht den dunkelgrünen Stabswagen der Landespolizei, der das Generalstaats-

kommissariat durch eine Seitenausfahrt verlassen hatte und mit Seisser und Kahr auf den Rücksitzen die Maximilianstraße entlangraste. Sie waren auf dem Weg zu Danners und Lossows Kommandoposten in der Infanteriekaserne, um die Maßnahmen in Rang zu setzen, die eine Nacht der Verwirrungen in einen Tag der blutigen Entscheidung umwandeln sollten.

11. Szene

An einem Tisch im Bürgerbräukeller schlürfte Wilhelm Briemann geistesabwesend sein abgestandenes Bier. Mit halbem Ohr hörte er dem Gespräch seiner Stoßtrupp-Kameraden zu, die gierig ihre Bratwurst mit Schwarzbrot verschlangen und Bier aus Maßkrügen tranken. Es war kurz vor Mitternacht. Mit Ausnahme einiger SA-Männer und »Oberländer« war der Bierkeller leer. Unter den Anwesenden herrschte die Stimmung eines wohlverdienten Sieges. Hitlers Elitegarde, der Stoßtrupp mit dem Totenkopf-Abzeichen war müde und angetrunken. Abgesehen von ihrer Berufung als »Vorhut des deutschen Erwachens«, wie sie Hitler vor kurzem bezeichnet hatte, waren sie nur Amateursöldner und alle schon seit Stunden auf den Beinen – seit frühmorgens bei ihrer Arbeit, und dann, seit dem späten Nachmittag, »im Dienst der Sache«.
Es war eine heterogene Gruppe von Menschen. Unter ihnen befanden sich: Emil Maurice, 26, dunkelhaarig und gut aussehend, Uhrmacher von Beruf, Hitler ließ sich jedoch gern von ihm chauffieren, der Schlosser Hans Kallenbach, 26, Josef Gerum, 35, ein Kriminalbeamter, der ursprünglich damit beauftragt worden war, die Nationalsozialisten zu unterwandern, dann jedoch zu ihnen überlief, Karl Hutter, 32, Fleischer, und zwei junge Studenten der Technischen Hochschule, Hans Krüger, 18, und Walter Hewel, 19. Angesichts der fortgeschrittenen Stunde und der großen Anzahl der getrunkenen Maß Bier, war das Gespräch eher allgemein und unzusammenhängend als aktuell. Da wurden sie von ihrem Führer, dem Tabak-Ladenbesitzer Josef Berchthold unterbrochen.
»Stoßtrupp im Garten antreten!« übertönte er mit schriller Stimme das allgemeine Getöse im Saal. »An die Arbeit!«
Der Stoßtrupp rappelte sich auf, klaubte die Gewehre und Helme zusammen, knöpfte die Mäntel zu, leerte die Krüge und stolperte in den Garten.
Vor ihnen stand Hermann Göring, seine kampfbereiten Legionen wie ein römischer Feldherr musternd.

»Ich will euch für euere Leistung am heutigen Tag danken und gratulieren. Doch habe ich noch weitere dringende Aufgaben für euch. Ihr sollt zunächst die Giftküche, die *Münchener Post* besetzen. Schlagt alles kaputt, laßt mir aber die Maschinen in Ordnung, die brauchen wir nämlich selbst. Und wenn ihr das erledigt habt, bringt mir das Sozialistenschwein Erhard Auer.«
Auf ihren mit Maschinengewehren und Mörsern beladenen Lastwagen ratterten mehr als einhundert der stämmigsten Raufbolde Berchtolds über die Isar in das Zentrum der Stadt – zur Redaktion der Tageszeitung der Sozialdemokratischen Partei Bayerns am Altheimer Eck 19.
Für viele Münchener galt diese Nacht als das Vorspiel der Terrorwelle und des späteren Holocausts, die 10 Jahre später ganz Deutschland überfluten sollte. Die Opfer waren Sozialisten, Kommunisten, Juden und andere, die als »Feinde des Volkes« galten. Die Namen vieler standen schon seit langem auf den schwarzen Listen, die Adressen anderer mit »jüdisch klingenden Namen« wurden aufs Geratewohl aus den aufgeschlagenen Seiten des Telefonverzeichnisses herausgeholt, und manche hatten das Pech, Nachbarn von Hitler-Leuten zu sein, die eine private Zeche mit ihnen begleichen wollten.

Ferdinand Mürriger, der Geschäftsführer der *Münchener Post* war gerade in seiner Wohnung im dritten Stockwerk des Verlagsgebäudes eingeschlafen, als ihn lautes Getöse und das Klirren zerschlagenen Glases aus dem Schlummer schreckten. Von seinem Schlafzimmer aus sah er, wie unten die enge Straße von Berchtolds Stoßtrupp mit Maschinengewehren abgeriegelt wurde, während Dutzende von seinen Leuten mit Gewehrkolben Schaukästen und deren Holzverschalungen einschlugen. Mürriger eilte die Treppen hinunter und erreichte den Hof gerade, als die Stoßtrupp-Männer versuchten, das eiserne Gittertor aufzubrechen.
»Aufmachen! Schnell!« befahl Berchtold durch das Gitterwerk Mürriger mit der Pistole bedrohend.
Mürriger öffnete das Tor und innerhalb von Sekunden stürmten Dutzende von Stoßtrupp-Männern herein. Raum für Raum und Stockwerk für Stockwerk zerstörten sie alles, was es zu zerstören gab. Fensterscheiben, Türfüllungen, Schranktüren wurden zertrümmert, Regale umgeworfen, abgeschlossene Schubladen und Ablagenschränke aufgesprengt, Akten und Schriftstücke durcheinandergeworfen, daraufherumgetreten, durch die Fenster hinausgeworfen. Im Setzersaal wurden

Setzkästen herausgerissen und die Lettern auf den Boden gestreut und zertrampelt; Möbel, Türen, Trennwände mit Bajonetten und Gewehrkolben zu Kleinholz zusammengeschlagen. Schriftstücke, Akten, Manuskripte, Briefe, Plakate, Abonnements und Personalunterlagen sowie die Porträts und Büsten sozialdemokratischer Führer und die rot-schwarz-goldenen Fahnen der Republik wurden auf die Straße geschleudert und dort verbrannt.

Während Briemann mit anderen auf der Straße Wache stand, stürmte der junge Hewel mit der Hakenkreuzflagge ins Haus und hißte sie aus einem Fenster im ersten Stockwerk. Krüger versuchte vergeblich im Hof das einzige Auto der Redaktion in Gang zu bringen und begnügte sich schließlich mit dem Diebstahl der Ersatzreifen, die er auf einen der Lastwagen lud. Hutter und einige seiner Leute trugen alle Schreibmaschinen heraus. Maurice suchte nach Waffen, fand aber keine. Gerum und Berchtold brachen in Auers Privatbüro ein, durchsuchten es, zerstörten die Möbel und Aktenschränke, beschlagnahmten Papiere und Schriftstücke politischen Inhalts, Briefe u. a. auch vom Präsidenten Ebert »zur Aufbewahrung im Bürgerbräu«.

Der Stoßtrupp machte sich eben daran, den Maschinenraum zu zerstören als die »Polizei« – die Kriminalkommissare Johann Rietzler und Heinrich Gumbrecht, die beide Hakenkreuzarmbinden trugen – ankam.

»Halt«, rief Rietzler, »Hände weg von den Druckmaschinen – auf Befehl von Herrn Dr. Frick. Die gehören dem *Völkischen Beobachter*.«

Der Stoßtrupp zog sich gehorsam zurück und ließ die Brecheisen, die sie sich aus der Werkzeugkammer geholt hatten, fallen.

Als Berchtold mit seinen Leuten zur Ausführung der nächsten »revolutionären Aufgabe« abzog, waren die Druckmaschinen das einzig Unbeschädigte im Haus der *Münchener Post*. Alles war verwüstet oder geplündert. Wie die Ersatzreifen, Schreibmaschinen und Geldboxen mit einem Inhalt von ungefähr sechs Billionen Papiermark, wurde alles von Wert – von Schnurrollen bis zu unbedrucktem Zeitungspapier – gestohlen. 320 Glasscheiben wurden eingeschlagen. Es dauerte fast drei Wochen, bis die nötigsten Reparaturen ausgeführt wurden und die *Münchener Post* wieder im eigenen Verlagshaus gedruckt werden konnte.

Die Frage nach dem besten Bier und dem besten Hotel hatte die Münchener schon seit Jahren beschäftigt. Da es sich dabei jedoch letzten Endes um den persönlichen Geschmack des Befragten handelte, blieb sie logischerweise unbeantwortet. In Sachen Hotel beschränkte sich die Wahl auf den Bayerischen Hof neben dem Montgelas-Palais am Promenadenplatz und auf das luxuriös repräsentative Vier Jahreszeiten in der Maximilianstraße nahe dem Generalstaatskommissariat und gegenüber dem Haus, in dem Henrik Ibsen gewohnt hatte.

Der Bayerische Hof war das altmodisch komfortablere und prunkhaftere von beiden. Doch war die Küche des Vier Jahreszeiten unter dem deutschen Meister der französischen Haute Cuisine und Hotelbesitzer, Alfred Walterspiel, zu Weltruf gelangt.

Darauf beruhte wahrscheinlich die Anziehungskraft des Vier Jahreszeiten für die dort untergebrachte Interalliierte Militärkommission, deren Offiziere die Einhaltung der der Reichswehr im Versailler Vertrag auferlegten Einschränkungen in Bayern zu überwachen hatten.

Um halb 1 Uhr am Morgen des 9. November muß die Wahl des Hotels den belgischen und französischen Offizieren eher unglücklich erschienen sein. Das Hotel war nur einen Häuserblock vom Wurzerhof, dem Stammlokal von Edmund Heines' 2. Bataillon der SA entfernt und lag auf der direkten Route des Bataillons zur Infanterieschule in der Marsstraße, wo sie auf Befehl Görings ein Biwak aufschlagen und auf weitere Anordnungen warten sollten.

War es nun Görings oder Heines' Idee, die Entente-Offiziere im Hotel in Schutzhaft zu nehmen? Nach seiner späteren Aussage kam die Idee von Heines, der mit dieser Fleißaufgabe der »neuen Regierung einen besonderen Dienst« erweisen wollte. Fest steht, daß Heines das Hotel mit 300 Mann umstellte und mit 20 uniformierten, bewaffneten und sich drohend gebärdenden SA-Männern, unter ihnen Hans Frank, in das luxuriöse Vestibül des Hotels eindrang. Einige der Gäste saßen noch auf den Ledersofas oder in den Fauteuils und unterhielten sich bei Kaffee und Cognac.

Heines ging auf die Rezeption zu, zog seinen Revolver aus dem Halfter und forderte den bestürzten Direktor Christian Tauber auf: »Führen Sie mich im Namen der Neuen Regierung zu den Zimmern der Entente-Offiziere!«

Das Vier Jahreszeiten war für seine Faschingsbälle bekannt und in den 64 Jahren seines Bestehens Zeuge so mancher Faschingsstreiche. Das Personal hatte ein Savoirfaire im Umgang mit Schelmen und Witzbolden. Heines' Pistole und die Gewehre seiner Leute waren jedoch echt, und es handelte sich offensichtlich nicht um einen Streich.

»Unter keinen Umständen«, entgegnete Tauber.

»Doch, das werden Sie tun«, knurrte ihn Heines an, entsicherte seinen Revolver und drohte, den Direktor und die Gäste im Vestibül zu verhaften.
Tauber hatte keine Wahl. Er ging mit Heines zu den Zimmern hinauf und fungierte als Dolmetscher zwischen dem SA-Mann und den alliierten Offizieren.
»Aufmachen! Raus, raus!« brüllte Heines und seine Leute schlugen mit den Gewehrkolben an die Türen jener Offiziere, die sich weigerten aufzuschließen oder, aus tiefem Schlaf geweckt und von den Vorgängen des Abends noch nicht unterrichtet, nicht sofort antworteten.
»Ihr seid wohl verrückt, so spät in der Nacht so einen Krach zu machen«, sagte ein belgischer Major namens Boychou durch die Türspalte.
»Übersetzen Sie«, befahl Heines Tauber, »und sagen Sie ihm, daß er sich in der Schutzhaft der neuen Reichsregierung unter Hitler und Ludendorff befindet.« Tauber übersetzte den Text getreu. Boychous Augen weiteten sich mit jedem Wort. »Sie sind wohl wirklich verrückt geworden«, sagte er dann. »Aber Sie sind auch bewaffnet und ich bin es nicht. Folglich stehe ich zu Ihrer Verfügung. Erschießen Sie mich, wenn Sie wollen. Aber vergessen Sie nicht, daß ich ein belgischer Offizier bin und denken Sie an die Konsequenzen.«
Der französische Oberst Wild war weniger kooperativ. Er verriegelte seine Tür und ließ Frank und Heines wissen, daß er bewaffnet war und Widerstand leisten werde, falls sie mit Gewalt die Tür aufbrächen.
Wilds Widerspenstigkeit machte Heines wütend. »Ich werde dem verdammten Franzosen schon zeigen, wer im neuen Deutschland befiehlt.« Er ließ mit einem Gewehrkolben ein Loch in die Tür schlagen, durch das er und der französische Oberst mit entsicherten Pistolen aufeinander zielten.
Tauber schrie »nicht schießen« und versuchte Wild zu überreden, sich den sechs bewaffneten SA-Männern zu ergeben und in Schutzhaft nehmen zu lassen. Wild gab nach und öffnete die Tür. Einer von Heines Leuten stürzte in das Zimmer, zerschmetterte das Telefon und riß die Leitung aus der Wand. In der Absicht, die Offiziere als Geiseln in das Bürgerbräu zu entführen, befahl Heines Boychou und Wild, sich anzukleiden. Taubers Überredungskunst gelang es jedoch, daß er sich schließlich dafür entschied, die alliierten Offiziere in ihren Zimmern bewachen zu lassen. Im Flur wurden Wachen aufgestellt und Heines zog mit seinem Bataillon stolz und zufrieden ab.
Unter Heines' Führung marschierte das Bataillon sodann zur Infanterie-

schule. Dort biwakierten sie bis 3 Uhr früh. Dann wurden sie von Göring zurückberufen.
Die Wachtposten vor den Türen der alliierten Offiziere wurden um 4 Uhr früh auf einen durch einen Boten übermittelten Befehl hin diskret wieder abgezogen.

Erhard Auers Frau Sophie, 55, eine mutige entschlossene Dame, hatte ihre Fassung behalten, als Wilhelm Hoegner um 10 Uhr ihren Mann abholte, um ihn in Sicherheit zu bringen. Frau Auer, die die Revolution 1918, die Ermordung Kurt Eisners, die blutige Bayerische Räterepublik und den noch viel blutigeren weißen Terror mitgemacht hatte, war Gefahr nicht fremd. Gefaßt sah sie den kommenden Ereignissen entgegen.
In der geräumigen Wohnung im 3. Stock in der Nußbaumstraße 10 lebten abgesehen von dem Ehepaar Auer und ihrer unverheirateten Tochter Agnes, 18, noch die verheiratete Tochter, Sophie Fengler, 24, mit ihrem 2 Jahre alten Töchterchen sowie der Schwiegersohn der Auers, Dr. Karl Luber, und seine Frau Emilie, 21, die dritte Tochter.
Während die anderen zu Bett gegangen waren, blieben Frau Auer und Agnes auf – in Erwartung der kommenden Ereignisse.
Die Stille im Wohnzimmer war bedrückend und ominös.
Um halb ein Uhr hörten sie Motorenlärm von Kraftfahrzeugen. Vor dem Haus hielten ein Lastwagen voll uniformierter Hitlerleute und zwei Personenwagen. Die »Gäste« waren »vorgefahren«. Berchtold, Kallenbach, Maurice und etwa 20 Angehörige des Stoßtrupps stiegen aus und gingen auf das Haustor zu. Frau Auer wünschte, »daß alles in möglichster Ruhe vor sich gehe«, und schickte Sophie hinunter, um die Haustür zu öffnen. Die weiteren Vorgänge beschrieb Frau Auer in ihrer polizeilichen Aussage wie folgt:
»Meine Tochter fuhr mit dem Lift hinunter, inzwischen aber waren die Angekommenen schon in den Hausgang eingedrungen, und ich konnte hören, wie gerufen wurde: ›Lift anhalten, sonst werden die Stränge durchgeschnitten!‹ Meine Tochter fragte, ob die Herren zu Auer kämen, was bejaht wurde. 15–20 Mann kamen sodann in die Wohnung herauf. Ich hörte das Kommando ›Waffen schußbereit!‹ Einer der ersten, der in die Wohnung kam, ein großer, schwarzhaariger Mann, hielt mir den Revolver vor das Gesicht und sagte: ›Wo ist Ihr Mann?‹ Als ich erklärte, daß er fortgegangen sei, wurde weiter gefragt, wann er das letzte Mal dagewesen sei und wo er sich wohl aufhalte. Auf diese Fragen konnte ich

nicht antworten. Ich hörte die Äußerung: ›Jetzt sind wir die Herren, jetzt regieren wir‹, ferner wurde mir gesagt, ›wenn Sie nicht sagen, wo Ihr Mann ist, und er wird doch gefunden, dann sind sie erledigt‹. Diese Worte sprach der erwähnte große Mann zu mir, als gerade meine Tochter, Emilie Luber mit ihrem Mann aus dem Schlafzimmer herauskam und die Türe offenstehen ließ. Der Mann gab mir bei diesen Worten einen Stoß vor die Brust, daß ich zur Schlafzimmertüre hineintaumelte und wohl zu Boden gefallen wäre, wenn ich nicht auf das sich dort befindliche Bett zu fallen gekommen wäre. Er sperrte dann von draußen die Schlafzimmertüre ab. Ich war einige Minuten so gefangen, bis ein anderer Mann, ich glaube Herr Berchtold selbst, die Türe wieder aufsperrte und offen stehen ließ, so daß ich wieder herauskommen konnte.
Während die übrigen Leute – im ganzen vielleicht 15 Mann – die sich in der Wohnung befanden, sehr anständig waren, insbesondere Herr Berchtold selbst, war der erwähnte dunkelhaarige Mann sehr roh. Als er in das Zimmer meiner Tochter Sophie Fengler kam, ersuchte ihn diese, er möge mit Rücksicht auf ihr schlafendes Kind sich ruhiger verhalten. Er erklärte aber, das gehe ihn nichts an und fragte nach dem Vater und nach etwa vorhandenen Waffen.
Er wollte ein Buffet, das in diesem Zimmer stand, geöffnet haben, das Schloß war aber damals kaputt. Der Mann schlug nun mit dem Gewehrkolben einfach die Füllung der Buffettüre ein.
Bei meiner Tochter durchwühlte er den Wäschekasten. In einen Koffer, in dem sich lediglich Geschirr befand, stieß er mit dem Gewehrkolben hinein. Auf die Bitte, dies zu unterlassen, äußerte er ›Maul halten!‹ Ich ging zu Herrn Berchtold hinaus und wandte mich an diesen, worauf Herr Berchtold den Mann ersuchte, er solle solches unterlassen.
Im Arbeitszimmer meines Mannes steht ein Geldschrank. Der erwähnte Mann (Maurice) fragte Herrn Berchtold, ob auch dieser Schrank geöffnet werden soll. Herr Berchtold erwiderte: ›Ja, wenn die Schlüssel da sind!‹ Da ich Schlüssel hatte, sperrte ich auf Aufforderung den Geldschrank auf. Der schwarze Mann räumte den Geldschrank durch, übergab Herrn Berchtold einiges zur Durchsicht, insbesondere waren dies Schriften über die Nationalsozialisten. Als ich bezüglich der in dem Kasten befindlichen Schulzeugnisse meiner Tochter äußerte, daß diese kaum interessieren dürften, erhielt ich von dem großen schwarzen Mann unter der Äußerung ›Maul halten!‹ wieder einen Stoß in die Brust, so daß ich einige Schritte zurücktaumelte und von meinem Schwiegersohn, Dr. Luber, aufgefangen wurde.

Der große schwarze Mann erklärte immer, es müßten unbedingt Waffen gefunden werden. Ich erklärte, daß mein Mann außer einem Revolver, der in seinem Nachtkästchen sich befindet und einer alten Pistole, keine Waffen besitze und daß auch diese beiden sein persönliches Eigentum seien. Beide wurden mit der zugehörigen Munition mitgenommen, wobei Herr Berchtold noch sagte, diese Sachen würden später zurückgegeben, wenn sie Eigentum meines Mannes seien. Meine Tochter Agnes mußte noch unseren Speicher vorzeigen, vom Besuch des Kellers und des Waschhauses wurde Umgang genommen.«
Wütend, Auer nicht gefunden zu haben, nahmen Berchtold und seine Leute mit Dr. Luber vorlieb.
»Ziehen Sie sich an«, befahl Maurice, »und nehmen Sie Ihren Ausweis mit. Sie kommen mit uns als Geisel für Ihren Schwiegervater.«
Luber wurde mit vorgehaltenen Waffen zum Lastwagen geführt und zum Bürgerbräukeller gefahren, wo er in ein Zimmer im ersten Stockwerk mit dem jüdischen Bankier Ludwig Wassermann, eingesperrt wurde.

Mit dem Abzug des Stoßtrupps war es bei weitem noch nicht vorbei für die Familie Auer. Von Zeit zu Zeit marschierten Gruppen von Hitlermännern durch die Nußbaumstraße und schrien, daß sie bald »die Marxistinnen an den Haaren aufhängen würden«.
Gegen 1 Uhr kam dann noch ein zweiter Nachtbesuch in Form von einem Dutzend Rabauken unter Führung eines Ernst Hübner.

Hübner, ein Bankbeamter und Zugführer im »Bund Oberland«, trank gemächlich Bier im berühmten Donisl an der Weinstraße, während im Bürgerbräukeller die Nationale Revolution verkündet wurde. »Bereitschaftsbefehl« hatte er entweder nicht erhalten oder einfach ignoriert. Dennoch trug er einen Waffenrock mit Offiziersachselstücken zu seinen Zivilhosen. Gegen elf Uhr wurde im Donisl die Nachricht aus dem Bürgerbräukeller verbreitet, daß sich eine neue Regierung mit Hitler, Kahr, Ludendorff, Pöhner, Lossow und Seisser an der Spitze gebildet hatte. Als Hübner sich daraufhin auf den Marienplatz begab, bewegte sich eben ein Zug von »Oberländern« und anderen Personen, die teils mit, teils ohne Uniform marschierten, an ihm vorbei. Hübner wies sich als »Offizier« des »Bundes Oberland« aus und schloß sich dem an der Spitze des Zuges marschierenden Führern an. Von diesen erfuhr er, daß sie die Aufgabe hätten, »Juden und andere Volksfeinde« festzunehmen. Mit 10 bis 15 dieser Zugteilnehmer zog Hübner die Neuhauserstraße

entlang. Vor dem Hotel Fürstenhof hielten sie, gingen in das Café und riefen: »Juden heraus!« Der Geschäftsführer versicherte Hübner, daß kein Jude im Café sei. Darauf entfernte sich der Zug und marschierte zum Hotel Excelsior in der Schützenstraße. Hübner begab sich mit seinem Gefolge in den Vorraum des Hotels und verlangte die Auslieferung der im Hause befindlichen Juden. Der Portier oder Empfangschef versicherte, daß er keine Juden beherberge. Hübner ließ sich das Hotelbuch vorlegen und zog nach Einsichtnahme wieder ab. Derselbe Vorgang – mit demselben Resultat – wiederholte sich im Spatenbräu.
»Was nun?« fragte Hübner enttäuscht ob seines erfolglosen Treibens. »Vergeßt die Juden«, meinte einer der Kameraden. »Jetzt geht's zu Auer!« Schon folgte der Zug der neuen Parole und stand gegen 1 Uhr, eine halbe Stunde nach dem Abzug des Stoßtrupps, vor der Nußbaumstraße 10.
Agnes öffnete die Tür und die Männer gingen mit ihr in die Wohnung hinauf. Frau Auer beschrieb die Szene:
»Es waren größtenteils Zivilpersonen mit Hakenkreuzabzeichen, 3 oder 4 Leute waren in Uniform, auch ein besserer Herr, anscheinend ein Offizier (Hübner). Dieser führte das Kommando. Er entschuldigte das Eindringen, indem er sagte, daß er Nachschau halten müsse. Ich erklärte ihm, dies sei schon von anderer Seite geschehen, worauf er sagte, er müsse wenigstens durch die Zimmer gehen. Dies führte er in Begleitung eines Mannes aus, wobei er die von dem früheren Trupp angerichtete Unordnung zu sehen bekam und ausrief: ›Das ist ja unerhört!‹ Einer seiner Leute, ein großer, hagerer Mann mit einem Zwicker, im Alter von vielleicht 35 Jahren, fragte mich, ob er mir nicht bekannt sei, und als ich verneinte, erklärte er: ›Ich war schon 1919 in der Wohnung gewesen, damals hätten wir ihn schon erwischt, wenn uns nicht ein Oberleutnant in die Quere gekommen wäre.‹ Damals war der Mann Kommunist und er meinte mit der Anspielung den kommunistischen Streich gegen das Ministerium im Jahre 1919.«
Es gab in jenen Jahren viele, die mit der politischen Konjunktur oder, wenn sie Söldner waren, mit dem besser Löhnenden die Seite wechselten.
Nach der kurzen Inspektionstour verließ Hübner mit seinen Leuten wieder die Auersche Wohnung, in der er sich nach dem Zeugnis von Frau Auer »anständig benommen hatte«. An der Wohnungstür gegenüber bemerkte er auf einem Türschild den Namen Löwenthal. »Das muß ein Jude sein und den verhaften wir«, sprach er hoffnungsvoll.

Vor Schrecken zitternd öffnete Max Löwenthals Haushälterin, Emilie Heller, 46, die Tür. »Nein, Herr Löwenthal ist nicht zu Hause und ich weiß nicht, wo er sich befindet«, stammelte sie. Löwenthal, lediges Mitglied einer der jüdischen Patrizierfamilien Münchens, hatte durch die Flucht seines Nachbarn Auer schon früher am Abend Lunte gerochen und sich in Sicherheit begeben. Hübner und seine Leute schoben dennoch die Haushälterin beiseite und stürmten in die Wohnung hinein, um sämtliche Zimmer zu durchsuchen. Der Anblick von Löwenthals beachtlicher Kunstsammlung veranlaßte sie zu vermuten, daß er die Bilder »sicherlich durch Schiebergeschäfte« hätte kaufen können. Enttäuscht, Löwenthal nicht gefunden zu haben, verließen sie die Wohnung.

Als sie auf dem Weg hinaus im Parterre angelangt waren, bemerkten sie noch einen zweiten »vielversprechenden« Namen auf einem Türschild: »Lövenstein«.

»Jüdisch?« fragte Hübner arrogant, als nach längerem Klingeln und heftigen Klopfen Bernhard Lövensteins Frau Margaretha an die Tür kam. »Ja, aber es ist...« antwortete sie, als die Horde einfach an ihr vorbei in die Wohnung eindrang. »Wir müssen Ihren Mann im Namen der neuen Regierung verhaften«, sagte Hübner. »Wo ist er?« Lövenstein, den Bademantel über seinem Schlafanzug zubindend, kam in den Korridor. Er war in der Tat jüdisch, aber diesmal hatten Hübner und seine Mannen einen gravierenden Fehler gemacht, denn Bernhard Lövenstein, konservativ, wohlhabend, angesehen, wies sich nicht nur als Mitglied eines der bayerischen »Vaterländischen Vereinigungen«, sondern als Angehöriger der ehemaligen Einwohnerwehr des Jahres 1919 aus.

Hübner und seine Eindringlinge entschuldigten sich für die »Verwechslung«.

Wie die Festnahme Ludwig Wassermanns im Bürgerbräukeller, der ebenfalls ein Angehöriger der Einwohnerwehr gewesen war, beruhten der »Besuch« bei Lövenstein und andere Vorfälle jener Nacht auf »Verwechslungen«. Sie waren aber auch charakteristisch für den – damals noch – gezügelten Rassismus der Hitlerbewegung und der – ebenfalls damals noch – naiven Einstellung des deutschen Judentums.

Der Antisemitismus war nicht neu in Bayern und wurde nur durch die tatsächliche, wie auch die vermeintliche Bedeutung der Rolle von Juden in Eisners Revolution von 1918 und im roten Terror von 1919 verstärkt. Hitler artikulierte und beflügelte den bereits vorhandenen Judenhaß der

Bayern mit seiner sich widersprechenden und unsinnigen Behauptung, daß eine »internationalistisch-jüdisch-bolschewistisch-kapitalistische Verschwörung« – dieses vielköpfige mythische Monster – für das Elend Deutschlands in den Nachkriegsjahren verantwortlich sei.
Andererseits betrachtete sich die bei weitem größte Mehrheit der deutschen Juden in erster Linie als Deutsche und erst in zweiter Linie als Juden. Ihrer patriotischen Einstellung lag die Geschichte der Juden in den Fürsten- und Herzogtümern und Mini-Monarchien Deutschlands, die sich 1871 unter der Vorherrschaft Preußens vereint hatten, zugrunde. Sie erklärt die Verwirrung und die Tragödie insbesondere der deutschen Juden in den Tagen des Dritten Reichs und des Holocausts.
Tatsächlich waren die deutschen Juden ebenso unterschiedlicher Gesinnung wie die deutschen Nicht-Juden. Manche waren Kommunisten, ein bedeutender Teil Sozialdemokraten oder Unabhängige Sozialisten, die Mehrzahl huldigten einem gemäßigten Liberalismus. Viele waren jedoch Monarchisten, die sich – wie ihre nicht-jüdischen Mitbürger – nach der Rückkehr des Kaisers oder des Königs von Bayern sehnten. Nicht wenige von ihnen waren militaristisch-konservativ, reaktionär und ultrachauvinistisch gesinnt. Die Tatsache ihrer jüdischen Abstammung war, unabhängig von ihrer politischen Einstellung, für die meisten unwesentlich. Der grundlegende und leidenschaftliche Antisemitismus eines Gustav von Kahr, Erich Ludendorff und Adolf Hitler war für die politisch rechtsgerichteten Juden – zumindest in den zwanziger Jahren – eher ein Ärgernis als ein Anlaß zu ernsten Befürchtungen. Selbst in München war Nikolaus Cossmann, ein gebürtiger und später zum Christentum bekehrter Jude, Herausgeber der *Münchner Neuesten Nachrichten* und Chefredakteur der rechtsgerichteten *Süddeutschen Monatshefte,* einer der prominentesten Ultranationalisten und Ultrakonservativen. Noch kurz vor dem Novemberputsch äußerte er: »Ich habe nichts gegen Hitler, solange er dem deutschen Arbeiter den Nationalismus und die Vaterlandsliebe beibringt.«

Bernhard Lövenstein war der gleichen Gesinnung wie Cossmann. Sobald er sich als vaterländischer Kämpfer und Mitglied der Einwohnerwehr ausgewiesen hatte, entschuldigte sich Hübner, wie schon erwähnt, für die Störung und zog mit seinen Leuten ab.
Enttäuscht, jedoch entschlossen, für den Ruhm und die Ehre der Revolution irgendwelche Juden zu behelligen oder zu verhaften, setzten Hübner und seine Gefolgschaft die Suche nach geeigneten Opfern im

Bavariaring-Viertel fort. Dort »besuchten« und fanden sie den Schneidermeister Max Ambrunn in der Uhlandstraße 5. Zu seinem Pech fanden sie bei der Durchsuchung der Wohnung nach Waffen einen Gummiknüppel im Nachttisch. Dieser »Waffenfund« diente ihnen als Grund, ihn zu verhaften. Er wurde aufgefordert, sich anzukleiden, und dann unter Bewachung zur nächsten Straßenecke geleitet. Hier wartete er eine Stunde lang in der Kälte auf sein unsicheres Schicksal, bis Hübner, der sich nicht entscheiden konnte, was er mit seinem Exemplar eines schuldigen Juden anfangen sollte, ihn wieder gehen ließ. Als Ambrunn etwas mitgenommen, aber erleichtert, dem Tode entgangen zu sein, in seine Wohnung zurückkam, fehlten ihm seine Golduhr (nicht aber die Goldkette), ein silberner amerikanischer Dollar und eine Billion Papiermark. Zwei andere jüdische Geschäftsleute – Salomon Herz in der Rückertstraße 6 und Emil Crailsheimer, Bavariaring 7 – berichteten über ähnliche Erfahrungen mit den Hübner-Männern.

Ernst Hübners Aktion war seiner Eigeninitiative entsprungen. Die Horde, deren Anführer er mehr oder minder durch Zufall geworden war, bestand aus kleineren Gruppen, die sich ihm spontan angeschlossen hatten. Die meisten dieser Männer handelten im Auftrag Hitlers, Görings oder Ludwig Oestreichers und führten ihren Auftrag, jüdische Geiseln einzutreiben und Furcht in der Stadt zu verbreiten, so sachlich und methodisch aus, wie sie konnten. Viele andere handelten jedoch aus einem anderen Motiv: Persönliche Rache.

Zu letzteren gehörten die im 1. Stockwerk der Franziskanerstraße 19 wohnhaften Brüder Friedrich und Anton Engl, 29 und 24 Jahre alt. Im 2. Stockwerk dieses Anwesens wohnte das jüdische Ehepaar Salomon und Berta Scheer, deren ehemaliges 19 Jahre altes Dienstmädchen, Susanne Koller, von den Brüdern am 26. Juli belästigt und, als sie sich wehrte und ihre Angreifer »Hitlerlausbuben« hieß, körperlich mißhandelt wurde. Auf Frau Scheers Anzeige hin wurden Friedrich und Anton Engl später verhaftet und aufgrund ihrer und ihres Bruders, Eduard Kohns Aussage zu je 14 Tagen Gefängnis verurteilt.

Das war im Sommer des Jahres 1923 gewesen. In der Nacht des 8./9. November lagen die Dinge anders. Friedrich und Anton waren nun die »Herren des wiedergeborenen Deutschland«, und wild entschlossen, sich für die ihnen widerfahrene Erniedrigung zu rächen, besonders gegenüber Kohn.

Es war kurz nach Mitternacht, als an der Wohnungstür der Scheers geläutet wurde. Kohn, wohnhaft in einem nahegelegenen Zimmer in der Weißenburgerstraße, hatte soeben das Bad der Familie benutzt und stand in Hemd und Unterhosen im Flur, als es läutete. Als er rief, wer da sei, wurde ihm geantwortet, er solle »im Namen der neuen deutschen Regierung« sofort aufmachen. Er spähte durch das Guckloch und sah im Treppenhaus die Engl-Brüder und einige andere Männer mit Hakenkreuzarmbinden. Er öffnete nicht. Während die Männer die Tür mit Gewehrkolben einschlugen, floh er durch die Küche und ließ sich mittels eines Seiles auf einen im ersten Stockwerk gelegenen Balkon hinunter, um sich dort zu verstecken.

»Wo ist der Kohn?« riefen die Hitlerleute, als sie endlich in der Wohnung standen. Sie durchsuchten alle Räume und drangen in das Schlafzimmer der Scheers ein, die sich unter dem Bett versteckt hatten. Sie wurden hervorgezogen, und als Scheer darauf bestand, daß er nicht wisse, wo sich sein Schwager befände, schoß einer der Männer mehrere Male in den Kleiderschrank und öffnete dann die Türe – wahrscheinlich in der Erwartung, daß ihm Kohns durchlöcherter Leichnam entgegenfallen würde. Ein anderer stach dann noch mit dem Bajonett seines Gewehrs in den Diwan, in der Hoffnung, daß Kohn sich unter diesem versteckte. Nachdem die Männer mit den Hakenkreuzbinden die Suche nach Kohn aufgegeben und die Wohnung verlassen hatten, machte sich Kohn auf dem Balkon des ersten Stockwerks bemerkbar. Scheer ließ in einem Sack einige Kleidungsstücke hinunter, und Kohn konnte sich notdürftig bekleiden. Dann kletterte er in den Hof und entkam.

Für Salomon und Berta Scheer war jedoch die Nacht des Schreckens noch keineswegs zu Ende.

Nach ungefähr einer Stunde kehrte der jüngere Engl mit mehreren SA-Leuten wieder zurück und durchsuchte die Wohnung nochmals. Als sie Kohn auch diesmal nicht finden konnten, sagte einer der Hakenkreuzler zu Scheer: »Wenn Kohn am Morgen noch immer nicht da ist, werden wir Sie mitnehmen.«

Gegen 3 Uhr morgens kamen dann abermals drei Nationalsozialisten in die Wohnung, fanden aber diesmal nur das seit Herbst bei Scheers tätige Dienstmädchen Elisabeth Jordan, das sich bis dahin versteckt gehalten hatte, vor. Die Scheers waren inzwischen geflüchtet. Die Männer stahlen Wertsachen, einschließlich Kohns goldener Krawattennadel und silberne Manschettenknöpfe im Gesamtwert von 250 Goldmark.

Es gab auch noch andere ähnliche Vorfälle, aber schon in den Jahren 1927/28 war es für den Untersuchungsausschuß des bayerischen Land-

tags überaus schwer geworden, die notwendigen Unterlagen zu finden, um den Vorgängen dieser Tage im November 1923 nachgehen zu können.
Abgesehen von dem »Besuch« bei Erhard Auer und der Verwüstung der Redaktion der sozialdemokratischen Tageszeitung waren die Razzien jedoch höchst amateurhafte Unternehmen. So beauftragte z. B. Ludwig Oestreicher Theodor Roth, den Sohn des einstmaligen bayerischen Justizministers Christian Roth, in der irrtümlichen Annahme, Roth sei »mit den Verhältnissen in Bogenhausen besonders vertraut«, mit dem Auftreiben und der Festnahme von Geiseln sowie der Beschlagnahme von Devisen in diesem Stadtviertel.
Dieser »Kenner Bogenhausens« traf die Auswahl seiner Opfer nach »jüdisch klingenden Namen« im Telefonverzeichnis, auf Gartentüren und Briefkästen. Es war kein Wunder, daß ihm hierbei schwere Irrtümer unterliefen.
Insgesamt wurden, einschließlich Wassermann und Luber, 58 Geiseln in einem Zimmer im Bürgerbräu zusammengepfercht. Unter diesen befanden sich Greise, deren Frauen und Töchter, die darauf bestanden hatten, mitgenommen zu werden. Einige der Geiseln wurden brutal zusammengeschlagen, andere mit Hinrichtung bedroht, bis Göring, das Szenario besichtigend, dem bösen Spiel mit den Worten: »Das Recht zum Erschießen haben wir noch nicht«, ein Ende setzte.

Kampfbund-Anhänger, die keine spezifischen Aufträge auszuführen hatten, hatten die Anweisung bekommen, sich Nachtquartiere im Bogenhausener Viertel zu suchen.
Auf ihrer Suche hatte eine Gruppe von 40 Männern den Eindruck, daß die prunkvolle Villa Prinzregentenstraße 4, sich ideal für eine Herberge eignete. Es war die Villa des führenden Vertreters des damals modischen Jugendstils, Franz von Stuck, einer der berühmtesten Maler Münchens. Seine 1898 erbaute Villa war stadtbekannt für wilde, ausschweifende Parties. Als Stuck, aus dem Schlaf geweckt, doch keineswegs erstaunt, um 2 Uhr früh besucht zu werden, die Tür öffnete und Alfons Weber an der Spitze von 40 bewaffneten »Oberländern« erblickte, gab er dem Ansuchen nach einem Nachtquartier mit einem Achselzucken nach, führte die »Gäste« in den Salon und in sein Atelier. Dann ging er wieder zu Bett.
Der nächste »Herbergsvater«, Prinz Alfons von Bayern, empfing die Gäste nicht so gleichgültig, sondern ausgesprochen unfreundlich. Doch

überzeugte ihn die Pistole in Webers Hand und dessen Verkündung: »Ich vertrete die neue Regierung Seiner Exzellenz von Kahr«, von der Nutzlosigkeit weiteren Widerstandes. So fand eine zweite Gruppe von 40 »Oberländern« Quartier.
Die Einquartierung in drei anderen Luxusvillen Bogenhausens erfolgte auf ähnliche Weise.

Im Bürgerbräukeller saßen Emil Maurice, Hans Kallenbach, Josef Gerum und andere Mitglieder vom Stoßtrupp wieder vereint um einen Tisch und prahlten über ihre Großtaten dieser Nacht, als ihr Führer, der unermüdliche Josef Berchtold, eintrat und ihnen befahl: »Ihr sollt jetzt ein paar Stunden schlafen, denn wir haben noch viel Arbeit vor uns.«

Wirkung und Gegenwirkung

Berlin

In einem separaten Speiseraum des Hotels Continental betrachtete Reichskanzler Gustav Stresemann seinen Gesprächspartner durch eine blaugraue Nebelwolke, mit der dieser sich stets umgab. Dr. Hjalmar H. G. Schacht, in einem makellosen Anzug, mit dem wie mit einem Lineal in der Mitte gescheitelten Haar, machte eher den Eindruck eines spießbürgerlichen Buchhalters als eines Finanzgenies, das er bekannterweise war. Ein zweiter und dritter Vorname – H. G. für Horace Greeley – dachte Stresemann. Wie undeutsch kann ein Deutscher sein!

Schachts und Finanzminister Hans Luthers Vorschlag einer Währungsreform hatten auf Stresemann sofort überzeugend gewirkt. Ein Zaubertrick allein vermochte Ordnung in das durch die unkontrollierbare Inflation verursachte Chaos der deutschen Wirtschaft zu bringen. Und Schachts Projekt war nichts weniger als ein Zaubertrick. Wie üblich beruhte auch dieser auf einer Illusion, einer Illusion jedoch, die Deutschland und dem Ausland Vertrauen geben und den totalen Zusammenbruch vereiteln würde. Die Mark sollte durch eine neue Währung, die Rentenmark, eine Art »Hypothekenmark« – eine Hypothek auf Deutschlands durch seine gesamten Aktiva und den Grundbesitz abgesicherte Goldreserve – ersetzt werden. Zur Ausarbeitung des Planes, der die deutsche Wirtschaft sanieren sollte, benötigte Schacht nicht mehr als ein Telefon und ein Bürozimmer im Finanzministerium. Sogar eine Putzkammer, so sagte er, würde genügen. Die bekam er dann auch.

Es war eine halbe Stunde vor Mitternacht. Der Reichskanzler und sein zukünftiger Reichswährungskommissar waren beim Dessert angelangt, als Stresemanns Sekretär den Speisesaal betrat und dem Reichskanzler ins Ohr flüsterte: »Es gibt Presseberichte von einem Staatsstreich in München. Die Bayern wollen auf Berlin marschieren.«

Stresemann erbleichte. »Ich berufe sofort eine Kabinettssitzung ein«, sagte er. »Ist der Reichspräsident schon benachrichtigt worden? Und Seeckt? Rufen Sie sie sofort an. Ich erwarte alle in der Reichskanzlei.«

Das ist wohl das Ende, dachte er, als er in seinem Auto durch Nacht und Nebel die Wilhelmstraße entlangfuhr.
In Sachsen hatte Ministerpräsident Erich Zeigner mit den Kommunisten eine Volksfrontregierung gebildet und das rote Sachsen drohte dem Reich mit Sezession. Im Rheinland und in der Pfalz schossen separatistische Bewegungen und Aufstände wie Pilze aus dem Boden. Und jetzt noch die anti-preußischen Bayern! Das Reich Bismarcks drohte zu zerfallen. Vielleicht schon morgen früh? Was könnte den Zusammenbruch noch aufhalten? Die Antwort lag auf der Hand: Die Reichswehr. Die Reichswehr war aber gleichbedeutend mit General von Seeckt, dem Stresemann am wenigsten traute.

Um Mitternacht herrschte im Hof der Reichskanzlei Hochbetrieb. Kabinettsminister, aus dem Schlaf gerissen, fuhren einer nach dem andern in ihren Autos vor. Die nassen Kopfsteine spiegelten im Nebel geisterhaft die Lichter der Scheinwerfer wider. Verhüllte Gestalten eilten in das fahl beleuchtete Gebäude und die breiten Treppen zum Sitzungssaal hinauf. Die vorliegende Information war spärlich, lückenhaft und bestand aus kurzen, einander widersprechenden Presseberichten. Die telefonische Verbindung zwischen München und Berlin schien unterbrochen worden zu sein.
»Sind alle anwesend?« fragte Friedrich Ebert, der dicke, spitzbärtige, frühere Sattlermeister und während der letzten fünf Jahre der nun höchst bedrohten Weimarer Republik erster Präsident.
Sekretäre und Beamte zählten schnell die Häupter. »Wir warten nur noch auf General...«
Da öffnete sich die Tür für den dramatischen Auftritt des Generals Hans von Seeckt. Hochgewachsen, mit stählernen Muskeln, war er in der auf den Körper geschnittenen Uniform trotz seiner 57 Jahre der Prototyp eines preußischen Offiziers. Kühl, verschlossen und stets gefaßt, wurde er von seiner Umgebung die »Sphinx« genannt. Hat er jemals seine Gefühle verraten? Vielleicht einmal, und zwar auf dem Weg von seiner Wohnung zur Reichskanzlei, als er gegenüber seinem Adjutanten bemerkte: »Nun, es scheint, daß Ludendorff und Lossow mich des Oberbefehls enthoben haben. Sie sind jetzt die Herren der Reichswehr.«
Doch blieb der General während der Sitzung im Vergleich zu den Politikern ein Muster an kühler Selbstbeherrschung, rätselhaft und wortkarg wie immer. Seine unbewegliche, ausdruckslose Maske verbarg jedoch eine gehobene Stimmung voll fieberhafter Spekulationen. Seit

Monaten schon hatte er sich auf diesen Augenblick vorbereitet. Ebert und Stresemann standen vor der Wahl, sofort und feige, wie beim Kapp-Putsch, die Flucht zu ergreifen oder sich auf die Armee zu verlassen und von Seeckt zum militärischen Reichsdiktator zu ernennen. Alles in allem war die Situation für Seeckt äußerst günstig.

An der undurchschaubaren Maske eines Kriegsgottes prallten die auf ihn gerichteten Blicke der Anwesenden ab wie an einem Schild die Pfeile. Mit einem kaum merklichen Nicken begrüßte er das Kabinett und musterte die Minister, kerzengerade auf seinem Stuhl sitzend, die Hände gefaltet. Das Monokel in seinem linken Auge spiegelte das Licht der Lüster wider. Sein rechtes Auge, hellblau und durchdringend, blieb ausdruckslos. Aufmerksam hörte er die lückenhaften Berichte Eberts und Stresemanns.

Schließlich fragte ihn Ebert: »Herr General, wo steht die Reichswehr? Auf der Seite des Gesetzes und der Regierung oder auf der Seite der Aufständischen?«

»Die Reichswehr«, entgegnete von Seeckt eiskalt, »steht hinter mir.« Das war die voraussehbare Antwort des Mannes, dem das Wort »wenn geputscht wird, dann putsche ich« zugeschrieben wurde.

»Besteht aber, mit Lossow angeblich auf der Seite der Putschisten und angesichts der Unruhe in anderen Ländern des Reiches, nicht die Gefahr eines Bürgerkrieges?« fragte einer in der Runde.

»Reichswehr schießt nicht auf Reichswehr«, entgegnete der General trocken.

Stresemann, hocherregt während des Gesprächs, schlug vor, daß die Sitzung mit Ebert, von Seeckt und dem Kriegsminister, dem einstmaligen Bürgermeister von Nürnberg, Otto Gessler, in sein Arbeitszimmer verlegt werde. Gessler rief seinen Nachfolger in Nürnberg an. Die Nachrichten waren beunruhigend. Es hieß, daß Ludendorff und Lossow die Reichswehreinheiten in Nürnberg alarmiert und nach München zur Verstärkung der Putschisten berufen hatten. In Wirklichkeit handelte es sich um die Einheiten, die Generalmajor Jakob von Danner gegen die Putschisten in Bereitschaft gesetzt hatte.

Das falsche Gerücht machte tiefen Eindruck auf Ebert, Stresemann und Gessler. Ihre politische Einstellung erstreckte sich zwar vom gemäßigten Nationalismus bis zum gemäßigten Internationalismus, doch sie waren alle Demokraten. Einig, jedoch schweren Herzens, faßten sie den Beschluß, Seeckt mit sofortiger Wirksamkeit zum Diktator mit uneingeschränkter vollziehender Gewalt zu ernennen.

Die Formulierung stand im Einklang mit Artikel 48 der Weimarer Verfassung und wurde von Ebert unterschrieben, von Stresemann und Gessler bestätigt.
Niemals zuvor in der Geschichte hatten Männer, die die Diktatur verabscheuten, so schnell, so reibungslos und so verfassungsmäßig einen Diktator ermächtigt.
Der preußische Ministerpräsident, Otto Braun, wurde beauftragt, die Landespolizei zur Verteidigung des Regierungsviertels und als Hilfsstreitkraft für die Verteidigung Berlins gegen die erwartete nationalsozialistische und bayerische Invasion in hohe Bereitschaft zu versetzen. Stresemann und Ebert erließen dann folgenden Aufruf, der keine Zweifel an der Entschlossenheit der »Novemberverbrecher« – wie sie Hitler nannte –, die 5 Jahre alte Republik zu verteidigen, aufkommen ließ.
»In dieser Zeit höchster außen- und innenpolitischer Bedrängnis haben sich Verblendete ans Werk gemacht, um das Deutsche Reich zu zerschlagen. In München hat eine bewaffnete Horde die bayerische Regierung gestürzt, den bayerischen Ministerpräsidenten verhaftet und sich angemaßt, eine Reichsregierung zu bilden, den General Ludendorff zum angeblichen Befehlshaber der deutschen Armee, Herrn Hitler, der erst vor kurzer Zeit die deutsche Staatsangehörigkeit erworben hat, zum Leiter der Geschicke Deutschlands zu bestimmen. Es bedarf keines Hinweises darauf, daß diese Putschbeschlüsse null und nichtig sind. Wer diese Bewegungen unterstützt, macht sich zum Hoch- und Landesverräter. Statt unseren Brüdern im Rheinland und an der Ruhr zu helfen, die für Deutschland kämpfen, stürzt man Deutschland ins Unglück, gefährdet die Ernährung, bringt uns in die Gefahr eines feindlichen Einmarsches und zerrüttet alle Aussichten auf die Anbahnung wirtschaftlicher Gesundung. Die letzten Maßnahmen der Reichsregierung auf währungspolitischem Gebiete haben dazu geführt, daß die Mark im Auslande sich in den letzten 24 Stunden um das Vielfache gebessert hat; alles das ist dahin, wenn das wahnwitzige Beginnen Erfolg hat, das in München versucht wird.
In der Schicksalstunde des deutschen Volkes und Deutschen Reiches fordern wir alle Freunde des Vaterlandes auf, sich einzusetzen für die Bewahrung der Reichseinheit, deutscher Ordnung und deutscher Freiheit. Alle Maßnahmen für die Niederkämpfung des Putsches und die Wiederherstellung der Ordnung sind getroffen und werden mit rücksichtsloser Energie durchgeführt.«

Rom

Hitlers »Botschafter« und Verbindungsmann zu Benito Mussolini, Kurt Lüdecke, wartete in seinem Hotelzimmer ungeduldig auf Nachrichten. Er hielt die Unsicherheit keinen Augenblick länger aus, kleidete sich an und eilte in die Redaktion des Corriere d'Italia. *Der freundliche Nachtredakteur, den die Vorgänge in München »wegen unserer Zusammenarbeit« besonders interessierten, konnte ihm jedoch nicht helfen. »Nein. Kein Wort von unserem Münchener Korrespondenten, Negrelli.« Lüdecke wollte wieder gehen, doch riet ihm der Redakteur, noch zu warten. Soeben seien neue Telegramme eingetroffen. Kaum hatte er dies gesagt, als ein anderer Redakteur mit einem Telegramm in der Hand ins Zimmer stürzte und »Colpo d'Estato in Monaco!« (Staatsstreich in München!) schrie.*

Das Telegramm enthielt keine Einzelheiten, doch Lüdecke war freudestrunken. Erfolg! Hitler hat es geschafft! Lüdecke stand jetzt vor der Alternative, die nächsten Nachrichten abzuwarten oder den nächsten Zug nach München zu nehmen und an dem historischen Ereignis von Hitlers Marsch auf Berlin à la Mussolinis Marsch auf Rom aktiv teilzunehmen. Er entschied sich für letzteres.

Als er in das Hotel zurückgekehrt war, warteten auf ihn bereits Berichterstatter – er war berühmt geworden: Ihm schien, die gesamte Presse Italiens hing an seinen Lippen. Wer war dieser Adolfo Hitler? Teilte er Mussolinis Überzeugungen? Und wie wird er sich als Reichsdiktator in der Frage der umstrittenen Territorien des Trentino und Alto Adigio mit überwiegend deutschsprachiger Bevölkerung zu Italien stellen?

Lüdecke ging noch zu Virginio Gayda, dem einflußreichen Chefredakteur des Messagero *und gab ihm ein »jubilantes Interview« unter der Bedingung, daß es nicht vor der Bestätigung des Marsches auf Berlin veröffentlicht werden würde.*

Dann kehrte er in das Hotel zurück, um seine Sachen zu packen.

New York

Es war 8 Uhr 30 abends in Manhattan – sechs Stunden früher als in München und auf dem europäischen Kontinent – und die Stadt, insbesondere das Vergnügungsviertel zwischen der 42. bis zur 57. Straße, mit seinen Theatern, Kinos und Konzertsälen, pulsierte von Leben. In der Carnegie Hall bestieg Wilhelm von Hoogstraten, ein junger holländischer Dirigent, das Pult, um die New Yorker Philharmoniker in César Francks Symphonie in D zu leiten. Er war neu in New York und das

Publikum begrüßte ihn mit Erwartung, denn er und seine deutsche Frau, die Pianistin Elly Ney, hatten die Stadt im Sturm erobert und waren die Sensationen der Musiksaison. Erst am Abend zuvor hatte die Ney im Aeolian Hall ein Konzert gegeben, das den Kritiker der New York Times in Verzückung versetzt hatte.

Ecke Broadway und 42. Straße fröstelte vor dem Cameo Cinema eine lange Schlange Menschen im eisigen Wind. Es wurde »David Copperfield« gegeben, dem Plakat nach »eine großartige und textgetreue Verfilmung von Charles Dickens' weltberühmtem und populärem Roman« und Harold Lloyd als »Matrose«.

Nicht weit vom Kino hielt Israel Zangwill, ein englischer Autor und Dramaturg, in der Town Hall einen Vortrag. Ohne Umschweife attakkierte er seine Zuhörer mit einer beißenden Kritik des politischen und sozialen Verhaltens der Vereinigten Staaten.

Anklagend mit seinem dünnen Zeigefinger auf Auserwählte im Publikum deutend, wetterte er im bis zum letzten Stehplatz überfüllten Saal gegen die Alkoholprohibition, das Greuel der Trinkgelder, den Müll im Central Park, den Ku-Klux-Klan und die amerikanischen Einwanderungsgesetze, die selbst einem Jesus Christus, als Vorbestraften, die Immigration in die Vereinigten Staaten verweigern würden. Schließlich blendete er den Weitwinkel ab und konzentrierte sich auf die Außenpolitik unter dem Präsidenten Calvin Coolidge.

»Nachdem sich die Vereinigten Staaten zu spät in den Krieg eingemischt hatten, hielten sie der Welt eine Fata Morgana des gerechten Friedens vor Augen und schlichen sich dann davon, um das Vergangene zu vergessen und sich der Verantwortung für das Europa von heute zu entziehen.

Es gibt heute wenig Ehre, Würde und Gerechtigkeit in diesem Lande«, beschloß er seine Jeremiade. »Ihr seid ein unbeständiges Volk, das ohne zu denken handelt und ohne zu handeln denkt.«

Ein Großteil seiner Zuhörer jubelte ihm zu, ein noch größerer Teil pfiff und schrie »boo«. Die Berichterstatter der Tageszeitungen waren begeistert. Die Reportage der skandalös kontroversen Kritik Zangwills würde auf den Titelblättern, zumindest der Frühausgaben, prangen.

Das wäre zweifellos auch der Fall gewesen, doch waren die ersten Nachrichten über den Putsch in München schon während Zangwills Vortrag in den Redaktionen eingetroffen. Die größere Sensation stellte die geringere in den Schatten.

Die Berichte waren allerdings lückenhaft, widerspruchsvoll und oft

entstellt – besonders, wenn sie, im Gegensatz zu Lincoln Eyres Artikel im New York Herald, nicht auf Augenzeugenberichten, sondern auf Informationen zweiter und dritter Hand beruhten.
Eigennamen waren falsch buchstabiert, Titel durcheinandergebracht und Geschehnisse oft rein erfunden. So wurde Ludendorff, in der Annahme, daß es nur adelige deutsche Generäle gäbe, als »von« bezeichnet, Gustav Kahr auf »Otto« umgetauft, Hitler von der New York Tribune zum Leutnant befördert, von The World zu einem »Adjutanten« Ludendorffs degradiert und Hitlers Name von der Daily News, die den Putsch und den Scheidungsskandal eines gewissen C. D. Stokes als gleich bewertete, mit zwei »t« geschrieben.
Überdies waren die Amerikaner seit dem Weltkrieg daran gewöhnt, den Kaiser als den leibhaftigen Teufel anzusehen und neigten in den Nachkriegsjahren zu hysterischen Gerüchten über seine oder des Kronprinzen Rückkehr nach Deutschland. So war es nicht überraschend, daß viele Redakteure in den Geschehnissen im Bürgerbräukeller die Hand des Kaisers zu erkennen glaubten.
Wie verstümmelt, lückenhaft und widerspruchsvoll die Berichte der Nachrichtenagenturen und der Journalisten auch gewesen sein mochten, alle Redakteure erkannten sofort ihren Sensationswert. In der Stadt wurde fieberhaft nach Portraits der Hauptdarsteller – Photos, Handzeichnungen, etc. – zu welchem Preis auch immer gehandelt. Das Überraschendste daran war, daß sich die Portraits auch finden ließen. Hitler, Ludendorff, Kahr, Seeckt, der bayerische Kronprinz Rupprecht und seine Frau, Prinzessin Antoinette von Luxemburg – sie waren alle da, selbst der wenig bekannte Ministerpräsident von Bayern, Eugen von Knilling. Das Layout der Titelblätter wurde schnellstens neu entworfen und die New York Times, die Tribune und The World verkündeten die Nachrichten über den Putsch in großen Balkenüberschriften.
Als die New Yorker am späten Abend aus den Theatern, Kinos und Konzerten auf die Straßen strömten, trugen die Frühausgaben des nächsten Morgens schon die folgenden Schlagzeilen:

AUFSTAND IN MÜNCHEN! LUDENDORFF DIKTATOR!
BAYERISCHE MONARCHISTEN MARSCHIEREN AUF BERLIN!
HAUPTSTADT MOBILISIERT TRUPPEN GEGEN VERRÄTER!

New York Times

LUDENDORFF MARSCHIERT AN DER SPITZE DER MONARCHISTEN GEGEN BERLIN;

MÜNCHEN IN DER HAND DER AUFSTÄNDISCHEN; FRANKREICH DROHT MIT KRIEG!

New York Tribune

REVOLUTION IN BAYERN; REGIERUNG GESTÜRZT; DIKTATUR LUDENDORFF-HITLER; MINISTER VERHAFTET!
BERLIN ERNENNT VON SEECKT ZUM DIKTATOR DER VERFASSUNGSTREUEN; FRANKREICH WARNT!

The World

AUFSTÄNDISCHE MONARCHISTEN EROBERN BAYERN IM STURM! LUDENDORFF DIKTATOR!

New York Herald

Die Berichte aus Paris bekräftigten jene aus Deutschland. Frankreich erklärte, daß es auf ein militärisches oder monarchistisches Regime in Deutschland mit Waffengewalt reagieren würde. Die Reaktion der Franzosen verstärkte die Befürchtungen der amerikanischen Leser, daß die Ereignisse in München – drei Tage vor dem fünften Jahrestag des Waffenstillstandes von 1918 – ganz Europa, wenn nicht die Welt, wieder in einen Krieg stürzen könnten.
Der Chef der Pariser Redaktion des New York Heralds *berichtete:*
»Während sich das Schicksal der Republik in Deutschland in der Schwebe befindet, beschließen die Alliierten, weder eine Militärdiktatur noch eine Wiederherstellung der Monarchie – gleich ob unter den Hohenzollern oder Wittelsbachern – zuzulassen. Die gesamte Macht der Alliierten wird auf der Seite Stresemanns und der Sozialisten als Gegengewicht zu den Nationalisten in die Waagschale geworfen.
... Nicht ohne Hinweis auf eine gemeinsame alliierte Aktion, beauftragte die französische Regierung ihren Botschafter in Berlin, den Reichskanzler zu informieren, sie werde eine militärische Diktatur, die unvermeidlich den Versailler Vertrag als nichtig erklären und zu einem Krieg der Revanche führen würde, nicht dulden.«
Obwohl dieser Bericht in New York, Paris und London verbreitet wurde, erreichte er merkwürdigerweise an diesem Abend weder Präsident Ebert noch Reichskanzler Stresemann, noch General von Seeckt.

Chicago

1923 galt Chicago als Hochburg der amerikanischen Nachkriegspolitik des Isolationismus. Kaum eine andere Großstadt der Vereinigten Staaten war so provinziell und fast ausschließlich mit den innenpolitischen Problemen Amerikas beschäftigt wie Chicago.

Kein Wunder, daß der Anspruch der Chicago Daily Tribune, die »führende Zeitung der Welt« zu sein, mit dem schallenden Hohngelächter ihrer Gegner, aber auch ihrer Freunde begegnet wurde. Dennoch verfügte das Blatt, dank dem Herausgeber Colonel Robert McCormick, über die besten Auslandskorrespondenten der Welt. Der »primus inter pares« war eindeutig Larry Rue, ein erfahrener Pilot und seit 1919 Chef des europäischen Teams der Zeitung. Rue flog den historischen Ereignissen buchstäblich in einer redaktionseigenen Maschine nach und kein anderer Auslandskorrespondent kam ihm an Flexibilität gleich. Das Team der Berichterstatter der Tribune in Deutschland bestand noch aus drei weiteren Journalisten John Clayton in Berlin, Vincent Sheehan im Ruhrgebiet und Paul Williams in Frankfurt.

Die ersten Ergebnisse dieser, in jener Zeit einmaligen Teamarbeit trafen schon gegen 7 Uhr 30 abends – via Telegramm, Transatlantischem Telefon, ja sogar drahtloser Telegraphie – in der Redaktion ein. Hinzu kamen noch die Berichte der Korrespondenten aus Paris und London über die Redaktion Frankreichs und Englands zum bayerischen Staatsstreich. Fieberhaft wurde das Layout der Frühausgabe umgesetzt. Lokalsensation nahmen den zweiten und dritten Platz ein. Rues Augenzeugenbericht über die Ereignisse im Bürgerbräukeller und Claytons bis zum letzten Augenblick aktuelle Wiedergabe der Mitternachtssitzung in der Reichskanzlei füllten die ersten zwei Seiten der Morgenausgabe, die innerhalb einiger Stunden mit Schlagzeilen wie

MONARCHISTEN MARSCHBEREIT
SCHLACHTRUF: AUF NACH BERLIN!

den Zeitungsjungen aus den Händen gerissen wurden.

Berlin

Die außerordentliche Sitzung des Reichskabinetts ging gegen 2 Uhr früh zu Ende.

Stresemann beauftragte den Staatssekretär des Auswärtigen Amtes, Baron von Maltzan, die alliierten Botschafter von den Entscheidungen der Reichsregierung unverzüglich in Kenntnis zu setzen.

Der Staatssekretär rief den britischen Botschafter abermals an und weckte ihn mit der Nachricht über den Umsturz in Bayern. Lord d'Abernon nahm die Nachricht äußerst pessimistisch auf und vermerkte in *seinem Tagebuch: »Es sieht durchaus nach dem Ausbruch eines Bürgerkrieges aus ...«*

Auch Hans von Seeckt war sich dieser Gefahr bewußt. Während der Kabinettssitzung hatte er kaum ein Wort gesprochen. In seinem Kopf aber jagten sich die Gedanken.
Das Schicksal des Deutschen Reiches lag in seiner Hand. Der erste Reichspräsident der Republik, der Sozialist Ebert hatte ihn, mit Zustimmung des Kabinettes alle Vollmachten übertragen, ja fast aufgedrängt. Seeckt liebte die Macht, er fühlte sich zum Herrschen geboren.
Jetzt hatte er die Gelegenheit, den Lauf der Geschichte zu ändern, ja eine Wende herbeizuführen, die Republik und das verhaßte, ohnmächtige demokratische System abzuschaffen und mit einem neuen Regime den Ruhm Deutschlands wiederherzustellen.
Dennoch zögerte er. Hatte das traditionelle Pflichtgefühl des preußischen Generals, sich aus der Politik herauszuhalten und nur zu dienen, doch die Oberhand über einen Ehrgeiz gewonnen? Hatte das Denken den Willen zur Tat in ihm verdrängt? Fest steht, daß der »Unheimliche«, der »Große Undurchsichtige« des Nachkriegsdeutschlands sich als Diktator damit begnügte, die von ihm gehaßte Republik vor dem Untergang zu retten.
Er ließ über Bayern eine Sperre verhängen. Vom Funkdienst, dem Telefon bis zum Eisenbahnverkehr wurden alle nicht-militärischen Verbindungen zwischen dem Reich und Bayern unterbrochen. Er beauftragte den Generalstabsoffizier, Oberleutnant Joachim von Stülpnagel, die Reichswehr in Anbetracht einer drohenden Invasion zu alarmieren und sich mit loyalen Offizieren in Bayern in Verbindung zu setzen. Otto von Lossow zählte er zu jenen.
Nachdem er die Arbeit für diese Nacht getan hatte, verließ Deutschlands Militärdiktator die Reichskanzlei, eisig und formell, wie er sie betreten hatte, fuhr heim und ging zu Bett.
Wenn er noch 45 Minuten länger wach geblieben wäre, hätte ihn die Nachricht, die wie ein einsamer Hilferuf von München aus an alle deutschen Funkstationen verschlüsselt ausgestrahlt wurde, erreicht.
»Generalstaatskommissar von Kahr, General von Lossow, Oberst von Seisser lehnen Hitler-Putsch ab. Mit Waffengewalt erpreßte Stellungnahme in Bürgerbräuversammlung ungültig. Vorsicht gegen Mißbrauch obiger Namen geboten. Gezeichnet: v. Kahr, v. Lossow, v. Seisser.«

12. Szene

Der Schnee blieb noch nicht liegen, als das dunkelgrüne Stabsauto der Landespolizei die verlassene Dachauerstraße entlang in Richtung der militärischen Stützpunkte am Oberwiesenfeld fuhr. Auf dem Rücksitz saßen in der Kälte dicht zusammengedrängt Oberst Hans von Seisser, Gustav von Kahr und die Majore Franz Hunglinger und Heinrich Doehla. Seisser hatte den günstigen Moment seiner erfolgreichen Konfrontation mit Gerhard Rossbach und den Infanterieschülern ausgenützt und das Generalstaatskommissariat verlassen.
Vorsichtig näherte sich der Wagen der Infanteriekaserne und hielt beim Haupteingang.
Das von Schneeflocken verstreutes Licht der Scheinwerfer fiel auf die schwer bewaffnete Wache mit den Maschinengewehren.
»Die Herren werden in der Nachrichtenbaracke erwartet«, sagte ein Wachtposten stramm salutierend, während das eiserne Tor geöffnet wurde.
Obwohl die Kaserne jetzt einer Festung glich und der »Kampfbund« sich zurückgezogen hatte, fand es General von Danner dennoch ratsam, den Kommandoposten in die Nachrichtenbarracke, im Innern des Kasernenkomplexes, zu verlegen.
In der kleinen, ebenerdigen Holzbaracke warteten Danner, Otto von Lossow, die Generalmajore von Ruith und Kress von Kressenstein mit ihren Stabsoffizieren, die dem Alarmruf Folge leistend, ihre Wohnungen, ohne sich umzukleiden, eiligst verlassen hatten, auf von Kahr und von Seisser. Die telefonische Verbindung mit dem Generalstaatskommissariat und dem Polizeipräsidium war unzuverlässig und die Nachrichten verwirrend. Man wußte nicht, auf wen man zählen durfte. Im Bürgerbräu hatten sich Kahr und Seisser dem Putsch angeschlossen. Wo blieben sie nur? Hatten sie es sich inzwischen anders überlegt? Es war eine Nacht der Verwirrungen und Zweifel.
Als Doehla Kahr gefragt hatte, weshalb er Pöhner und Frick nicht hatte verhaften lassen, als sie sich in seinem Amt befanden, antwor-

tete dieser nur: »Man darf die Karten nicht zu früh aufdecken, Herr Major.«
»Endlich!« rief Lossow als Kahr und Seisser den schwach beleuchteten Raum betraten.
Seit Hitlers dramatischem Auftritt im Bürgerbräukeller trafen sich die Triumviren zum ersten Mal unbewacht und unbeobachtet von den Putschisten. Ob sie jetzt noch eine Kollaboration mit Hitler und Ludendorff in Erwägung zogen, werden wir nie mehr erfahren. Jedenfalls bezeugte Kahr in seiner Aussage vor Gericht das Gegenteil. »Bei unserer Begegnung (in der Nachrichtenbaracke) haben wir kein Wort darüber, ob wir diese Aktion mitmachen könnten, verloren. Es war für uns selbstverständlich und unsere Gedankengänge waren nur darauf gerichtet, wie können wir die Situation für den Staat retten und wie können entsprechende Verstärkungen herangeholt werden, um die Katastrophe soweit als möglich unblutig zu lösen.«
Den Anwesenden erschien Kahr nicht ganz so festentschlossen, wie er sich im Rückblick selbst protraitierte. Manche von ihnen erzählten, er sei eine Stunde lang in sich versunken und brütend auf einer Art von Kanapee gesessen, andere wiederum, er sei oft den Tränen nahe gewesen und hätte vor sich hingejammert um die »glorreiche Gelegenheit, die durch Hitlers voreiliges Vorgehen verlorengegangen ist«.
Wie dem auch sei, die anderen waren entschlossen, obwohl auch sie sich durch den Abfall der Kadetten ihrer militärischen Unterlegenheit und den Ernst der Lage bewußt waren.
Nur ein einziges Bataillon des 19. Infanterie-Regiments war in München kaserniert. Alle übrigen Einheiten der 7. Division waren auf dem Lande stationiert. Da die Pioniere als Kampftruppe nicht zählten, standen den Triumviren nur die bereits alarmierten, quasi militärisch ausgebildeten und in München stationierten 1000 Mann von Seissers Landespolizei zur Verfügung. Diese waren zahlenmäßig den 2500 militärisch ebenfalls ausgebildeten Angehörigen des Kampfbundes, die überdies von einem beständigen Zustrom von Einheiten aus der Provinz verstärkt wurden, unterlegen. Zum Risiko einer bewaffneten Konfrontation vor Tagesanbruch trug noch die Ungewißheit bei, ob der »Kampfbund« nicht vielleicht über unbekannte Stützpunkte in der Stadt verfügte. Außerdem würden in der Dunkelheit die sehr ähnlichen Uniformen der einander gegenüberstehenden Seiten schwer zu unterscheiden sein.
Die Triumviren beschlossen daher, den Morgen und das Eintreffen der

von Danner und Seisser alarmierten Kontingente aus der Provinz abzuwarten.
General von Ruith wurde nach Augsburg und Kempten entsandt und beauftragt, die auf München zumarschierenden Truppen zu koordinieren und ihren Transport zu beschleunigen, während der Artilleriekommandeur der 7. Division, General von Kressenstein, den Oberbefehl der per Telefon in Bereitschaft gesetzten Einheiten in Regensburg übernahm.
Niemand in der Baracke wußte, daß der stellvertretende Ministerpräsident von Bayern, Franz Matt, sich bereits auf dem Weg nach Regensburg befand, um dort ein Exilkabinett zu bilden.

Nachdem Ruith und Kressenstein die Baracke verlassen hatten, zogen sich die Triumviren in eine Ecke zurück, um sich über ihre anderen Probleme zu beraten.

Eines davon hieß Ludendorff, dessen »Emissäre« auf der Suche nach Lossow und Seisser, alle paar Minuten vom Bürgerbräukeller und der Schönfeldstraße aus anriefen. Die Triumviren reagierten auf die zunehmend dringlicheren Anfragen mit mehr oder minder glaubhaften Ausflüchten. Lossow und Seisser seien im Moment telefonisch nicht erreichbar, sie befänden sich soeben auf dem Weg zum Kriegsministerium, sie seien unterwegs zwischen den Infanterie- und Pionierkasernen. Die Leitung war meistens besetzt. Und wenn es einem der Gefolgsleute Hitlers oder Ludendorffs endlich gelungen war, durchzukommen, führte Seine Exzellenz von Lossow auf einer anderen Leitung gerade ein wichtiges Ferngespräch und der Anrufer wurde höflich ersucht, sich zu gedulden und ja nicht aufzuhängen. Unglücklicherweise wurde dann jedoch die Verbindung nach einer Weile unterbrochen.
Am Ende ihrer Geduld angelangt, sandten Hitler und Ludendorff Boten in die Infanteriekaserne. Diese wurden höflich zur Nachrichtenbaracke geleitet und dort unter Hausarrest gesetzt.
Dieses Schicksal widerfuhr auch Major a. D. Alexander Siry und seinem Begleiter, dem SA-Feldwebel, Julius Schreck.
Siry sympathisierte zwar mit den Putschisten und kannte Ernst Röhm und den Kampfbundführer Hermann Kriebel persönlich, doch war er an den Ereignissen des 8. November nicht beteiligt. Als er von einem Bekannten gegen Mitternacht über die Vorgänge im Bürgerbräukeller unterrichtet wurde, begab er sich sofort dorthin, um den Hauptakteuren

zu gratulieren und der »nationalen Revolution« seine Dienste anzubieten. Hierbei begegnete er zum ersten Male Hitler, der einen »ausgezeichneten Eindruck« auf ihn machte. Gegen 1 Uhr wurde er dann von Hitler und Göring, die im Gegensatz zu Ludendorff ahnten, daß irgend etwas in der Zusammenarbeit mit Lossow, Kahr und Seisser nicht stimmte, gebeten, den Aufenthalt der Triumviren persönlich zu erkunden. Göring stellte ihm einen Wagen sowie Julius Schreck als Begleiter zur Verfügung.

Obwohl es sich um eine friedliche Erkundung handeln sollte, lud Schreck vorsichtshalber 5 Maschinenpistolen, 15 Handgranaten und eine Kiste Munition auf den Wagen. Sie fuhren zunächst zur Stadtkommandantur. Das Gebäude lag im Dunkeln. Hauptmann Maximilian Renz verweigerte ihnen den Zutritt. Von der Stadtkommandantur fuhren sie daraufhin zum Wehrkreiskommando, wo Siry Röhm und Kriebel zum Erfolg ihres Unternehmens beglückwünschte und sich über die Lage informieren wollte. Die war recht verworren. Auch Kriebel und Röhm wußten nicht, wo sich die Triumviren aufhielten, doch wollte keiner der beiden an der Aufrichtigkeit und Zuverlässigkeit von Kahrs im Bürgerbräu gegebenem Wort, mit Hitler und Ludendorff gemeinsame Sache zu machen, zweifeln. Lossows und Seissers Ankunft im Wehrkreiskommando wurde von Stunde zu Stunde »verschoben«. Kriebel war jetzt sicher, daß sich die beiden, obwohl dies hartnäckig dort geleugnet wurde, in der Kaserne des 19. Infanterie-Regiments befanden. Etwas an der Geschichte stimmte nicht. Siry beschloß herauszufinden, was. Zunächst hielt er bei seiner Wohnung an und zog sich seine alte Reichswehr-Stabsoffiziersuniform an. Dann ließ er sich, begleitet von Schreck, zur Kaserne fahren. Der Eintritt wurde ihm jedoch trotz seines Ranges und des von Auszeichnungen strotzenden Uniformrocks verweigert. Daraufhin verlangte er, seinen alten Freund Major Hans Schönharl, den Kommandeur des 1. Bataillons des Regiments zu sehen. »Bring mich doch nicht in Verlegenheit, Siry, ich habe den Auftrag, die Kaserne zu verteidigen«, sagte Schönharl. »Gegen wen denn? Die Reichswehr steht doch auf dem Boden der nationalen Regierung, die heute Nacht ausgerufen wurde«, fragte Siry naiv. »Wie ich gehört habe«, entgegnete Schönharl, »lehnen Kahr, Lossow und Seisser den Hitlerputsch ab, und als Freund rate ich dir, dich mit dem SA-Typ und dem Wagen schleunigst aus dem Staub zu machen.«

Siry ließ sich jedoch nicht abweisen. Er bestand darauf, die Triumviren zu sehen. Während er zur Nachrichtenbaracke geleitet wurde, nahm man

seinen Fahrer und Julius Schreck fest und sperrte sie in eines der Kasernengebäude. Das war für Schreck das Ende der Revolution. Für Siry währte sie noch ganze fünfzehn Minuten. Er wurde in die Nachrichtenbaracke geführt, wo Kahr, Lossow und Seisser mit ihren Stäben versammelt waren. Wie es Siry später vor Gericht beschreiben sollte, saß »Herr von Kahr auf einer Art von Kanapee. Wenn ich ein Maler wäre und hätte ›Das Schlechte Gewissen‹ zu malen, dann würde ich mir Herrn v. Kahr als Modell nehmen.« Die Hacken zusammenschlagend sprach Siry zuerst Lossow an: »Ich komme von Hitler und Kriebel, um mich zu erkundigen, welche Haltung Euer Exzellenz Truppen einnehmen.« Lossow gab keine Antwort.
Eisiges Schweigen umgab Siry. Als er nochmals fragte: »Darf ich um Antwort bitten?«, erwiderte General Lossow nur kurz: »Nein.«
Daraufhin wandte sich Siry an den stumm auf dem Kanapee sitzenden Kahr. »Ich befinde mich doch bei der nationalen Regierung, von der Sie, Herr von Kahr, Präsident sind?«
»Davon«, antwortete Kahr, »ist keine Rede, das sind mit der Pistole erpreßte Zusicherungen, die null und nichtig sind.« Siry, der bei den Vorgängen im Bürgerbräukeller nicht zugegen gewesen war, war bestürzt. Er erkannte die Gefahr, die diese für ihn völlig unerwartete Situation in sich barg und drängte besorgt: »In diesem Falle sollten doch Ludendorff und Hitler und alle anderen vaterländischen Männer, die glauben, sich einer nationalen Regierung zur Verfügung zu stellen möglichst rasch aufgeklärt werden.« Hierauf erwiderte Lossow, der offensichtlich befürchtete, Siry könnte vielleicht ein Spion sein und von ihren Maßnahmen bereits zu viel mitbekommen haben: »Nein, Sie bleiben da.« Dann verließ er mit Kahr und Seisser den Raum.
Einige Sekunden stand Siry wie angewurzelt da. Er war wie vor den Kopf geschlagen. Dann folgte er den Triumviren. Da er aber in dem anschließenden Zimmer nur von Kahr vorfand, wandte er sich an diesen. »Die anderen Herren haben ja keine Ahnung, daß Sie sich nicht an Ihr Wort gebunden fühlen. Erlauben Sie, daß ich meinen ganzen Einfluß geltend mache, daß Verhandlungen eingeleitet werden und daß die Sache rückgängig gemacht wird.« Kahr entgegnete nur: »Wenn Sie die Sache mit der Pistole gesehen hätten, würden Sie anders sprechen.«
Nach einiger Überlegung ließ sich Siry abermals durch einen Offizier zu Lossow führen. »Wollen Exzellenz die Verantwortung übernehmen, daß vaterländisch gesinnte Deutsche auf vaterländisch gesinnte Deutsche schießen?« Darauf antwortete Lossow nur: »Mit Rebellen wird nicht

verhandelt«, und forderte Siry auf, sich auf Handschlag zu verpflichten, die Kaserne nicht zu verlassen. Siry wurde daraufhin unter Bewachung in ein anderes Gebäude geführt, in dem er Max von Müller und Adolf Aechter, die vor ihm bereits verhaftet worden waren, vorfand.
Die Zusicherung seiner Bewegungsfreiheit innerhalb des Kasernenkomplexes wurde nicht eingehalten. Oberleutnant Max Braun, ein Kompaniekommandeur des 19. Infanterie-Regiments, der ihn bewachte, machte keinen Hehl aus seiner Verachtung für die Nationalsozialisten und Meuterer. Sein Verhalten stand in krassem Widerspruch zu Hitlers Behauptung, alle Offiziere ständen auf seiner Seite. »Es ist unerhört«, sagte Braun, »wie hier aufgetreten wurde. Man wollte die Kaserne stürmen und uns entwaffnen.« Und er fuhr fort: »Eines muß ich Ihnen sagen, wenn ich die Chance habe, werde ich diese Hunde mit lachendem Gesicht zusammenschießen.« Dazu bemerkte Siry nur: »Vergessen Sie nicht, daß diese Leute, die Sie als Hunde bezeichnen, ebenso deutsch gesinnt sind wie wir.«
Gegen 3 Uhr früh wurde Sirys Zimmer von außen verriegelt.

Trotz Kahrs und Lossows angeblicher Entschlossenheit, sich vom Putsch zu distanzieren, folgten die entsprechenden politischen und militärischen Maßnahmen nur zögernd.
Erst um 2 Uhr 55 – mehr als 4 Stunden, nachdem sie den Bürgerbräukeller verlassen hatten – ging per Funk der Text ihrer Erklärung hinaus, die ihre ablehnende Haltung gegenüber dem Putsch klarmachte. Eine Verzögerung, die sich kaum mit dem im Bürgerbräu erlittenen Schock und den Schwierigkeiten bei der Koordination ihrer verschiedenen Verhaltensweisen entschuldigen läßt.
Das Abfassen eines Aufrufes an die verwirrte Bevölkerung Münchens und Bayerns nahm zusätzlich viel Zeit in Anspruch. Ein Grund für diesen folgenschweren Aufschub bildete gewiß auch von Kahrs bekanntes Unvermögen, seine Gedanken mündlich oder schriftlich zu formulieren. Während er verzweifelt nach treffenden Worten suchte, fragte er wiederholt seine Kollegen Lossow und Seisser: »Wie klingt das?« Der endgültige Text lautete dann:
»Trug und Wortbruch ehrgeiziger Gesellen haben aus einer Kundgebung für Deutschlands Wiedererwachen eine Szene widerwärtiger Vergewaltigung gemacht. Die mir, dem General v. Lossow und dem Obersten v. Seisser mit vorgehaltener Pistole abgepreßten Erklärungen sind null und nichtig. Ein Gelingen des sinn- und ziellosen

Umsturzversuches hätte Deutschland samt Bayern in den Abgrund gestoßen.
An der Treue und dem Pflichtbewußtsein der Reichswehr und der Landespolizei ist der Verrat gescheitert. Auf diese Getreuen gestützt, ruht die vollziehende Gewalt fest in meiner Hand. Die Schuldigen werden rücksichtslos der verdienten Strafe zugeführt. Die Nationalsozialistische Deutsche Arbeiterpartei, die Bünde ›Oberland‹ und ›Reichskriegsflagge‹ sind aufgelöst.« Der Aufruf war nicht gerade umwerfend.
Ein Angehöriger seines Stabes schlug dem Generalstaatskommissar vorsichtig und taktvoll vor, dem Text noch etwas Aufregendes hinzuzufügen, z. B. »über Euer Exzellenz zukünftige Pläne«.
Mit vor Anstrengung zerfurchter Stirn setzte sich der kleine Mann nochmals an den Schreibtisch. Dann las er selbstzufrieden vor:
»Unbeirrt durch Unverstand und Tücke, werde ich mein deutsches Ziel verfolgen: unserem Vaterland die Freiheit zu erringen.«
Das war's. Der handgeschriebene Text wurde ins Nebenzimmer gebracht und später mit der Anweisung, ihn unverzüglich zu drucken und zu plakatieren, in die Ettstraße befördert.
Es sollten noch viele Stunden verstreichen, bis die steife, zaghafte Proklamation auf den Litfaßsäulen der Stadt angebracht wurde.
Dagegen verkündeten bereits in den frühen Morgenstunden infolge der propagandistischen Virtuosität der Nationalsozialisten Plakate von tausenden von Litfaßsäulen die frohe Botschaft von der siegreichen Nationalen Revolution unter Hitler, Ludendorff und ihren Verbündeten, den Triumviren.
Das erste Plakat mit Kahrs Proklamation wurde nicht vor Mittag auf eine Litfaßsäule geklebt – zu spät also, um die Verwirrung und die blutigen Ereignisse des Tages zu verhüten.

Obwohl sich die Triumviren sowohl über die Ablehnung des Putsches wie über die Strategie, ihn niederzuwerfen, jetzt einig waren, unterließen sie es, die drei Schlüsselfiguren zur Ausführung ihres Vorgehens – Oberst Josef Banzer, Major Sigmund von Imhoff und Oberstleutnant Karl Schnitzlein, den Kommandeur der wichtigsten Einheit der Grünen in München, dem 3. Bataillon der Landespolizei in der Türkenkaserne – von ihren Plänen zu unterrichten.
Hans von Seisser hatte diese Offiziere zwar schon früher in der Nacht in der Türkenkaserne getroffen, ihnen jedoch weder klare Richtlinien noch Anordnungen gegeben.

Gegen 3 Uhr früh war Schnitzlein mit seiner Geduld am Ende. Seine Truppen waren schon seit Stunden einsatzbereit. Die Kompanie und Zugkommandeure – unter ihnen Oberleutnant Michael von Godin – waren in ihren Junggesellenquartieren alarmiert worden und standen auf ihren Posten. Zu welchem Zweck? Gegen wen war ihre Kampfbereitschaft gerichtet? Wer war die Regierung? Wiederholt rief er Oberst Banzer, Major von Imhoff und Oberst von Seisser an, erhielt jedoch keine zufriedenstellenden Antworten. Die Truppen wurden unruhig, besonders nachdem Gerüchte von den Vorgängen der Nacht in die Kaserne eingesickert waren.
»Jetzt wird es mir zu dumm«, sagte er zu seinem Adjutanten, Leutnant Emmanuel von Kiliani. »Nehmen Sie meinen Wagen, fahren Sie zur Ettstraße und klären Sie, was eigentlich los ist und auf wessen Seite wir stehen.» Die Aufklärungsmission blieb jedoch erfolglos.

Sigmund von Imhoff und Josef Banzer starrten sich schläfrig an und versuchten mit Hilfe von Kaffee und Tee wach zu bleiben. Da schrillte plötzlich das Telefon. Hauptmann Wild war am Apparat.
»Können Sie sprechen oder werden Sie abgehört?« fragte der Hauptmann. »Ich muß Ihnen einen persönlichen und dringenden Auftrag im Namen Herrn von Kahrs und Oberst von Seissers übermitteln.«
Banzer wurde augenblicklich hellwach. Seit Stunden schon hatte er auf eine eindeutige Direktiven gewartet.
»Sie sind beauftragt, Herrn Oberlandesgerichtsrat Pöhner und Herrn Oberamtmann Frick so bald und so unauffällig wie möglich in Haft zu nehmen und bis auf weiteres festzuhalten«, sagte Wild.
Der Anruf klärte zwar die Lage nur andeutungsweise und indirekt, doch war Banzer und Imhoff, die beide mit Wild gesprochen hatten, der Auftrag höchst willkommen. Kaum hatten sie aufgelegt, als schon, wie gerufen, der Oberamtmann Frick in das Zimmer hereinspaziert kam. Er hatte etwas geschlafen und wollte herausfinden, was nun eigentlich los war. Ziemlich nonchalant wandte er sich an Banzer: »Wissen Sie, wo Oberst Seisser ist?« Banzer verneinte ebenso gleichgültig. Frick schien seine Anwesenheit auf dem Präsidium nervös zu machen. »Sie sollten nach Hause gehen und etwas schlafen, Herr Oberst«, schlug er vor. »Die Stadt ist ruhig und morgen wird es noch viel Arbeit geben.«
Da kam von Imhoff aus dem Nebenzimmer zurück, wo er zwei Offiziere, die Frick bewachen sollten, bereitgestellt hatte, und drehte den Schlüssel in der Tür hinter sich um. Jetzt beantwortete Banzer die Frage des

Oberamtmanns. »Das werde ich tun, Herr Frick, doch nicht bevor ich eines erledigt habe: Herr Oberamtmann, ich muß Sie verhaften.«
»In wessen Auftrag?« fragte Frick, wobei er seine Bestürzung hinter einer aufgesetzten Selbstsicherheit verbarg und lachen wollte. Das Lachen verging ihm jedoch, als er das Klicken des Schlosses hinter sich gehört hatte. »Im Auftrag der Regierung«, entgegnete Banzer. »Welche Regierung?« fragte Frick. »Die Regierung Exzellenz von Kahrs. Ich verhafte Sie im Auftrag des Generalstaatskommissars.«
Frick war außer sich. Kahr ließ ihn verhaften! Derselbe Kahr, der ihm noch 4 Stunden zuvor herzlich die Hand gedrückt und seine volle Übereinstimmung mit ihm bekundet hatte! »Hat denn Kahr das gegebene Wort gebrochen?«
Banzer und Imhoff zuckten die Achseln und lächelten höflich. »Ich weiß es nicht, Herr Frick«, sagte der Oberst aufrichtig. »Ich weiß nur, daß er mir den Auftrag gab, Sie festzunehmen.«
Imhoff ließ Frick abführen und beauftragte die beiden Offiziere, ihn in einem entlegenen Zimmer ohne Telefon unterzubringen und zu bewachen. Den Telefonisten und der Wache sagte Imhoff: »Falls nach Herrn Frick gefragt wird, sagen Sie, er sei bis vor kurzem bei mir gewesen, sein gegenwärtiger Aufenthalt sei jedoch unbekannt. Er würde auch von anderen gesucht.«
Sodann planten Imhoff und Banzer ihr nächstes Unternehmen, die Festnahme Pöhners. Der neue »Ministerpräsident Bayerns« war nach der Pressekonferenz nach Hause gegangen. Die Wohnung und das Haus waren vermutlich von der SA bewacht. Zwei bewaffnete Züge der Landespolizei wurden mit seiner Verhaftung beauftragt.
Imhoff hatte soeben diese Anordnungen getroffen, als Hauptmann Wild ihn nochmals anrief und zu einer Konferenz in die Infanteriekaserne berief. »Vielleicht werden Sie dort ein klareres Bild von der Lage gewinnen«, fügte Banzer noch hinzu.

Auf der Treppe stieß Imhoff beinahe mit Leutnant von Kiliani, der atemlos heraufgelaufen kam, zusammen. »Ich komme im Auftrag Oberstleutnant Schnitzleins, Herr Major...«
»Ich habe jetzt keine Zeit«, unterbrach ihn Imhoff, »sprechen Sie doch mit Oberst Banzer.«
Banzer war nicht gerade in gesprächiger Stimmung. Kiliani fragte ihn dennoch geradewegs: »Herr Oberst, kann ich Oberstleutnant Schnitzlein wenigstens über folgendes Klarheit geben: Sollen wir die Natio-

nalsozialisten als Freunde behandeln oder als Feinde, oder sollen wir lavieren?«

»Das weiß ich selber nicht«, entgegnete Banzer. »Aber Sie können sich inzwischen am Telefon nützlich machen.«

Erst um 4 Uhr kam Imhoff von der Infanteriekaserne mit der Information, auf die sie alle seit Stunden gewartet hatten, und sagte zu Kiliani: »Melden Sie Oberstleutnant Schnitzlein, daß Kahr, Lossow und Seisser sich gegen den Hitlerputsch stellen. Sie hoffen mit Hilfe von Verstärkungen, die im Lauf des Morgens eintreffen werden, die Lage wieder in die Hand zu bekommen.«

Geschichte ist auch das Ergebnis nicht vollzogener wie unterlassener Handlungen. Kahr war ein Meister von letzterem. Viel Unheil hätte sich vermeiden lassen, wenn er es in den frühen Stunden des 9. November nicht unterlassen hätte, das Erscheinen der Morgenblätter, die über den erfolgreichen Hitler-Ludendorff-Putsch berichteten, zu stoppen, obwohl die Triumviren bereits mehrere Stunden vor den Frühausgaben Schritte zur Unterdrückung des Staatsstreichs unternommen hatten. Dies trug in der Stadt zur grenzenlosen Verwirrung bei, die durch den erfahrenen Propaganda-Apparat der Nationalsozialisten und den Mangel an einem solchen auf der Seite der Triumviren ohnedies schon vorprogrammiert war.

Es wäre nie zu den blutigen Vorgängen des 9. November gekommen, wenn Kahr den Rat seines Pressechefs, Adolf Schiedt von der *Münchener Zeitung,* befolgt hätte. Schiedt hatte Pöhners Pressekonferenz in der Ettstraße frühzeitig verlassen und war auf der Suche nach Kahr zunächst zum Generalstaatskommissariat und dann in die Infanteriekaserne gegangen. Als er erfuhr, die Triumviren hätten sich gegen den Putsch gestellt, beschwor er Kahr, von seinen Notstandsvollmachten Gebrauch zu machen und die Morgenausgaben der Münchener Tagesblätter zu verbieten. »Wenn Sie das nicht tun«, sagte er, »werden die Tageszeitungen nur über die Geschehnisse im Bürgerbräukeller berichten.«

Im Prinzip stimmte Kahr Schiedt zu. In der Tat gab er jedoch der Ausführung des Verbotes nicht die entsprechende Priorität und die Anordnung erreichte, mit Ausnahme von Schiedts eigener Zeitung, die Morgenblätter zu spät, um ihr Erscheinen zu verhindern.

Schiedt erhielt erst kurz vor 4 Uhr früh die Erlaubnis, das Telefon auf dem Kommandoposten zu benutzen, um seinen Verlagsdirektor, den

Vorsitzenden des Verbandes der Münchener Verleger, Hans Buchner, anzurufen.
»Sie müssen die Erscheinung der Morgenausgaben um jeden Preis verhüten. Benachrichtigen Sie so viele Redaktionen wie möglich und sagen Sie ihnen, die Ausgabe der Zeitungen ist bei Todesstrafe verboten.«
Buchner tat, was er konnte, und das hieß, daß er seine eigene Zeitung, deren erste Ausgabe erst zur Mittagszeig erschien, gerade noch stoppen konnte, nicht jedoch die anderen, schon am frühen Morgen erhältlichen Tagesblätter, unter diesen Fritz Gerlichs *Münchner Neueste Nachrichten,* die auflagenstärkste Zeitung Münchens.

Der schrille Ton des Telefons weckte Gerlich aus tiefem Schlaf. Am andern Ende der Leitung war Buchner.
»Herr Kollege«, sagte Buchner, »es tut mir leid, Sie mit einem Schock zu wecken, besonders, da es wahrscheinlich schon zu spät ist, um darauf zu reagieren: Exzellenz von Kahr hat soeben ein Edikt erlassen, das das weitere Drucken und den Vertrieb unter Todesstrafe verbietet.«
Gerlich war nicht nur skeptisch, er war überzeugt, daß es bereits zu spät war. Er warf einen Blick auf die Uhr auf seinem Nachttisch. »In diesem Augenblick werden bereits 30000 Exemplare der Frühausgabe verteilt. Daran ist nichts mehr zu ändern. Und jetzt sagen Sie mir aber, worum geht es?«
»Das weiß ich nicht«, entgegnete Buchner und er sprach die Wahrheit. »Ich führe nur meinen Auftrag aus.«
Fritz Gerlich war nicht nur bestürzt, er war wütend über die Nachricht, die er soeben vernommen hatte. Da muß Pöhner dahinter stecken, dachte er, ein unverschämter Wortbruch, wo er doch versprochen hatte, daß es unter dem neuen Regime keine Zensur geben werde. Ohne Rücksicht auf die Uhrzeit, rief er ihn sofort an.
»Herr Ministerpräsident«, schrie Gerlich wütend in den Apparat, »was soll das bedeuten? Drei Stunden zuvor haben Sie die feierliche Erklärung abgegeben, daß das neue Regime die Freiheit der Presse nicht einschränken wird. Und jetzt kommt dieser Schock! Mitten in der Nacht und mitten in der Verteilung und Auslieferung der Frühausgabe. Ich verlange eine Erklärung!«
Pöhner war es sofort klar, daß hier ein falsches Spiel gespielt wurde. »Irgendwo muß ein Fehler vorliegen«, sagte er beschwichtigend »Ich habe kein Presseverbot erlassen und ich bin überzeugt davon, daß es

auch Exzellenz von Kahr nicht tat. Weshalb sollte er es tun? Jemand muß sich einen schlechten Scherz erlaubt haben. Versuchen Sie doch aus Buchner mehr herauszukriegen. Und rufen Sie mich wieder an.«
Während Pöhner auf den Rückruf wartete plagten ihn Zweifel und Besorgnisse, die sich zur Panik steigerten, als der Anruf endlich – etwa 20 Minuten später – kam.
»Ich kann Ihnen nichts Neues mitteilen«, sagte Gerlich. »Nach Buchners Information hat das Amt von Kahrs mit Berufung auf Notstandsbefugnisse ein Edikt erlassen, in dem das Erscheinen aller Zeitungen, unter Androhung der Todesstrafe, verboten wird. Ich könnte den Erlaß, selbst wenn ich es wollte, nicht befolgen. Für mein Blatt ist es eh zu spät. Gute Nacht Herr Pöhner, ich lege mich wieder schlafen.«

Für Pöhner kam Schlaf nicht in Frage. Was war da nur los? Er witterte Verrat. Er mußte Frick erreichen. Vielleicht wußte er mehr.
Pöhner wartete ungeduldig auf die Verbindung mit der Ettstraße – vergebens.
»Herr Frick?« fragte der Wachtmeister vom Telefondienst. »Ich kann ja nochmals versuchen, ihn zu erreichen, aber ich weiß einfach nicht, wo er ist. Er wurde von einer Anzahl von Leuten telefonisch gesucht, ich konnte ihn aber nirgendwo im Haus finden. Weder in seiner Wohnung noch in seinem, Major von Imhoffs oder Oberst Banzers Büro, obwohl der Herr Oberst dort mit ihm vor ungefähr einer Stunde sprach. Wollen Sie eine Nachricht hinterlassen?«
Seltsam, dachte Pöhner, äußerst seltsam, und begann sich anzukleiden. Seine Verwirrung und Unruhe wuchs, als es an der Wohnungstür klingelte und ein müder, und entmutigter Max von Scheubner-Richter im Türrahmen stand.
»Sie müssen mit mir sofort zum Wehrkreiskommando kommen«, sagte er. »Etwas stimmt ganz und gar nicht. Hitler und Ludendorff sind außer sich. Sie haben Lossow und Seisser die ganze Nacht nicht gesehen und sie sind unauffindbar. Nun scheint auch Kahr verschwunden zu sein. Das ganze sieht höchst verdächtig aus. Kommen Sie, mein Auto wartet.«
»Falls ich gesucht werde«, sagte Pöhner zu seiner Frau, seinen Mantel anziehend. »Ich werde eine Zeitlang in der Schönfeldstraße sein.«
Als sie in Scheubner-Richters Wagen davonfuhren, bemerkten sie nicht den Konvoi von Landespolizei-Lastwagen, der sich dem Haus näherte.

»Pöhner hat seine Wohnung verlassen«, berichtete Imhoff Oberst Banzer. »Seine Frau sagt, er fuhr zum Wehrkreiskommando.«
Das aber war die Festung der Putschisten, in die man sich den Zutritt nicht mit der Streitkraft, die der Landespolizei zur Verfügung stand, erzwingen konnte. Es mußte ein anderer Weg gefunden werden, um Pöhner festzunehmen.

13. Szene

Obwohl unaufhörlich die Hausglocke läutete, schlief der Hausmeister und Bürowart der Bayerischen Siedlungs- und Landbank, Erwin Aubele, im Anwesen Kanalstraße 29, fest. Er erwachte erst, als an die Haustür gepocht und gehämmert wurde, und ein wildes Geschrei von »Aufmachen! Schnell!« in seine Wohnung drang.

»Wer kommt denn da, zu dieser Stunde?« fragte er seine Frau, halb wütend, halb erschrocken.

Schnell zog er seinen Bademantel an und ging barfuß zum Fenster, wo er durch die auseinandergezogenen Vorhänge auf die Straße hinunter schaute. Er erblickte zwei große Wagen, eine Gruppe von uniformierten und bewaffneten Männern. Sofort schlüpfte er in seine Pantoffel und drehte das Licht an. Die Leute da unten waren entweder die Polizei oder Soldaten. Er hatte Angst.

Im Treppenhaus schrie jemand: »Sofort aufmachen, Herr Aubele! Im Namen der neuen Reichsregierung!« Die Stimme hatte einen ihm bekannten Klang.

Aubele schlurfte den Flur entlang und öffnete die Türe. Ohne die Kette zu entsichern, spähte er durch den Spalt.

Draußen stand Max Amann, sein stämmiger Nachbar. Amann, der Geschäftsführer der Nationalsozialistischen Deutschen Arbeiterpartei, war früher Angestellter der Staatlichen-Bayerischen Siedlungs- und Landbank in der Kanalstraße 29 und hatte seine Wohnung im Gebäude der Bank beibehalten.

In Amanns Begleitung befanden sich Hermann Esser, Gottfried Feder, Julius Streicher, Dr. Helmut Klotz aus Nürnberg, Amanns Stellvertreter Philipp Bouhler mit zwei hübschen Sekretärinnen von der NSDAP-Geschäftsstelle in der Corneliusstraße und Kriminaloberwachtmeister Matthäus Hofmann, der in dieser Nacht allgegenwärtig zu sein schien. Zwei Angehörige von Josef Berchtolds Stoßtrupp standen mit ihren Karabinern und Maschinenpistolen drohend inmitten der erlauchten Gruppe. Barsch sagte Amann: »Das Haus wird beschlagnahmt für die

Nationalregierung. Machen Sie keinen Unsinn und öffnen Sie die Räume und den für die Bauernkammer bestimmten Sitzungssaal. Und versuchen Sie keine Tricks, sonst gibt es Leichen«, fügte er nachdrücklich hinzu.
Zitternd vor Angst führten Aubele und seine Frau die Gruppe in die Amtsräume im ersten Stockwerk, drehten die Lichter an und sahen erstaunt zu, wie die Namen der Mitglieder der »provisorischen Regierung« – »Dr. Feder«, »H. Esser«, »J. Streicher« und andere – an den Türen der Büros angebracht wurden. Vor den Amtsräumen hatte man Posten aufgestellt.
»Wie ich Ihnen schon sagte, gibt es hier eine genügende Anzahl von Schreibmaschinen«, sagte Amann zu Bouhler. »Ihre Sekretärinnen können in einem der Büros warten, bis wir bereit sind, zu diktieren.«
Die zwei Sekretärinnen, Elsa Gisler und Anna Schürz, die seit dem Morgen des Vortages im Dienst waren, setzten sich hinter die ihnen zugewiesenen Schreibmaschinen und versuchten, einen so wachen und aufmerksamen Eindruck wie möglich zu machen.
»Esser und Klotz werden jetzt die Texte für die Plakate entwerfen«, sagte Amann. »Sie können die Drucker schon kommen lassen. In einer Stunde sollten die Texte druckbereit sein.«
Während Esser und Klotz am Entwurf arbeiteten, verfaßte der »provisorische Finanzminister«, Dr. Feder, eine Bekanntmachung, deren Zweck es war, »einen Sturm auf die Banken am nächsten Morgen zu verhindern; ferner zu vereiteln, daß die Großbankguthaben ins Ausland verschoben würden«.
Der endgültige Text lautete:

Bekanntmachung

> Bis zur gesetzlichen Regelung des gesamten Geld- und Kreditwesens werden alle Banken und sonstigen Geldinstitute ihres privatrechtlichen und privatwirtschaftlichen Charakters entkleidet und unter Staatsaufsicht gestellt. Jede Veränderung oder Verschiebung der Vermögensbestände wird bestraft.
>
> Das Finanzkomitee: gez. Gottfried Feder

Die Beziehung zwischen Feder und Hitler war eine besondere und schicksalhaft. Wenige nur hatten einen so bedeutenden Einfluß auf Hitler wie der Hoch- und Tiefbauingenieur und Amateurfinanzwirtschaftler, den viele in München als ein »Finanzgenie« betrachteten. 1919 hatte Feder Aufklärungskurse und Vorträge gehalten über finanzwirtschaftliche Fragen, das internationale Leihkapital und die Überwindung der privatkapitalistischen Verschuldung der Völker durch »die Brechung der Zinsknechtschaft«, ein Schlagwort, mit dem er der Zeit die zündende Parole gab. Feders finanzwirtschaftliche Theorien dienten als ökonomisch-politische Grundlage der jungen und unbedeutenden Deutschen Arbeiterpartei, deren Mitglied Hitler teils durch Feders Vorträge wurde. Feders Theorien dienten auch als Prämisse für Hitlers Reorganisation und Umbenennung des Kleinen Haufens in die Nationalsozialistische Deutsche Arbeiterpartei. Der Moment, in dem Feders Verbindung mit Hitler Früchte tragen sollte, schien gekommen.

Feder betrachtete den Text nochmals und gab ihn dann einem SA-Mann, der ihn zum *Völkischen Beobachter* bringen sollte. Schade um die Wertpapiere in der Bank, dachte er, als ihm plötzlich einleuchtete, daß sein eigenes Dekret die beabsichtigte Abhebung der Zertifikate am Montag verhindern würde. Aber als Deutschlands neuer Finanzminister würde er sie ja auch nicht mehr benötigen. Er ging in die gegenüberliegenden Büroräume, um sich bei Esser, Streicher und Klotz nützlich zu machen.

Während sich Streicher für den nächsten Morgen seine Hetzreden auf den Hauptplätzen von München ausdachte, entwarf Esser eine lange »Proklamation an das Deutsche Volk«. Der Stil, Ton und die propagandistische Virtuosität dieser Proklamation sind ein Beispiel und eine Erklärung zugleich dafür, weshalb Esser und Hitler als »Zwei Geister in Einem« und als fast ebenbürtige Propagandisten galten:

> »Die Revolution der Novemberverbrecher ist mit dem heutigen Tage beendet, das Regiment wirtschaftlicher Schieber und politischer Gauner gebrochen, eine deutsche Nationalregierung ist proklamiert.
>
> Fünf Jahre sind heute beendet, seit dem Tage da unter dem Gejohle elender Deserteure, aus Gefängnissen entkommener Verbrecher das deutsche Heldenvolk den Dolchstoß des Verrates erhielt. Friede, Freiheit, Schönheit und Würde logen die Nationalverbrecher unserem gläubigen Volke als kommende Segnungen ihrer Tat vor. Beendigung der kapitalistischen Wirtschaft, Beseitigung des militärischen Geistes der Welt, der Beginn einer internationalen Völkerversöhnung, Weltfriede und Weltglück wurde versprochen. Und was ist gekommen? Zusammengebrochen steht heute unser unglückseliges Volk am Rande seines eigenen Grabes. 17 Millionen Deutsche sind dem Vaterland entrissen, schmachvoll

entehrt, werden schlimmer behandelt auf dieser Welt als Negerstämme. Hunger und Not wüten in den breiten Schichten unseres arbeitenden und schaffenden Volkes und jeder Fleiß, er war unter dem Regiment dieser fluchbeladenen Verbrecher nur Anreiz zu einer neuen Vergewaltigung. Nur den wirtschaftlichen Spekulanten und Schiebern öffneten sich die Pforten des Reichtums, dem politischen Betrüger allein die Stellungen der Verwaltung und staatlichen Führung... Gewissenlose Verbrecher fühlen sich durch die Treulosigkeit dieser verkommenen Regierungen ihren Volksgenossen gegenüber berechtigt, in ähnlicher Treulosigkeit aus dem Vaterlande Gebiet um Gebiet loszulösen und wegzureißen.
Und in einer Stunde, da das deutsche Reich in Todeszuckungen liegt, reden die Urheber all dieses Unglückes von der Notwendigkeit der Erhaltung von Ruhe und Ordnung. Ein ehemaliger Bordellwirt als würdiger Repräsentant des Novemberverbrechens usurpiert den Stuhl eines Reichspräsidenten und entwürdigt das deutsche Volk und die deutsche Republik zugleich.«

Wie sollte der Aufruf unterzeichnet werden? Er überlegte es sich nicht länger als einen Augenblick. Dann schrieb er: gez. Ludendorff, Hitler, v. Lossow, v. Seisser.
Für Hermann Esser war die Arbeit der Nacht getan. Er hatte mehr geleistet, als er Hitler versprochen hatte. Seine Glieder schmerzten und fiebrig pochten seine Schläfen. Von seinem körperlichen Befinden ganz abgesehen war er jedoch enttäuscht, ja verzweifelt. Von dem Augenblick an, in dem die Triumviren das Bürgerbräu verlassen hatten, war der Staatsstreich in seinen Augen gescheitert und der Putsch ein Fiasko. Die schlechten Nachrichten und unheilverkündenden Zeichen, die seither eingetroffen waren, bestärkten ihn in seiner Überzeugung, daß »alles verloren« war.
Selbstverständlich würde er noch mit einem Durchschlag des Aufrufes zum *Völkischen Beobachter* fahren, wo Alfred Rosenberg bereits darauf wartete, diesen auf dem Titelblatt drucken zu lassen. Von dort würde er jedoch nach Hause und in sein Bett, das er niemals hätte verlassen sollen, zurückkehren.
Als er das Bankgebäude verließ, warf er noch einen Blick auf die zwei Sekretärinnen, die offensichtlich ebenso erschöpft waren wie er und über ihre Schreibtische gebeugt schliefen.

»Wo bleibt der Major Siry, der zum IR/19 geschickt wurde?« fragte in Lossows Vorzimmer im Wehrkreiskommando Ludendorff, sich an Hitler, Hermann Kriebel und die anderen Putschisten wendend. »Er ist vor mehr als einer Stunde fortgegangen und hat sich noch nicht gemeldet.« Hitler und Kriebel teilten Ludendorffs unausgesprochene Befürchtung und wandten sich ihrerseits hilflos an Röhm, Scheubner-Richter und Friedrich Weber vom »Bund Oberland« in der Hoffnung, jemand könnte ihn mit einer glaubhaften Erklärung beruhigen. Es herrschte eine düstere Stimmung. Sie waren alle verwirrt und verzagt, und versuchten, sich mit fieberhafter, großteils fingierter Aktivität abzulenken. Ohne Lossow und Seisser schien ihre Anwesenheit im Wehrkreiskommando zwecklos zu sein. Wo befanden sich nur die beiden? Weshalb waren sie nicht, wie sie versprochen hatten, gekommen? Und Siry war keineswegs der einzige Bote und Kundschafter, der spurlos verschwunden war. Vereinzelte Stimmen, die sich jetzt erhoben und den Verdacht äußerten, Lossow und Seisser könnten sich absichtlich verbergen und verleugnen lassen, wurden von Ludendorff mit den Worten, das sei »ausgeschlossen«, zum Schweigen gebracht. Röhm sollte weiterhin versuchen, die beiden telefonisch zu erreichen. Vielleicht kamen jedoch dieser vorgerückten Stunde auch Ludendorff Zweifel. Wurde Lossow unter Umständen mit Gewalt daran gehindert, sein Wort zu halten?
Als Scheubner-Richter den Verdacht äußerte: »Exzellenz, anscheinend geht da etwas vor, von dem wir nicht unterrichtet sind«, erwiderte Ludendorff. »Aber was wollen sie denn? Alle drei Männer haben sich doch vor einer tausendköpfigen Versammlung feierlich mit Wort und Handschlag verpflichtet, da ist es doch ausgeschlossen, daß sie jetzt anders handeln.«
Das Argument blieb unbeantwortet. Hitler konzentrierte sich auf Probleme und Technik der Propaganda.
Die Niedergeschlagenheit und Unruhe der Anführer schien jedoch die meisten ihrer Gefolgsmänner – wie Ludendorffs Stiefsohn, Heinz Pernet, Josef Seydel, Hans Streck, Ulrich Graf und Karl Osswald – nicht zu berühren. Das galt auch insbesondere für Heinrich Himmler, Theodor Casella, Martin Faust, den jungen Grafen du Moulin-Eckart und Ludwig Schmied vom Stroßtrupp, der Hitlers Leibwächter für diese Nacht war, sowie für die mehrere hundert Mann starken Truppen der »Reichskriegsflagge«, der SA und des »Bundes Oberland«, die in der Schönfeldstraße kampierten. Letztere taten, was Soldaten, die in Bereitschaft gesetzt worden sind, zu tun pflegen: Sie warteten. Hielten sie doch bis zum

letzten Mann an dem Glauben fest, sie seien wirkliche Soldaten, Soldaten der neuen Armee. Sie schlugen die Zeit tot in dem sie Stacheldrahtbarrikaden errichteten und Maschinengewehre um das Wehrkreiskommando herum postierten; sie standen Wache im eiskalten Hof und versuchten sich dabei warm zu halten oder sie schliefen in den Fluren und in verschiedenen Amtsräumen.
Nachdem Röhm wahrgenommen hatte, daß Hauptmann Wilhelm Daser ein doppeltes Spiel betrieben hatte, enthob er ihn seines Dienstes und ließ ihn festnehmen. Obwohl Röhms Leute die Schalttafel um ein Uhr früh besetzt und die Wachtposten der Reichswehr mit ihren eigenen ersetzt hatten, schienen sie sich noch immer nicht bewußt zu sein, daß sie und die Reichswehr nicht mehr Waffenkameraden waren.
Im Wehrkreiskommando, das dem Putsch als oberste Befehlszentrale diente, wimmelte es von Besuchern aller Art – solchen, die ihre Glückwünsche persönlich überbrachten und sich somit Gunst und Anerkennung sichern wollten, und auch von solchen, die gegen vermeintliche Maßnahmen des neuen Regimes protestierten.
Selbst der Generalkonsul der Vereinigten Staaten erstattete einen Besuch – nicht um der Etikette zu genügen und seine Visitenkarte zu hinterlassen, sondern um bei Hitler persönlich Einspruch dagegen zu erheben, daß ihm die Telegraphenzentrale die Übermittlung eines chiffrierten Telegrammes nach Washington verweigert hatte.
»Das stimmt, Herr Murphy«, entgegnete Hitler höflich, »ich bin aber zuversichtlich, daß Sie für eine vorübergehende Zensur Verständnis haben werden.«
Murphy protestierte nur der Form halber, denn er hatte bereits Albert Halstead per Auto nach Stuttgart entsandt, um Washington von dort aus zu benachrichtigen. Daß die Sperre im Telegraphenamt von Kahr und der Landespolizei ausging, schienen weder Murphy noch Hitler zu wissen.
In dem Maße, wie sich gegen Morgen die Anzahl der Besucher verringerte, nahm die Niedergeschlagenheit der führenden Putschisten zu. Das war der Stand der Dinge, als Kriebel in den Nachrichtenraum ging, in dem Neunzert noch immer versuchte, Lossow und Seisser telefonisch zu erreichen, und den Leutnant a. D. in die Stadt schickte, um die Lage dort zu erkunden.
»Stellen Sie fest, was am Hauptbahnhof und in der Telegraphenzentrale vor sich geht und achten Sie darauf, ob linksradikale gegenrevolutionäre Ansammlungen zu beobachten sind. Leider müssen Sie diese Mission zu

Fuß ausführen, es scheinen im Augenblick keine Autos verfügbar zu sein. Aber Herr Neunzert, bleiben Sie bitte nicht zu lange weg. Ich werde sie noch für andere Aufgaben brauchen.«
Stolz, mit so einer wichtigen Aufgabe betraut worden zu sein, eilte Neunzert, mit dem EK II und dem Bayrischen Verdienstkreuz auf seiner Brust aus dem Wehrkreiskommando in die Schönfeldstraße. Als er stadtwärts in die Ludwigstraße einbog, zog er seinen Kopf zum Schutz gegen den Wind und den Schneeregen, der ihm ins Gesicht schlug, ein.

Nebelschwaden umhüllten den Wagen. Julius Schaub versuchte, mit dem Kopf auf das Lenkrad gestützt, etwas zu schlafen. Der Ärger über den erzwungenen Halt und die Kälte hinderten ihn jedoch am Einschlafen.
Da stieß ihn der SA-Mann auf seiner Seite an. »Hören Sie mal, ich glaube, da kommt ein Wagen.«
Schaub richtete sich auf und erblickte durch den Nebel die Lichter eines sich nähernden Autos. Er stieg aus dem Selve Tourer und stellte sich mit ausgestreckten Armen in die Mitte der Landstraße und schrie: »Halt! Kontrolle!« Als ihn die Lampen des großen Reichswehr-Stabsautos erfaßten, gelang es dem Fahrer, gerade noch in letzter Sekunde den Wagen vor dem wild gestikulierenden Mann anzuhalten.
Die Begegnung war nicht ohne Ironie. Da stand mitten auf der Landstraße einer der wichtigsten Boten der Putschisten und im Wagen saßen die Männer, die den Auftrag hatten, den Putsch niederzuschlagen: Generalmajor Friedrich Freiherr Kress von Kressenstein und sein Adjutant, Hauptmann Hermann von Hannecken. Weder Schaub noch Kressentein wußten von der Rolle des anderen. In Nacht und Nebel schien Kressenstein das Hakenkreuz auf Schaubs Uniform nicht gesehen zu haben. Und als er Schaub mit der Leutseligkeit eines von einem Militärposten angehaltenen Generals seinen Auftrag, das Kommando in Regensburg zu übernehmen erklärte, wäre Schaub der Gedanke, daß Kahr den Putsch verraten hatte, nie gekommen.
Schaub salutierte: »Ich bitte um Entschuldigung, Herr General«, und ließ den Wagen weiterfahren. Enttäuscht kehrte er zu seinem Wagen zurück. »Irgend jemand muß doch noch vorbeikommen, bevor es Morgen wird«, sagte er zu seinem Beifahrer. »Hauptmann Göring wird wütend sein. Könnte man ihn nur auf irgendeine Weise benachrichtigen!«

Die Stenotypistin und Sekretärin des *Völkischen Beobachters,* Paula Schlier, die um 8 Uhr abends, nach getaner Arbeit, telefonisch für 10 Uhr abends zur Fertigstellung einer Sonderausgabe in die Redaktion der Zeitung zurückberufen wurde, beschrieb die Vorgänge während der Putschnacht.
»Ich schrieb die ganze Nacht hindurch und nahm die Meldungen am Telephon ab, das sich ununterbrochen meldete. Chefredakteur Rosenberg las den Bericht über die Reden Hitlers und Ludendorffs im Bürgerbräukeller mit erhobener Stimme vor. Ich stenographierte in fliegender Eile, schrieb wie eine Wahnsinnige auf der Maschine.«
Als sie endlich einige Minuten Atempause hatte, bemächtigte sich ihrer eine »große Traurigkeit«. Die Leichtfertigkeit, mit der diese Leute von einer »Revolution« und dem »Marsch auf Berlin« sprachen, stieß sie ab. Paula Schliers Atempause, in der sie sich diese Gedanken machte, währte nicht lange. Die erste Ausgabe war noch nicht fertig. Das Korrekturlesen von Josef Stolzing-Czernys pompösem, worttriefendem Leitartikel stand noch bevor. Zweifellos würde er, wie immer, noch Veränderungen vornehmen, womöglich seine Prosa, die einem schon einen Brechreiz verursachen konnte, noch bombastischer gestalten. Gott, war der Mann ein langweiliger Kerl! Und eben hörte sie jemanden bemerken, daß es noch ein weißes Loch auf der Titelseite gab, das man für einen »Aufruf an das Deutsche Volk« freihalten müsse. Es war schon nach 3 Uhr morgens.
»Endlich!« – rief Rosenberg, als er Hermann Esser eintreten sah. »Die Proklamation?«
Esser nickte ein todmüdes »Ja«.
»Nun«, sagte Rosenberg, »es ist wohl an der Zeit.« Er sah kaum auf den Text, bevor er das Blatt Paula Schlier übergab, die ihn für die Drucksetzung ins reine schreiben sollte.
»Bitte machen Sie schnell«, sagte er noch, drehte sich um und ging in sein Büro.
Esser warf noch einen letzten Blick auf die Szene, dann ging er die Treppen hinunter in die naßkalte Nacht hinaus. Er stand noch einen Augenblick auf der Straße und betrachtete das jubelnde Gedränge von SA-Leuten, Boten und Kraftwagenfahrern. Dann ging er auf die andere Straßenseite hinüber und ein paar Schritte weiter zu Heinrich Hoffmanns Atelier.
»Du bist wohl verrückt, in einer Nacht wie dieser mit deiner Gelbsucht auf die Straße zu gehen«, schimpfte ihn Hoffmann. Ohne auf die

Besorgnis seines Freundes einzugehen, erwiderte Esser niedergeschlagen: »Alles ist aus. Der Putsch zusammengebrochen. Ludendorff hat Kahr, Seisser und Lossow laufen lassen. Die drei haben bereits alles vorbereitet, um dem Volk zu erklären, daß sie nur unter Zwang sich Hitler angeschlossen haben. Vor den Regierungsgebäuden stehen schon die spanischen Reiter! Ein großer Teil des »Bundes Oberland« wird von loyalen Truppen zurückgehalten.
Du hast recht, ich sollte im Bett sein: Ich kann kaum auf meinen Füssen stehen. Ich habe jedoch Adolf versprochen, daß ich mein möglichstes tun werde, und das habe ich getan. Jetzt gehe ich nach Hause.«

Etwas skeptisch musterte der Drucker Anton Schmidt das Bank- und Mietshaus in der Kanalstraße, zu dem ihn Bouhler von der Geschäftsstelle der Polizei geschickt hatte.
»Ist das der Sitz der neuen Regierung?« fragte er einen SA-Posten vor dem Gebäude.
»Ganz richtig«, antwortete der Posten, »Sie werden die Herren im ersten und zweiten Stockwerk finden. Aber Sie müssen sich bei den Wachen ausweisen, sonst werden Sie nicht durchgelassen.«
Schmidt stieg die Treppen mühsam hinauf. Er war es nicht gewohnt, die Nacht zum Tage zu machen, und war durch das lange Warten ziemlich müde.
Auf der zweiten Etage angelangt, wurde er von einem bewaffneten Posten angehalten »Halt! Ihren Ausweis bitte. Ist der Zweck Ihres Besuches amtlich?«
Nachdem er sich ausgewiesen hatte, wurde Schmidt noch auf Waffen durchsucht. »Man kann nicht vorsichtig genug sein«, rief ihm der Posten noch nach. »Die Stadt ist voll von roten Lockspitzeln und jüdischen Spionen.«
Im Empfangszimmer waren schon mehrere Leute anwesend; manche in Zivil, andere in Uniform, die geschäftig mit wichtig aussehenden Papieren hin und hereilten. Unter diesen erkannte Schmidt seine zwei Konkurrenten, die Druckereibesitzer Ferdinand Schreiber und Hans Stiegeler.
»Auch du, mein Sohn Brutus?« fragte er, »und wie lange hast du schon gewartet?«
Schreiber war weniger zum Spaßen aufgelegt. Er sah auf seine Taschenuhr und antwortete kurz und mißgestimmt: »Zu lange.«
»Das Warten wird sich aber lohnen«, unterbrach Stiegeler die zähe

Unterhaltung seiner Konkurrenten. »Wenn ich sie richtig verstanden habe, sprachen Bouhler und Herr Amann von zwanzig- oder fünfzigtausend Plakaten und Flugblättern. Stellen Sie sich das mal vor!«
»Der Auftrag muß schon der Mühe wert sein«, entgegnete Schmidt noch immer grantig. »Die Überstunden für meine Drucker und Setzer werden mich ein kleines Vermögen kosten.«
Schreiber und Stiegeler nickten verständnisvoll. Die Druckereibesitzer setzten sich aufs lederne Sofa im Empfangszimmer der Bank. Vom Flur hörten sie die Stimmen Amanns, Bouhlers, Streichers und Klotz'. Die andern kannten sie nicht. Schreibmaschinen klapperten, Telefone schrillten. Mit dem Warten aber hatte es noch kein Ende.
Bouhler und Amann riefen erst gegen 4 Uhr morgens Schreiber zur Seite. Seit dem geheimnisvollen Anruf, der die Drucker veranlaßte, ihre Belegschaften bis spät in die Nacht hinein in Überstundenbereitschaft zu halten, waren fast 12 Stunden vergangen.
»Wir brauchen 5000 von diesen Plakaten«, sagte Bouhler. »Ungefähr 1000 Stück für München, den Rest für das übrige Bayern.«
Schreiber sah sich den schreibmaschinengeschriebenen Text an. Es handelte sich um eine Kundgebung an das bayerische Volk, in dem die Revolution und die neue Regierung bekanntgegeben wurden. Das Schriftstück trug die Unterschrift »Dr. v. Kahr«.
Schreiber bemerkte aber, daß die Genehmigung der Polizei fehlte. »Sind Sie sicher, daß das Plakat genehmigt wurde?« fragte er. »Ich hatte bereits schon mal Schwierigkeiten mit der Ettstraße gehabt und bin nicht darauf erpicht, noch weitere zu bekommen.«
»Alles ist in vollkommener Ordnung, Herr Schreiber«, versicherte Amann. »Die Plakate sollen um 9 Uhr morgens bereit sein. Sie werden abgeholt werden. Seien Sie pünktlich.«
»Sie wissen, daß Sie sich auf mich verlassen können«, sagte Schreiber und zog sich den Mantel an. »Aber ich hoffe, daß meine Kollegen nicht viel länger warten müssen.«
Das war nicht nötig. Einige Minuten später erschien Bouhler nochmals mit einem Text für Handzettel. Auf diesen sollten große Massenversammlungen noch am selben Tag angekündigt werden, mit Hitler und anderen Parteiführern als Redner.
»Meine Herren«, sprach er strahlend, »wir brauchen von jedem von Ihnen 50 000 Flugblätter. Können Sie das bis 9 Uhr morgens schaffen?«
Stiegeler und Schmidt sahen einander an und nickten nach einigem Zögern. »Ja.« Sie trauten kaum ihren Ohren.

»Ich entschuldige mich, Sie so lange warten gelassen zu haben«, fügte Bouhler hinzu. »Doch werden Sie gewiß für die besonderen Umstände dieser historischen Nacht Verständnis haben. Die Größe des Auftrags entspricht dem Anlaß.«
Die Druckereibesitzer wurden plötzlich wach. Sie nahmen die Texte entgegen und machten sich eiligst auf den Weg.

Gegen 4 Uhr 30 ging Max Neunzert enttäuscht von dem, was er gesehen hatte, und voller böser Vorahnungen in seine Wohnung, um sich aufzuwärmen und Zivilkleidung anzuziehen. Er war völlig durchnäßt von seinem langen Erkundigungsmarsch durch die Stadt. Von dort aus meldete er Kriebel im Wehrkreiskommando, daß der Hauptbahnhof und das Telegraphenamt von der grünen Polizei und nicht, wie er meinte, vom »Oberland« besetzt seien.
»Jawohl, Herr Oberstleutnant«, sagte Neunzert, in einer Hand den Hörer haltend während er mit der anderen sein Hemd zuknöpfte. »Ich komme so bald als möglich. Ich will nur noch auf dem Weg zu Ihnen meinen Schwiegervater besuchen, der schon ungeduldig auf einen Bericht über die Lage wartet.«

Der Major im Generalstab der 7. Division, Adolf Hühnlein, ein Organisator der »Schwarzen Reichswehr« war nicht erbaut über den Auftrag General Ludendorffs. Fast alle seine Vorgänger, die als Emissäre vom Kriegsministerium entstandt worden waren, schienen spurlos verschollen zu sein. War er der nächste Kandidat auf der Liste? Zumindest war sein Bestimmungsort, die Infanterieschule, dem Putsch gegenüber neutral, wenn nicht freundlich gesinnt.
»Ich entschuldige mich, Sie aus dem Schlaf zu wecken«, sagte er, nachdem er in das Quartier von Oberst Ludwig Leupold, dem stellvertretenden Kommandeur der Kriegsschule, geleitet worden war. »Aber Exzellenz Ludendorff wünscht Sie dringendst zu sprechen – und zwar in der Schönfeldstraße.«
Leupold sympathisierte mit den Putschisten. Seine Einstellung zu Hitler und Ludendorff war bekannt und mitverantwortlich für die Begeisterung, die Gerhard Rossbach bei den Infanterischülern ausgelöst hatte.
Wie viele andere Offiziere befand auch er sich in einem Zwiespalt zwischen Gehorsam gegenüber seinen Vorgesetzten und Ehrfurcht für den größten Kriegshelden Deutschlands. Leupold hatte sich passiv

verhalten und nichts unternommen, um die Schüler und Offiziersanwärter daran zu hindern, zunächst in die Maximilianstraße und nach ihrer Rückkehr vom Mißerfolg beim Generalstaatskommissariat – um 3 Uhr morgens zum Bürgerbräukeller zu marschieren. Damit hatte er einen Beweis seiner Neutralität geliefert, während er mit einem Verbot angesichts der Entschlossenheit der Kadetten nur an Prestige eingebüßt und nichts erreicht hätte.
»Wissen Sie, was Seine Exzellenz von mir will?«
»Information«, beteuerte Hühnlein, »nichts als Information. Klarheit über die Lage. Kommen Sie bitte, Herr Oberst, mein Wagen wartet.«

Ernst Pöhner traf mit Scheubner-Richter kurz vor 5 Uhr morgens in der Schönfeldstraße ein. Ludendorff saß stumm und grimmig in einer Ecke des Vorzimmers Otto von Lossows, während Hitler in der entgegengesetzten Ecke die Situation in Gegenwart Röhms und Webers dramatisch ausbreitete: »Wenn wir fehlschlagen«, drohte er, »werden wir uns morgen früh alle aufhängen.« Innerlich war er jedoch noch überzeugt vom Erfolg des Putsches. Allerdings war er sich des Abfalls von Lossow zu dieser Zeit schon gewiß. Nur Ludendorff konnte der Tatsache, daß ein deutscher Offizier sein Wort gebrochen hatte, nicht ins Auge sehen. Doch noch hatte selbst Hitler Vertrauen zu Kahr und Seisser. Zudem berichteten ihm seine Kundschafter optimistisch über die Stimmung, die in der Stadt herrschte. Das Volk war – darüber gab es keinen Zweifel – auf seiner Seite, doch mußte es für die kommenden Ereignisse in Bereitschaft gesetzt werden.
Als Pöhner und Scheubner-Richter hereinkamen, rief Hitler aufgeregt: »Sobald der Wille der Massen bekannt ist, wird keiner wagen, sich diesem zu widersetzen. Der Wille des Volkes wird wie eine Sturmflut die Armee und die Polizei mit sich reißen. Propaganda, nichts als Propaganda! Sie wird den Sieg entscheiden!«
Er führte aus, die Massen müßten durch großangelegte Agitation gewonnen werden. Dazu brauchte man aber einen sicheren Stützpunkt, von dem aus man propagandistisch arbeiten und auf die Menschen einwirken könne. Der Bürgerbräukeller in dem Wohnviertel rechts der Isar eignete sich nicht zu diesem Zweck. Auch nicht das Wehrkreiskommando an der Ecke Ludwig- und Schönfeldstraße im Viertel der Paläste, Universität, der Regierungsgebäude und der Bibliotheken, das zwischen den Einkaufsstraßen und Schwabing lag. Er suchte einen Stützpunkt im Stadtinnern, nicht fern vom Rathaus und dem Marienplatz. Das Polizeipräsi-

25 *Verhaftung der Münchener Stadträte durch den »Stosstrupp« am Vormittag des 9. November 1923. Bürgermeister Eduard Schmid steht im Vordergrund neben dem Fahrerhaus des LKW, hinter ihm das Ratsmitglied Albert Nussbaum.*

26 *Der Marienplatz am Vormittag des 9. November 1923: Julius Streicher, Hitlers Chefpropagandist* (links) *spricht zu der Menge*

27 *Putschisten stehen am Eingang des Bürgerbräukellers kurz vor dem Abmarsch in Richtung Innenstadt und Feldherrnhalle.*
Das Bild zeigt Mitglieder der SA, des Bundes Oberland, sowie Offiziere und Offiziersanwärter der Reichswehr-Infanterieschule. In der Mitte der Gruppe, mit Händen in den Hosentaschen, steht der Freikorpsführer Gerhard Rossbach

28 *Eintreffen einer neuen SA-Gruppe aus Pfaffenhofen am Vormittag des 9. November* (oben rechts)

29 *Der Panzerwagen der Landespolizei, mit schweren MG, auf dem Odeonsplatz unweit der Feldherrnhalle, am späten Vormittag dieses Tages*

30 *Truppen der Landespolizei vor der Münchener Residenz kurz nach der Schießerei an der Feldherrnhalle*
31 *Berittene Landespolizei zerstreut Menschenansammlungen auf dem Odeonsplatz am Nachmittag des 9. November nach dem Zusammenbruch des Hitler-Putsches*

dium schien sich ideal für diesen Zweck zu eignen. Dazu aber brauchte man Pöhners Mitwirkung.
»Herr Ministerpräsident«, sprach er ihn an, »wir haben Ihnen diese Macht gegeben, nun nutzen Sie diese Macht auch aus. Wir müssen jetzt die Initiative ergreifen, sonst ergreifen sie die anderen. Sie marschieren jetzt an der Spitze eines Bataillons »Oberland« in das Polizeipräsidium und besetzen es im Morgengrauen. Dann durchziehen unsere Patrouillen die Stadt und rufen ›Fahnen heraus!‹ Dann wollen wir sehen, ob wir das Volk nicht begeistern können.«
Pöhner folgte dem Auftrag Hitlers – doch auf seine eigene Weise. Die Idee, sein eigenes Präsidium im Sturm zu nehmen, kam ihm absurd vor. Er wußte allerdings noch nicht, daß Frick bereits verhaftet worden war. So fuhr er in Begleitung von Major Hühnlein, der Oberst Leupold eben im Wehrkreiskommando abgesetzt hatte und mit dem er ohnedies Banzer »ersetzen« wollte, los, um das Präsidium persönlich und allein zu erobern.

»Endlich!« rief Julius Schaub, als er das Rattern der Lastkraftwagen auf der Landstraße hinter sich vernahm. Durch das Seitenfenster sah er durch den Nebel die Scheinwerfer der sich nähernden Lastwagen. »Wir müssen den Wagen sofort ankurbeln, damit sie nicht zu warten brauchen, und uns dem Konvoi anschließen.«
Als der erste Wagen des Zuges den Selve erreicht hatte, war der Motor schon angesprungen. »Sie armer Tropf, sind Sie die ganze Nacht hier gesessen?« fragte ihn Strasser lachend. »Nun gut. Folgen Sie uns. Wir bringen Sie nach München. Sie müssen ja erfroren sein.«
Plötzlich wurden sie von schrillem Hupen unterbrochen. Schnellere Kraftwagen als ihre, wie sie nur die Polizei besaß, erhellten die Straße mit ihren Scheinwerfern. Ein Stabsauto der Landespolizei fuhr an Strassers Wagen vorbei und stellte sich quer. Der Kommandeur des Landespolizeikonvois, Leutnant Georg Höfler sprang aus seinem Wagen und ging auf Strasser zu.
»Du?« rief Gregor. »Wo gehst du denn hin?«
»Nach München wie du.« entgegnete Höfler. Er war der Mann von Olga, der Schwester von Gregor und Otto Strasser, und stellvertretender Kommandeur der Grünen in Landshut.
»Bist du für uns oder gegen uns?« fragte ihn Strasser.
»Das weiß ich noch nicht«, antwortete Höfler und er sprach die Wahrheit. »Wir werden unsere Befehle in München erhalten.«

»Wir auch«, äußerte Strasser.
Einen Augenblick lang standen sich Gregor und Georg unschlüssig gegenüber, und maßen sich mit Blicken. Strasser ein blonder Riese mit Muskeln aus Stahl, der andere kleiner und zierlicher, aber mit einem Gesicht, auf dem eiserne Entschlossenheit zu lesen waren. Der Nebel, der vom Fluß aufstieg, lichtete sich allmählich, dafür begann der Schneeregen in Schnee überzugehen.
»Wir werden am Morgen sehen«, schloß Gregor philosophisch und Höfler verabschiedete sich mit Händedruck: »Viel Glück, Gregor!« Der Konvoi der Landespolizei fuhr in Richtung München weiter.
Strasser stieg wieder in den Mietlastwagen. »Los!« kommandierte er, »und macht schnell. Der Führer und Göring warten auf uns.«

Oberst Banzer und Major von Imhoff nahmen gerade den Bericht der Landespolizei-Offiziere, die den Auftrag hatten, Pöhner zu verhaften, entgegen, als sich die Tür öffnete.
»Wo ist Herr Frick?« fragte Pöhner. »Ich habe wiederholt angerufen, und niemand scheint es zu wissen. Ein Offizier sagte mir unten, ich sollte Sie fragen.«
Banzer und Imhoff wollten ihren Augen kaum trauen. Was hatten sie für ein Glück!
»Das weiß ich leider auch nicht«, log Banzer und fügte mit einem Lächeln hinzu: »Doch habe ich den Auftrag des Generalstaatskommissars, Sie zu verhaften. Jetzt. Und auch Sie, Herr Hühnlein.«
Das wirkte auf Pöhner wie ein Keulenschlag. Auf seine Frage: »Mich? Wer hat das befohlen. Der Generalstaatskommissar persönlich?« Banzer antwortete mit einem knappen: »Ja!«
»Der Generalstaatskommissar persönlich?«
»Ja, dieser Befehl kam vom Generalstaatskommissar persönlich in die Polizeidirektion. Die Anklage lautet auf Hochverrat und versuchten Umsturz der Regierung.«
Pöhner war noch immer skeptisch, als er in ein leeres Zimmer abgeführt wurde, nicht weit von jenem, in dem Wilhelm Frick bereits seit drei Stunden eingesperrt war.

Max Neunzert band sich gerade seine Krawatte, als das Telefon schellte. Ernst Röhm war an der Leitung. »Guter Gott, Max, bist du noch immer zu Hause?«
»Ich gehe ja schon«, entgegnete Neunzert, »Ich mußte mich umziehen.

Ich war patschnaß und meine Uniform war in einem schrecklichen Zustand.«
Röhm versuchte, seine Ungeduld zu beherrschen. »Ich bitte dich, komm möglichst rasch. Hitler hat einen dringenden Auftrag für dich.«
»Ich komme sofort«, antwortete Neunzert, und fügte beschwörend hinzu: »Ich muß aber auf dem Weg auf einen Sprung zu meinem Schwiegervater im Bayerischen Automobilklub hineinschauen. Er will wissen, was los ist.«
Röhm hängte den Hörer mit einem lauten Seufzer auf.

Auch Oberst Leupolds Geduld ging zu Ende. Zuerst wurde er aus dem Bett geholt und nun ließ man ihn warten. Er betrachtete die Szene – »Reichskriegsflaggen«-Leute, SA-Männer und »Oberländer« schliefen, mit dem Gewehr in der Hand, im Flur.
»Exzellenz Ludendorff und Herr Hitler sind bereit, Sie zu empfangen«, meldete Hermann Kriebel und entschuldigte sich für die Verzögerung. Er führte Oberst Leupold in ein kleines Büro. Es waren keine Augenzeugen zugegen.
»Herr Oberst«, sagte Ludendorff ohne Umschweife, »ich will wissen, was da vorgeht. Wo ist Lossow und was tut er? Ich warte auf ihn hier seit 11 Uhr – fast 7 Stunden. Meine Anrufe werden nicht beantwortet, meine Boten verschwinden. Was ist los, Herr Oberst?«
»General von Lossow wird nicht kommen, Exzellenz«, antwortete ihm Leupold. »Doch dachte ich, Sie wüßten das schon.«
Ludendorff wußte es nicht, und Leupold erklärte ihm, er habe zwischen 12 und 1 Uhr nachts die Nachricht erhalten, daß die 7. Division und die Landespolizei die Sache nicht mitmachen, weil die Zusage der Herren Lossow, Kahr und Seisser unter Gewaltandrohung erpreßt worden sei. Ludendorff widersprach ihm und sagte, er habe von einer Gewaltandrohung keine Kenntnis.
»Ich sah Lossow zwischen 2 und 3 Uhr morgens persönlich mit den andern Herren in der Nachrichtenbaracke des IR 19. Er bestätigte mir persönlich seine Entscheidung und sagte mir noch, daß Truppen nach München in Bewegung gesetzt worden sind.«
»Ich kann es nicht glauben«, sagte Ludendorff. »Ich kann es einfach nicht glauben, daß deutsche Männer, deutsche Offiziere ihr Wort gebrochen und ihren Handschlag zurückgenommen haben.«
Hitler unterbrach die Unterredung zwischen Ludendorff und Leupold mehrmals und schrie hysterisch: »Das ist Verrat! Hinterlistiger, gemei-

ner Verrat! Damit haben die Herren ihre Daseinsberechtigung verloren!«
»Aber Herr Hitler«, unterbrach ihn Leupold, »ich war zwar nicht selbst bei den Ereignissen im Bürgerbräukeller zugegen, doch schilderte mir ein Augenzeuge, General von Hemmer, kurz nachher die Vorgänge, aus denen ich den Eindruck gewann, daß die Herren ihr Jawort unter Gewaltanwendung gegeben haben.«
»Ein Staatsstreich ist kein Teekränzchen«, erwiderte Hitler. »Ich habe nicht jeden meiner Leute in der Hand. Doch habe ich mich bei den drei Herren für die Übergriffe entschuldigt, und sie nahmen meine Entschuldigung an.«
»Den Herren«, fügte Ludendorff hinzu, »war es keineswegs neu, wozu sie ausersehen gewesen waren.«
»Vielleicht«, erwiderte Leupold, »doch hätten sie ihre Zusage niemals ohne der Drohung von Gewaltanwendung gegeben.«
Die Diskussion geriet in eine Sackgasse.
Zuletzt ersuchte Ludendorff Leupold, seine Ansichten General von Lossow zu übermitteln und insbesondere darauf hinzuweisen, daß die jetzige Stellungnahme Lossows die vaterländische Bewegung zerschlagen würde.
»Ich werde tun, was Sie wünschen Exzellenz«, verabschiedete sich Leupold. »Aber ich glaube nicht, daß eine Änderung des Entschlusses des Generals von Lossow erfolgen wird. Auch bin ich überzeugt, daß die Division ihrem Führer gehorchen wird, auch wenn seine Befehle in Widerspruch mit ihren Gefühlen kämen. Ich werde wiederkommen, wenn General von Lossow eine Nachricht für Sie hat. Doch bezweifle ich das.«
Hitler und Ludendorff sahen einander an. Was nun?
Hitler zögerte nicht mit seiner Entscheidung. »Ich bin kein Feigling und bin bereit, für meine Sache zu kämpfen und zu sterben. Lossow mag zwar mehr Kanonen haben als wir, wenn er aber mein Werk zerschlägt, hat er seine Daseinsberechtigung verloren. Wir werden kämpfen und wenn wir verlieren, gilt die letzte Patrone in meinem Revolver mir.«
Schließlich verkündete er mit theatralischen Gesten seinen Entschluß, sich rechts der Isar in das Bürgerbräu als Rückhalt zurückzuziehen und die weiteren Schritte von dort aus zu planen. Auf dem Weg dorthin werde er aber in der Thierschstraße seinen Cut loswerden und sich bequeme Kleidung anziehen. Jene, die ihm treu und loyal seien, sollten dann in den Bierkeller kommen und sich ihm anschließen.

So geschah es. Kurz darauf folgten ihm Kriebel, Scheubner-Richter, Weber und nach einer weiteren halben Stunde auch Ludendorff in seinem Lodenmantel, mit dem Filzhut auf dem massiven Kopf, nachdem er Röhm noch befohlen hatte, das Wehrkreiskommando um jeden Preis zu halten.
Als ihn Josef Seydel zum Wagen, der im Hof wartete, begleitete, gab Ludendorff seiner Enttäuschung, die er bisher hinter seiner stoischen Maske verborgen hatte, Ausdruck. »Glauben Sie wirklich, daß ein deutscher General sein Wort brechen kann? Die Uniform, die ein Lossow trägt, kann ich nie wieder tragen.«

Als Max Neunzert gegen 6 Uhr 30 endlich in die Schönfeldstraße zurückgekehrt war, sagte ihm Röhm: »Hitler verlangte nach dir. Er verließ das Kommando vor ein paar Minuten und ging zum Bürgerbräukeller. Er wünscht, daß du in einer dringenden Sache verreisen sollst. Ich glaube, nach Berchtesgaden.«

14. Szene

Träge graute die Dämmerung am Morgen des 9. November 1923 in München. Wie eine riesige Decke hing vom Himmel ein schieferfarbenes Wolkenfeld. Die Luft war beißend kalt und feucht zugleich.
Die Rosenheimerstraße, war mit Ausnahme von ein paar müden SA-Posten um den Bürgerbräukeller herum, wie ausgestorben. Die mehr als 1000 schläfrigen, ungewaschenen, biertrunkenen und übernächtigen Hitlertruppen waren sich noch nicht bewußt, daß das Barometer ihrer Aussichten auf dem Tiefpunkt angelangt war. Die allgemeine Erschöpfung dämpfte zwar die Aufregung und den Überschwang der vergangenen Nacht, doch wußten oder ahnten zu dieser Zeit nur wenige der gemeinen Hitlersoldaten, daß der Putsch fehlgeschlagen war.
Eine Wolke von Rauch, Schweiß, Bier und Erschöpfung umhüllte Hunderte von Männern, die an den Tischen herumsaßen, auf zusammengerückten Stühlen oder in ihre Mäntel gerollt auf dem Fußboden lagen. Einige machten sich schon mit einem Frühstück von Kaffee-Ersatz, Schwarzbrot, Käse und Wurst für den bereits dämmernden Tag bereit. Andere wiederum betrachteten Bier als die natürliche Nahrung des Menschen und waren schon bei der ersten oder zweiten Maß des neuen Tages angelangt.
Anwesend in dem Bierkeller waren Josef Berchtolds Stoßtrupp, die Mehrzahl Offiziersschüler, die mit Gerhard Rossbach, Hans Block, Siegfried Mahler und Robert Wagner, enttäuscht von den erfolglosen Abenteuern der Nacht, zum Bürgerbräu zurückgekehrt waren. Da saß oder lag der Großteil von Hans Knauths 3. SA-Bataillon und was noch von Karl Beggels 1. Bataillon übrig geblieben war. An anderen Tischen räkelte sich Hans Oemler vom ›Bund Oberland‹ mit seiner Truppe, die von der Infanteriekaserne unverrichteter Dinge zurückgekehrt war, und Max von Müllers »Oberländer« – ohne Waffen, ohne Müller und ohne General Aechter – aus der Exerzierhalle der Pionierkaserne. Da sah man noch Wilhelm Brückner und seinen Adjutanten, Heinrich Bennecke, der gerade auf dem Sprung war, auf »Kurzurlaub« in seine nahegelegene

Wohnung zu eilen, um sich zu erfrischen. Wer jedoch fehlte, waren Major Siry, Julius Schreck und die anderen Boten Seiner Exzellenz Ludendorff, die einander in der Infanteriekaserne hinter Schloß und Riegel Gesellschaft leisteten.

Dafür war Görings Gegenwart deutlich zu fühlen. Er »inspizierte« seine »Armee« von Zeit zu Zeit und versuchte, ihre Moral anzukurbeln. Vor allem jedoch sorgte er sich, »ob Carin sich besser fühlt« und ob Hanfstaengl sie auch tatsächlich noch angerufen hatte, bevor er nach Hause schlafen ging. Und wo um Himmels Willen blieb denn Schaub mit dem Auto?

Die Antwort auf seine letzte Frage kam lautstark in Form von Strassers Konvoi – Schaub im Gefolge – die Ismaningersstraße entlang auf den Bürgerbräukeller zu. Als der Fahrer des führenden Kraftwagens die Münchener, die, wie in dieser Stunde üblich, an die Arbeit gingen, sah, bemerkte er: »Das sieht aber gar nicht nach Revolution aus.« Auch Strasser muß vom Alltäglichen der Szene überrascht gewesen sein, doch bemerkte er nur kühl: »Wir werden sehen.«

Andere Verstärkungen trafen allmählich ein und die restlichen befanden sich auf dem Weg in die Stadt.

Nach fünf Stunden, die er seit dem sinnlosen Geplänkel mit den alliierten Offizieren im Hotel Vier Jahreszeiten, mit Quartiernehmen und in der Infanterieschule vergeudet hatte, überquerte Hans Frank mit dem Großteil von Heines' 2. SA-Bataillon ziemlich enttäuscht und hoffnungsvoll zugleich, die Ludwigsbrücke.

An die in der Stuck Villa, in den umliegenden Luxusprivathäusern und in den Palais der Prinzregentenstraße für die Nacht untergebrachten »Oberländer« überbrachten Ludwig Oestreichers Eilboten den Auftrag, auf den Straßen zu patrouillieren und die Isarbrücken zu besetzen.

Drei weitere Lastkraftwagen fuhren beladen mit etwa 70 von Wilhelm Völcks »Oberländern« aus Garmisch-Partenkirchen die Rosenheimerstraße hinauf.

Inzwischen inspizierte der »Jungsturmführer« Adolf Lenk im Schulhof gegenüber seines Vaters Klavierwerkstatt in der Jahnstraße, müde nach »so einer kurzen, aber aufregenden Nacht« ungefähr hundert Jünglinge seiner Gefolgschaft, um sich mit ihnen im Bierkeller präsentieren zu können.

Alles in allem, sollte die Streitkraft der Hitlergetreuen bald an die 3000 Mann zählen.

Unter jenen, die in dem Bierkeller übernachtet hatten, vor allem unter

Berchtolds Stoßtrupp-Männern zeigte sich ein Zustand zunehmender Gereiztheit. In erster Linie hatten darunter die Geiseln zu leiden. Unter diesen befand sich ein gewisser Engelbert Wallner, ein junger Schullehrer und aktives Mitglied der sozialdemokratischen Partei, der vor einigen Wochen in einem Kaffeehaus mit der SA in Streit geraten war. Gegen 7 Uhr früh wurde er im Bierkeller von Hitlerleuten bis zur Bewußtlosigkeit geschlagen und mit den Füßen getreten. Einige jedoch protestierten gegen diese Brutalität, unter ihnen Karl Hauenstein vom Stoßtrupp: »Hört auf und laßt den Mann in Ruhe. Sperrt ihn einfach ein.« Einer der übelsten von Berchtolds Raufbolden Heinrich von Knobloch, drohte daraufhin, Hauenstein selbst an die Wand zu stellen. Knobloch hatte schon seine Pistole aus dem Halfter gezogen, um die Drohung wahrzumachen, als Berchtold dazwischentrat.

Nichts von diesen Vorgängen sickerte in das private Speisezimmer im ersten Stockwerk durch, in dem die Führer der Revolution, übernächtigt, stoppelbärtig mit tief umschatteten Augen einander gegenübersaßen. Auch interessierten sie, zumindest zu dieser Zeit, die Geiseln nicht.

Sie hatten andere Sorgen, und machten einander bittere Vorwürfe. Zu der ursprünglichen Gruppe, Kriebel, Scheubner-Richter und Weber eingeschlossen, gesellten sich jetzt Julius Streicher und Max Amann, der aus der Kanalstraße herbeigeeilt war, und Hermann Göring.

Wie ein aus Granit gehauener erzürnter Kriegsgott starrte Ludendorff in das Glas Rotwein, das sein Stiefsohn, Heinz Pernet, vor ihn auf den Tisch gestellt hatte. Erschüttert von der Niederlage, versuchte Hitler, sich und seine Mitverschwörer mit theatralischen Ansprachen und melodramatischen Todesdrohungen zu mesmerisieren, doch verfehlten diese ihre Wirkung auf die Zuhörerschaft.

Der Gefreite und der General beschuldigten sich gegenseitig. Hitler warf Ludendorff vor, daß er den Triumviren vertraut und sie hatte gehen lassen. Ludendorff, der inzwischen von Leupold die volle Wahrheit über die Geschehnisse im Bürgerbräukeller erfahren hatte, begegnete Hitlers Vorwurf mit dem Gegenvorwurf, sein gewaltsames, arrogantes Vorgehen und die Drohung mit gezogener Pistole trügen die Schuld am Abfall der Triumviren.

Hitler und Ludendorff waren sich von Anfang an über eines klar gewesen. Die Mitwirkung der Reichswehr und der Landespolizei war die unerläßliche Vorbedingung für den Erfolg ihres Unternehmens. Nun standen sie vor zwei, gleichermaßen unannehmbaren Möglichkeiten:

Das Manöver abzublasen oder die Streitkräfte Lossows und Seissers mit eigenen Leuten anzugreifen und ein Blutbad zu riskieren.
Gab es eine dritte Möglichkeit? Zunächst mußten sie ihre Bataillonskommandeure und Gruppenführer beschäftigen und ihre Aufmerksamkeit vom Ernst der Lage ablenken. Nachdem sie einige Ideen als hanebüchen verworfen hatten, machte Hitler, der große Improvisator, sich daran, andere sogleich in die Tat umzusetzen.
Seine Trumpfkarte war, wie immer, Propaganda. Wenn er die Stimmung der Stadt richtig beurteilt hatte, sollte die Möglichkeit bestehen, die Waagschale noch in der letzten Stunde zu seinen Gunsten umzukippen. Sein Fingerspitzengefühl für die Stimmung der Massen täuschte ihn auch diesmal nicht. Doch befand er sich am Rande eines Nervenzusammenbruches und wagte nicht, selbst als Agitator aufzutreten. Er beauftragte daher den Nürnberger Großmeister der Judenhetze, Julius Streicher, mit dieser Aufgabe. »Sprechen Sie an jeder Straßenecke und mobilisieren Sie die Massen. Werden Sie das tun?« fragte er Streicher mit einem durchdringenden Blick.
»Ich werde es tun«, versicherte Streicher und gewann mit diesem Gelübde Hitlers ewige Dankbarkeit.
»Gut. Von nun an ist Streicher für die Organisation der Propaganda verantwortlich.«
Und wie stand es mit den Plakaten und Aufrufen? Amann und Göring versprachen, alles in Bewegung zu setzen, um die Plakate an Litfaßsäulen anbringen und die Flugblätter verteilen zu lassen.
Hitler brauchte auch Geld. Er konnte mit der Loyalität seiner Truppen nur rechnen, wenn er ihren Sold bezahlte. Über Reserven verfügte er jedoch nicht. Doch wußte er, wo Geld in großen Mengen bestimmt schnell zu beschaffen war: In den Druckereien der Gebrüder Parcus am Promenadenplatz und der Firma Mühlthaler & Co. in der Dachauerstraße, die täglich Billiarden von Inflationsmark produzierten. Man brauchte die frischen Banknoten nur zu beschlagnahmen. Zwei seiner SA-Bataillonskommandeure, die Bankbeamten Karl Beggel und Hans Knauth, eigneten sich vorzüglich für Operationen dieser Art.
In den frühen Morgenstunden entschied sich Hitler dann auch für einen neuen gewagten Schachzug, mit dem sich der bittere Feind der katholischen Wittelsbacher, Ludendorff, bestimmt nicht befreunden, aber schließlich und endlich doch einverstanden erklären mußte. Hitler beschloß, sich an den »König«, den Kronprinzen Rupprecht von Bayern, als Vermittler zu wenden. Er entschied sich für diesen Zug aus purer

Verzweiflung. Wie Ludendorff sympathisierte auch Hitler nicht mit der bayerischen Monarchie, aber ihm war das hohe politische Prestige und die Beliebtheit der Wittelsbacher im Lande Bayern wohl bewußt. Auch wußte er, daß Kahr dem »König« bedingungslos ergeben war und sich seiner Entscheidung und seinen Anordnungen fügen würde. Die Sympathie des Kronprinzen für die vaterländische Bewegung, besonders für den ›Bund Oberland‹ war allgemein bekannt, und die Annahme schien berechtigt, daß Rupprecht eine Konfrontation, die zu der Zerstörung des letzteren führen könnte, um jeden Preis zu vermeiden versuchen würde. Zudem rechnete Hitler damit, daß Kronprinz Rupprecht das erklärte Ziel der Putschisten, das Unrecht, das Kurt Eisner und die »Novemberverbrecher« der Krone von Bayern und dem verstorbenen König Ludwig III. angetan hatten, wiedergutzumachen, respektierte.

Um vom Kronprinzen die Zusage zu erhalten, daß er zwischen den Putschisten und den Triumviren den Vermittler spielen würde, betraute Hitler Max Neunzert mit der Rolle des Emissärs und Unterhändlers. Neunzert eignete sich vorzüglich für den Auftrag. Er gehörte der NSDAP seit 1920 an und war einer der treuesten Anhänger Hitlers, Mitglied der »Reichskriegsflagge« und persönlicher Freund Röhms. Wichtiger noch, er war ein Jagd- und Trinkkumpan Rupprechts und gehörte zur Clique der einstmaligen königlichen Offiziere, aus den bayerischen Alpen in der Nähe der Wittelsbach'schen Semi-Exils in Berchtesgaden. Seine Freundschaft mit Rupprecht war so eng, wie die eines Bürgerlichen mit einem Prätendenten auf einem nicht mehr vorhandenen Thron sein kann. Die Wahl Neunzerts für diesen Auftrag sollte sich jedoch als kapitaler Fehler erweisen.

Neunzert verließ seine Wohnung zu Fuß und besuchte zuerst seinen Schwiegervater im Bayerischen Automobilklub im Preysingpalais, unterrichtete ihn von der Lage und ging von ihm aus zum Wehrkreiskommando, wo ihm Röhm mitteilte, daß ihn Hitler, der sich inzwischen auf dem Weg zum Bürgerbräukeller befand, dringend sprechen wolle. Er nahm daraufhin – mit mehrmaligem Umsteigen – die Trambahn vom Kriegsministerium zum Bierkeller in der Rosenheimerstraße.

Neunzert meldete sich bei Hitler schließlich um 7 Uhr 30. Wie seine Genossen, hatte auch er eine lange Nacht hinter sich, doch machte er, nachdem er sich zu Hause gewaschen, rasiert und nochmals umgezogen hatte, im Vergleich zu den Führern des Putsches einen frischen und wachen Eindruck.

Unbeirrt von Ludendorffs voraussehbarer Reaktion auf den Appell an einen Wittelsbacher, und ohne sich durch den beharrlich das unberührte Weinglas fixierenden General aus der Fassung bringen zu lassen, gab Hitler Neunzert den Auftrag: »Fahren Sie so schnell wie möglich im Kraftwagen nach Berchtesgaden zu Seiner Majestät, dem König und bitten Sie ihn in meinem Namen, da die größte Gefahr besteht, daß Nationale auf Nationale schießen, die Vermittlung zwischen dem Kampfbund und Herrn von Kahr, der sich als Statthalter der Monarchie ausgegeben hat, zu übernehmen, damit das größte nationale Unglück verhindert wird. Im übrigen bitte ich Sie, Seine Majestät über die Vorgänge der Nacht aufzuklären. Beeilen Sie sich. Jede Sekunde zählt.«
Neunzert streifte mit einem Blick Ludendorff und Scheubner-Richter, die jedem Wort aufmerksam gefolgt waren und feindselig-stumm vor sich hin starrten.
»Ich folge Ihrem Befehl, Herr Hitler«, sagte er dann. »Sie können sich auf mich verlassen.«
Betraut mit der Mission, die bereits verlorene Revolution im letzten Augenblick zu retten, überstürzte sich der getreue Neunzert auf seine eigene, unnachahmbare Art, Hitlers SOS dem Kronprinzen persönlich zu übermitteln. Nachdem er den Bürgerbräukeller verlassen hatte, suchte er auf der Rosenheimerstraße vergeblich nach einem Auto der Partei oder einem beschlagnahmten Wagen. Kein Fahrer war bereit, die Tour nach Berchtesgaden zu unternehmen. So machte sich Neunzert durch den fallenden Schnee zu Fuß auf den Weg zum Ostbahnhof am Orleansplatz. Dort angelangt, wartete er geduldig auf die nächste Verbindung, den D-Zug um 8 Uhr 35 nach Berchtesgaden. Mühsam schaffte dieser die 160 Kilometer von München nach Berchtesgaden in fünf Stunden und Neunzert traf in der malerischen Alpenstadt um 1 Uhr 30 ein – fast eine ganze Stunde nach dem blutigen Zusammenstoß, den ein Erfolg seines Auftrags hätte verhindern sollen.

Kurz vor 8 Uhr früh bestiegen Karl Beggel und Hans Knauth vom 1. und 3. SA-Bataillion mit 32 ihrer zuverlässigsten und zur Ausführung dieses Auftrages am besten geeigneten Männer zwei Lastwagen vor dem Bürgerbräukeller.
»Los«, befahl Beggel und die Lastwagen rumpelten die Rosenheimerstraße hinunter, über die Ludwigsbrücke auf das Isartor zu, in die Innenstadt zur Parcus-Druckerei, nicht weit vom luxuriösen Hotel Bayerischer Hof.

Dort zählte schon ein Reichsbankbeamter das in der Nacht gedruckte Geld – »kleine« 50-Milliarden-Markscheine im Werte von 8 amerikanischen Cents pro Schein nach dem Tageskurs. Zusammen mit den noch druckfeuchten Banknoten größeren Nennwertes betrug die Summe insgesamt 14 Billiarden Mark oder $ 22 000, das in Kisten verpackt wurde.
»Das Geld ist im Namen der neuen Nationalen Regierung beschlagnahmt«, erklärte Beggel wichtigtuerisch und überreichte dem Reichsbankbeamten und dem Direktor der Druckerei den Auftrag und die Quittung, gezeichnet »A. Hitler.«
Sei es, daß die Angestellten der Bank gleich vielen anderen am Morgen dieses 9. November in München, an die Gesetzmäßigkeit der neuen Regierung glaubten, sei es, daß es ihnen zwecklos schien, 32 bewaffneten SA-Männern Widerstand zu leisten: Niemand protestierte gegen die Beschlagnahmung.
»Wieviel ist das nochmals?« fragte Beggel, bevor er die Summe in die Blanko-Quittung eintrug. Nun war die Operation gesetzlich und korrekt. Die Kisten wurden von der SA auf einen der Lastwagen geladen.
»Ich fahre jetzt mit dem Geld unter Schutz von 16 Mann zurück in das Bürgerbräu«, sagte Beggel zu Knauth, »und sie gehen mit den restlichen Leuten zu Mühlthaler.« Knauth dirigierte den von der Schiffsbrauerei in Ingolstadt geborgten LKW weiter zur Firma Mühlthaler & Co. Dachauerstraße 15.
Auch dort wurde das in der vergangenen Nacht gedruckte Geld soeben gezählt, doch traf Knauth mit seinen Leuten auf den Widerstand der »offensichtlich links gerichteten« Drucker.
Knauth meldete sich bei einem Direktor, Ludwig Eilhauer, und erklärte im Namen der Nationalregierung die Beschlagnahmung der fertigen Banknoten.
Sein großartiges Auftreten verfehlte jedoch die gewünschte Wirkung.
»Ihr Stück Papier beeindruckt mich nicht. Ich bin nicht befugt, Ihnen das Geld ohne polizeiliche Genehmigung auszuhändigen«, beharrte Eilhauer und führte Knauth in den Hof zum wachhabenden Schutzmann, Ludwig Schrenck.
Knauth wies sich als Vertreter der neuen Regierung aus und wiederholte das Vorhergesagte. Dann ersuchte er Wachtmeister Schrenck, als einen Herrn der Schutzwaffe, selbst mit der Abgabe des Geldes in das Bürgerbräu mitzufahren.
Der Vorschlag wirkte wie ein Zauber.
»Unter diesen Umständen, Herr Eilhauer, liegt kein Grund zur weiteren

Verzögerung vor«, sagte Schrenck. Und – einzigartig in der Geschichte von Banküberfällen – wurde dieser mit Hilfe und unter Aufsicht der Polizei durchgeführt.
Die Beute betrug diesmal etwas weniger als zuvor – knappe 12,6 Billiarden Mark oder $ 20 000.
Die Kisten wurden aufgeladen. »Ich bitte Sie, Herr Wachtmeister«, sagte Knauth, als er und Schrenck auf den Lastwagen sprangen, der in Richtung Rosenheimerstraße mit Ziel Bürgerbräukeller losfuhr. Dort angelangt, bat Knauth den Wachtmeister noch, die weitere Transaktion zu überwachen.
»Geben Sie mir bitte die Quittung für die erhaltene Summe«, bat Knauth Ludendorffs Stiefsohn, nachdem die Kisten auf dem Podium der Musikanten in der Bierhalle aufgestapelt worden waren.
Sorgfältig füllte Pernet die Quittung aus.
»Wie Sie sehen und wie ich Ihnen bereits gesagt habe, ist die Operation vollkommen gesetzmäßig«, bemerkte Knauth, und Wachtmeister Schrenck zog zufrieden und guten Gewissens wieder ab.
Noch am Vormittag erhielten die SA und »Oberland« Söldner ihren Nachtlohn – 2 Billionen Mark oder $ 3,17 pro Mann ausbezahlt.

Die drei Fiehler Brüder – Werner, 34, Otto, 32, und Karl, 28 – gehörten zu Hitlers begeistertsten Anhängern. Sie dienten alle in der SA – Werner und Karl im Stoßtrupp und Otto als stellvertretender Chef der 9. Kompanie in Knauths 3. Bataillon. Für alle drei war der Morgen des 9. November ein »arbeitsreicher«, aber für Otto fing er besonders früh an.
Etwa um 6 Uhr gab Göring Otto Fiehler den Auftrag, Ernst Pöhners und Wilhelm Fricks Plakate über die Errichtung eines »Staatstribunals« anzuschlagen, womit allen Feinden des Volkes drei Stunden nach der Aussprechung des Urteils die Todesstrafe »angedroht wurde«.
In Begleitung von sechs »wahllos von meiner Kompanie genommenen« Männern machte sich Fiehler daran, dem Auftrag in dem von fanatischen Nationalsozialisten als »feindliches Gebiet« betrachteten Arbeiter- und »pro-sozialistischem« Stadtviertel, Giesing, nachzukommen.
Fiehlers Gruppe war nur eine von vielen, die an diesem Morgen vom Bürgerbräukeller losgeschickt wurden, um die Nachricht von »Deutschland's Erwachen« zu verkünden. Doch Polizeikommissar Otto Freiesleben und ein gewisser Johann Canis, Katechist der Giesinger Heiligen Kreuz Kirche, hatten das Pech, gegen 8 Uhr früh gerade dieser Gruppe

in der Eisenbahnunterführung Ecke Pilgersheimer- / Untere Weidenstraße zu begegnen. Für alle Beteiligten war diese Begegnung bemerkenswert.
Freiesleben war auf dem Weg zum Dienst im 18. Polizeirevier. Vor der Unterführung begegnete er dem Katechisten Canis, der sich zum Religionsunterricht in die Pfarrschule begeben wollte. Canis und Freiesleben kannten sich oberflächlich seit einigen Jahren und begegneten einander oft am Morgen auf ihrem Weg zur Arbeit.
Nachdem sie sich begrüßt hatten, fragte der Katechist im Ton der Entrüstung: »Wissen Sie schon das Allerneueste, Herr Kommissar? Unsere Regierung ist gestürzt worden.«
»Ja, das ist wohl eine trübe Nachricht«, entgegnete Freiesleben. »Ich habe sie bereits um halb sechs Uhr im Hauptbahnhof, wo ich meine Frau geleitete, gehört. Kennen Sie die Zusammensetzung der neuen Regierung?« Canis zog den *Bayerischen Kurier* aus seiner Manteltasche und reichte ihn dem Inspektor. Währenddessen gingen sie, um sich vor Schnee und Wind zu schützen, in die Unterführung.
»Unglaublich, wahrhaftig unglaublich«, murmelte der Kommissar, als er die Einzelheiten über die Geschehnisse im Bürgerbräukeller las.
»Schlimmer als unglaublich, Herr Freiesleben«, entgegnete der Katechist mit einer vor Erregung überlauten Stimme. »Sehen Sie doch, das ist der gleiche Putsch, wie anno 1918. Damals ging er von links aus und diesmal ging er von rechts aus. Das ist tief bedauerlich und schadet der nationalen Bewegung.«
»Halten Sie Ihr Maul!« wurde er da plötzlich unterbrochen. Der ihn da anfuhr, war Otto Fiehler. Freiesleben und Canis hatten die mit Gewehren bewaffnete Gruppe von SA-Männern, die an ihnen vorübergegangen war, um ein Plakat in der Eisenbahnunterführung anzubringen, nicht bemerkt.
»Ich habe nicht mit Ihnen gesprochen«, erwiderte Canis, »sondern«, auf Freiesleben deutend, »mit diesem Herrn und meine Meinung werde ich wohl noch aussprechen dürfen.«
»Ihre Rede ist provozierend. Ich erkläre Sie für verhaftet«, schrie Fiehler und packte Canis am Mantelkragen.
»Ich verbitte mir eine derartige Behandlung; wenn Sie jedoch glauben, daß meine Unterredung mit diesem Herrn eine provozierende war, verhaften Sie mich«, entgegnete Canis.
Freiesleben, der überzeugt war, daß die Patrouille Canis tatsächlich verhaften werde, versuchte die Situation zu entschärfen.

»Lassen Sie von diesem Vorhaben ab. Für die nationale Gesinnung des Herrn Katechisten Canis, den ich seit 3 Jahren gut kenne, bürge ich.«
»Wenn Sie ein Katechist sind, können Sie gehen«, sagte Fiehler zu Canis, und ließ ihn daraufhin weiter gehen. Nun wandte er sich zornig an Freiesleben und verlangte seinen Ausweis zu sehen. »Sie wollen Polizeikommissar sein und unterstützen einen Mann, der gegen die Regierung provoziert? Jetzt erkläre ich Sie für verhaftet. Wir haben die lumpige Regierung, die uns alle verhungern läßt, gestürzt, wir brauchen keine katholische Regierung mehr.«
»Darüber brauchen Sie doch mir keinen Vorwurf zu machen, und Sie sollten wissen, daß Ihnen ein gesetzliches Recht zu meiner Verhaftung nicht zusteht.«
Fiehler empfand diese Bemerkung als den Gipfel der Provokation. »Die Polizei hat heute überhaupt nichts mehr zu sagen. Die Macht liegt in unseren Händen. Wir haben die Regierung gestürzt.« Zitternd vor Wut befahl er seiner Patrouille: »Führt diesen Mann sofort ab!«
Freiesleben wurde von vier der bewaffneten Nationalsozialisten zu dem fast 1½ Kilometer entfernten Bürgerbräukeller geleitet. »Laßt ihn nicht aus dem Auge«, sagte einer der SA-Männer, »jetzt melde ich ihn bei der Führung an.«
Als dieser nach zehn Minuten noch nicht wiedergekehrt war, wurde Freiesleben ungeduldig. »Hören Sie mal«, sagte er aufgebracht zu einem seiner Bewacher, »ich muß meinem Dienst als Polizeikommissar nachkommen. Entweder Sie ermitteln, was Sie mit mir vorhaben, oder Sie lassen mich gehen.«
Auf sein Drängen hin bahnte sich ein zweiter SA-Mann seinen Weg durch die dichte Menge von SA und »Oberländern« zum Vestibül. Nachdem auch dieser nicht wiedergekommen war, machte sich der dritte auf den Weg, nach dem dritten – bald darauf – der vierte und letzte SA-Mann. Schließlich stand Freiesleben alleine da und machte sich, eher amüsiert, als ungehalten, selbst auf die Suche nach der »Führung«. Er wurde zum Zimmer gewiesen, in dem Hitler, Ludendorff und die anderen über das Geschick des Landes disputierten.
»Wenn die Neue Regierung sich in diesem Zimmer befindet, verlange ich Einlaß, um eine Beschwerde vorzubringen«, sagte er zu der am Eingang postierten Wache.
»Niemand darf das Zimmer betreten«, entgegnete die Wache gewichtig.
Als sich Freiesleben als Polizeikommissar auswies, erklärte sich der

beeindruckte Posten bereit, ihn anzumelden. Nach wenigen Minuten kam er zurück.
»Es tut mir leid, Herr Kommissar«, meldete er, »doch können Sie Ihre Beschwerde jetzt nicht anbringen, da die Herren nicht gestört zu werden wünschen und im Augenblick keine Verabredungen treffen.«
Da Freiesleben keinen weiteren Wert auf eine Verabredung mit der Neuen Regierung legte, verließ er das Gebäude und ging zum Dienst.

Den demoralisierenden Gerüchten, die auch in den Bürgerbräukeller durchgesickert waren, mußte Einhalt geboten werden. Göring betraute Wilhelm Brückner mit der Aufgabe, »ein bißerl Musi« – eine Blaskapelle – aufzutreiben. Nicht herum kam man um andere Präventivmaßnahmen. Die kritischeren Beobachter unter den Putschisten, wie die »Oberländer« Konrad Kiessling und Hans Oemler, waren schon seit mehreren Stunden skeptisch geworden. Und jene, die zwar naiver oder auch fanatischer als Kiessling und Oemler waren, begannen die auf dem Kommandoposten der Rosenheimerstraße einlaufenden Gerüchten und Botschaften schließlich doch zu beunruhigen. Es schien dringend nötig, die Truppen von Nachrichten, die ihren Abfall von der revolutionären Sache verursachen könnten, abzuschirmen.
Ein Bote solch unheilvoller Nachrichten war Leutnant Spoida aus der Infanterieschule, der gegen 8 Uhr im Bürgerbräukeller eintraf und nach einigen seiner Freunde suchte, unter ihnen Oberleutnant Manfred Müller. Als er diesen sah, sprach er ihn sofort an: »Hör zu, du bist betrogen worden. Ich komme direkt von Lossow. Oberst Leupold war auch da. Lossow macht nicht mit. Er stellt sich gegen Hitler und Ludendorff, hat schon um Verstärkung gebeten und wird alle verfügbaren Maßnahmen zur Unterdrückung des Aufstands ergreifen. Lossow und Kahr gaben Hitler ihr Jawort nur unter Gewaltandrohung. Auch diesbezüglich hat man dich belogen.«
Müller glaubte seinem Freund. Er sah sich um und erblickte Rossbach. Wütend stellte er den einstmaligen Freikorpsführer und sprach ihn an: »Man hat mich belogen. Ich mache nicht mit. Bevor ich den Saal verlasse, will ich jedoch meiner Kompanie mitteilen, was da vorgeht.«
»Das werden Sie nicht tun«, erwiderte Rossbach barsch, indem er Müller den Zugang zum großen Saal, in dem die Offiziersanwärter und Hunderte von SA-Männern biwakierten verstellte. »Sie können gehen, wenn Sie wollen. Aber zu den Truppen werden sie nicht spre-

chen.« Hierbei versicherte Rossbach Müller auf sein Ehrenwort, daß alles in Ordnung sei.
Müller, Spoida und zwei weitere Offiziere verließen den Bierkeller und gingen in die Infanterieschule zurück, wo sie sich bei Oberst Leupold und General von Tieschowitz meldeten und diesen ihrer Verfassungstreue versicherten. Für sie existierte eine »nationale Revolution« nicht mehr. Anderen – so auch Hans Block, Siegfried Mahler und Robert Wagner – stand aber noch das Schlimmste bevor.
Nach dem Fiasko beim Generalstaatskommissariat in der Maximilianstraße begannen sich auch bei Block Zweifel zu regen. Während er mit seinem Bataillon die Nacht hindurch von einer sinnlosen Mission zur anderen kreuz und quer durch die Stadt marschierte, hatte er Rossbach mehrmals angesprochen und ihn um eine Erklärung gebeten. Und jedesmal hatte ihm dieser auf Ehrenwort versichert, daß alles in Ordnung sei.
Als Block jedoch festgestellt hatte, daß Rossbachs Versicherungen den Tatsachen widersprachen und sich zunehmend Nachrichten über das Mißlingen des Putsches verbreiteten, stellte er ihn nochmals.
»Leutnant Block«, sagte Rossbach mit gespielter Entrüstung. »Ich habe Ihnen schon mehrmals mein Ehrenwort gegeben, daß alles in Ordnung ist. Jetzt gebe ich es Ihnen nochmals.« Doch bezweifelte jetzt selbst Rossbach, ob er die Infanterieschüler durch beharrliches Lügen und leere Versicherungen auf die Dauer zufriedenstellen konnte. So bat er Hitler, eine Ansprache zu halten.
In dieser kritischen Lage hielt Hitler nun eine zündende Rede an seine SA-Männer und die Offiziersanwärter der an bombastischer Theatralik kaum eine andere in dieser Phase seiner politischen Agitation gleichkam. »Es ist eure vaterländische Pflicht, mit Ludendorff zu gehen, wohin er euch auch führen möge. Wer zweifelt, soll den Saal verlassen, die übrigen werden einen Treueschwur leisten auf Ludendorff, den Führer von Deutschlands neuer Nationalen Armee, die uns zu neuem Ruhm führen wird.«
Der muffige von Bier, Rauch und Schweiß erfüllte Saal hallte wider von Hunderten von Stimmen, die Ludendorff Treue bis in den Tod schworen.

Kurz nach diesem verzweifelten Ritual kehrte »Putzi« Hanfstaengl, ausgeschlafen und nach einem soliden Frühstück erfrischt, aus seiner Schwabinger Wohnung in den Bürgerbräukeller zurück.

Hitler und Ludendorff trugen beide Zivil. Letzterer die gleiche Hausjacke, in der ihn Scheubner-Richter vor fast 12 Stunden abgeliefert hatte. Alles schien noch wie am Vorabend, nur daß das kleine Nebenzimmer gegen ein größeres im ersten Stockwerk ausgetauscht worden war. Alle Anwesenden sahen übernächtigt aus. Die Luft war geschwängert von Zigarren- und Zigarettenrauch, der den Augen und Atemorganen Hitlers, der Nichtraucher war, ziemlich zu schaffen machte. Ludendorff thronte hinter einem Glas Rotwein »wie ein steinerner Gott, unheimlich in seiner Bewegungslosigkeit und Starrheit«.
Im Vorraum lagen verführerisch gestapelt, druckfrisch und sauber gebündelt, die 50-Milliarden Scheine, die Beggel und Knauth in der Druckerei »beschlagnahmt« hatten. Hanfstaengl sah sich die Geldstapel nicht ohne eine Spur von Neid an, hatte er doch am Vorabend so viele Maß Bier spendiert und nun keinen Pfennig mehr in der Tasche.
Er staunte auch über die Blechmusikkapelle, die Brückner irgendwo aufgetrieben hatte und die man nun unter Drohungen beschwor, die allseits auf Null abgesunkene Stimmung mit ein paar flotten Märschen zu beleben. Da man aber den Musikern weder den geforderten Lohn noch was zu essen gegeben hatte, entsprach begreiflicherweise die Qualität der militärisch-musikalischen Darbietungen deren Stimmung.«
Nach und nach versuchte Hanfstaengl die Geschehnisse der Nacht zu rekonstruieren. Sie entsprachen seinen Befürchtungen. Was sollte man nun tun? Pläne wurden geschmiedet und wieder fallen gelassen. Die Führer des Putsches konnten sich nicht entscheiden.
»Das aller wichtigste ist«, meinte Hitler, »die Stimmung der Bevölkerung zu erkunden«. Er wandte sich an Hanfstaengl: »Gehen Sie doch hinaus und berichten Sie mir von der vorherrschenden Stimmung und der allgemeinen Atmosphäre in der Stadt.«

Verquickungen, die Geschichte machen

Um 7 Uhr 15 morgens überbrachte ein Kraftfahrer Oberst Josef Banzer und Major Sigmund von Imhoff den Text für ein Plakat, mit den Auftrag, es in Druck zu geben. Erschöpft von der langen und ereignisvollen Nacht im Polizeipräsidium berieten sich Banzer und Imhoff zur Zeit mit Oberregierungsrat Friedrich Tenner, dem rechtmäßigen Stellvertreter des Polizeipräsidenten Mantel, der sich in Händen der Nationalsozialisten befand.

Das Plakat enthielt eine mit Tinte geschriebene Bekanntmachung, die den Putsch verurteilte und ein Verbot über die NSDAP, den ›Bund Oberland‹ und die ›Reichskriegsflagge‹ verhängte. Es schloß mit dem Namen »Dr. v. Kahr«, war aber nicht von Kahr selbst unterschrieben. Daß der Aufruf tatsächlich, unter Mitwirkung Adolf Schiedts von Kahr verfaßt worden war, konnten Banzer, Imhoff und Tenner nicht wissen. Ihre Zweifel an der Echtheit hatte gute Gründe. Einige Stunden zuvor war der Mitarbeiter Julius Streichers, Helmut Klotz, bei Imhoff, Banzer und Kriminalkommissar Siegfried Herrmann mit einem Plakatentwurf zur polizeilichen Genehmigung erschienen. Der Text proklamierte die Nationale Revolution und war zwar von Kahr unterschrieben, aber gegen seine Gewohnheit, nicht in Sütterlin – sondern in lateinischer Schrift. Er wurde als Fälschung abgelehnt. Daß Klotz und Philipp Bouhler eine Kopie desselben Textes dem Druckereibesitzer Ferdinand Schreiber ausgehändigt hatten und jene Plakate bald von SA-Männern in ganz München angeschlagen würden, konnten Imhoff und Banzer nicht wissen. Jetzt versuchten sie nun die Authentizität des ihnen eben übergebenen Dokumentes zu überprüfen.

Das war der erste Stein in einem Mosaik von unvorhersehbaren Umständen, die am Morgen des 9. November Geschichte machten.

Um die Echtheit des neuen Textes zu prüfen, verbrachte Tenner eine halbe Stunde am Telefon mit dem Versuch, die Nachrichtenbaracke in der Infanteriekaserne zu erreichen. Die Leitung war ständig besetzt. Mittlerweile rief Imhoff das Verlagshaus Knorr & Hirth, die Druckerei

der Münchner Neuesten Nachrichten, *an und bat den Faktor, Georg Gross ins naheliegende Polizeipräsidium, um den Text für 1000 eiligst benötigte Plakate abzuholen. Tenner hatte sich inzwischen in einem Gespräch mit von Kahr von der Echtheit des Textes überzeugen lassen. Das Manuskript wurde Gross gegen 8 Uhr im Polizeipräsidium ausgehändigt. Als er jedoch, in sein Büro zurückgekehrt, den Text, den er drucken sollte, las, wurde er skeptisch, hatte er doch schon früher am Morgen den Bericht über die Umwälzungen der Nacht in den* Münchner Neuesten Nachrichten *gelesen. Diesem aber widersprach der Text, für dessen Echtheit Tenner sich verbürgt hatte.*
45 Minuten später war er mit den Bürstenabzug wiederum in der Polizeidirektion erschienen, um etwaige Korrekturen oder Änderungen vornehmen zu lassen. Nachdem er dort das Placet erhalten hatte, war er kurz vor 9 Uhr in die nur fünf Minuten von dem Polizeipräsidium entfernt gelegene Druckerei in der Sendlingerstraße zurückgekehrt, wo der Aufruf sofort in die Maschine ging.
Als die Plakate nach einer angemessenen Zeit immer noch nicht eingetroffen waren, erkundigte sich Tenner nach dem Stand der Dinge. Darauf ließ Gross sofort durch einen Boten 80–90 bereits gedruckte Exemplare des Aufrufs in die Polizeidirektion bringen. Der Bote kam aber erst nach einer halben Stunde an. Er mußte einen größeren Umweg machen, da die Kaufingerstraße und das Polizeigebäude von nationalsozialistischen Truppen abgesperrt waren. Diese Tatsache, verbunden mit einer Rückfrage seines Obermaschinenmeisters, der sich bei ihm erkundigte, ob er als Maschinenmeister für den Druck dieses Aufrufes verantwortlich zu machen sei, ließen in Gross schwere Bedenken aufsteigen. Da Gross bereits während der Zeit der Räterepublik in eine schwierige Situation gekommen war, als er einen Aufruf drucken ließ, und aus München flüchten mußte, um sich dem Zugriff des Revolutionstribunals zu entziehen, traute er keinem mehr.
So rief er nachdem bereits 500 Stück von den Plakaten gedruckt vorlagen, die Polizeidirektion an, um seine Bedenken vorzubringen, und erklärte, daß er vorerst bei der zweifelhaften Situation den Druck des Aufrufes nicht weiter durchführen könne. Das geschah um 10 Uhr.
»Ich habe soeben zum Fenster hinausgeschaut«, sagte er, »und wenn Sie das gleiche tun, werden Sie sicherlich mit mir übereinstimmen,daß die gegenwärtige politische Lage nicht klar genug ist. Ich will als Drucker nicht die Verantwortung für eine Fehlentscheidung der Polizeidirektion tragen.«

»Wenn Sie sich weigern«, entgegnete Tenner, »werden wir die Polizei in die Druckerei hinüberschicken und das Drucken des Plakates polizeilich erzwingen.«

Die Drohung genügte, um die Maschinen wieder in Gang zu setzen. Doch erst gegen 11 Uhr wurden die Plakate in der Ettstraße abgeliefert. Was aber nicht heißen soll, daß sie sofort verteilt und angeschlagen werden konnten.

Zwanzig mit Karabinern bewaffnete »Blaue« Schutzmänner wurden beauftragt, Kahrs Aufruf, in dem seine Zusammenarbeit mit Hitler, Ludendorff und dem Kampfbund widerrufen wurde, anzuschlagen. Da ihr Lastwagen jedoch nicht ansprang, waren sie gezwungen, sich ein geeignetes Fahrzeug von der Landespolizei auszuleihen. So konnten die ersten Plakate, in denen die neue Situation klargemacht wurde, erst gegen Mittag und selbst dann nur links der Isar in jenen Stadtteilen angebracht werden, die von den Nationalsozialisten und den Putschisten nicht besetzt waren.

Die sofortige Verbreitung des Aufrufs vom stellvertretenden Ministerpräsidenten Franz Matt und seinem Exilkabinetts in Regensburg wurde durch ähnliche unvorhersehbare Schwierigkeiten verhindert.

Der Minister für soziale Fürsorge, Heinrich Oswald war nicht mit Matt nach Regensburg gefahren, sondern in seiner Münchener Wohnung geblieben, um mit den anderen den telefonischen Kontakt aufrechtzuerhalten. Am frühen Morgen gab er der Firma Hartl & Pierling den Auftrag, 1000 Plakate des Matt'schen Aufrufs zu drucken. Um 9 Uhr 30 rief er dann die Ettstraße an und beauftragte die Polizei, die Plakate abzuholen und anzuschlagen.

Die Kriminalkommissare Rudolf Schmäling und Fritz Neeb begaben sich sofort begleitet von einem Wachtmeister in Zivil in die Geschäftsräume der Firma Hartl & Pierling in der Ledererstraße, wo die fraglichen Regierungsplakate bereits zusammengebunden auf einem Tisch lagen. Ihre Herausgabe wurde jedoch vom Prokuristen der Firma mit den Worten: »Ich habe strikte Anweisung, die Plakate ohne diesbezügliche schriftliche Anordnung des Ministeriums nicht auszuhändigen«, verweigert.

Nach wiederholten vergeblichen Versuchen, Minister Oswald in seinem Arbeitszimmer im Ministerium, im Landtag oder in seiner Wohnung anzutreffen, erreichten sie ihn schließlich nach 2 Stunden im katholischen Frauenbund.

Der Prokurist der Firma, der alle Gespräche an dem zweiten Hörer des

Apparates mithören konnte, war nun von der Authentizität des Auftrages überzeugt. Nachdem die Polizeibeamten für die Übergabe voll verantwortlich mit ihren Namen unterschrieben hatten, händigte er ihnen die Plakate um 10 Uhr 45 aus.
So wurde Franz Matts Aufruf an die Bevölkerung Bayerns, sich dem Putsch zu widersetzen, der vor 12 Stunden entworfen worden war, erst um 11 Uhr morgens in der Ettstraße abgeliefert. Das Anschlagen der Plakate verzögerte sich dann noch durch dieselben Umstände, die schon die Verbreitung von Kahrs Kundgebung verhindert hatten.
Inwiefern diese Verzögerungen beim Plakatieren der Regierungskundgebungen die Stimmung der Münchener und den Lauf der Ereignisse am Morgen des 9. November beeinflußten, kann nur vermutet werden. Doch steht es außer Zweifel, daß die Bevölkerung anders reagiert hätte, wenn nicht noch ein weiterer Umstand zur bereits herrschenden Verwirrung hinzugekommen wäre.
Adolf Schiedt war es, wie er vorausgesehen hatte, nicht gelungen, die Veröffentlichung der Morgenzeitungen zu verhindern. Eine Ausnahme bildete sein eigenes Blatt, die Münchener Zeitung, die erst gegen 6 Uhr früh in Druck gegeben wurde und nicht vor 10 Uhr auf den Straßen erhältlich war. So lasen die Münchener auf ihrem Weg zur Arbeit an jenem Morgen in riesigen Schlagzeilen die Nachricht vom Putsch und der neuen Nationalen Regierung in den Münchner Neuesten Nachrichten, im Bayerischen Kurier und vor allem im Völkischen Beobachter.
Wie die Reaktion des Prokuristen Gross in der Verlagsdruckerei Knorr & Hirth bezeugte, hätte Hitler selbst einen wirkungsvolleren Propagandacoup nicht landen können. Größer noch als auf die Unbeteiligten war die Wirkung auf die Putschisten selbst, besonders bei denen, die, wie Konrad Kiessling, am Erfolg des Staatsstreichs schon zu zweifeln anfingen.
Gegen 8 Uhr verließ Kiessling die Stuck Villa und beteiligte sich an einer Patrouille durch die Isaranlagen an der Maximilianbrücke. Unterwegs trat er aus den Reihen, um sich für 10 Milliarden Mark die Morgenausgabe der Neuesten Nachrichten zu kaufen.
»Aus ihr«, sagte er später, »erfuhr ich zum ersten Mal die Einzelheiten über die Vorgänge im Saal des Bürgerbräukellers am vorigen Abend. Ich war erleichtert und begeistert zugleich, denn nun stand es außer Zweifel, daß ich nicht illegal gehandelt habe. Als wir an einem Trupp der Landespolizei bei der Maximilianbrücke vorbeigingen, wurden wir freudig mit Heilrufen begrüßt und erwiderten den Gruß gleichermaßen.«

Auf den Adjutanten Wilhelm Brückners, Heinrich Bennecke, hatte die Frühausgabe der Neuesten Nachrichten *die gleiche Wirkung. Brückner hatte ihm Erlaubnis gegeben, den Bürgerbräukeller für circa eine Stunde zu verlassen, um sich zu Hause zu erfrischen und »ein anständiges Frühstück zu essen. Unterwegs kaufte ich mir die Frühzeitung, in der ich die bildhaft anschauliche Beschreibung der Ereignisse im Bürgerbräukeller las. Diese bestärkte mich in meinem Glauben, daß die neu ausgerufene Regierung zu Recht bestehe und daß ich im Dienste der rechtmäßigen Regierung handelte.«*

Das gleiche galt für Tausende von Münchenern an jenem Morgen. Von Kahrs geänderter Stellungnahme erfuhr die Bevölkerung erst im Laufe des späten Vormittags, als die ersten Exemplare von Schiedts Münchener Zeitung *im Straßenverkauf zu bekommen waren und Kahrs Aufruf, in dem er den Putsch als einen »verräterischen Akt« bezeichnete, dessen Führer »rechtlich verfolgt und bestraft« werden würden, angeschlagen wurden. Zu dieser Zeit waren jedoch die Weichen bereits auf einen unvermeidlichen Zusammenstoß gestellt.*

4. Akt

Der Plan wird geändert

Die Menschenmenge auf dem Marienplatz in München am Vormittag des 9. November 1923. Der Redner: Julius Streicher

15. Szene

Die Mehrzahl der 640000 Einwohner Münchens wußte nichts von den Ereignissen der Nacht, als sie am Morgen des 9. November 1923 erwachten. Verwirrt und bestürzt standen sie einer dramatisch veränderten Welt gegenüber.

Die Schlagzeilen der Tageszeitungen – Hitlers Plakate an den Litfaßsäulen – die Heilrufe der SA-Sturmtruppen auf den Straßen – die Hakenkreuzfahnen an vielen Häusern – die schußbereiten Wachtposten in ihren grünen Uniformen vor den von der Landespolizei besetzten Gebäuden des Hauptbahnhofs, Telegraphenamtes, der Telefonzentrale und des Generalstaatskommissariats – die durch die Straßen marschierenden und singenden Anhänger des Kampfbundes – die an den Brücken der Isar aufgestellten Maschinengewehre und Feldgeschütze – die Stacheldrahtbarrieren an der Ecke Schönfeld-/Ludwigstraße vor dem von Röhm besetzten Wehrkreiskommando . . . Wo sie auch hinsahen, starrten den Münchenern der Vollzug des Staatsstreiches und die Anzeichen eines drohenden Bürgerkrieges in die Augen.

Nur wenige Schüsse, der lauteste darunter der Hitlers in die Decke des Bürgerbräukellers, waren gefallen, und dennoch war die Luft schwer mit Vorahnungen.

Trotz allem nahm das Leben der Stadt in der ruhigen Art der Bayern seinen gewohnten Lauf. Straßenbahnen bimmelten und ratterten durch enge Kopfsteingassen und über die majestätische Ludwigstraße. Personen- und Lastautos, Pferdekutschen und Wagen, Schubkarren und Fahrräder brachten den Verkehr in das gewohnte Durcheinander. Auf dem Viktualienmarkt waren die Gemüse- und Obstfrauen geschäftig wie immer. In der »Schwemme« des berühmten Hofbräuhauses saßen die bärtigen, Pfeife rauchenden Stammgäste bei ihrem Frühschoppen.

Um 8 Uhr waren viele Münchener schon an der Arbeit.

In der chirurgischen Universitätsklinik hatte Professor Ferdinand Sauerbruch bereits seine erste Operation beendet.

Vertieft in die Lektüre der Morgenblätter, hatte Staatsanwalt Dr. Hans Ehard in der Straßenbahn, auf dem Weg zum Justizpalast, nicht die spanischen Reiter an der Ecke Ludwig-/Schönfeldstraße bemerkt. Bald sollte er jedoch mit der Realität der Revolution konfrontiert werden. Als er am Karlsplatz, dem »Stachus«, ausstieg und den Platz überquerte, sah er am Eingang des Justizpalastes zwei Wachen mit aufgesetzten Seitengewehren.
»Was machen Sie denn da?« fragte er sie.
»Wir bewachen das Justizministerium gegen Konterrevolutionäre«, entgegneten sie.
Ehard unterdrückte ein Lachen. Die Szene hatte etwas Komisches an sich. Das Lachen verging ihm jedoch, als er die ebenerdige Halle im Parterre des Gebäudes betrat. Seine Kollegen standen vor einem riesigen Plakat, auf dem den »Feinden der Revolution und des Volkes« mit Hinrichtung gedroht wurde, und debattierten. Was sollten sie damit anfangen?
»Ja. Einfach herunterreißen«, meinte Ehard.
»Aber Herr Kollege«, entgegneten die Umstehenden, »sowas kann man doch nicht ohne Genehmigung des Ministers tun.«
»Na, dann fragen Sie ihn doch«, sagte Ehard mit einer unschuldigen Miene.
»Haben Sie es denn noch nicht gehört?« fragte ein Beamter erstaunt, »Herr Gürtner wurde gestern im Bürgerbräukeller in Haft genommen, zusammen mit dem Ministerpräsidenten, Innenminister Schweyer und dem Herrn Wutzelhofer. Niemand weiß, wo sie festgehalten werden.«
Diese Nachricht erschütterte Ehard. Vielleicht war dieser Putsch doch mehr als ein Scherz. Zorn ergriff ihn. Er riß das Plakat ab und zerknitterte es. Dann hob er seinen Hut höflich und ging sich von seinen erstaunten Kollegen verabschiedend die Treppen hinauf zum Büro seines Chefs, Ludwig Stenglein.
Für Ehard war das der Anfang eines sehr langen Tages.

Auch Dr. Wilhelm Hoegner erfuhr die Einzelheiten des Putsches erst, als er die *Neuesten Nachrichten* gekauft hatte. Zuvor hatte er Auer noch geraten, die Wohnung nicht zu verlassen, »bis wir ein klares Bild von den Ereignissen haben«. Daß die sozialdemokratische *Münchener Post,* zu dieser Zeit nicht erhältlich war, kam ihm nicht ungewöhnlich vor, denn sie war eine Mittags- und Nachmittagszeitung.
Hoegner ging in sein Büro im Gerichtsgebäude, das sich im Au-Viertel

befand. Als er dort ankam, war er sich sofort darüber im klaren, daß es an diesem Tag »zu keiner richtigen Arbeit« kommen würde. Das Gespräch der Kollegen drehte sich immer wieder um die Geschehnisse der Nacht.
Sein Vorgesetzter, Oberstaatsanwalt Johann Appelmann, war um Hoegners Sicherheit besorgt.
»Sie sind ein vorzüglicher Jurist«, sagte er, »und Sie hätten eine große öffentliche Karriere vor sich, wenn Sie nicht die leidige Politik, und noch dazu die der Linken, betrieben. Ich glaube, es ist gefährlich für Sie, sich heute im Justizpalast aufzuhalten. Sie täten besser, sich für den Tag zu beurlauben.«
Der Rat war weise. Hoegners Verbindungen zu den Sozialdemokraten und zu Auer waren nicht so unbekannt, wie er annahm. Kurz nachdem er das Gebäude verlassen hatte, versuchten die Nationalsozialisten bereits ihn dort zu verhaften.

Dem Schüler Ludwig Hümmert gab dieser Morgen Grund zu persönlichen Bedenken und Sorgen. Er kam nicht über den Streit mit seinem Vater hinweg, der so begeistert aus dem Bürgerbräukeller heimgekommen war. Er konnte keinen Unterschied zwischen Hitlers Putsch und den der Kommunisten nach Eisners Ermordung 1919 erkennen. Weshalb war sein Vater nicht in der Lage, den Herrn Hitler und seine Hetzkampagne zu durchschauen?
Mißgestimmt entschloß sich Hümmert, seine politischen Sympathien und Überzeugungen öffentlich zu demonstrieren. Bevor er in die Schule ging, zog er seinen Mantel an, dann ging er in sein Zimmer zurück, wo er das schwarz-rot-goldene Knopflochabzeichen des »Republikanischen Reichsbundes« aus einer Schublade holte und an seinem Revers befestigte.
Voller Trotz verließ er die elterliche Wohnung in der Herzogspitalstraße, aber weit kam er nicht.
»He guckt mal, da ist so ein Schwein«, höhnte eine Gruppe von SA-Männern, die an der Ecke standen. »Schaut euch mal die Rotzfarben an seinem Revers an. He Sozi! Die Fahne ist ab heute schwarz, rot, *weiß* Nimm das Ding ab, aber schnell!«
Sie umringten Hümmert, der sich aber befreien konnte und in das Haus zurücklief. Er verriegelte die Eingangs- und Wohnungstüren und beschloß an jenem Tag nicht ins Gymnasium zu gehen.

Die Stimmung in der Stadt war gefährlich für Leute, die als Hitler-Gegner bekannt waren. Pater Rupert Mayer von der St. Michaelskirche in der Neuhauserstraße war einer von den bekanntesten.
Er kämpfte wann und wo immer dies mit seiner Berufung als Diener Gottes und seinem Gewissen vereinbar war. So hatte er als Sanitätssoldat und Feldkaplan im Krieg gedient und war mit einem Holzbein heimgekommen.
Er war zwar kein politischer Geistlicher, doch ruhte sein Leben auf den Pfeilern Gott und Heimat, und wenn er eine dieser Stützen gefährdet sah, verteidigte er sie furchtlos. Den Kommunismus hatte er zum ersten Mal als Redner in einer Versammlung der noch winzigen DAP im Jahre 1919 angegriffen. Der nächste Sprecher war Hitler gewesen und der Priester war von ihm damals tief beeindruckt, obwohl er den Gefreiten a. D. bald darauf als einen gefährlichen Agitator durchschaute.
Hitler und Mayer brachen ihre Beziehungen schon nach einem der ersten Massenversammlungen der NSDAP im Hofbräuhaus ab. Das begeisterte Publikum hatte den Pater um seine Meinung über den Führer der Bewegung gebeten. Mayer bestieg das Podium und erklärte ohne Umschweife: »Herr Hitler ist ein vorzüglicher öffentlicher Redner, mit der Wahrheit nimmt er es jedoch nicht besonders genau.« Er mußte aus dem Saal flüchten.
Während Hitler mit seiner Agitation fortfuhr, spielte Pater Mayer eine zunehmend aktive Rolle in der »vaterländischen Bewegung«, doch hielt er sich abseits von der NSDAP, insbesondere als er den scharf antikatholischen Charakter von Hitlers Politik erkannte.
Anfang 1923 kam es bei einer Massenversammlung im Bürgerbräukeller zu einem weiteren Zusammenstoß zwischen dem Ex-Gefreiten und dem Ex-Feldkaplan. »Ich will es euch ganz klarmachen«, sagte der Ehrwürdige Pater Mayer, während ihn Hitler haßerfüllt fixierte. »Ein deutscher Katholik kann niemals Nationalsozialist sein.« Er wurde von Hitlers fanatischen Anhängern niedergeschrien und aus dem Saal hinausgeworfen. Nach diesem Zwischenfall ließ Hitler keine Gelegenheit aus, Pater Mayer anzugreifen.
Nachdem er wie gewöhnlich auch am 9. November die Morgenmesse gehalten hatte, ging Pater Mayer durch die Straßen, um die Stimmung seiner geliebten Stadt zu erkunden. Wie er sich später erinnerte, war er niemals zuvor in seinem Leben so vielen »feindlichen Blicken« begegnet.

Glücklich ist der Historiker, der über Ereignisse berichten kann, an denen er persönlich teilgenommen hatte. Doch erregte dieser Umstand in Karl Alexander von Müller nur Bedenken.
Wie gewohnt, ging er auch am Morgen des 9. November zur Universität, um sein Kolleg zu halten. Doch machte die fast bis ins Manische gesteigerte Stimmung der ultra-konservativ und nationalistisch gesinnten Studenten das Abhalten einer Vorlesung nahezu unmöglich. Die akademische Gemeinde Münchens bejahte den Putsch fast einstimmig. In dieser Hinsicht war Müller nur eine Ausnahme, weil er kein Bewunderer Hitlers oder Ludendorffs war. Die Zweifel und die Bedenken, die er bereits am Abend zuvor im Bürgerbräukeller empfunden hatte, nagten an ihm noch immer. Mit den Gerüchten über die Ablehnung des Putsches durch die Triumviren und ihre Entschlossenheit, den Aufstand mit Waffengewalt zu unterdrücken, nahm seine Besorgnis noch zu.
Ihm war, als hätte er all dies schon vor fünf Jahren durchlebt und er entsann sich seiner Worte von damals »Eine Welt im Wandel«. Nur war der Wandel diesmal noch durchdringender und scheinbar unaufhaltbar.

Thomas Mann hielt sich an seine gewohnte Routine: Frühstück mit Katja und dann an die Arbeit. Wie immer, saß er auch an diesem Morgen um 9 Uhr früh pünktlich an seinem Schreibtisch.
Wie viele große Schriftsteller, führte auch er ein Tagebuch, in dem er seine Gefühle, Stimmungen und Erlebnisse gewissenhaft aufzeichnete. Am 8. und 9. November 1923 schrieb er kein Wort. Weshalb? Vielleicht liebte er München zu sehr und war zu schmerzlich von der »Verirrung«, wie er den Nationalsozialismus nannte, betroffen und wollte seine negativen Gefühle nicht schriftlich festhalten.

Auf den jungen Dramatiker Carl Zuckmayer machte München den Eindruck eines Bühnenbildes für das Stück eines Hexenmeisters. Während der Monate, in denen er in München arbeitete und anläßlich seiner zahlreichen Visiten in der Hauptstadt Bayerns besuchte er auch des öfteren Hitlers Massenversammlungen. Nicht um »Sieg! Heil!« zu rufen, sondern weil er sich als ein Mann des Theaters von Hitler fasziniert und zugleich abgestoßen fühlte. Trotz dessen barbarisch primitiver Effekthascherei, konnte er nicht umhin, was wahrlich »gelernt und gekonnt« an Hitler war, zu bewundern. Er war wie magnetisiert von »Hitlers Gabe, die Menschen in eine Trance zu versetzen, wie der Medizinmann eines wilden Völkerstammes«. Jetzt sah er zum ersten Mal die Frucht, die

Hitlers Saat von Haß und Gewalttätigkeit, von Neid und Enttäuschung getragen hatte.

Und dennoch fühlte er auf dem Weg zum Schauspielhaus in der Maximilianstraße, als er am stark bewachten Generalstaatskommissariat Kahrs vorbeiging, daß der Putsch für das Volk auf der Straße »eine Hetz«, war, etwas, was die Bayern lieben und wo sie wie beim Fasching oder dem Oktoberfest einfach dabei sein müssen. Er spürte auch, daß sie mehr von der Neugier und der Freude an einer »Gaudi« als von der revolutionären Stimmung beseelt waren.

Die Bayern lieben eben vor allem ein Spektakel, und das bekamen sie an diesem Morgen: Landespolizei und Sturmtruppen, Gruppen von erregten Bürgern an den Straßenecken, wehende Flaggen – nichts fehlte.

Enttäuscht betrachtete Heinrich Hoffmann durch die Fenster seines Ateliers den bleiernen Himmel und die nassen Schneeflocken. Ein Pech! Das war kein Wetter zum Photographieren. Es war jedoch ein Tag, an dem Geschichte gemacht wurde, und es mußte photographiert werden. Abgesehen davon würden die illustrierten Wochenblätter, wie *Die Woche* auf Photos bestehen.

Er stopfte seine große Ledertasche voll mit Filmplatten, bestieg sein altes Fahrrad und fuhr die Ludwigstraße entlang. Er hielt zunächst an der Ecke Schönfeldstraße beim Kriegsministerium an und machte eine Aufnahme von Heinrich Himmler mit der Flagge in der Hand, und anderen Mitgliedern von Röhms Verband, die hinter ihren Stacheldrahtbarrikaden grimmig und entschlossen dreinschauten.

Von hier aus fuhr er weiter zum Marienplatz, auf dem nationalsozialistische Agitatoren vor dem neogotischen Rathaus an eine begeisterte Menschenmenge Ansprachen hielten und den Verkehr einschließlich der Trambahn zum Stillstand brachten. Aller Augen starrten wie gebannt auf einen kleinen kahlköpfigen Mann, der, von bewaffneten SA-Männern umgeben, auf dem Rücksitz eines offenen Autos stehend gegen Juden, Kommunisten, Sozialisten, Ebert, Stresemann und die »Lasterhöhle Berlin« vom Leder zog. Der Mann hieß Julius Streicher.

Hoffmann bahnte sich mühsam seinen Weg durch die Menschenmenge, erkletterte die Mariensäule und hielt auf halber Höhe eine der denkwürdigsten Momente der deutschen Zeitgeschichte auf einem Bild fest.

Zum Teufel mit dem Wetter, dachte er, die dramatischen Ereignisse mußten verewigt werden!

Paula Schlier hatte die Redaktion des *Völkischen Beobachters* erst um 6 Uhr morgens verlassen und war um 9 Uhr wieder im Dienst. Sie hatte Mühe, ihre Augen bei der Bedienung der Telefonschalttafel offen zu halten. Die kleinen roten, grünen und gelben Lämpchen ohne Unterlaß. In der Redaktion herrschte Durcheinander. Die Stimmung schwankte zwischen Hoffnung und Verzweiflung. Die Anfragen jagten sich. »Was ist geschehen? Ist es wahr, daß Kahr sein Wort nicht hielt?« »Wo ist Hitler?« »Unser Held und Heiland ein Verräter? Kahr ist der Verräter!« »Die Kundmachung von Kahr und Lossow ist nur eine diplomatische Maßnahme, um die Franzosen zu beruhigen. In Wirklichkeit sind sie bereit, nach Berlin zu marschieren.« Hunderte von Menschen, die noch an das Gelingen der Revolution glaubten und stündlich den Abmarsch der Sturmtruppen erwarteten, riefen an. Frauen suchten ihre Männer, Mütter ihre Söhne. Alle glaubten an die Revolution.
In den Büroräumen des NSDAP-Blattes tat »Putzi« Hanfstaengl sein bestes, die ausländischen Berichterstatter zu beschwichtigen und zu vertrösten. Larry Rue und Lincoln Eyre belagerten ihn mit Fragen und drängten ihn, ein Interview mit Hitler und Ludendorff zu vermitteln.
»Wenn Sie es nicht bewerkstelligen können, daß wir sie sehen, wer zum Teufel kann es? Sie sind doch der Pressechef von Hitler.«
»Wo ist Ihre Revolution heute? Wo sind Kahr und Lossow?« fragte Eyre. »Wie verhält es sich mit dieser sogenannten neuen Regierung und dem Marsch auf Berlin?«
»Nun«, entgegnete Hanfstaengl, der seine eigene Besorgnis mit einem erzwungenen Lächeln zu vertuschen suchte, »es war zwischen den Führern zu gewissen Meinungsverschiedenheiten gekommen, die jetzt aufgeklärt werden. Ich glaube, ich kann für Sie ein Interview in ungefähr einer Stunde arrangieren.«

In Obermenzing war alles ruhig. Das Villenviertel mit seinen Alleen und neuen Luxushäusern am nordwestlichen Rand Münchens blieb vom Aufruhr und Durcheinander der Stadt unberührt. Es wirkte wie eine andere Welt. Carin Göring lag fiebrig in ihrem Bett. Unheilvolle Vorahnungen quälten sie. Waren es nur Fieberphantasien?
Hanfstaengl hatte sie während der Nacht angerufen, ihr über die Ereignisse im Bürgerbräukeller berichtet und mitgeteilt, daß Göring, ihr »lieber, guter Hermann«, nicht heimkommen würde.
Carin nahm die Nachricht mit Gleichmut, ja voller Stolz entgegen. Die Pläne ihres Gatten schienen sich zu verwirklichen. Jetzt aber hatte sie

eine böse Vorahnung, daß das »nationale Erwachen, für das mein lieber, guter Hermann seit so langer Zeit und mit solcher Hingabe gearbeitet hatte«, in einer Katastrophe enden könnte.

Der Kabinettschef des Kronprinzen, Josef Maria Graf Soden, erwachte in Julius Lehmanns Villa mit einem Schrecken, als an seiner Tür geklopft wurde. »Herein!« rief er ganz automatisch, bevor ihm bewußt wurde, wo er sich befand und wie er dorthin geraten war. Er tastete nach seiner Taschenuhr – es war 8 Uhr und noch ziemlich dunkel. Dann erinnerte er sich. Er war gefangengenommen worden. Durch das Fenster sah er im Garten patrouillierende SA-Männer.
»Ihr Frühstück, Exzellenz«, sagte eine von Lehmanns Töchtern und stellte den heißen Kaffee und belegte Semmeln in das kalte Zimmer. »Wir hatten nicht mit so vielen Gästen gerechnet«, erklärte sie sich entschuldigend.
Durch die offene Tür sah Soden eine SA-Wache im Flur, die ihn aufmerksam beobachtete. Es war so kalt im Zimmer, daß er sein Frühstück im Bett einnahm. Der heiße Kaffee und die Brötchen weckten seine Lebensgeister. Jemand, insbesondere sein Herr, der Kronzprinz, sollte benachrichtigt werden, wo und in welcher Situation er sich befand. Aber wie?
Dieses Problem beschäftigte auch Justizminister Franz Gürtner im zweiten Stock. Nach dem Frühstück verlangte er, seinen »Gastgeber« zu sehen. »Ich weiß nicht, welche Rolle Sie in diesen Vorgängen spielen, Herr Lehmann«, sagte Gürtner entrüstet, »aber ich möchte wissen, weshalb und auf wessen Befehl ich hier gefangengehalten werde. Wären Sie bereit, einen offenen Brief an Herrn von Kahr zu übermitteln?«
Lehmann erklärte ihm, er müsse dazu die Erlaubnis des Kommandeurs – Rudolf Hess – erhalten. Hess sagte unter der Bedingung zu, daß weder der Ort der Verwahrung noch die Namen der Mitgefangenen erwähnt würden.
In seinem Brief ging Gürtner von der festen Überzeugung aus, daß sich Kahr und Hitler noch als Verschwörer einig waren.
»An Exzellenz von Kahr!
Euer Exzellenz beehre ich mich mitzuteilen, daß ich mit anderen Herren gestern Abend in ein Haus außerhalb der Stadt verbracht wurde und hier in strenger Einzelhaft gehalten werde. Ich richte an Euer Exzellenz die Frage, ob das im Einverständnis oder auf Befehl Euer Exzellenz

geschieht. Wenn ja, bitte ich um Mitteilung der Gründe meiner Festhaltung; wenn nicht, bitte ich Euer Ex. eine baldige Aufklärung und Entscheidung herbeizuführen.

Mit vorzüglicher Hochachtung
Euer Exzellenz ergebener
F. Gürtner.«

Hess las den Text sorgfältig und genehmigte ihn. Er rief seinen Fahrer, Michael Ried, der mit den SA-Bewachern die Nacht auf den Sofas und Perserteppichen im Lehmannschen Salon verbracht hatte.

»Bringen Sie diesen Brief zu Hauptmann Göring im Bürgerbräukeller. Er soll an Exzellenz von Kahr weitergeleitet werden. Sie und Ihr Wagen werden möglicherweise für andere Aufgaben dort benötigt werden. Wir haben noch zwei andere Autos hier. Aber rufen Sie mich an, sollte es doch sehr lange dauern.«

»Zu Befehl Herr Oberleutnant«, sagte Ried und salutierte militärisch. Er steckte den Brief in die Brusttasche seiner Uniform und verließ die große, von Bäumen versteckte und schwer bewachte Villa, in der das halbe bayerische Kabinett, der Polizeipräsident von München, sein engster Berater und Graf Soden als Gefangene gehalten wurden. Im Bürgerbräukeller wurde Ried dann allerdings für »andere Aufgaben« benötigt.

In der von Tabakrauch erfüllten Nachrichtenbaracke der Infanteriekaserne saßen, total erschöpft, die Triumviren. Gustav von Kahrs massiger Kopf sank immer tiefer auf seine Brust. Von Zeit zu Zeit schreckte ihn das Klingeln des Fernsprechers aus seinem Halbschlaf.

Stunde um Stunde verging mit Warten – auf die Ankunft der Verstärkungen und auf die Rückkehr von Boten, die die Lage in der Stadt erkunden sollten. Beim Morgengrauen war die Situation vom militärisch-taktischen Standpunkt aus gesehen, keineswegs so düster, wie sie Kahr, Lossow und Seisser in der Nacht zu sein schien. Die meisten militärischen Stützpunkte und die wichtigsten Regierungsgebäude, Verkehrs- und Kommunikationszentren waren in ihrer Hand verblieben. Die Stützpunkte der Putschisten beschränkten sich auf den Bürgerbräukeller, auf das Wehrkreiskommando und auf Stadtviertel rechts der Isar.

Über den Erfolg von Hitlers aufrührerischer Propaganda waren die Triumviren in ihrer selbstauferlegten Isolation allerdings nicht unterrichtet. Überdies waren sie vom übrigen Deutschland, einschließlich Berlin, abgeschnitten. Sie wußten daher nicht, daß Präsident Ebert während der Nacht Hans von Seeckt zum militärischen Diktator und Oberbefehlsha-

ber ernannt hatte, und sollten auch erst mehrere Stunden später erfahren, daß die meisten Eisenbahn- und Fernsprechverbindungen zwischen Bayern und dem Reich unterbrochen waren.
Ab 2 Uhr 55 wurden in regelmäßigen Abständen Funksprüche an alle Empfangsstationen ausgestrahlt, in denen die Nachricht, daß sich das Triumvirat gegen den Putsch gestellt hatte, bekräftigt wurde. In der letzten Sendung um 5 Uhr 30 hieß es, die Reichswehr und die Landespolizei hätten die Lage in der Hand und es herrsche Ruhe in der Stadt.
Dem Adjutanten des General von Kressenstein, Hauptmann von Hannecken, gelang es um 7 Uhr 30 Berlin von Regensburg aus telefonisch zu erreichen. Er berichtete dem Chef der Operationsabteilung von Seeckts, Oberstleutnant Joachim von Stülpnagel, vom Stand der Dinge in München und versicherte ihm, daß General von Lossow über hinreichende Streitkräfte verfügte, den Putsch niederzuschlagen.
Zu dieser Zeit waren auch von Lossow und von Danner aktionsbereit. Um 7 Uhr 40 ging von der kleinen Nachrichtenbaracke der Befehl aus, das Wehrkreiskommando zurückzuerobern. Oberbefehlshaber des Unternehmens war Danner, dem sowohl Einheiten der Reichswehr als auch der Landespolizei als Verstäkrung zur Verfügung standen. Das Gebäude sollte umstellt und Röhm aufgefordert werden, die Waffen niederzulegen und zu kapitulieren. Von Waffengewalt sollte nur bei Widerstand Gebrauch gemacht werden.
Bekannterweise setzt sich allerdings eine Armee nur langsam in Bewegung, und noch langsamer, wenn ihr Herz nicht ganz bei der Sache ist. Von Danners Armee bildete da keine Ausnahme von der Regel. Zu den üblichen Verzögerungen, die durch Kommunikationsschwierigkeiten und die vielfältige Verzweigung der Befehlsgewalt bedingt waren, kam in diesem Fall noch der Widerstand der mit dem Kampfbund sympathisierenden Offiziere sowie der generelle Widerwille aller, »auf Männer zu schießen, die unsere Kameraden sind«.
So erklärte Hauptmann Edward Dietl, ein offener Anhänger Hitlers, in den frühen Morgenstunden kategorisch, er würde »niemals auf Ludendorff schießen«. Andererseits nahm Oberleutnant Max Braun, der in der Nacht Alexander Siry in Haft genommen hatte, ebenso entschlossen gegen Hitler Stellung, und sagte im Laufe des Vormittags: »Wer sich mir entgegenstellt, auf den wird geschossen!« Die meisten Kompanie- und Bataillonskommandeure dieser Aktion befanden sich jedoch in einem Gewissenskonflikt. Selbst jene, die mit den Putschisten nicht sympathisierten schwankten zwischen Loyalität ihren Freunden gegenüber, die

sich unter den Putschisten befanden, und militärischem Gehorsam. Manche konnten mit dem Konflikt nicht fertig werden. Zu diesen gehörte der Chef einer Kompanie von Reservisten, Leutnant a. D. Emil Werner, im Zivilberuf Assistent an der Technischen Hochschule. »Ich kann meinen Leute nicht befehlen, auf ihre Freunde und Brüder zu schießen«, sagte er zu seinem Bataillonskommandeur, Major Hans Schönharl und bat, aus seinem Dienst entlassen zu werden und seine Kompanie, die größtenteils aus Studenten der Technischen Hochschule bestand, auflösen zu dürfen. Schönharl stimmte seinem Ersuchen zu.

Nach vielen, langen, bitteren und qualvollen Debatten wurde um 7 Uhr 40 wohl der Angriffsbefehl gegeben, aber erst vier Stunden später rückten die Abteilungen der Reichswehr und der Landespolizei insgesamt 1600 Mann, unterstützt von Panzerwagen und leichter Artillerie aus dem Oberwiesenfeldbereich und der Türkenstraßenkaserne gegen das Wehrkreiskommando, Ernst Röhms Stützpunkt im alten bayerischen Kriegsministerium an der Ecke Ludwig-/Schönfeldstraße, vor.

Es nahm fast ebensoviel Zeit in Anspruch, bis Oberst der Landespolizei, Hans von Seisser, eine hinreichende Streitkraft in Bereitschaft setzen konnte, um strategisch wichtige Straßen, Gebäude, Brücken zu besetzen und die Stadt links der Isar gegen einen Angriff des Kampfbundes zu sichern. Noch um 11 Uhr waren die Truppen Hitlers, Ludendorffs, Kriebels und Görings sowohl zahlenmäßig als auch an Feuerkraft denen der Regierung überlegen, und wenn die Putschisten vor einer bewaffneten Konfrontation nicht zurückgeschreckt hätten, wäre es ihnen zweifellos gelungen, das Rathaus, die Polizeidirektion, die Telegraphenzentrale, das Fernsprechamt, den Hauptbahnhof und das Zentrum der Stadt zu besetzen. Doch riskierten, zu dieser Zeit zumindest, weder Hitler noch Ludendorff diese Konfrontation.

Selbst Seisser schien unentschlossen, bis sein Münchener Bataillon durch Einheiten von außerhalb verstärkt worden war.

Im großen und ganzen stand die Landespolizei wie ein Mann hinter ihrem Begründer, von Seisser. Auf Lossows 7. Division war aus politischen Gründen weniger Verlaß.

Selbstverständlich gab es auch in der Landespolizei Hitler-Sympathisanten – offene, wie Leutnant Gerhard Prosch, und getarnte, wie Hauptmann Rudolf Schraut. Vereinzelte Offiziere, unter ihnen Oberstleutnant Karl Schnitzlein und Leutnant Georg Höfler, konnten sich zwar persönlich für keine der beiden Seiten entscheiden, blieben jedoch als Soldaten bedingungslos loyal.

Die Mehrzahl der Offiziere – wie Josef Banzer, Wilhelm Muxel, Sigmund von Imhoff, Franz Hunglinger und Karl Wild – obwohl konservativ gesinnt, lehnte den primitiven Fanatismus und die verfassungswidrige Strategie der Nationalsozialisten entschieden ab.
Alle warteten auf die eindeutige Entscheidung der Führung, ob sie die Putschisten »als Feinde oder als Freunde« ansehen sollten.
Diese fiel aber erst später am Tag und so herrschte am Morgen noch eine Unsicherheit und Verwirrung, die sich z. B. darin äußerte, daß Einheiten der Landespolizei und der Putschisten einander gegenseitig freundschaftlich begrüßten.
In vielen Fällen waren selbst loyalste Offiziere durch Freundschaft und Blutverwandtschaft mit Anhängern des Kampfbundes verbunden. Dies galt u. a. für Höfler, der mit seiner Einheit seit dem Morgengrauen in der Türkenkaserne auf Anweisungen wartete.
Als er schließlich um 10 Uhr einen Befehl erhielt, war dieser keineswegs eindeutig: Er sollte mit seinem Verband, der aus zwei Infanterietrupps und einer Maschinengewehreinheit bestand, die Ludwigsbrücke besetzen.
»Bewachen Sie die Brücke«, hieß es. »Falls sie aber bei Ihrem Eintreffen bereits von den Nationalsozialisten bewacht wird, dann stellen Sie Ihre Männer an die Seite der nationalsozialistischen Wachen. Falls weitere nationalsozialistische Einheiten eintreffen und sich anschicken, über die Brücke zu marschieren, ersuchen Sie diese in Güte und höflich, einen andern Weg zu wählen. Den normalen Verkehr lassen Sie passieren. Blutvergießen muß möglichst vermieden werden.«
Hätte Gregor Strasser Höfler zu dieser Zeit noch einmal gefragt: »Bist du für uns oder gegen uns?«, hätte sein Schwager ehrlicherweise antworten müssen: »Das weiß ich noch nicht.«

Oberleutnant der Landespolizei Michael von Godin befand sich in keinem Konflikt: Für ihn gab es nur Pflicht und Gehorsam. Dennoch – auch er war etwas verwirrt. Die ganze Nacht hindurch hörte er sich widersprechende Gerüchte über die Ereignisse im Bürgerbräukeller, und seine Vorgesetzten, die er um eine Klärung der Situation bat, wußten »nicht wirklich«, was sie antworten sollten.
Um acht Uhr ließ er seine Kompanie, die die Nacht in Bereitschaft verbracht hatte, im Kaiserhof der Residenz antreten. Er befahl ihnen, die Gewehre in Pyramiden aufzustellen und den Waffen »nahe zu bleiben«.

Selbstverständlich hatte Godin im Verlauf des Morgens detaillierte Berichte über die Ereignisse im Bürgerbräukeller erhalten. Er wußte z. B., daß Hitlers Leute dort ihr Lager aufgeschlagen und Röhm das nicht fern von der Residenz gelegene Wehrkreiskommando besetzt hatten. Aber die Stadt schien ruhig zu sein und von seinem Vorgesetzten, Oberstleutnant Wilhelm Muxel, trafen keine Anordnungen ein.

Baron von Godin begann sich zu langweilen. Er ging zu Muxel ins Büro, das sich wie sein eigenes, im Landespolizeikommando innerhalb der Residenz befand. »Meine Kompanie wird ungeduldig. Was sollen wir tun, Herr Oberstleutnant?« fragte er.

»Das weiß ich eigentlich selber nicht«, entgegnete Muxel, »ich nehme an, weiter in Bereitschaft stehen und abwarten.«

16. Szene

Mißmutig und stumm starrten der Gefreite und der General einander an. Ihre Mitverschwörer saßen verlegen und besorgt um sie herum. Die Diskussionen und Debatten der letzten Stunden und der Mangel an Schlaf hatten ihre Spuren hinterlassen. Erschöpfung und Reizbarkeit beherrschten die Stimmung.
Hermann Kriebel war sich klar, daß die Putschisten »in eine unhaltbare Lage gekommen waren«, und schlug einen strategischen Rückzug, vielleicht nach Rosenheim, 50 Kilometer südöstlich von München, vor. Von dort könnte ein neuer Anfang gemacht werden. Zur Deckung des Rückzuges sollte die Stadt rechts der Isar und der Bürgerbräukeller befestigt und solange wie notwendig gehalten werden.
Hitler und Ludendorff wollten davon nichts hören. Der Feldherr meinte, »es würde zu einem sinnlosen Blutvergießen kommen und die ganze völkische Bewegung im Straßenschmutz enden«, während der Gefreite noch immer überzeugt war, daß er die Bevölkerung Münchens mit seiner Propaganda mobilisieren und den Lauf der Ereignisse zugunsten der Revolution wenden könnte.
Dazu brauchte er aber einen geeigneten Stützpunkt. Von einem Bierkeller und von schnell aufgestellten Rednerpulten aus konnte eine Revolution nicht gelenkt werden. Die Polizeidirektion! Wo blieb nur Pöhner? Es waren bereits über drei Stunden vergangen, seit er seinen »Ministerpräsidenten« beauftragt hatte, die Ettstraße im Sturm zu nehmen.
Als er jetzt erfuhr, daß ein Verband der »Oberländer« vor dem Haupteingang des Präsidiums von der Landespolizei eine Abfuhr erhalten hatte, dachte Hitler: Wenn es die »Oberländer« nicht geschafft haben, wird es eben Berchtolds Stoßtrupp schaffen.

»Los! Los! Los!«, kommandierte Berchtold, »Mannschaften auf die Straße! Macht schnell!«
Ludwig Schmied und Wilhelm Briemann, Hans Kallenbach und Heinrich von Knobloch, Hans Krüger und Walter Hewel, Karl und Werner

Fiehler und hundert andere mit dem Totenkopfabzeichen rappelten sich von ihren Tischen und Behelfsbetten auf und traten in der Rosenheimerstraße an.
Es war 9 Uhr früh und der Wachtmeister Karl Spreng hatte das Mißgeschick, gleichzeitig auf der Straße zu sein. Spreng, vom 17. Polizeirevier, war auf Patrouille mit dem Auftrag – direkt aus der Ettstraße –, die von den Putschisten angebrachten Plakate mit der gefälschten Unterschrift Kahrs abzureißen und zu vernichten.
Zwei dieser Plakate entdeckte er auf der Litfaßsäule der Verkehrsinsel Kreuzung Rosenheimer-/Franziskaner-/Steinstraße. 10 bis 15 Meter von der Säule entfernt regelte Oberwachtmeister Christian Kreppel den Kreuzungsverkehr.
»Guten Morgen, Kollege Kreppel«, sagte Spreng. »Können Sie mir einen Augenblick helfen? Sehen Sie die Plakate da drüben? Die sind doch von der Ettstraße verboten und müssen abgenommen werden.«
Der Oberwachtmeister wußte zwar nichts davon, stimmte aber zu. Daraufhin rissen die zwei blau uniformierten Schutzmänner die beiden frisch angeklebten Plakate ab, wobei sie von einigen Stoßtruppleuten, die sich gerade vor dem Bürgerbräukeller aufstellten, beobachtet wurden.
»Schauen Sie, Herr Berchtold«, rief Johann Wegelin, »sehen Sie die zwei Blauen da? Die reißen doch unsere Kundmachungen ab!«
»Verhaften!« rief Berchtold. Fünfzig Mann umstellten Spreng und Kreppel.
»Aufgrund von Beschädigung eines Staatseigentums der neuen Regierung erkläre ich Sie für verhaftet«, sprach Berchtold. Die Blauen wurden entwaffnet, unter Bewachung zum Bürgerbräukeller abgeführt und der Obhut Hermann Görings überlassen.
»Und jetzt an die Arbeit!« rief Berchtold.
Drei Züge des Stoßtrupps marschierten im Laufschritt, mit zwei schweren Maschinengewehren in Richtung Ettstraße zur Polizeidirektion.

»Ihr wollt wissen, was die neue Regierung tun wird?« schrie Julius Streicher in die sich schnell um ihn bildende Menschenmenge auf dem Marienplatz. »Ihr werdet schnell die Taten sehen! Wir werden die jüdischen Schieber an die Galgen hängen! Wir werden die Börsen der jüdischen Ausbeuter schließen und die Banken unter staatliche Aufsicht stellen!«
»Heil«, riefen ihm Tausende zu.

»Die neue Regierung gibt euch Brot!« fuhr er fort. »Adolf Hitler hat die Männer, die uns bisher hingehalten haben, bereits hinter Schloß und Riegel setzen lassen. Minister Schweyer sitzt schon in der gleichen Zelle in Stadelheim, in die er einst Adolf Hitler eingesperrt hatte. Die Zeit der Schande ist zu Ende, die Zeit der Freiheit ist da! Künftighin darf es nur zwei Parteien im Lande geben: hier ein armes, armes Volk, dort das wucherische; den deutschen Christen und den Vollblutjuden. Zu welcher wollt ihr gehören? Zur Partei der christlichen Deutschen oder zur Partei der jüdischen Blutsauger? Wer zum Juden will, der soll gehen, wer deutsch sein will, der komme zu uns. Schwarz-rot-gold gibt es nicht mehr. Wer es trägt, wird erschossen! Wer sich nicht fügt, wird gehängt, wer sich fügt, soll sich freuen und die ruhmreiche Zukunft Deutschlands erleben!«

Der Marienplatz hallte wider von ohrenbetäubendem Crescendo von »Heil Hitler, Heil Ludendorff, Heil Pöhner!«-Rufen, und der Jubel schloß mit dem Absingen von »Deutschland, Deutschland, über alles.«

»Sieh dir mal die Menschenmenge auf dem Marienplatz an!« brüllte Josef Berchtold dem Führer seines Maschinengewehrzuges, Hans Kallenbach, zu, als sie im Laufschritt durch das Tal an Berchtolds an diesem Morgen geschlossenen Tabakladen vorbeiliefen. »Da kommen wir niemals durch, wir müssen einen andern Weg nehmen.«

Berchtold bog mit seinem Stoßtrupp links ein und marschierte über den Viktualienmarkt vorbei an den Marktbuden und den erstaunt glotzenden Marktweibern durch das Rosental, den Färbergraben entlang, vorbei an der Szene ihrer nächtlichen Großtat in der *Münchener Post,* deren eingeschlagene Fenster wie Augenhöhlen blind in die Straße starrten, vorbei an den Scheiterhaufen von Büchern und zertrümmerten Möbeln, die noch auf dem Gehsteig lagen.

An der Ecke Kaufinger-/Ettstraße rief Berchtold »Halt!«

Der Stoßtrupp, für den Straßenkampf ausgebildet, verteilte sich in einzelne Gruppen. Einige verriegelten den Zugang zum Präsidium, andere stürmten durch die Läden und Häuser, die sich um das Gebäude herum befanden, und versuchten in die Polizeidirektion durch Hinterhöfe und Hintertüren einzudringen. Kallenbach ließ eines der schweren Maschinengewehre auf den Haupteingang gerichtet aufstellen.

»Die Fenster zumachen! Nicht hinausschauen! Es gibt nichts zu sehen!« schrie Berchtold den Neugierigen an den Fenstern der Haupteinkaufsstraße Münchens zu. Dann ging er mit dem jungen Walter Hewel an seiner Seite auf den Haupteingang zu und verlangte Zugang und Kapitulation. Der Hauptmann der Landespolizei, der die Wachtposten kommandierte, entgegnete: »Wenn Sie schießen, schießen wir auch!«, und das Tor wurde verschlossen.

Was nun? Berchtold war nicht der Mann, eigenmächtig zu handeln. Er brauchte Befehle. Sein Befehlsgeber, Göring, hatte aber nicht mit Widerstand gerechnet. Die Haltung der Polizei brachte Berchtold völlig aus der Fassung. Sollte er das Gebäude stürmen? Kriminalsekretär Josef Gerum, der von der Polizei zum Stoßtrupp übergelaufen war, riet ihm davon ab. Der Stoßtrupp verfüge einfach nicht über hinreichende Streitkräfte, den riesigen Komplex, der einem Labyrinth glich, mit Gewalt zu nehmen.

Berchtold befahl seinen Zugführern, ihre Stellungen zu halten, und suchte eine Telefonzelle, um Göring anzurufen.

»Kommen Sie zurück«, befahl ihm Göring. »Der Plan ist geändert worden.«

Unter den höhnischen Rufen der enttäuschten, sensationslüsternen Zuschauer und zum Erstaunen seiner eigenen Männer wie auch der Polizisten befahl Berchtold Kallenbach, die Maschinengewehre wieder abzumontieren, versammelte seine Leute und marschierte mit ihnen auf demselben Umweg, auf dem er gekommen war, zurück zum Bürgerbräu. Die »Belagerung der Ettstraße« währte nur volle 15 Minuten.

Göring hatte seinen Plan tatsächlich geändert und Hitlers Propagandastrategie angepaßt. Der getreue Julius Schaub wurde mit der taktischen Ausführung betraut.

Schaub hatte noch keine Gelegenheit gehabt, sich von den Strapazen der Nacht auf der Landstraße Freising-München zu erholen. Als er sich um 8 Uhr früh bei Göring gemeldet hatte, wurde er sofort mit dem Einkauf von Proviant für die hungrigen Truppen beauftragt und ins Münchener Ostende geschickt. Die Küchenreserven des Bürgerbräupächters Korbinian Reindl waren fast aufgebraucht, und er war ohnehin nicht geneigt, die revolutionäre Horde ohne Entgeld zu verköstigen. Auch bei einer Revolution hat alles seinen Preis und seine Ordnung. Die Putschisten wie Wilhelm Brückners Adjutant, Heinrich Bennecke, die zufällig in der Nähe wohnten, waren nach Hause gegangen, um zu frühstücken. Manche wanderten über die Straße zum beliebten Münchner Kindlkeller oder zum nahe liegenden Hofbräukeller am Wienerplatz. Die meisten hatten allerdings kein Geld, waren aber hungrig. Bekanntlich marschieren Armeen nicht mit leeren Mägen, und Hitlers »Armee« bildete keine Ausnahme von der Regel.

Mit »Einkaufen« war gemeint, womöglich im Namen der Revolutionären Regierung zu beschlagnahmen und, wo nicht möglich, mit den zuvor am Morgen beschlagnahmten Banknoten zu bezahlen.
Schaub führte seinen Auftrag befehlsgemäß aus und kam um 9 Uhr 30 wieder zurück. Göring wartete schon ungeduldig auf seine Rückkehr.
»Gehen Sie so schnell wie möglich zum Rathaus und veranlassen Sie, daß die schwarz-weiß-rote und die Hakenkreuzflaggen an Stelle der schwarz-gold-roten gehißt werden. Es sollte keine Schwierigkeiten geben, nehmen Sie aber für den Notfall jemanden zum Schutz mit.«
In Begleitung eines andern SA-Mannes machte sich Schaub mit der Trambahn auf den Weg zum Marienplatz.

Wie versprochen, vereinbarte »Putzi« Hanfstaengl für seine amerikanischen Schützlinge ein Interview mit Hitler und Ludendorff.
Die Szene im Bürgerbräukeller erinnerte Larry Rue »an den Beginn des Krieges. Rationen und Ausrüstung wurden ausgehändigt, Jungens exerzierten im Garten und in den verschiedenen Höfen. Rekruten wurden angeworben. Überall herrschte eine Stimmung von Optimismus und Begeisterung. Lastkraftwagen rollten unaufhörlich leer heran und mit Soldaten, Munition und Proviant beladen wieder ab. Alle waren vom Erfolg der Revolution überzeugt.«
Das war genau der Eindruck, den Hitler, Ludendorff und die andern bei den Besuchern erwecken wollten. Die Journalisten trafen die Führer des Putsches, vertieft beim Studieren von Stadtplänen und Kundgebungen, über einen Tisch gebeugt an.
Hitler empfing die Journalisten höflich und leutselig, »doch war er offensichtlich überanstrengt und todmüde«. Ein Berichterstatter der *New York Times* schrieb »der nationalsozialistische Führer und neue Diktator Deutschlands – ein kleiner Mann im Gummimantel, mit Revolver im Gürtel, unrasiert, das Haar zerzaust und so heiser, daß er kaum sprechen konnte – schien seiner Rolle nicht gewachsen zu sein.«
Auch Ludendorff war »äußerst freundlich«, doch wirkte er »nervös und besorgt, als er mit Hitler und anderen politischen Beratern sprach«.
»Meiner Regierung«, sagte er zu den Journalisten, »liegt es an der Zustimmung der Vereinigten Staaten und Englands.« Dann begann er sich über »die ruhmreiche Zukunft des Neuen Deutschland, die auf der nationalen Revolution beruhte« auszulassen.
Die Journalisten hörten ihm zwar aufmerksam zu, jedoch interessierten sie sich mehr dafür, ob er ihnen bei der Übermittlung ihrer Berichte

behilflich sein könnte, als für seine rednerischen Ausschweifungen. Sie beklagten sich darüber, daß sie seit Mitternacht weder Ferngespräche von München aus führen noch Telegramme an ihre Büros in Berlin, Paris, London und in den USA senden könnten. Auch seien sie in ihrer Bewegungsfreiheit in der Stadt, die sich ja in einer Art von Belagerungszustand befand, eingeschränkt.

Ludendorff ließ sie großmütig mit »Pässen« versehen, die ihre Bewegungsfreiheit garantierten, und versprach auch dafür zu sorgen, daß sie mit Berlin telefonieren könnten. Wie viele der anderen, in den letzten 24 Stunden gegebenen Versprechungen, blieb auch diese unerfüllt. Außerdem hatten es die Männer im Bürgerbräukeller gar nicht in der Hand, diese einzuhalten.

Ziemlich erschöpft von dem Gewaltmarsch war Josef Berchtold mit seinem Stoßtrupp wieder im Bürgerbräukeller eingetroffen. Die Truppe war ruhebedürftig, doch Göring wartete auf sie schon ungeduldig mit einem neuen Auftrag: Hitler bestand darauf, daß seine Flaggen vom Rathaus wehten, und hatte Zweifel, daß es Schaub gelingen würde, sie ohne »überzeugende Hilfskraft« zu hissen.

Überdies wollte er sich zusätzlich zu den jüdischen Geschäftsleuten und andern Opfern der Razzien und Privatrache-Expeditionen der Nacht, weiterer prominenter Geiseln bemächtigen. Als solche eigneten sich der Sozialdemokrat Eduard Schmid, Münchens Oberbürgermeister seit 1919, und eine Anzahl sozialistischer Stadträte, die Berchtold und sein Stoßtrupp sofort im Rathaus festnehmen und in den Bürgerbräu bringen sollte.

»Aber nur die Kommunisten und die Sozialisten«, ermahnte Göring Berchtold, »und, selbstverständlich und ohne Rücksicht auf Parteizugehörigkeit, die Saujuden. Die dürfen Sie nicht vergessen.«

Endlich etwas Vernünftiges, dachte Berchtold und rief Befehle kreuz und quer durch den Bierkeller. Wieder ließ er Heinrich von Knoblochs Zug auf der Rosenheimerstraße antreten. Der Verband, diesmal auf LKWs, bestand aus 50 Männern, unter ihnen Berchtolds engste Vertraute: Emil Maurice, Wilhelm Briemann, Walter Hewel, Hans Krüger und zwei der Fiehler-Brüder.

»Los!« schrie Berchtold von einem offenen Touringwagen aus, und der Konvoi rollte, Maschinengewehre waren auf die Kabinendächer der Lastwagen montiert, den Hügel hinunter in Richtung Stadtzentrum.

Julius Streicher war schon weiter gezogen. Seine Hetzrede hatte tiefe Spuren auf dem Marienplatz hinterlassen. Als Schaub mit seinem bewaffneten SA-Geleit aus der Trambahn stieg, fand er dort eine wutentbrannte Menschenmenge vor, die das Rathaus mit einer Kanonade von Flüchen und Drohungen gegen den Bürgermeister und die Stadträte, die sich hinter der neogotischen Fassade in einer Notsitzung befanden, förmlich belagerte.

Schaub wurde mit einem rhythmischen, hysterischen Geheul von »Die Fahnen raus! Schwarz-weiß-rot!« und »Hißt die alten Flaggen!« begrüßt. Er bahnte sich den Weg durch die aufgebrachte Menge zum Rathaus. Stolz betrat er das Gebäude, ging die Treppen hinauf zum Sitzungssaal, in dem Schmid und Ältestenrat versammelt waren. Schaub riß die schwere Eichentür auf und ließ sie offen, damit alle im Saal den schwer bewaffneten SA-Mann hinter sich sehen konnten.

»Die schamvollen Tage von schwarz-rot-gold sind vorbei«, verkündete er. »Auf Befehl von Hauptmann Göring haben Sie jetzt die schwarz-weiß-rote Flagge zu hissen.«

Eduard Schmid, 62, war nicht leicht einzuschüchtern. Auch Albert Nussbaum, der Vorsitzende der sozialdemokratischen Fraktion, war ein mutiger Mann.

Eher amüsiert als erzürnt musterten sie den unrasierten jungen SA-Mann in seiner von der nächtlichen Autofahrt völlig zerknitterten Uniform. »Sie sagen, Ihr Kommandeur ist Hauptmann Göring«, herrschte ihn der Bürgermeister mit vor Zorn und Entrüstung bebendem Schnauzbart, das massive Antlitz scharlachrot, an. »Wer ist denn dieser Hauptmann Göring? Ich habe noch nie von ihm gehört. Richten Sie ihm aus, wir müssen zuerst sehen, ob eine schwarz-weiß-rote Fahne überhaupt vorhanden ist.«

»Und falls eine vorhanden ist«, fügte Nussbaum hinzu, »ist der Ältestenrat nicht befugt, sie zu hissen. Darüber muß zuerst im Stadtrat debattiert und abgestimmt werden.«

Schaub hatte Mühe, seine Fassung zu bewahren. Er war nicht daran gewohnt, daß Görings Befehle in Frage gestellt wurden. »Ich werde von ihrem frechen Gehabe meinem Kommandeur, Hauptmann Göring, Bericht erstatten«, entgegnete er aufgeplustert, »dann komme ich wieder, und wir werden schon sehen, wer im neuen Deutschland Befehle erteilt.«

Das war keine leere Drohung. Als er aus dem Rathaus wutschnaubend auf den Marienplatz trat, erblickte Schaub zu seiner freudigen Überraschung Berchtold, der, in seinem offenen Wagen, gefolgt von seinem Konvoi heranrollte. Die Volksmenge war inzwischen noch weiter angewachsen und verlangte mit zunehmender Vehemenz nach der kaiserlichen Flagge.

»Sie weigern sich? Was soll das heißen?« fragte Berchtold. »niemand weigert sich von jetzt ab, unsere Befehle auszuführen, und schon garnicht diese Saujuden und Sausozialisten. Knobloch! Los! Helfen Sie mit ihrem Zug, Hauptmann Görings Befehle zu befolgen.«

So stürmte Schaub mit Knobloch und dem mit Pistolen und Gewehren bewaffneten Stoßtrupp durch die aufgebrachte Menschenmenge wieder in das Gebäude, die Treppen hinauf in den Sitzungssaal des Rathauses. Gleichzeitig war auch Helmut Klotz, der nationalsozialistischer Agitator aus Nürnberg, am Marienplatz eingetroffen. Als er vernahm, was sich zugetragen hatte, stieg er auf eines der Lastautos und gab dem Stoßtrupp-Mann Karl Hauenstein den Auftrag, mit seiner Pistole zwei Schüsse in die Luft zu feuern, um »sich Gehör zu verschaffen«. Dann begann er – ganz im Stile seines Freundes Streicher die Menge aufzuwiegeln.

»Heute vor 5 Jahren wurde unsere schwarz-weiß-rote Flagge«, kreischte Klotz hysterisch, »abgerissen und in den Schmutz getrampelt. Heute, nach 5 Jahren, ist der Tag gekommen, an dem die alte Flagge wieder zu Ihren Ehren kommen muß. Doch höre ich, daß der Bürgermeister und der Stadtrat sich geweigert haben, das Rathaus schwarz-weiß-rot zu beflaggen.«

Tausende johlten höhnische Spottrufe und »Aufhängen!«

Wie eine Flutwelle folgte der Pöbel Schaub, Knobloch und seinen Männern. Innerhalb von Minuten wehten die Hakenkreuz- und schwarz-weiß-roten Flaggen vom Balkon unter dem berühmten Glockenspiel und von mehreren Fenstern der Fassade. Der Platz war wie eine Farborgie von Schwarz, Weiß und Rot auf grauem Hintergrund. Die Menschenmenge begann das »Deutschlandlied« zu singen.

Die Stimmung war blutrünstig. Rufe wie »schlagt die Saubande tot!« wurden laut und der Stoßtrupp hatte Mühe, die Menge aus den Gängen und dem Sitzungssaal des Rathauses herauszuhalten, in dem Schaub, Knobloch und 12 Stoßtrupp-Angehörige die Ratsherren mit Waffen bedrohten.

»Wer zu fliehen versucht, wird ohne vorhergehende Warnung erschossen«, verkündete von Knobloch.

»Juden und Marxisten aufstehen!« befahl Schaub.

Die Stadträte trotzten dem Befehl und blieben sitzen.
»Wie definieren Sie einen Marxisten?« fragte der stellvertretende Bürgermeister Hans Küfner, ein Erzkonservativer.
»Ich bin nicht zum Debattieren hergekommen«, fuhr ihn Schaub an. »Alle Sozialdemokraten, Unabhängige Sozialisten und Kommunisten sind auf Befehl der neuen Regierung verhaftet.«
Niemand erhob sich.
»Faßt sie! Ich weiß, wer sie sind«, kommandierte Schaub und wies mit der Maschinenpistole auf Schmid, Nussbaum und sieben weitere Stadträte. Ein Stoßtrupp-Mann faßte hierauf den Oberbürgermeister beim Kragen, riß ihn von seinem Sitz und stieß den alten Herrn leicht gegen die Wand. Werner Fiehler schlug Nussbaum mit dem Gewehrlauf auf die linke Schläfe und drängte ihn ebenfalls an die Wand.
»Haben wir alle?« fragte Schaub, als die neun Männer entlang der Wand aufgestellt waren. »Diese Männer kommen als Volksfeinde vor ein Tribunal und sind binnen 24 Stunden tot. Die werden euch keinen Kummer mehr bereiten.«
Bleich vor Schreck und Zorn, schüttelte der 2. Bürgermeister Küfner den Kopf.
»Ich bitte Eure Exzellenz um Entschuldigung für die Störung«, sagte Schaub zu ihm, salutierte, wandte sich um und gab Knobloch das Zeichen zum Abzug. Die Gefangenen durften ihre Hüte und Mäntel mitnehmen, ein Gehbehinderter auch seinen Stock. Sie wurden unter Bewachung hinaus und in einem Spießrutenlauf über den Marienplatz geführt.
»Totschlagen! Die Köpfe einschlagen! Hängt die Saubande auf!« johlte der Pöbel, während die Stadträte von halbwüchsigen Burschen und hysterischen Frauen gestoßen, geschlagen, mit den Füßen getreten und bespien wurden, bis sie endlich auf einem von Berchtolds Lastwagen waren.
Der Photograph Heinrich Hoffmann hat die Szene auf einer Platte für die Nachwelt festgehalten.
Die Turmuhr des Rathauses schlug elf. Mit marionettenhaften Bewegungen traten die bemalten Puppen zum Spiel der 43 Glocken ihren Rundgang an.

Gerüchte, daß die Landespolizei sich anschickte, die Isarbrücken zu besetzen und den Bürgerbräukeller einzukreisen, drangen zwischen 10 Uhr und 11 Uhr zu den Führern in den Bierkeller.
Das war kurz nachdem Leutnant Höfler seine Leute, wie befohlen, Seite

an Seite mit den dort bereits Wache stehenden SA-Männern, auf der Ludwigsbrücke postiert hatte.
Ludendorff befahl Hermann Göring, mit Graf selbst die Lage zu prüfen. Das Ergebnis gab Grund zu Besorgnis. Von der Wittelsbacher-Brücke im Süden bis einschließlich der Max-Josef-Brücke im Norden waren sämtliche Brücken von beiden Seiten in gleicher Stärke bewacht.
Die Lage war für beide Parteien hoch explosiv wie auch verwirrend. Die Landespolizei war sich ihrer Rolle nicht sicher. Viele unter ihnen betrachteten die Putschisten als Kameraden.
»Herr Kamerad, Sie haben keine Ahnung, in welcher Zwangslage ich mich befinde«, sagte Major Rudolf Ritter von Kramer zu Göring, als dieser einem Verband von Edmund Heines' 2. SA-Bataillon, der die Cornelius-Brücke sichern sollte, inspizierte. »Vorgestern abend noch habe ich mit meinen Leuten eine Versammlung ihrer Leute gedeckt. Nach dieser Versammlung haben sich meine Offiziere mit Ihren Offizieren, meine Leute mit Ihren Leuten auf das kameradschaftlichste unterhalten. Und jetzt stehe ich hier mit dem ganz bestimmten Befehl, auf Sie zu schießen.« Der Major hatte Tränen in den Augen.
Nicht aber Göring. »Ich habe Herrn Major mitzuteilen, daß ich von Exzellenz Ludendorff Weisung habe, daß der erste Tote in unseren Reihen den Tod der von uns als Geiseln gehaltenen Männer bedeutet.«
»Nun«, entgegnete Kramer, »ich schlage Ihnen vor: geschossen wird nur, wenn einer der beiden Teile vorrückt.«
»Jawohl«, stimmte Göring zu, »aber wenn auch nur einer meiner Leute fällt, gebe ich Befehl, alle Geiseln zu erschießen.«
»Ich mache Ihnen noch einen weiteren Vorschlag«, sagte der Offizier der Landespolizei, »wenn ich Befehl erhalte, weiter vorzurücken, so teile ich es Ihrem Führer drüben so frühzeitig mit, daß er reichlich Zeit haben wird, einen Rückzug zu erwirken.«
»Abgemacht«, log Göring, der nicht die geringste Absicht hatte, seine Truppen zurückzuziehen. Er salutierte und setzte seine Erkundungs- und Inspektionstour fort. Auf ähnliche Art drohte er der Landespolizei an den anderen Brücken.

Hitler – zunehmend besorgt – sah aus einer Entfernung von etwa zehn Metern wortlos zu, als Schaub und Knobloch ihre Gefangenen auf Waffen untersuchten und im Vestibül antreten ließen.
»Da haben wir ein schönes Bröckerl erwischt«, verkündete Berchtold, »den Stadtrat Nussbaum!«

Hitler antwortete darauf nicht, sondern ging weg.
»Halten Sie das für richtig, Herr Minister?« fragte Nussbaum leise, als er den früheren Justizminister Christian Roth im Foyer erblickte. »Entspricht das Ihrer Auffassung von Recht und Ordnung?«
Roth zuckte bloß die Achseln und ging weiter.
Die Gefangenen wurden gerade abgeführt, als Ludendorff vorbeikam: »Was ist mit den Leuten?« fragte er.
»Die sind vom Stadtrat, Herr General«, antwortete Berchtold stolz.
»Ach so«, bemerkte Ludendorff verächtlich und teilnahmslos und kehrte zu seinem Kriegsrat im Privatzimmer des Bierkellers zurück.

Die Putschisten mußten der »unhaltbaren Situation« ein Ende setzen und sich unverzüglich für eine Aktion entscheiden.
»Neu anfangen«, hatte Göring noch in einer Lagebesprechung kurz vor 11 Uhr gemeint. Er unterstützte Kriebels Vorschlag, sich nach Rosenheim zurückzuziehen und von dort aus zur Gegenoffensive überzugehen. Diese Stadt am Fuße der Alpen, sein Geburtsort, galt als wichtiger und aktiver Stützpunkt der vaterländischen Bewegung. Der »Kampfbund«, so argumentierte Göring, verfügte bereits über hinreichende Streitkräfte und Waffen, um zu einem Gegenangriff überzugehen und in den Bergen würden sich weitere Verstärkungen finden lassen.
Andererseits würde dieser Zug zweifellos das Signal zu einem Bürgerkrieg geben, den Hitler und Ludendorff um jeden Preis vermeiden wollten.
Was also tun?
Hitler hatte alles auf den Erfolg von Neunzerts Mission – die Vermittlung durch den Kronprinzen – gesetzt. Inzwischen war es aber schon 11 Uhr, mehr als drei Stunden seit Neunzert seine Mission angetreten hatte und Hitler wußte noch nicht einmal, ob er in Berchtesgaden eingetroffen war.
Da kam Ludendorff ein neuer Gedanke: »Wir gehen in die Stadt, um die öffentliche Meinung zu gewinnen, zu sehen, wie die öffentliche Meinung reagiert und wie dann die Herrn Kahr, Lossow und Seisser ihrerseits auf die öffentliche Meinung reagieren.« Der Vorschlag des stolzen, preußischen Feldherrn, kam unerwartet, war doch Propaganda die Spezialität des kleinen Gefreiten. Vieles sprach jedoch für Ludendorffs Vorschlag und je länger die Führer debattierten, um so mehr waren sie vom Erfolg eines Demonstrationsmarsches überzeugt.
Vielleicht war die Lage doch nicht so hoffnungslos, wie sie sie im fahlen Licht des Morgengrauens gesehen hatten! Einiges rechtfertigte sogar

einen gemäßigten Optimismus – so der Marienplatz mit seinen wehenden Flaggen und der tosenden, singenden Volksmenge. Herrmann Esser hatte sein Krankenlager wieder verlassen, um die Stimmung zu erkunden, und berichtete von »wilder Begeisterung auf den Straßen«, die auch Hans Frank, Streicher, Klotz und Wilhelm Brückner bei einer Brotzeit am Gärtnerplatz beeindruckt hatten. Schlangen von Freiwilligen für die »Nationale Armee« standen vor den eilig errichteten Werbekiosken der SA.

Alles sprach für eine Propagandademonstration. Auch Kriebel und Scheubner-Richter waren von Ludendorffs Idee angetan. Nur Hitler, der »Tambour«, der Meisterpropagandist, blieb skeptisch.

Für den Marsch sprach eine ganze Menge. Der Aufmarsch der gesamten Verbände würde als Machtdemonstration Wirkung zeigen bei der Bevölkerung, aber auch bei den Triumviren. Zu dem würde der Marsch die vom ziellosen Hin- und Hermarschieren ermüdeten Anhänger des Kampfbundes, deren Stimmung und Elan abzusinken und in Radikalismus umzuschlagen drohte, zunächst voll in Anspruch nehmen. Vielleicht könnte ihnen durch die Begeisterung des Volkes sogar neuer Kampfwille eingeflößt werden.

Scheubner-Richter, der sich als Meisterstratege der Revolution sah, erinnerte an Eisners Demonstration 1918, die dann zur Aktion überging. Die Triumviren würden sich durch die Marschmusik, die flatternden Fahnen, die vertrauten Lieder und die tosende Begeisterung der Münchener gezwungen fühlen, mitzumachen oder gegen den Kampfbund und gegen die Bevölkerung Stellung zu nehmen.

Die Gefahr eines bewaffneten Zusammenstoßes schien nach allen Erkundungsergebnissen des Vormittags gering. Das Risiko mußte in Kauf genommen werden. Die Wahrscheinlichkeit, daß der Marsch den Lauf der Ereignisse wieder zugunsten der Putschisten wenden würde, war groß.

Und schließlich könnten sie, wie Ludendorff meinte, »nicht den lieben Tag lang hier sitzen und warten – worauf?«

Je mehr der Plan Gestalt annahm, um so mehr widersetzte sich ihm Hitler. Er wartete immer noch vergeblich auf eine Nachricht aus Berchtesgaden. Dennoch wollte er noch weiter warten. Der große Agitator war müde und kleinmütig geworden, und schien den Glauben an die Allmacht der Propaganda verloren zu haben. Knappe 12 Stunden zuvor hatte er noch beabsichtigt, Max von Müllers »Oberländer« aus der Pionierkaserne mit Artilleriefeuer freizusprengen. Jetzt aber war er

entschlossen, den bewaffneten Zusammenstoß und das Blutvergießen, das er vorausahnte, um jeden Preis zu vermeiden. Er wurde jedoch mit seinen Einwänden – zum Teil durch Ereignisse, über die er die Kontrolle verloren hatte – überstimmt.
Kurz vor 11 Uhr 30 kamen Göring und Ulrich Graf in das Bürgerbräu zurück und berichteten über die Lage an den Isarbrücken. Zur gleichen Zeit erfuhren Hitler und Ludendorff, daß mit Panzern verstärkte Verbände der Reichswehr und der Landespolizei aus allen Richtungen gegen das Wehrkreiskommando vorrückten, Röhm würde bald zur Kapitulation gezwungen werden.
Für Ludendorff gab es jetzt nur noch die Alternative: Jetzt oder nie! Zu warten, bis sie umzingelt waren, die Bierhalle verteidigen oder in Panik nach Rosenheim zu flüchten, schienen ihm der pure Wahnwitz. Begriffe wie Rückzug und Belagerungszustand existierten nicht in seinem militärischen Vokabular. War er nicht Ludendorff, der legendäre Held und Sieger von Tannenberg?
Mit versteinertem Gesichtsausdruck sah er sich im Zimmer um und verkündete in einem Ton, der keinen Widerspruch zuließ: »Wir marschieren!«

17. Szene

Verstimmt betrachtete Ernst Röhm mit seinen kleinen, blutunterlaufenen Augen im aufgedunsenen und unter dem Stoppelbart von Kriegsnarben durchfurchten Gesicht, seine Kameraden. In dem düsteren Vorraum zu General von Lossows Amtsraum im Wehrkreiskommando waren versammelt: Josef Seydel, Karl Osswald, Graf du Moulin-Eckart, Theodor Casella, Martin Faust, Walther Lembert, Heinrich Himmler und andere treue Freunde oder Anhänger.

Vor fast sechs Stunden waren Ernst Pöhner und Adolf Hühnlein zur Polizeidirektion entsandt worden. Und kurz nach ihnen waren Hitler, Ludendorff, Kriebel und die anderen in den Bürgerbräu zurückgegangen. Alle blieben wie verschollen. Röhm fühlte sich verlassen, »allein, auf sich gestellt und verwirrt von den Geschehnissen«.

Schlimmer noch, nach den letzten Nachrichten rückte die Reichswehr, unterstützt von nahezu der gesamten Landespolizei der Stadt, auf Befehl seines Vorgesetzten, des General von Lossow, mit 2 Infanteriebataillonen, 1 Pionierbataillon, 1 Minenwerferkompanie, 3 Artilleriebatterien, 1 Kraftfahrerabteilung und 8 Panzerwagen gegen das von 400 Putschisten der »Reichskriegsflagge« besetzte Wehrkreiskommando vor.

Röhm befand sich in einer Zwickmühle. Ludendorff, den er als seinen Oberbefehlshaber betrachtete, hatte ihm befohlen, das Gebäude zu halten. Er diente zur Zeit jedoch noch als Offizier der Reichswehr und war als solcher Lossow unmittelbar unterstellt.

»Ich konnte und wollte nicht glauben, daß der General von Lossow zu einem derartigen Vorgehen die Hand bot. Als mein nächster Vorgesetzter mußte er doch wohl vorher irgendeine Verständigung oder irgendeinen Befehl mir zukommen lassen. Jedoch nichts dergleichen geschah.«

Röhms Dilemma war, zu gleicher Zeit Verschwörer und Berufssoldat zu sein. Wem sollte er gehorchen? Lossow oder Ludendorff? Er fällte eine zweideutige Entscheidung.

»Wir kapitulieren nicht und verteidigen das Gebäude!« verkündete er seinen Offizieren. »Wir werden jedoch auf die Reichswehr nur schießen,

wenn sie zuerst das Feuer eröffnen und selbst dann nur auf meinen Feuerbefehl.« Durch bereitgestellt Ordonnanzen war eine sichere und rasche Verbindung mit allen Abteilungen gewährleistet.
Innerhalb von Minuten verwandelte sich der Gebäudekomplex in eine waffenstarrende Festung. Die in den Gängen biwakierenden Männer der »Reichskriegsflagge« nahmen unverzüglich ihre Stellungen ein. In der Front zur Ludwigstraße reihte sich in den Fenstern Maschinengewehr an Maschinengewehr. Die Schönfeldstraße war gegen die Ludwigstraße und den Englischen Garten mit Drahtverhauen und Posten gesichert. Von Zeit zu Zeit hörte man vaterländische Lieder wie »Deutschland hoch in Ehren«.
Die Ludwigstraße war voller Menschen – Sympathisanten, Neugierige und Passanten, die stehenblieben und sehen wollten, was los war.
Sie brauchten nicht lange zu warten.
Dann hörte man aus allen Himmelsrichtungen das langsam anschwellende Getöse von ratternden Panzerwagen und das Knattern von Maschinengewehrsalven. Die Streitkräfte Danners rückten gegen das Wehrkreiskommando vor. Von Panik ergriffen, zerstreute sich die Menschenmenge. Die Reichswehr und Landespolizei verteilte sich in den Seitenstraßen, auf den Dächern und oberen Stockwerken der Paläste und Häuser, die das Kriegsministerium umgaben. Die in Stellung gebrachten Minenwerfer, Artilleriebatterien und schweren Maschinengewehre – alles schien auf eine, falls notwendig, langfristige Belagerung ausgerichtet zu sein.
München schien sich in ein Schlachtfeld verwandelt zu haben. Als sich jedoch herausstellte, daß es sich zunächst mehr um einen Sitzkrieg als um einen Blitzkrieg handelte, hatte sich die Straße im Nu wieder gefüllt mit Neugierigen.
Gegen Mittag kamen in der Schönfeldstraße unmittelbar nacheinander selbsternannte Emissäre und Vermittler an: Oberstleutnant der Reichswehr Franz von Hörauf, Röhms ehemaliger Regimentskommandeur, Oberstleutnant Hans Georg Hofmann, der Reichswehr-Standortkommandant in Ingolstadt, beide begeisterte Anhänger Hitlers, und Generalmajor a. D. Franz Ritter von Epp. Ihr Ziel war es, Röhm zur Kapitulation zu überreden.
Hofmann wurde als Parlamentär von Lossow zu Röhm geschickt, während Epp aus freien Stücken verhandelte.
Der vertrauenswürdigste der Vermittler, in Röhms Augen, war Ritter von Epp, der vormalige Kommandeur der 7. Division und Vorgänger

Lossows, der erst vor kurzem in Ruhestand getreten war. Epps Freikorps war 1919 für die Niederwerfung der kurzlebigen Räterepublik und für den weißen Terror verantwortlich. Er war auch einer der Begründer der »Schwarzen Reichswehr«, in der die paramilitärischen Organisationen der vaterländischen Verbände mit großen Beständen von Waffen und Munition versehen und ausgebildet worden waren. Zudem war Epp, nicht nur ein militanter Nationalist wie Röhm und Ludendorff, sondern auch ein Patron Hitlers. Seine persönliche Spende von 60 000 Mark hatte 1921 – damals noch eine bedeutende Summe – den Ankauf des fast bankrotten *Völkischen Beobachters* ermöglicht.

»Sie stehen auf einem verlorenen Posten«, sagte von Epp. »Kahr, Lossow und Seisser haben sich vom Putsch distanziert und sind entschlossen, ihn mit Waffengewalt niederzuwerfen. Sie sind nunmehr in einer belagerten Festung und müssen selbständig handeln. Geben Sie auf, Röhm.«

Sie standen an der Ecke Schönfeld- und Ludwigstraße hinter den Spanischen Reitern in Hörweite Himmlers. Hörauf und Hofmann, die ein Reichswehrsoldat mit weißer Fahne auf einer Lanze zum Treff begleitet hatte, stimmten Epps Rat zu.

»Ich kann es nicht tun«, entgegnete Röhm, »ich habe den Befehl von Ludendorff bekommen, hier zu verbleiben und den Posten zu halten, und ich habe diesen Befehl auszuführen. Er soll sich auf mich verlassen können.«

»Was wollen Sie denn tun?« fragte ihn Hofmann und erklärte, er sei im Auftrag Lossows gekommen. »Das, was Sie wollen, ist ja alles erreicht. In Berlin ist eine neue Regierung am Ruder – von Seeckt hat alle Vollmachten – und alles ist im besten Zuge.«

Röhm war noch immer skeptisch. Die drei Männer fuhren fort, ihn zu überreden. Danner, sagten sie, garantiere freien Abzug mit vollen militärischen Ehren.

Röhm weigerte sich trotzdem noch, den Rat seiner Vorgesetzten, Kameraden und Gesinnungsgenossen zu folgen.

»Ich stehe vor einer schweren Entscheidung«, sagte er, »Sie müssen mir Zeit zum Überlegen geben. Ludendorff hatte mich am Morgen, in der Überzeugung, daß ich das Wehrkreiskommando halten werde, verlassen. Seither hatte ich keine Verbindung mit ihm und weiß nicht, was draußen vorgeht.«

»Weshalb gehen Sie denn nicht in die Polizeikaserne in der Türkenstraße und sprechen persönlich mit Danner, der dort sein Hauptquartier aufge-

schlagen hat?« fragte Hofmann. »Habe ich die Sicherheit, daß während ich hier weggehe, meinen Leuten nichts passiert?« fragte Röhm.
Hofmann und Epp versicherten ihm, daß Danner während der Verhandlungen nicht angreifen werde.
Um 11 Uhr 45 stimmte Röhm schließlich einem Waffenstillstand für zwei Stunden zu.
Hofmann versprach, so bald wie möglich mit Ludendorff im Bürgerbräukeller zu sprechen, um seine Einwilligung zu einer Kapitulation mit militärischen Ehren zu erreichen. Epp und Röhm sprachen dann noch mit dem Befehlshaber der gegenüberstehenden Reichswehrverbände, Oberstleutnant Hugo von Pflügel, der sich für die Waffenruhe verbürgte.
Daraufhin übergab Röhm den Befehl über die »Reichskriegsflagge« dem Leutnant a. D. Karl Osswald und machte sich mit General von Epp, in Begleitung von Seydel und Graf du Moulin, auf den Weg zu Danners Standort in der Kaserne der Landespolizei.

Oberleutnant Michael von Godin langweilte das Nichtstun und Warten im Kaiserhof der Residenz immer mehr.
Ebenso erging es seiner Landespolizei-Kompanie. Um sie zu beschäftigen griff er zu einem alten Soldatentrick, ließ sie zunächst Waffen überprüfen und dann im Hof zum Exerzieren antreten.
Sein Bataillonskommandeur, Oberstleutnant Wilhelm Muxel, sah dem zwecklosen Exerzieren eine Weile zu. Dann nahm er den Oberleutnant zur Seite.
»Bald wird es mehr zu tun geben«, sagte Muxel ruhig. »Die Reichswehr und die Landespolizei rücken an das Kriegsministerium heran, und es wird berichtet, daß sich die Hitlerleute am Bürgerbräukeller formieren, offensichtlich, um in die Innenstadt zu marschieren. Machen Sie sich auf was gefaßt, Godin.«

Hochnäßig maß Jakob von Danner inmitten seines Stabes den dicken Hauptmann in seiner zerknitterten Uniform von Kopf bis zu Fuß.
»Exzellenz von Lossow will sein Hauptquartier wiederhaben«, sagte er in eisigem Ton.
»Aber Herr General«, stammelte Röhm, »ich hindere ihn doch nicht daran. Im Gegenteil ich warte auf Exzellenz schon seit Stunden. Ich erkläre nach wie vor: General Ludendorff hat mich gestern abend beauftragt, General von Lossow im Wehrkreiskommando mit militäri-

schen Ehren zu empfangen. Ich warte auf Exzellenz von Lossow doch schon seit Stunden.«
»Räumen Sie das Gebäude«, sagte Danner schroff. »Wenn Ihre Leute das Wehrkreiskommando nicht sofort verlassen, werden sie meine Truppen dazu zwingen. Und wenn es dabei zu einem Blutvergießen kommt, haben Sie dafür, Herr Hauptmann, allein die Verantwortung.
»Ich habe von General Ludendorff den Befehl bekommen, das Wehrkreiskommando zu halten«, entgegnete Röhm, »er ist der oberste Befehlshaber der neuen Nationalen Armee. Ich kann den Posten nur aufgeben, wenn mich General Ludendorff meiner Pflicht enthebt.«
»Hauptmann Röhm«, unterbrach Danner abrupt, »Sie sind zur Zeit noch Offizier der Reichswehr auf der Aktivliste und Untergebener des Divisionskommandeurs. Was die Nationale Armee Deutschlands betrifft, so ist ihr Befehlshaber General Hans von Seeckt und nicht General Ludendorff. Ludendorff ist nicht befugt, Ihnen Befehle zu erteilen, und sie haben weder die Pflicht noch das Recht, ihm zu gehorchen. Und nun fordere ich Sie auf, die Waffen abzugeben und mit ihren Truppen abzuziehen.«
Röhms Gesicht war aschfahl. Er fühlte sich erniedrigt. Seine vernarbten Wangen zuckten vor Zorn.
Er bat Danner um Erlaubnis, noch einen Boten zum Bürgerbräukeller zu schicken und Ludendorff zu ersuchen, »den Befehl rückgängig zu machen und ihn seiner Pflicht zu entheben«.
Danner gab nicht nach. Es wäre auch, selbst wenn er nachgegeben hätte, zu spät gewesen. Nicht nur, weil Ludendorff den Bürgerbräukeller schon verlassen hatte, sondern weil das Blutvergießen, das alle zu vermeiden suchten, bereits stattgefunden hatte.

Oberleutnant Max Braun, Chef der 2. Kompanie des 19. Infanterie-Regiments, stand zu seinem Wort, nachdem er an diesem Morgen gedroht hatte: »Auf jeden, der auf mich oder meinen Verband schießt, wird zurückgeschossen.« Einige Minuten nachdem Röhm, Seydel, Moulin-Eckart und Epp das Wehrkreiskommando verlassen hatten, um mit Danner zu unterhandeln, machten er und seine Einheit seine Drohung wahr. Die Putschisten hatten ihre ersten Märtyrer – Martin Faust und Theodor Casella waren gefallen.
Der Anfang des kurzen, blutigen Gefechtes bleibt ebenso rätselhaft, wie die Identität des Mannes, der die zwei Schüsse, die es auslösten, abgegeben hatte. Die Schüsse kamen aus dem Kriegsministerium und verwun-

deten zwei Soldaten der Reichswehr, die an einer Mauer hinter dem Gebäude in der Kaulbachstraße postiert waren.

»Nicht schießen!« schrien Karl Osswald und Casella, während sie in Richtung Schußknall liefen. »Nicht schießen!«

Es war jedoch zu spät. Osswald und Casella versuchten sich noch in Deckung zu bringen, als ein Maschinengewehr vom Dach eines nahegelegenen Hauses das Feuer erwiderte und den Innenhof des Kriegsministeriums mit einem Kugelhagel übersäte.

Faust wurde getroffen und war augenblicklich tot. Als Casella herbeieilte, um den Gefallenen in Deckung zu zerren, stürzte er selbst tödlich verwundet zu Boden. Himmler, Lembert und andere liefen in den Hof, um die Verwundeten aus der Feuerlinie zu ziehen.

Die Schießerei endete zwar so schnell und abrupt, wie sie begonnen hatte, doch verwandelte sich das, was viele als einen »Operettenputsch« angesehen hatten, nun in eine todernste Angelegenheit.

Erschüttert von der blutigen Tragödie, schafften Himmler, Lembert und Osswald ihre gefallenen Kameraden auf schnellstem Wege in das gegenüberliegende Josephinum Krankenhaus. Casella erlag eine Stunde später seinen Verletzungen.

18. Szene

Es war 12 Uhr mittags.
»Jungsturmführer« Adolf Lenk und Hitler standen auf den Treppen und betrachteten die »Kampfbund«-Truppen, die gerade vor dem Bürgerbräukeller in der Rosenheimerstraße zum Marsch durch die Stadt antraten. Der Schneefall hatte aufgehört. Ein eiskalter Wind peitschte ihnen ins Gesicht.
Der »Jungsturmführer« sah feierlich und düster vor sich hin. »Lenk, an was denkst du jetzt?« fragte ihn Hitler. »An Frau Ebertin«, entgegnete er.
Hitler zuckte zusammen. Auch er erinnerte sich an die Voraussage und Warnung der Astrologin, die damals sehr bekannt war.

Lenk hatte Hitler an einem Sonntagmorgen im März in seinem kleinen Zimmer in der Thierschstraße besucht, um eine angesetzte Jugendversammlung zu besprechen. Die Hausglocke schrillte. Kurz darauf klopfte die Wohnungsinhaberin, Frau Dachs, an der Tür und sagte: »Herr Hitler, diese seltsame Frau ist wieder hier, die läßt sich nicht fortschikken. Was soll ich tun?«
»Wer ist sie denn, hat sie ihren Namen genannt?« fragte sie Lenk.
»Ja, sie hat sich als eine Frau Ebertin vorgestellt.«
»Herr Hitler«, erklärte Lenk, »lassen Sie die Frau rein, ich kenne sie, das ist eine bekannte Astrologin.«
»Was haben Frauen und Sterne mit mir zu schaffen?« entgegnete Hitler. Schließlich ließ er sich doch erweichen.
»Herr Hitler«, sagte Frau Ebertin, nachdem sie hereingelassen worden war, »ich habe Ihre Sterne durchgearbeitet. Sie sind auserkoren, eine führende Rolle im Kampfe des deutschen Volkes zu spielen. Doch möchte ich Ihnen in Ihrem Interesse sagen, tun Sie im November nichts Gewalttätiges, ich sehe nur Blut, nichts als Blut. Es geht nicht.«

Acht Monate zuvor, im März 1923, hatten Hitler sowie Lenk nur ein

verächtliches Lächeln für das Horoskop übrig. Doch jetzt während sie auf den Treppen des Bierkellers die Vorbereitungen zum Marsch verfolgten, ließ es sie nicht mehr los.
»Was soll ich denn tun, Lenk?« fragte Hitler mit leichtem Schaudern in der Stimme. Seit Ludendorff auf der Demonstration bestanden hatte, konnte Hitler den Gedanken, daß sie auf bewaffneten Widerstand stoßen werden, nicht loswerden.
»Ich glaube«, sagte der junge Mann, »Sie sollten den ausdrücklichen Befehl geben, alle Schußwaffen vor Beginn des Demonstrationszuges zu entladen. Dann wird die Schuld an einem Blutvergießen, sollte es dazu kommen, nicht auf uns fallen.«
Bemerkenswerterweise befolgte Hitler Lenks Rat. Er ging an den Kolonnen entlang und gab den Führern der SA und des Bundes »Oberland« die Anordnung, ihren Leuten zu befehlen, die Waffen zu entladen, die Handgranaten zu sichern, die aufgepflanzten Bajonette abzunehmen und die Dum-Dum-Geschosse, die viele von ihnen trugen, zu verstecken.
Er unterließ es jedoch, nachzuprüfen, ob sein Befehl auch tatsächlich ausgeführt worden war.

Die Armee der paramilitärischen Organisationen, die sich in der Rosenheimerstraße versammelt hatte, zählte mehr als 2000, vielleicht sogar 3000 Mann.
Wilhelm Brückners 3 Bataillone des Münchener SA-Regiments waren fast vollzählig angetreten: Das 1. unter Karl Beggels, das 2. unter Edmund Heines', das 3. unter Hans Knauths Führung. Marschbereit waren auch die »Treuesten der Treuen« Kurt Neubauer und Hans Frank.
Da waren auch Gregor Strassers Landshuter SA-Männer, Ludwig Oestreichers »Oberland«-Bataillon, mit Konrad Kiessling und Alfons Weber in den Reihen, Max von Müller mit 400 Mann, den Verbänden Hans Oemlers und Wilhelm Völks aus Garmisch-Partenkirchen.
Angetreten waren noch Gerhard Rossbach mit den Offizieren und Anwärtern der Infanterieschule und Josef Berchtolds Stoßtrupp.
Alle hatten sie ihren Sold ausgezahlt bekommen – 2 Billionen Mark pro Kopf in frisch gedruckten 50 Milliarden Noten aus den Druckereien Parcus und Mühltaler.
Bereit standen auch die Führer: Ludendorff und sein Stiefsohn Pernet, Scheubner-Richter mit seinem Diener Johann Aigner, Friedrich Weber vom »Oberland«, Hermann Kriebel, der Ex-Major Hans Streck, Alfred

Rosenberg, Julius Streicher, Helmut Klotz und selbstverständlich Göring und Hitler mit scinem Schatten und Leibwächter Ulrich Graf.
Es war ein Riesenensemble: politische Abenteurer, fanatische Extremisten, Demagogen, Freibeuter, Söldner, engstirnige Antisemiten, Hasser um des Hasses willen, Opportunisten und Hunderte und Aberhunderte von Mitläufern, die leichtgläubig von der Gerechtigkeit ihrer Sache überzeugt waren.
Einige glänzten allerdings durch Abwesenheit.
Hermann Esser war nochmals in die Stadt zurückgekehrt, um die Stimmung zu erkunden.
»Putzi« Hanfstaengl, dem die »Situation aussichtslos« erschien, hatte seine journalisitschen Schützlinge verlassen und war nach Hause in die Gentzstraße geeilt, um sich »für die Flucht vorzubereiten«.
Der Photograph Heinrich Hoffmann, der in der Stadt seit frühem Morgen Aufnahmen gemacht hatte, mußte, gerade als Ludendorff mit seiner Stentorstimme »Wir marschieren!« verkündete, in die Schellingstraße zurückfahren, um neue Platten zu holen. Er hätte den Augenblick nicht ungünstiger wählen können. Hoffmann fuhr mit seinem Fahrrad und hoffte, für den Weg hin und zurück nicht mehr als eine Stunde zu brauchen.
Ahnungslos, was in der Nacht vorgefallen war, bewachte Rudolf Hess noch immer die bayerischen Kabinettsmitglieder und die andern prominenten Geiseln in der Lehmann Villa in Großhesselohe.
Und abwesend war selbstverständlich Neunzert, der noch immer in dem langsam durch die schneebedeckte Alpenlandschaft ratternden Zug nach Berchtesgaden saß. Das aber wußte Hitler nicht.
Abgesehen von einigen SA-Trompetern, gab es keine Musik. Die früher am Morgen von Brückner angeheuerte Kapelle war, unbezahlt und mißgestimmt, wieder heimgegangen.

Hermann Göring stolzierte in seinem enggeschnürten Gummimantel, mit dem Pour le mérite unter seinem Doppelkinn und dem Stahlhelm mit dem Hakenkreuz schneidig aufgesetzt, zwischen den marschbereiten Kolonnen in der Rosenheimerstraße auf und ab.
»Berchtold!« brüllte er, »auf die Straße mit den Stadträten und reihen Sie sie in den Stoßtrupp ein. Im Falle eines Angriffs der Reichswehr oder der Landespolizei auf unsere Führer werden sie erschossen. Verstanden?«
Der Bürgermeister und die Stadträte wurden aus dem Bürgerbräu

herausgeholt und unter Bewachung von Wilhelm Briemann, Heinrich von Knobloch, Emil Maurice und andern Stoßtrupp-Leuten in eine Kolonne eingeordnet.
»Die sind keine Kugel wert«, verkündete Berchtold laut. »Wenn ich ein Signal gebe, werden sie mit Gewehrkolben erschlagen. Auf die verschwenden wir keine Munition.«
Das war keine eitle Drohung und wäre bestimmt ausgeführt worden, hätte Hitler nicht persönlich eingegriffen: »Nehmt die Bande aus dem Propagandazug heraus und schließt sie in das Bürgerbräu. Ich will keine Märtyrer!«
Es war erniedrigend vor dem Stoßtrupp gerügt zu werden, doch gehorchte Göring seinem Führer und befahl Berchtold, die Stadträte wieder aus dem Propagandazug herauszunehmen. Die Stadträte wurden zusammen mit den jüdischen Geiseln wieder eingesperrt. Ein halbes Dutzend Stoßtrupp-Männer, einschließlich Julius Schaub, blieben zu ihrer Bewachung zurück. Die Mehrzahl des Stoßtrupps bildete die Vorhut zur Abwehr eines eventuellen Angriffs auf den Propagandazug.

Die Turmglocken des im Jugendstil erbauten Volksbades am Fuß des Rosenheimer Berges läuteten Mittag, als die Kolonnen endlich in Zwölferreihen marschbereit waren.
Die marschierende Armee inmitten des um diese Zeit friedlich-normalen Verkehrs war ein seltsamer Anblick.
Die Vorhut bestand aus vier Fahnenträgern mit ihren im Wind flatternden schwarz-weiß-roten Fahnen und den Hakenkreuzflaggen. Ihnen folgten Adolf Lenk und Ludendorffs Diener Kurt Neubauer und, hinter einer zweiten Gruppe von Fahnenträgern, die Führer. In ihrer Mitte marschierte Hitler, den Schlapphut in der Hand, den Kragen des Mantels hochgeschlagen, die Pistole im Halfter an seinem Gürtel. Kerzengerade und kriegerisch selbst in Loden – mit dem zerknitterten Hut auf dem Kopf schritt Ludendorff – an seiner Seite Hitler und Scheubner-Richter, der kurzsichtig durch seinen Zwicker blinzelte.
»Die Dinge stehen dreckig«, sagte Scheubner-Richter zu Rosenberg. Dann wandte er sich zu Hitler und prophezeite finster: »Ich fürchte, das ist unser letzter Gang zusammen.«
In der ersten Reihe marschierten noch Ulrich Graf, Hermann Kriebel, Friedrich Weber, Julius Streicher, Hermann Göring und Wilhelm Brückner, der mit seinem Adjutanten Heinz Bennecke von der Brotzeit am Gärtnerplatz gerade noch rechtzeitig zum Marsch eingetroffen war.

Die zweite Zwölferreihe bildeten unter anderen Heinz Pernet, Hans Streck, Johann Aigner, Gottfried Feder und Bennecke.
Auf die Führung folgten: Der Stoßtrupp, die SA-Bataillone, die Infanterieschule und die »Oberländer«, alle bis an die Zähne bewaffnet und, trotz Hitlers Anordnung – mit geladenen Gewehren, aufgesetzten Bajonetten und aktionsbereiten, auf Lastwagen montierten Maschinengewehren. Ungefähr in der Mitte der Kolonne fuhr ein weiterer LKW voller bewaffneter SA-Männer mit einem schußbereiten Maschinengewehr auf dem Dach.
Die Nachhut bildete, ganz unauffällig ein kanariengelber Opel – »Laubfrosch« – Kleinwagen mit einer Rotkreuzflagge auf der Fahrerseite. Am Lenkrad saß Michael Ried, neben ihm Ludwig Schmied vom Stoßtrupp, und hinten im Wagen der junge Stabsarzt des Münchner SA-Regiments, Dr. Walter Schultze.
Auf Ludendorffs Kommando rückte die Kolonne unter der Führung von Lenk und Neubauer die Rosenheimerstraße hinunter auf die Ludwigsbrücke zu, wo Leutnant Georg Höfler mit seinem kleinen Verband der Landshuter Landespolizei zur Absperrung der Brücke postiert war.
Die Marschierenden stimmten ein Lied an. Es war eine ziemlich dissonante Wiedergabe von Dietrich Eckarts »Sturmlied«.

Georg Höfler hatte den Befehl, den östlichen Kopf der Ludwigsbrücke für bewaffnete Abteilungen der Nationalsozialisten zu sperren.
Bei seiner Ankunft hatte er jedoch dort bereits eine Einheit der SA am Brückenkopf vorgefunden und stellte sich – dem Wortlaut seines Befehls gemäß – freundschaftlich an deren Seite auf. Als eine Gruppe von etwa 60 Nationalsozialisten mit Flaggen und Waffen ins Stadtinnere marschieren wollte, forderte er sie auf anzuhalten und schlug dem Führer höflich vor, einen andern Weg zu nehmen. Das tat der auch. Es folgten noch 5 bis 6 derartige Gruppen, deren Führer sich ebenfalls an seine Weisung hielten, sich dann aber mit ihren Leuten in der Nähe aufstellten. Entsprechend dem Befehl, den normalen Verkehr nicht aufzuhalten, ließ er Autos, Trambahnen und Lastkraftwagen die Brücke passieren. Unter den letzteren waren zwei gewesen, in denen der Bürgermeister Edward Schmid und die Stadträte vom Stoßtrupp als Geiseln zum Bürgerbräu transportiert worden waren.
Während der ersten Stunde war alles ruhig und routinemäßig gelaufen. Höfler und seine Leute wußten noch immer nicht, auf welcher

Seite sie eigentlich standen. Bis zu einem gewissen Grad waren sich die neben ihnen postierten »Oberländer« und SA-Männer darüber auch nicht ganz im klaren. Sie hatten Höfler und seinen Zug bei ihrer Ankunft freundschaftlich als Kameraden begrüßt. Die Nachricht, daß Kahr, Lossow und Seisser das im Bürgerbräukeller gegebene Wort zurückgenommen hatten, wurde vor ihnen geheimgehalten. Selbst Höfler wußte nichts genaues über die neue Situation.
»Steht Ihr für oder gegen Kahr?« fragte der junge Leutnant bei seiner Ankunft die »Oberländer«.
»Für ihn, natürlich«, antworteten die »Oberländer«, erstaunt über seine Frage. Zweifelsohne hätte Höfler dieselbe Antwort von seinem Schwager, Gregor Strasser, erhalten, der zu dieser Zeit gerade seine Truppen auf dem Rosenheimer Hügel für den Propagandazug in die Stadt antreten ließ.
Eines aber war Höfler klar: Sein Befehl lautete, das Überschreiten dieser Brücke durch bewaffnete Abteilungen der Nationalsozialisten zu verhindern.
Kurz bevor die Turmglocke des Volksbades ein Viertel nach 12 Uhr schlug, horchte er auf. Er vernahm singende Männerstimmen. Und schon kam eine ganze Armee in Zwölferreihen die Rosenheimerstraße herunter auf die Brücke zu. »Absperren!« kommandierte er, »sie drüfen die Brücke nicht passieren.«
Seiner Abteilung, 30 Mann im ganzen, die zehn Schritt hinter ihm eine Kette bildeten, befahl er: »Mit scharfen Patronen laden!« Mit ausgestreckten Armen stand er auf der Brücke und schrie: »Halt!« Dann ging er einige Schritte vor, auf Neubauer, Lenk und die Führer zu. »Wenn Sie nicht halten, lasse ich schießen!«
»Weiter gehen!« kommandierte Göring, »langsam vorwärts!«, und zu Höflers Abteilung: »Schießt nicht auf Eure Kameraden!«
Gleichzeitig stürzten sich einige Männer aus Berchtolds Stoßtrupp auf ein Trompetensignal hin mit aufgesetzten Bajonetten auf Höflers Leute. Die SA-Wachen an der Brücke und die Abteilungen des Kampfbundes, die sich in der Nähe aufhielten, fielen seitlich und von hinten über die Landespolizisten her, bevor diese wußten, was los war.
Trotz ihres Widerstands waren Höflers Leute innerhalb weniger Sekunden entwaffnet. Teilweise wurden ihnen die Zähne mit den Gewehrläufen eingeschlagen, sie wurden angspuckt, am Hals gewürgt, mit Bajonetten gestochen, ihre Uniformen zerfetzt, und jeder einzelne mit mindestens fünf Gewehren in Schach gehalten. »Schweinehunde! Verräter!«,

fauchte sie Kallenbach an und schrie: »An die Wand stellen und erschießen!«
Höfler selbst wurde in die Mitte einer Gruppe von Nationalsozialisten gedrängt, konnte aber nach kurzer Zeit entkommen, da die Männer ihn nicht erkannt hatten. Seine Leute wurden zwar nicht, wie von Kallenbach angedroht, erschossen, jedoch blutend und mit zerrissenen Uniformen, schwer bewacht in den Bürgerbräukeller gebracht und dort eingesperrt. Mit der Bewachung wurden u. a. Kallenbach, Hans Schön, Karl Fiehler und Wilhelm Briemann betraut.
Unbeirrt und anscheinend unberührt von der blutigen Schlägerei auf der Brücke führten Hitler und Ludendorff ihre singenden und »Heil!« rufenden Truppen weiter. Sie marschierten durch die Zweibrückenstraße, wo ihnen eine begeisterte Menschenmenge vom Gehweg aus mit schwingenden Hakenkreuzflaggen zujubelte, durch das mittelalterliche Isartor und an Berchtolds Zigarrenladen vorbei, das Tal entlang zum Marienplatz.
Auf ihrem Weg zur Stadtmitte schlossen sich der improvisierten Armee der Putschisten viele Menschen an – manche aus Begeisterung, andere, um Hitler und Ludendorff zu sehen, und wiederum andere aus purer Neugier.
Hitler mußte zufrieden gewesen sein, wenn er mit dem Marsch Propaganda und das Erkunden der Stimmung in der Stadt bezweckt hatte. Überall wurden die Demonstranten von der Menschenmenge jubelnd begrüßt. Vielleicht war seine Sache doch noch nicht verloren!

Auf dem Marienplatz flatterten von den Balkonen des Rathauses die Hakenkreuz- und schwarz-weiß-roten Flaggen. Obwohl bereits eine volle Stunde seit der Festnahme der Ratsherren vergangen war und auch Hitlers Agitatoren den Platz schon verlassen hatten, brodelte dieser noch immer von einer erregten Menschenmenge. Es ging zu wie beim Oktoberfest. Vergeblich hupten Auto- und Straßenbahnfahrer – der Verkehr war zum völligen Erliegen gekommen. Der Lärm war ohrenbetäubend.
An der Ecke Marienplatz/Kaufingerstraße, wo Karl Alexander von Müller mit einer Gruppe von Freunden stand, vernahm man sich widersprechende Gerüchte: »Kahr, Lossow und Seisser treten der neuen Regierung mit Waffen entgegen; Hitler und Ludendorff bereiten sich im Bürgerbräu auf einen Angriff auf die Stadt vor.«
Einige Schritte von ihnen entfernt bahnten sich Larry Rue und Lincoln Eyre ihren Weg durch die Menge und versuchten aus aufgeschnappten

Gesprächsfetzen ein Bild der Situation zu gewinnen. Sie fragten sich, wo Hanfstaengl, den sie seit dem Interview mit Hitler und Ludendorff nicht mehr gesehen hatten, sich wohl befand.
Auch der amerikanische Generalkonsul, Robert Murphy und sein Dolmetscher, Paul Drey, drängten sich durch die Menge. Sie hatten den größten Teil des Morgens bei der US-Mission in der Ledererstraße verbracht, wo sie versucht hatten, sich aus den sich widersprechenden Gerüchten ein Bild der Lage zu machen. Murphy war es nicht gelungen, die amerikanische Botschaft in Berlin, oder Kahr oder Knilling zu erreichen. Er beschloß schließlich, nochmals zum Wehrkreiskommando im Kriegsministerium in der Schönfeldstraße zu gehen, wo er Ludendorff und Hitler zuletzt gesehen hatte.
Der junge Dramaturg, Carl Zuckmayer, gewann den Eindruck, daß die Erregung der chaotischen Menschenmenge eher der Neugier als dem politischen Engangement zuzuschreiben war. Es gab eben eine »Gaudi« und die Leute wollten dabei sein.
Schwerfällig auf seinem Holzbein durch die Menge humpelnd, sah der ehrwürdige Pater Rupert Mayer die Dinge allerdings in einem anderen Licht. Die Szene erweckte in ihm Erinnerungen an Eisners Revolution von 1918, die Räterepublik, den roten Terror und die weiße Gegenrevolution. Die johlende Menschenmasse, die Kälte und der bedeckte Himmel wirkten auf ihn wie Vorzeichen einer drohenden Katastrophe. Dem kampflustigen Mann Gottes schien alles, was er sah und hörte, wie »alles schonmal dagewesen«.

Mühsam und verzweifelt über die verlorene Zeit radelte Heinrich Hoffmann mit zusammengekniffenen Augen gegen den eisigen Wind die Ludwigstraße entlang. Er bemerkte kaum den auf dem Odeonsplatz vor der Felherrnhalle postierten Panzerwagen und Leutnant Max Demmelmeyers Kompanie der Landespolizei, die die Zugänge zum Odeonsplatz abriegelte. Auch nicht die Reichswehrbataillone mit ihren Mörsern und Maschinengewehren gegenüber dem Wehrkreiskommando an der Ecke Ludwig-/Schönfeldstraße.
Unverändert standen an der Ecke Schönfeldstraße die Spanischen Reiter und hinter ihnen dieselben einsamen Posten. Hoffmann wußte noch nicht, daß es bereits zum ersten Blutvergießen gekommen war. Es bot sich das gleiche Bild wie zuvor: Derselbe junge Mann mit dem kleinen Borstenschnurrbart und der Mütze über der randlosen Brille, den es fröstelte, mit der Fahne in der Hand im eisigen Wind, ihn hatte er bereits

früher aufgenommen. Jetzt gab es für ihn nur noch einen Gedanken: Möglichst schnell in sein Studio zu kommen und sich mit neuen Platten zu versorgen.
Er bog links in die Schellingstraße ein und fuhr ohne einen Blick auf das Gebäude zu werfen, an der Redaktion des *Völkischen Bebobachters* vorbei.

In der Redaktion betätigte Paula Schlier fieberhaft die Telefonschalttafel. Der Mangel an Schlaf machte sich bemerkbar. Sie war todmüde und konnte, da sie jetzt allein war, kaum mit den eingehenden Anrufen der Mütter, Frauen, Verlobten und Schwestern von den Hitler-Männern Schritt halten.
»Wo ist mein Mann? Wo ist mein Sohn? Wir haben Musik gehört. Zieht man schon gegen den Feind?«
Paula Schlier hatte nur eine stereotype Antwort auf die vielen Fragen: »Ich weiß es nicht. Seit Stunden schon hatten wir keine Nachricht.«

In seiner Wohnung traf »Putzi« Hanfstaengl jetzt Vorbereitungen, um schnell über die österreichische Grenze zu entkommen.
Plötzlich schrillte das Telefon. Er fuhr zusammen. Wer wußte, daß er hier war? Sollte er abnehmen? Er war erleichtert, die Stimme seiner Schwester Erna, einer frühen Bewundererin und Anhängerin Hitlers, zu hören.
»Gerade hat mich Sauerbruch angerufen«, teilte sie ihm aufgeregt mit, »und mir gesagt, daß Hitler und Ludendorff mit ihren Leuten aus dem Bürgerbräu abgerückt seien und über die Ludwigsbrücke durchs Tal marschieren.«
»Marschieren? Wohin denn?« fragte Hanfstaengl von der Nachricht verblüfft, »nach Berlin?«
»Nein, noch nicht«, erklärte Erna. »Nur in Richtung Marienplatz. Hitler, Ludendorff, alle sind sie dabei. Es sind Tausende, und sie werden auf dem Weg bejubelt. So sagte es mir Sauerbruch.«
Hanfstaengl schöpfte plötzlich Hoffnung. Vielleicht war doch nicht alles verloren. Hitler hatte offenbar vor, sich der Unterstützung der Massen gegen die Kahr machtlos sein würde, zu versichern. Seine Fluchtpläne gab Hanfstaengl jetzt sofort auf. Da er vermutete – jedoch falsch –, daß der Marsch über den Marienplatz, durch die Kaufinger- und Neuhauserstraße, dann am Karlsplatz, dem Stachus, enden würde, eilte er schnellstens aus der Wohnung, um seine Kameraden dort zu treffen.

Als sie Hitler und Ludendorff erblickte, brach die riesige Menschenmenge auf dem Marienplatz in ein Unisono von »Heil! Heil! Heil! Hitler! Ludendorff!« aus und sang »Deutschland, Deutschland, über alles!«
Karl Alexander von Müller betrachtete die Szene von seinem Standort aus an der Ecke Kaufingerstraße, wo die Vorhut eben angekommen war. Der Eindruck prägte sich für immer in sein Gedächtnis. Obwohl ihm Ludendorffs preußische Art gegen den Strich ging und er nie eine persönliche Sympathie für ihn empfunden hatte, wurde er in diesem Augenblick von einem Gefühl des Patriotismus und der Verzweiflung erfaßt.
»Da war nun der Feldherr des Weltkrieges«, dachte er, »einer der großen Generäle des alten deutschen Heeres, der Planer und Sieger ruhmvoller Schlachten – da ging er in einem verknitterten Zivilmantel, einen schäbigen, weichen Hut auf dem Kopf, an der Spitze eines trostlos revoltierenden Haufens auf der Straße. Denn was hinter ihm und Hitler daherkam, dicht in die begleitende Menge eingekeilt, trug zwar Gewehre auf der Schulter und schien etwas wie eine Marschkolonne vorstellen zu wollen, aber in Wirklichkeit hatte es den Charakter einer Horde, Rotten mit Helmen, mit Militärmützen, Zivilisten, ohne Ordnung durcheinandergewürfelt.«
Auch Müller und viele andere auf dem Marienplatz dachten, die Marschkolonne würde geradewegs durch die Kaufingerstraße in Richtung Stachus marschieren, oder, vielleicht, vor dem Rathaus zu einer Kundgebung anhalten und dann zum Bürgerbräu zurückmarschieren. Die meisten Führer des Putsches dachten ähnlich. Ludendorff jedoch hatte seine eigenen Pläne. Das Getöse übertönend, schrie er mit donnernder Stimme seinem getreuen Diener Neubauer und Adolf Lenk zu, beim Rathaus rechts einzuschwenken. Die Kolonne bog in die Weinstraße ein und marschierte in Richtung Theatinerstraße, Feldherrnhalle, Odeonsplatz auf das von der Reichswehr und der Landespolizei belagerte Wehrkreiskommando zu.
»Ludendorff marschiert den Weg mit uns«, dachte Hermann Kriebel, »wir marschieren dann selbstverständlich mit ihm.«
Tatsächlich hatte Ludendorff keinen klaren oder überhaupt keinen Plan, und Hitler konzentrierte sich zu sehr auf die Stimmung der Bevölkerung, um sich von den Details der Marschroute ablenken zu lassen.
»Man handelt manchmal in Augenblicken des Lebens, man weiß nicht warum«, sagte Ludendorff später. »Ich habe Tannenberg geschlagen. Wenn ich mich frage: warum so? Ich kann es nicht sagen. Die Gründe

werden sich in Geschichtsbüchern finden lassen. Vielleicht wollte ich Röhm abholen.«
Wie immer dem auch sei, die Wahl der Route war schicksalsschwer.

Leutnant der Landespolizei Max Demmelmeyer, hatte den Auftrag, als Flanke für General Danners »Offensive« gegen das Kriegsministerium am Odeonsplatz die Ludwigstraße und Briennerstraße abzusperren. Als er den Zug herannahen sah, lief er zum Kommandoposten der Landespolizei in der Residenz und eilte in Oberleutnant Michael von Godins Dienstraum.
»Godin«, sagte er außer Atem, »schnell, wo ist Muxel? Einer großen Demonstration von bewaffneten Hitlerleuten war ein Durchbruch über die Ludwigsbrücke gelungen, sie hatten sich auf dem Marienplatz unter Hitler und Ludendorff versammelt und marschieren jetzt in die Theatinerstraße Richtung Odeonsplatz.«
Godin und Demmelmeyer gingen sofort zu ihrem Bataillonskommandeur, Oberstleutnant Wilhelm Muxel, der gerade telefonisch den Bericht über die Einzelheiten des Debakels an der Ludwigsbrücke entgegennahm.
»Demmelmeyer meldet, daß vom Marienplatz ein großer Demonstrationszug gegen den Odeonsplatz, vermutlich auf dem Weg zur Schönfeldstraße, anmarschiere«, sagte Godin, »was sollen wir tun?«
Muxel setzte sich sofort mit Oberst Hans von Seisser, der noch immer mit Lossow und Kahr in der Kaserne des 19. Infanterie-Regiments verschanzt war, in telefonische Verbindung.
Muxel hängte den Hörer auf. »Von Seissers Befehl: Das Heraustreten der Hitlertruppen auf den Odeonsplatz muß mit allen Machtmitteln verhindert werden. Godin, Sie müssen Demmelmeyer vollen Beistand leisten.«
Der Befehl war eindeutig. Godin ließ seine 130 Mann im Kaiserhof der Residenz antreten »An die Gewehre! Mit scharfen Patronen laden und sichern! Gewehre in die Hand! Truppen links – rechts schwenk Marsch!« Seine Truppe stand bereit.

In der Weinstraße schlossen sich dem Zug Hunderte von jubelnden, neugierigen Zuschauern an. Unter ihnen befanden sich auch Karl Alexander von Müller, Carl Zuckmayer und Pater Rupert Mayer.

Michael Ried fuhr den gelben Opel, der die Nachhut bildete, auf

Umwegen zur Ecke Maximilian-/Residenzstraße. Er parkte den Wagen mit der durchnäßten schlaff hängenden Rotkreuzflagge auf dem Max-Josef-Platz vor der Staatsoper. Mit ihm warteten Ludwig Schmied und Dr. Schultze.

»Godin! Raus!« schrie Muxel, »schnell, schnell! Sie sind im Anmarsch!«

19. Szene

»Aufstellen wie befohlen!« kommandierte Godin, als seine Grünen mit ihren Stahlhelmen aus dem Kaiserhof zwischen den Löwen am Kaisertor auf die Straße stürmten.
Mit der Ausnahme der Ludwigstraße, die von der Reichswehr und der übrigen Landespolizei bereits besetzt war, sollte er alle Zugänge zum Odeonsplatz sichern. Daraufhin postierte er den 1. Zug unter Oberwachtmeister Friedrich Fink in der Residenzstraße, den 2. Zug unter Ruhland – am Hofgartentor, den 3. Zug nahm er mit sich hinter den Kühbogen zur Abwehr der aus Richtung Weinstraße anmarschierenden Hitlertruppe. Teile vom 4. Zug unter Wachtmeister Betz wurden Ecke Briennerstraße und Odeonsplatz aufgestellt.
Der Platz war abgeriegelt.
Die Kanone im Turm des auf dem Odeonsplatz geparkten Panzerwagens war gegen die Feldherrnhalle gerichtet. Die Landespolizei schleppte ihre Maschinengewehre die Treppen hinauf und stellte sie zu beiden Seiten der Feldherrnhalle auf, um so die Zugänge zum Platz sowohl von der Theatinerstraße wie auch von der Residenzstraße abzusichern.

Nach dem erfolgreichen Durchbruch an der Ludwigsbrücke hatten die Marschierer nicht mehr mit einem Anhalten durch die Landespolizei gerechnet und waren überrascht, als sie, an Ecke der Perusa-/Theatinerstraße angelangt, die schwere Polizeiwache erblickten, die am Ende der Theatinerstraße vor dem Odeonsplatz postiert war.
»Rechts einschwenken! Rechts!« kommandierte Ludendorff. »Wir werden um sie herumgehen.«
Lenk, Neubauer und die Fahnenträger bogen in die kurze Perusastraße ein.
Neubauer fiel einige Schritte zurück, um den General zu sprechen.
»Wohin jetzt, Exzellenz?« fragte er.
»Links! Biegen Sie in die Residenzstraße ein!« kommandierte Ludendorff.

Als die Marschkolonne bei der Oper angekommen war, sprang Dr. Schultze aus dem gelben Opel und schloß sich einer der vordersten Zwölferreihen, unmittelbar hinter Hitler und Göring, an.
Die Residenzstraße ist auf dieser Höhe noch ziemlich breit, sie verengt sich jedoch bald darauf im leichten Bogen um die Residenz der bayerischen Könige herum. Auch hier waren die Gehsteige übervoll von Sympathisanten und Neugierigen. Die bewaffneten Demonstranten und die Schar der mitmarschierenden Zivilisten sangen die »Wacht am Rhein« und drängten schier unaufhaltsam vorwärts.
War es aus Kameradschaft, oder um einander gegenseitig Mut einzuflößen? War es Teil der Straßenkampftaktik, einen Keil, eine menschliche Phalanx zu bilden? Aus welchem Grunde es auch geschah, Hitler, Scheubner-Richter und die anderen in den vordersten Reihen hakten sich plötzlich unter. In seiner Linken hielt Hitler die Browning.
In Zwölfer- bis zu Sechzehnerreihen, riß der Zug die Zuschauer auf den Gehsteigen mit sich, wie ein Wildbach, der durch eine enge Schlucht stürzt.
An der engsten Stelle der Residenzstraße, zwischen der Residenz auf der einen und den Privathäusern auf der gegenüberliegenden Seite sahen die Demonstranten eine spärliche Reihe von Grünen. Es handelte sich um Oberwachtmeister Finks Zug. Die Führer der Demonstranten dachten, diese lasse sich ebenso leicht durchbrechen wie Höflers Posten auf der Ludwigsbrücke.
Das Singen, das Johlen und der Marschtritt von Tausenden von Menschen in der engen Häuserschlucht war ohrenbetäubend. Vielleicht schrie Fink tatsächlich, wie einige seiner Leute später behaupten sollten, »Halt!«. Jedenfalls wurde seine Stimme ebensowenig gehört wie Ulrich Grafs wiederholter Ruf »Nicht schießen! Seine Exzellenz Ludendorff kommt!«
Innerhalb von Sekunden überrumpelten die anstürmenden Demonstranten die erste Postenkette, die sich mit Gummiknüppeln, Karabinern und Gewehren zur Wehr setzte, und drängte sie zur Seite. Mit wüstem Gebrüll schob die Menge die Polizei vor sich in Richtung Feldherrnhalle. Dort stand Demmelmeyer unter dem Pfeilerdach und schrie, der Residenzstraße zugewandt: »Godin! Godin! Schnell! Verstärkung! Sie brechen durch die Kette in der Residenzstraße!«
Godin kommandierte: »2. Zug, Mitte, Verstärkung! Laufschritt! Marsch!« Dann stürmte er, seinen Karabiner hoch über dem Kopf an der Spitze seiner Leute, von hinten um das Denkmal herum von der Theati-

ner- in die Residenzstraße. Mit quergehaltenen Gewehren, Karabinern, Gummiknüppeln und Gewehrkolben versuchten sie die Sturmflut der Demonstranten aufzuhalten.
Plötzlich krachte ein Schuß. Wachtmeister Fink brach tot zusammen.

Wir wissen noch heute nicht, wer den Schuß abgegeben hatte. Dutzende von Augenzeugen wurden verhört – Demonstranten, Landespolizisten, Soldaten der Reichswehr, die den Zusammenstoß aus einiger Entfernung beobachtet hatten, Zivilisten und die Bewohner der Häuser, die aus den Fenstern zugesehen hatten. Es gab so viele Versionen wie Augenzeugen.
Godin und die Landespolizei behaupteten, der Schuß wäre aus den Reihen der Marschkolonne gefeuert worden. Manche meinten Hitler selbst, andere, Streicher habe geschossen. Lenk behauptet bis zum heutigen Tage: »Es war ein Überfall. Wir wurden nicht gewarnt. Der erste Schuß kam von der Polizei. Er tötete meinen Freund Neubauer und zersprengte seinen Kopf. Neubauer war stets zu meiner Linken. Erst durch den Zuruf von Ludendorff ist er nochmals zurück, und als er wieder vorwärts kam, lief er auf meiner Rechten. Wäre er noch auf meiner Linken gewesen, hätte der Schuß mich getroffen. Warum sollten wir auf die Polizei schießen? Wir hatten mit ihnen stets eine gute Freundschaft und hätten niemals das erreicht, was wir erreichten, wenn die Polizei uns nicht immer gedeckt hätte.«
Dr. Kurt Stordeur, ein Zuschauer, war sicher, »daß die ersten Schüsse von der Landespolizei abgegeben wurden«.
Gertrud Rommel, eine pensionierte Lehrerin, stand auf dem Odeonsplatz vor der Feldherrnhalle in der Menschenmenge, die sich dort plötzlich angesammelt hatte. Sie sagte unter Eid aus, daß sie einen Polizisten in ihrer Nähe vom Gehsteig aus dem Kniestand schießen sah.
Anton Reithunger, ein an den Vorgängen völlig unbeteiligter Student, der der Marschkolonne und der Menschenmenge durch die Residenzstraße gefolgt war, sagte aus, »der erste Schuß, dem Schall nach ein Schuß aus einem Infanteriegewehr oder einem Karabiner, kam vom Odeonsplatz her, als die Zugteilnehmer ihre Gewehre noch über die Schultern trugen«.
Hans Krüger vom Stoßtrupp, behauptete, sein Zug habe erst geschossen, als auf sie geschossen wurde.
Sein Stoßtrupp-Zugskamerad und Freund, Walter Hewel, sagte jedoch aus, er sei, die Stoßtrupp-Flagge tragend neben Heinrich von Knobloch

marschiert, »als ein Schuß unmittelbar zu meiner Rechten knallte, doch konnte ich nicht sehen, wer aus den Reihen der Nationalsozialisten ihn gefeuert hatte«.
Der Schuß hätte auch unabsichtlich an der Spitze des Demonstrationszuges von einem Polizisten oder einem Demonstranten im Handgemenge gefeuert worden sein können.
Andere Augenzeugen behaupteten, der erste Schuß sei von keiner der einander gegenüberstehenden Seiten abgegeben worden, sondern entweder vom Dach oder aus dem Fenster eines der oberen Stockwerke des unmittelbar an die Felherrnhalle anschließenden Preysingpalais gekommen. Ein Scharfschütze? Ein Agent provocateur? Ein Leutnant und ein Wachtmeister der Reichswehr, die an der entgegengesetzten Ecke des Odeonsplatzes postiert waren, behaupteten, sie hätten einen Knall gehört und Pulverrauch aus einem Fenster unter dem Dach des Preysingpalais kommen gesehen. Godin hat diese Möglichkeit bis zum heutigen Tag nicht ausgeschlossen. Er schickte auch einen seiner Leute in das Gebäude, um diese Möglichkeit nachzuprüfen. Dabei wurden leere Patronenhülsen und Brandzeichen von Schießpulver an einer Anzahl von Fensterbänken entdeckt.
Wer das Blutvergießen um 12 Uhr 45 am 9. November 1923 an der Feldherrnhalle verursacht hatte, bleibt unbekannt – nicht aber die Folgen.

War es der erste Schuß oder der zweite? Oder ein dritter, den man in dem ohrenbetäubenden Lärm nicht hören konnte? Das konnte niemand sagen. Plötzlich sauste eine Kugel an Godins linkem Ohr vorbei und traf den Unterwachtmeister Nikolaus Hollweg in die Stirn. Er war augenblicklich tot.
Für den Bruchteil einer Sekunde war alles wie erstarrt. Dann gaben Godins und Demmelmeyers Leute »noch bevor es möglich war, einen Befehl zu geben, Feuer, was die Wirkung einer Salve auslöste«.
Als einer der ersten fiel Scheubner-Richter, sein Arm in den Hitlers eingehakt, ins Herz getroffen. Er war sofort tot. Er riß Hitler mit sich zu Boden. Dabei verrenkte sich Hitler die Schulter und schrie vor Schmerz auf. Ulrich Graf versuchte seinen Führer mit dem eigenen Körper zu decken und stürzte, von 11 Kugeln in Brust, Arme und Schenkel getroffen, auf Hitler und den toten Scheubner-Richter. Göring stürzte, in den Schenkel und die Lende getroffen. Ludendorff warf sich zunächst instinktiv zu Boden. Dann aber erhob er sich und

schritt, hochmütig, unbeirrbar und entgegen jeder Vernunft weiter. Entsetzt vom Anblick seines tödlich getroffenen Freundes, Neubauer, zerrte Lenk diesen hinter einen bronzenen Löwen am Eingang der Residenz.

Die Zuschauer flüchteten in panischer Angst in die Hauseingänge, preßten sich an die Wand oder versuchten sich in den Passagen in Sicherheit zu bringen. Die Demonstranten selbst warfen sich, wie sie es beim Militär gelernt hatten, zu Boden. Oft lagen sie einen Meter hoch übereinander. Die zuoberst liegenden deckten zum Teil ihre Kameraden, zum Teil aber benutzten sie die anderen als Deckung, aus der sie das Feuer erwidern konnten.

Die Masse der Demonstranten ergriff in Panik die Flucht, warf ihre Waffen, Mützen, Helme, Armbänder und Uniformjacken weg und rannte in offene Läden und Banken oder suchte in den Eingangspforten der umliegenden Gebäude Deckung.

Der Odeonsplatz und die Residenzstraße hallten wider vom Geprassel der Stoßtrupp-Maschinengewehre und den Gewehr- und Karabinersalven der Landespolizei. Die Schlacht dauerte keine ganze Minute. Als sie zu Ende war, hatten sich die Residenzstraße und der Odeonsplatz in eine einzige, riesige Blutlache verwandelt, in dem sich Menschen wanden und krümmten, heulten und winselten.

14 Putschisten lagen tot oder tödlich verwundet in ihrem Blut, unter ihnen Scheubner-Richter, Neubauer, Oskar Körner, ein Spielwarenladen-Besitzer, der die Hälfte seines Jahresgewinns der NSDAP gestiftet hatte, und Theodor von der Pfordten, ein 50jähriger Oberrichter und Sympathisant der Nationalsozialisten, der den Entwurf für die Verfassung der neuen »Nationalen Regierung« noch in seiner Tasche trug.

Vier Landespolizisten waren ebenfalls tot oder lebensgefährlich verwundet, unter ihnen Hauptmann Rudolf Schrauth und die Wachtmeister Fink und Hollweg.

Dutzende der Schwerverwundeten wurden in die Universitätsklinik eingeliefert, in dem ein Team von Chirurgen unter der Leitung von Dr. Ferdinand Sauerbruch ihr Leben zu retten versuchten.

Das Blutvergießen wäre noch größer gewesen, hätte nicht die Mehrzahl von Godins Leuten auf den Boden geschossen. Die Wunden wurden so nicht durch direkte Einschüsse, sondern durch abprallende Geschosse und Splitter verursacht.

Die meisten Verwundeten – insbesondere die Führer des Putsches – warteten nicht auf Hilfe. Sogar die Schwerverwundeten flohen, solange

sie sich bewegen konnten, um einer Festnahme durch die Polizei zu entgehen.
Einer der ersten war Hitler selbst. Als das Schießen aufhörte, zog ihn ein Veteran der Bewegung, Max Kronauer, unter der Leiche Scheubner-Richters heraus und half ihm auf die Füße. Das Haar fiel ihm ins kreidebleiches Gesicht, seine Schulter schmerzte. Mit Grauen betrachtete er die Szene und suchte Deckung an der Wand der Residenz. Dr. Schultze eilte auf ihn zu und führte ihn durch die chaotisch fliehende Menschenmenge zum gelben Opel am Max-Josef-Platz, wo Michael Ried und Ludwig Schmied mit laufendem Motor bereits auf sie warteten. Auf dem Weg dorthin sahen sie den 10jährigen Buben Gottfried Mayr, einen unschuldigen Zuschauer, aus einer Schußwunde im Oberarm blutend, am Straßenrand liegen. Schultze und ein Verwandter, ein Münchener Student, trugen den Jungen zum Auto und leisteten Erste Hilfe.
Mit blutenden Wunden am Oberschenkel und unter schier unerträglichen Schmerzen schleppte sich Hermann Göring an den Läden der Residenzstraße entlang, gestützt von Wilhelm Brückner und zwei SA-Männern. Sie trugen ihn in das Möbelgeschäft Ballin, das einem Juden gehörte. Die Frau des Besitzers, Ilse, und ihre Schwester verbanden seine Wunden notdürftig und riefen auf sein Verlangen Carin an. Dann waren sie noch voller Teilnahme beim Transport in die Klinik Dr. von Achs behilflich.
Alfred Rosenberg hatte sich auf den Boden geworfen. Ein SA-Schütze nutzte seinen Körper zur Deckung und feuerte wie wild auf die Landespolizei. Es war eine Frage von Sekunden, wann die Polizei auf den verdeckten Schützen aufmerksam werden würde. Die Rolle eines Kugelfanges gefiel Rosenberg gar nicht. Er kroch auf dem Bauch zur Seite und hinter den kleinen Löwen der Residenz neben Lenk und den toten Neubauer. Als die Schießerei abflaute, zog er sich langsam an der Mauer entlang zurück in Richtung Max-Josef-Platz, wobei er über die Toten und Verwundeten hinwegsteigen mußte. Er war einige Schritte hinter Hitler und Schultze, bevor er sich der fliehenden Menge anschloß. Dann wanderte er »niedergeschlagen und ziellos durch die Straßen Münchens und unterhielt sich mit verschiedenen Kameraden in den Cafés über die Ereignisse«.
Lenk war wie Rosenberg unverletzt, und floh in sein Vaterhaus mit der Klavierwerkstätte. Sein Gesicht und sein Mantel waren voller Blut. »Meine Mutter war erschrocken, als sie mich sah.«
Friedrich Weber vom »Bund Oberland« weinte bitterlich, als er durch

die Residenzstraße flüchtete. Er wurde später im Laufe des Tages festgenommen. Hermann Kriebel gelang es – für einige Zeit –, nach Österreich zu entkommen. Hans Frank und einige andere von Heines' Stürmern, flüchteten in den Eilles Kaffee- und Teeladen, verbargen ihre Uniformen hinter den Theken und gaben vor, Kundschaften zu sein. Josef Berchtold, Emil Maurice, von Knobloch, Krüger, Hewel und Dutzende von anderen Stoßtrupp-Männern, einige von ihnen verwundet, suchten auf dem Weg zurück zum Bürgerbräu Unterschlupf in Läden und Passagen. Umzingelt von der Polizei, stellte Adalbert Stollwerck sein Gewehr an die Wand beim Eingang zum Weinhaus Schneider, lieh sich ein Sakko vom Besitzer aus und floh in Zivil nach Hause. Die »Oberländer« Ludwig Oestreichers, Max von Müllers und Hans Oemlers zerstreuten sich und hofften, aus München zu entkommen. Vielen gelang auch die Flucht. Konrad Kiessling beschloß, in München zu bleiben und meldete sich schnellstens wieder als Hilfsassistent bei der Münchener Polizei, »um meinen Beruf noch zu retten«.

Unter den Putschisten und Demonstranten, die zu weit im Zug zurücklagen, um die Vorgänge zu sehen, nicht aber, um die Schießerei zu hören, zirkulierten die wildesten Gerüchte: Ludendorff sei tot. Hitler sei tot.

Tot war Hitler mit Sicherheit nicht.

Wo aber war Ludendorff?

Nachdem er sich beim ersten Schuß als alter Soldat automatisch zu Boden geworfen hatte, erhob sich der Kriegsherr noch mitten in der Schießerei und schritt kerzengerade, unbeirrbar und tollkühn in Lodenmantel und Schlapphut durch die Reihen der feuernden Landespolizei. Ihm folgte blutbespritzt in seiner alten Reichswehruniform Hans Streck.

Der Anblick, der sich den Neugierigen, die sich hinter der Feldherrnhalle versammelt hatten, unter ihnen Carl Zuckmayer und Robert Murphy, bot, war unheimlich.

Die Augen starr auf die Ludwigstraße gerichtet ging Ludendorff unentwegt weiter in Richtung Odeonsplatz – genau in die Arme des Oberleutnants der Landespolizei, Demmelmeyer.

»Exzellenz«, sprach ihn dieser an, »ich muß Sie in Schutzhaft nehmen.«

»Sie haben den Befehl hierzu und ich folge Ihnen«, entgegnete Ludendorff steif.

Demmelmeyer führte ihn zu Muxel.

Der Oberstleutnant war verlegen, als er den großen Kriegshelden in dem schäbigen, beschmutzten Mantel sah. »Exzellenz, darf ich Ihre Familie benachrichtigen, daß Sie heil sind?«
»Nennen Sie mich Herr Ludendorff«, verbat sich dieser die korrekte Anrede, »der Name ist gut genug. Der deutsche Offizier hat heute seine Ehre verloren, ich schäme mich, jemals deutscher Offizier gewesen zu sein, mich schüttelt es vor Ekel vor den Offizieren. Ich spucke einfach aus. Solange Sie und Ihresgleichen die Uniform eines deutschen Offiziers tragen, werde ich niemals die meine anlegen.«
An dieses »Gelöbnis« hielt er sich nicht einmal ein Vierteljahr.
Ludendorff mußte mit 20 anderen festgenommenen Putschisten bis zum späten Nachmittag warten, bis er zum ersten Mal vernommen wurde – von dem jungen Staatsanwalt Dr. Hans Ehard.

20. Szene

Als Pater Rupert Mayer das Schießen hörte, eilte er, so schnell er konnte, zum Odeonsplatz. Er kannte viele der Demonstranten persönlich und er wollte, obwohl er sich politisch mit ihnen entzweit hatte, den Sterbenden und Verwundeten den Trost der Religion zuteil werden lassen.
Grimmig bahnte er sich seinen Weg zwischen den am Boden Liegenden durch die Blutlachen, auf die die Polizei bereits Holzspäne streute.
Er gab den Sterbenden die letzten Sakramente und wollte den Verwundeten Trost spenden. Aber diejenigen, die noch am Leben waren, wendeten einer nach dem andern ihre Köpfe von ihm ab.
»Scher dich zum Teufel, du schwarzer Schakal«, sagte einer der Hitlerleute zu ihm, als der Priester sich über ihn beugte.
Im Krieg waren sie Kameraden gewesen, die Gott, Kaiser und Vaterland gedient hatten.

Seine Tasche voll neuer Platten trat der Photograph Heinrich Hoffmann aus voller Kraft in seine Pedale. Er radelte die Ludwigstraße hinunter in Richtung Stadtmitte, wo er die Demonstranten entweder am Marienplatz oder am Stachus zu finden hoffte.
Er kam jedoch zu spät. An der Feldherrnhalle erfuhr er von dem schnellen und furchtbaren Ende, das der Aufmarsch genommen hatte. Das Sägemehl, mit dem man die Blutlachen bestreut hatte, wurde eben in den Rinnstein gefegt und auf den Toten saßen die Tauben vom Odeonsplatz.
Er hatte eine historische Aufnahme verpaßt und fuhr zurück in sein Atelier in die Schellingstraße. Vor dem Haus fand er zu seiner Überraschung Hermann Esser, Max Amann und Dietrich Eckart, den Barden der nationalsozialistischen Bewegung, die in einem offenen Auto auf ihn warteten.
»Schnell!« sagte Esser. »Wir müssen aus München raus über die Grenze!«

»Mitte zwei! Antreten!« kommandierte Godin mit gedämpfter Stimme.
Die Grünen folgten dem Befehl mit aufgesetzten Bajonetten und noch heißen Gewehrläufen. Ohne die geringste Gefühlsregung zu zeigen, betrachtete Godin die Szene und zählte seine Toten und Verwundeten, unter ihnen Fink und Hollweg, die zu den verläßlichsten seiner Leute gehört hatten.
»Die Truppen links, rechts schwenk Marsch!« befahl er und die »Stationsverstärkung Mitte 2« des 1. Bataillons der Bayerischen Landespolizei marschierte dröhnenden Schrittes in ihr Quartier in der Residenz zurück.
Godin sorgte dafür, daß seine Leute etwas zu essen bekamen. Dann schloß er sich in seinem mönchisch-zellenhaften Dienstraum ein und schrieb seinen Bericht.
In den folgenden 22 Jahren war er ein »Geächteter« und von den Nazis gejagter Mann.

Karl Alexander von Müller war dem Demonstrationszug in einem Strom anderer Begleiter, in zunehmender Entfernung von der Spitze, in die Wein- und die enge Perusastraße gefolgt. Noch ehe er an den Max-Joseph-Platz kam, hörte er von der Feldherrnhalle Schüsse fallen, die wie eine unregelmäßige Salve klangen. Er ahnte, was vorgefallen war, und ging »langsam durch die Innenstadt zurück zum Isartor und bis zu der Szene des blutigen Handgemenges an der Brücke, wo das alltägliche Leben weiterflutete wie sonst«.
Zu Hause erwartete ihn seine Frau in höchster Unruhe. Ihr Schwager, Gottfried Feder hatte völlig verstört aus der Stadt angerufen. Sie hatte ihn aufgefordert, zu ihnen zu kommen.
Schon schrillte die Türglocke. Zitternd trat Feder ein.
»Ich war im Zug in der zweiten Reihe, neben Rosenberg gegangen«, erzählte er, wobei es ihm gelang, seine Fassung allmählich wiederzugewinnen. »Ohne soldatische Erfahrung war ich, als die Salve einschlug und alles um mich sich zu Boden warf, einfach weitergegangen.
Es war furchtbar, grauenhaft. Ich bin einfach weitergegangen, instinktiv aus der Schußlinie heraus, an der Feldherrnhalle vorbei, in die Theatinerstraße. Als auch hier Schüsse krachten, schmiegte ich mich in eine schmale Nische am Preysingpalais, um bei einem befreundeten Anwalt Schutz zu suchen. Dort habe ich dich angerufen.«
Flehentlich wandte er sich an seine Schwägerin: »Hilf mir, Irma, bitte,

32 *Die Hauptangeklagten im Hitlerprozeß 1924* (von links): *7. Friedrich Weber, 9. Hermann Kriebel, 12. Erich Ludendorff, 14. Hitler, 17. Ernst Röhm, 18. Wilhelm Brückner, 19. Heinz Pernet, 20. Wilhelm Frick, 21. Robert Wagner*

33 *Blick in den Sitzungssaal der Infanterieschule während des Prozesses gegen Hitler im Jahre 1924*

34 *Hermann Kriebel während des Prozesses*

35 *Die Menschenmenge, die von Polizei zurückgedrängt wird, wartet auf die Urteilsverkündung im Prozeß gegen Hitler*

37 *Hitler während des Prozesses am 26. Februar 1924*

38 *Die Putschisten in Landsberg im Jahr 1924. Von links: Hitler, Rudolf Hess, Hermann Kriebel, Hermann Fobke vom »Stosstrupp« und Friedrich Weber.*

36 *General Ludendorff nach der Urteilsverkündung. Hinter ihm, sein mitangeklagter Stiefsohn Heinz Pernet*

39 *Hitlers Zelle in Landsberg 1924.*

40 *Nach Hitlers Machtergreifung: Der jährliche »Gedenkmarsch« zur Feldherrnhalle. Hinter der Feldherrnhalle* (rechts) *das Preysing Palais.*

41 *Der 9. November 1935. Links neben Hitler: Göring und Friedrich Weber, rechts von Hitler: Hermann Kriebel und Ulrich Graf.*

hilf mir. Ich werde gesucht werden. Ich muß irgendwie über die Grenze kommen, nach Österreich.«
Noch am selben Nachmittag gelang es dem »Reichsfinanzminister« zu entkommen.

In der Hoffnung, den Demonstrationszug noch zu erreichen, lief »Putzi« Hanfstaengl in Richtung Briennerstraße. Doch kaum hatte er die Pinakothek erreicht, da strömten ihm bereits Scharen flüchtender Menschen entgegen, darunter auch ein ihm bekannter SA-Mann, der, rechts und links gestützt, sich nur mühsam vorwärts schleppte.
»Um Himmels willen, was ist denn passiert?« erkundigte sich Hanfstaengl, als er den blutbespritzten Mann sah.
»Es ist fürchterlich, Herr Hanfstaengl, an der Feldherrnhalle haben sie das Feuer auf uns eröffnet, als wir singend anmarschiert kamen. Alle sind tot ... Ludendorff tot, Hitler tot ... finis Germaniae ...«
Hanfstaengl half den verstörten Mann in seine in der Nähe liegende Wohnung zu schleppen und eilte dann schleunigst zurück in die Gentzstraße, um seine Flucht vorzubereiten.
Als er den alten Friedhof an der Arcisstraße erreicht hatte, kamen ihm Esser, Amann, Dietrich und Heinrich Hoffmann in einem offenen Wagen entgegen und hielten an. Um die Aufmerksamkeit der Polizei nicht auf sich zu lenken, blieben sie nicht auf der Straße, sondern gingen schnellstens zusammen in Hoffmanns naheliegende Wohnung, um dort in aller Ruhe ihre Fluchtpläne aufeinander abzustimmen.
»Es gibt nur eins«, meinte Hanfstaengl. »Wir müssen sofort aus München verschwinden und versuchen, über die Grenze nach Innsbruck oder Salzburg zu entkommen. Dort müssen wir abwarten und reorganisieren.«
»Es wäre mir nicht eingefallen«, schrieb er viele Jahre später, »zu meinem Haus in Uffing zu fahren, wo mich die Polizei gewiß suchen und festnehmen würde.«

Nachdem Dr. Schultzes Vetter und der verletzte Junge, Gottfried Mayr, am Isartor abgesetzt worden waren, fragte Michael Ried: »Wohin jetzt, die Herren?«
Das allerdings wußte niemand, am allerwenigsten Hitler. Der Bürgerbräukeller stand nicht zur Diskussion, da die Polizei jetzt alle Brücken besetzt hatte. Sie fuhren ziellos die Isar entlang in Richtung Süden.
»Erstmal weiter eine Weile«, sagte Hitler und verfiel in tiefes Schweigen.

Ludwig Schmied und Schultze betrachteten ihn. Sein Gesicht war aschfahl, sein Ausdruck niedergeschlagen und von Schmerz verzerrt.
Sie waren auf der holprigen Kopfsteinstraße bereits schon 15 Kilometer südlich der Stadt, als Hitler plötzlich verkündete, er müsse einen Schuß durch den Arm erlitten haben, obwohl weder Blut noch die Spur einer Schußwunde zu sehen war.
Sie hielten in einem Waldstück an, und Schultze half Hitler aus seinem Trenchcoat, einem Sakko, zwei darunter befindlichen Pullovern und einem Hemd. Er stellte eine Schultergelenksluxation fest und fertigte aus einem großen Taschentuch eine provisorische Schlinge. Dann fuhr man weiter.
Schmied und der Arzt schlugen vor, nach Österreich zu fliehen, davon wollte jedoch Hitler nichts wissen. Auf dem Weg nach Murnau und dem Staffelsee, 40 Kilometer südlich von München, erinnerte sich Hitler plötzlich, daß die Hanfstaengls ein Haus in Uffing besaßen und daß Helene mit dem kleinen Egon am Vortag dorthin gefahren war. Dort sollten sie Unterkunft finden, bis sie sich den nächsten Schritt überlegten.
Hitler befahl Ried anzuhalten und in Begleitung von Dr. Schultze ging er zu Fuß zum Haus der Familie Hanfstaengl. Hitler wurde von Frau Hanfstaengl sofort aufgenommen. Sie stellte ein Schlafzimmer zur Verfügung.
Es war später Nachmittag. Michael Ried und Ludwig Schmied fuhren nach München zurück.

Ernst Röhm verhandelte noch mit General von Danner in der Türkenstraßen-Kaserne, als die Alarmnachricht von den Ereignissen an der Feldherrnhalle eintraf. Alle anwesenden Offiziere – sowohl die Putschisten als auch ihre Gegner – waren tief bestürzt. Von Danner starrte vor sich hin und schwieg.
»Ich muß zu meinen Leuten zurück«, erklärte Röhm.
Ohne eine Entscheidung zu treffen oder auf die Entscheidung Danners zu warten, eilte Röhm, in Begleitung von General von Epp, Josef Seydel und dem Grafen du Moulin-Eckart in das Kriegsministerium zurück, wo ihn die erschütternde Kunde vom Tode Martin Fausts und Theodor Casellas erwartete. Fausts Leiche lag auf einer Bahre in einem Korridor.
Heinrich Himmler und andere bedrängten Röhm, sich nicht zu unterwerfen, sondern einen Verzweiflungskampf auf Leben und Tod zu führen. Doch Röhm wollte kein weiteres Blutvergießen. Überdies wußte er, daß

er den Streitkräften der Triumviren an Zahl und Waffen unterlegen war. Die Entscheidung war noch nicht gefallen, als ein Hauptmann aus Danners Hauptquartier die Bedingungen der Kapitulation überbrachte.
1. Ehrenvoller Abzug der »Reichskriegsflagge«,
2. Abgabe der Waffen an die Landespolizei,
3. Ehrenvolle Stellung des Hauptmanns Röhm.
Nach einigen Minuten traf ein zweiter Bote ein, der einen Zettel überreichte, auf dem stand: »Hauptmann Röhm hat sich sofort zu entscheiden. gez. Lossow.«
Röhm befand sich in einer Zwickmühle. Wie lange sollte er noch zögern? Epp drängte darauf, sich zu ergeben. Osswald, Seydel, Moulin-Eckart, Himmler und andere wollten kämpfen. Was blieb ihnen anderes übrig, da Ludendorff tot war? Kämpfen wollten sie, auf Leben und Tod und sich an ihren toten Kameraden rächen.
Die Diskussion wurde von der Ankunft Oberstleutnant Hofmanns unterbrochen. Ludendorff war weder tot noch verwundet. Er hatte seinen Befehl widerrufen und gab Röhm die volle Freiheit des Entschlusses. »Wir nehmen die Bedingungen an«, gab Hauptmann Röhm dem Boten Lossows zur Antwort, und befahl den Unterführern, die Verbände antreten und die Waffen abgeben zu lassen.
Es war 1 Uhr 30 nachmittags.
Oberleutnant Max Brauns Kompanie, gefolgt von anderen Soldaten strömten in den Gebäudekomplex.
Die Putschisten waren im Hof angetreten und legten ihre Waffen nieder. Röhm wurde, begleitet von du Moulin-Eckart und Seydel zunächst zu von Danner und anschließend in einem Stabsauto in das Gefängnis nach Stadelheim gebracht.
Max Braun erklärte, daß die Putschisten unbewaffnet durch das rückwärtige Tor des Wehrkreiskommandos abziehen könnten. Karl Osswald und Walther Lembert protestierten: »Das ist nicht der ehrenvolle Abzug, den Sie uns versprochen haben! Auch haben wir uns über einen Toten zu beklagen, der auch Ihr Kamerad war.« Braun erwiderte: »Das geht mich nichts an. Das ist Befehl!«
Mit Martin Fausts Leiche auf einer Tragbahre marschierte die »Reichsflagge«, 400 Mann stark – Heinrich Himmler trug noch immer stolz die Flagge – in einer 4 Kilometer langen Prozession durch die Stadt. Mitten durch die aufgebrachte Bevölkerung zum Haus der Eltern des Gefallenen in der Gollierstraße. Hunderte folgten dem Zug. Das war ihre letzte Trotz-Kundgebung.

Lembert läutete an der Tür. Dann ließen sie die Bahre mit Fausts Leiche auf der Schwelle nieder und zerstreuten sich.

Für Ernst Röhm und die »Reichskriegsflagge«, für Friedrich Weber und den »Bund Oberland« und für die SA Hitlers war es mit dem gescheiterten Putsch, der Deutschlands Wiedergeburt und Wiedererwachen verkünden sollte, vorbei.
Als Gustav von Kahr, Otto von Lossow und Hans von Seisser, die noch immer in der Nachrichtenbaracke der Infanteriekaserne verschanzt waren, die entscheidenden Neuigkeiten hörten, atmeten sie erleichtert auf. Sofort verfaßten sie einen Bericht an die Regierung in Berlin – an Präsident Ebert, Reichskanzler Stresemann und den neu ernannten Militärdiktator, General Hans von Seeckt. Dann machten sie sich auf den Weg: Lossow zu seinem befreiten Hauptquartier, Seisser in die Türkenkaserne und von Kahr zum Generalstaatskommissariat in seine Wohnung, wo er endlich etwas Schlaf nachholen konnte.
Die Triumviren waren der Ansicht, daß nun in München wieder Friede herrsche. Darin sahen sie sich bald getäuscht.
Die Stadt glich einem siedenden Kessel, aus dem der Dampf nicht entweichen kann. Dieser Zustand sollte einige Tage anhalten, in denen München unter Kriegsrecht stand. Bis zu einem gewissen Grad folgte das Schlimmste erst jetzt. Die Zeitbombe, die der Agitator und Propagandist Hitler vor 18 Stunden gelegt hatte, explodierte nun nach dem Zusammenbruch des Putsches.
In den Augen Zehntausender von Münchenern, waren die Verräter nicht Hitler und Ludendorff, sondern Kahr, Lossow und Seisser. An Hunderten von Straßenecken fragten Agitatoren die Menschen, die sich um sie versammelt hatten: »Haben nicht Kahr, Lossow und Seisser ihr Wort, das sie dem Führer gaben und im Bürgerbräukeller mit einem feierlichen Handschlag bekräftigten, gebrochen?« Und die Menge brüllte: »Ja!«
Noch nicht zu Ende war der Putsch auch für seine unmittelbarsten Opfer. Den Stadträten im Bürgerbräukeller und den Gefangenen in der Lehmann Villa stand das Schlimmste noch bevor.

21. Szene

Julius Schaub wollte seinen Augen kaum trauen, als Berchtold mit den ersten Stoßtrupp-Leuten – Knobloch, Maurice und Hewel – zum Bürgerbräukeller zurückkehrte. Ihre Uniformen waren beschmutzt, manche bluteten und ihre Waffen hatten sie irgendwo zurückgelassen. Sie sahen aus, als kehrten sie aus einem verlorenen Krieg heim. Und das waren sie auch.
»Die Stadträte, wo sind die Stadträte?« schrie Berchtold. »Bringt sie auf das Lastauto da draußen! Wir müssen schnell losfahren.«
Der Stoßtrupp führte den Befehl aus und einige von Berchtolds Leuten schwangen sich mit ihren Gefangenen auf den Wagen.
Berchtold und Knobloch fuhren in einem offenen Wagen an der Spitze des Konvois durch die Rosenheimerstraße in Richtung der Dörfer Perlach, Ottobrunn und Höhenkirchen.
Zur Bewachung des gefangengenommenen Landespolizeizuges Höfler und der jüdischen Geiseln waren Wilhelm Briemann und einige andere im Bürgerbräukeller zurückgeblieben.
Allmählich trafen die in alle Himmelsrichtungen zerstreuten Demonstranten verwundet, verstört, oder noch ganz benommen von dem Schock, wieder im Bürgerbräukeller ein. Gregor Strasser versammelte sein Landshuter SA-Bataillon und verließ mit ihm München in größter Hast und zu Fuß. Die »Oberländer« flohen in Last- und Personenwagen. Die meisten von ihnen nahmen ihre Waffen mit.
Nach Auffassung der Polizei flüchteten in der ersten Stunde nach dem Zusammenstoß am Odeonsplatz etwa 1000 Putschisten aus der Stadt.
Gegen 2 Uhr nachmittags umzingelten mehrere Hundertschaften der Landespolizei den Bürgerbräukeller. Sie stießen auf keinen Widerstand und besetzten das Gebäude, in dem sie nur noch einen kleinen Verband völlig demoralisierter Rebellen vorfanden, für die die Welt zu einem Ende gekommen zu sein schien. Die Bataillons- und Kompanieführer waren verschwunden – die meisten flüchteten in Richtung Rosenheim und zur österreichischen Grenze. Die Polizei beschlagnahmte nicht

weniger als vier Lastkraftwagen voller Waffen – Gewehre, Karabiner, Mörser, Maschinengewehre und kistenweise Munition, einschließlich Dum-Dum-Geschossen und Handgranaten.
Die gefangenen Landespolizisten und die jüdischen Geiseln wurden freigelassen.

Dem Bürgermeister und den Stadträten stand nach der hastigen Flucht aus dem Bürgerbräukeller noch eine stundenlange Tortur ihrer Nerven bevor. Die Vorgänge wurden vom Stadtrat Nussbaum wie folgt beschrieben:
»Als wir auf dem Lastauto waren, versuchte ich mit einem der Begleiter ein Gespräch anzuknüpfen. Nachdem ich zwei bis drei Worte gesprochen hatte, kam ein Offizier herbei, der seinen Revolver herausriß, ihn über die Brüstung auf uns richtete, und erklärte: ›Noch ein Wort und ich schieße Sie und den Posten nieder.‹ Es war auch ziemlich viel Munition darauf... Es wurde ein Anhänger angehängt und die Fahrt ging dann stadtauswärts. Wir hatten keine Ahnung, was mit uns geschehen würde. Wir fuhren durch den Perlacher Forst und währenddessen hörte ich aus dem Gespräch der Bewaffneten, daß Ludendorff gefallen sei und daß 6 Geschütze aus Rosenheim kämen, mit denen auf die Stadt geschossen würde.
Es wurde dann gehalten, wir mußten absteigen und mußten mit Bewaffneten in den Wald hineingehen. Im Augenblick als wir den Waldboden betraten, sagte Bürgermeister Schmid zu mir: ›Ich gebe nichts mehr für unser Leben.‹
Voran gingen zwei Leute in Uniform, soweit ich feststellen konnte, war es Leutnant Berchtold und dann der bekannte Maurice. Nach 40–50 Metern wurde Halt gemacht und ein Führer sagte: ›Ich habe Ihnen eine sehr unangenehme Eröffnung zu machen.‹ Nach dieser Einleitung dachte ich, daß man uns jetzt erledigen wolle.
Der Führer erklärte aber, es müßten einige Leute, um Geld zu holen und um sich über die Lage zu erkundigen, in die Stadt zurückkehren und wir müßten ihnen hierzu Zivilkleidung geben. Man nahm mir meinen Rock, Kragen und Hut, die zur Bekleidung der Boten verwendet wurden. Unterdessen wurden einige Worte gewechselt; einer der Bewaffneten teilte mit, daß ich nach der Rätezeit seinen Stiefbruder verteidigt habe, der bei den Kommunisten gewesen sei.«
Berchtold, Maurice und zwei andere Mitglieder des Stoßtrupps machten sich dann in dem Auto davon, und für viele Wochen aus dem Staub. Die

Überwachung – und das weitere Schicksal – der Stadträte überließen sie Heinrich von Knobloch und Julius Schaub.

»Wir mußten dann wieder das Lastauto besteigen, worauf es weiter nach Höhenkirchen ging«, berichtete Nussbaum. »In Höhenkirchen wurde gehalten und die Munition abgeladen. Wir mußten mit der Mannschaft ins Wirtshaus treten und uns an einen Tisch setzen. Der Führer erklärte, wer von den Verhafteten einen Schritt aus dem Lokal macht, wird niedergeschossen.«

Ihre Befreiung war jedoch nahe und sie erfolgte in einer Art und Weise, die für die Stimmung der Putschisten und des damaligen Deutschlands bezeichnend war.

Unterwegs war ihnen ein Personenauto gefolgt, gegen das man sich sogar vorsichtshalber schußbereit gemacht hatte. Der Fahrer war ein städtischer Angestellter, der mit einer List den Bürgermeister und die Stadträte von ihrer Qual erlöste. »Der Fahrer dieses Personenautos«, so Nussbaum, »kam in die Wirtschaft herein und erklärte dem nunmehrigen Führer unserer Wache (Knobloch), wir müßten freigelassen werden, da man uns im Rathaus bei der Auszahlung der Erwerbslosenunterstützung benötige und da man nicht haben wolle, daß die Erwerbslosen, wenn sie ihre Unterstützung nicht bekämen, auf die Straße gingen.«

Diese Verantwortung wollte Knobloch nicht auf sich nehmen, und so wurden die Stadträte gegen ihr Ehrenwort, nicht zu sagen, wohin sie gebracht worden waren, entlassen. Sie fuhren mit dem Zug nach München zurück und waren noch vor 6 Uhr abends wieder daheim und in Sicherheit. So endete ihr furchterregendes Erlebnis im Stil einer opera buffa.

Dem Ministerpräsidenten von Knilling und den anderen Gefangenen von Rudolf Hess, insbesondere dem Minister des Innern, Franz Schweyer, und dem Minister für Landwirtschaft, Johann Wutzelhofer, stand jedoch noch ein Alptraum bevor.

Julius Lehmanns Villa im vornehmen Großhesselohe glich einer Festung, die sich auf eine Belagerung vorbereitet. Ein Maschinengewehr war auf die Zufahrt der Villa gerichtet. Ein zweites stand im Flur und zielte auf die Eingangstür. Aus den Fenstern starrten drohend Karabiner- und Gewehrläufe. Im Garten patrouillierten zwei SA-Männer mit Stahlhelmen, Gewehren mit aufgepflanzten Bajonetten und Handgranaten an ihrem Gurt um das Haus herum. In bestimmten Zeitabständen erkundeten Gruppen von SA-Leuten den umliegenden Wald. Hinter der

Villa standen der Lastwagen, der die Geiseln zum Haus gefahren hatte, und zwei von der Firma Otto Lippacher gemietete Autos.
Die sieben prominenten Geiseln – Knilling, Schweyer, Wutzelhofer, Franz Gürtner, Münchens Polizeipräsident Karl Mantel, sein Berater Otto Bernreuther und der Kabinettschef des Kronprinzen, Josef Graf Soden – nahmen ein »einfaches, aber reichliches« Mittagessen ein. Für eine kurze Weile war die Atmosphäre etwas freundlicher und die Geiseln durften sogar ihre Zimmer verlassen.
Ungemütlich und drohend wurde die Situation etwa um 3 Uhr nachmittags.
Es waren telefonische Berichte eingegangen, daß Kahr, Lossow und Seisser nicht mit Hitler einig gingen und dann vom Blutvergießen an der Feldherrnhalle: Ludendorff und Hitler seien tot, Lehmanns Schwiegersohn, Friedrich Weber, ebenfalls. Im Parterre herrschte Chaos. Weitere Maschinengewehre wurden aufgestellt, da man jede Minute den Angriff der Landespolizei erwartete. Auf Rache sinnend war die Wache zum Kampf entschlossen.
Verwirrt und bestürzt kam Lehmann zu den Geiseln: »Ich verspreche Ihnen, daß ich das Gastrecht bis aufs äußerste wahren und Sie so weit nur möglich schützen werde. Garantieren kann ich aber für nichts. Die Wache dürstet nach Rache und ich weiß nicht, ob sie Leutnant Hess zu zügeln vermag.«
Die Geiseln hörten die erhitzte Debatte im Erdgeschoß. »Unsere Führer sind gefallen«, schrien die SA-Männer, »wir verlangen, daß das Blut gesühnt wird. Fürstenblut für Ochsenblut!«
»Wir brauchen lebendige Geiseln«, versuchte Hess, sie zu beschwichtigen. Mit Schweyer und Wutzelhofer, auf die sich der Haß der Männer konzentrierte, hatte er allerdings besondere Pläne.
Sich mit den Geiseln in der Lehmann Villa wie Füchse in ihrem Loch zu verkriechen, war sinnlos. Früher oder später würden sie entdeckt und gezwungen werden, aufzugeben. Bei seinem späteren Verhör sagte Hess aus: »Ein Festhalten der Minister (in der Lehmann Villa) war auf die Dauer nicht möglich. Ich beschloß daher, in dem mir zur Verfügung stehenden (Miet)Auto die Minister Schweyer und Wutzelhofer, gegen die die größte Mißstimmung unter uns herrschte, von München weg in die Berge zu fahren. Ich hoffte, sie auf einer Berghütte ... möglichst lange noch festhalten zu können.«
Für Lösegeld? Als Spielmarken zum Umtausch gegen das Bargeld festgenommener Putschisten? Die Frage bleibt offen. »Den zurückblei-

benden Leuten gab ich den Auftrag, einer gegebenenfalls anrückenden Reichswehrtruppe zu sagen, sic möge eine schriftliche Weisung Hitlers bringen, nach der die in Schutzhaft befindlichen Personen freizugeben seien.«
Eindringlich befahl Hess seinen Leuten: »Kein Blutvergießen, keine Hinrichtungen, keine Vergeltung! Es sei denn auf Anordnung der Führer. Macht euch davon, wenn es sein muß und laßt die Gefangenen unversehrt zurück.«
Ein Gemurmel des Unwillens folgte dem Befehl, doch wurde er – zum Glück der Geiseln – ausgeführt.
Hess suchte sich dann zwei Mann aus, die ihm als Wache am zuverlässigsten schienen, und bestieg mit ihnen und den Sündenböcken Schweyer und Wutzelhofer Lippachers großen offenen Tourenwagen. Chauffeur war Lippacher selbst.
Einer der Wachen, Johann Niederreiter, nahm noch ein Paket Papiergeld mit, das er neben Wutzelhofer auf den Rücksitz des Wagens abstellte. Das Paket enthielt an die 20 Billionen Mark in 50 Milliarden-Noten. Rudolf Hess hatte es von dem Führer einer an der Villa Lehmann zufällig vorbeimarschierenden Kampfbund-Einheit, dem er erklärt hatte, daß er für einen bestimmten Zweck eine größere Summe Geldes benötigte, erhalten. Mit diesem Geld wollte er die Verpflegung der Wachen und Gefangenen sowie die Ausrüstung zum Aufsteigen auf eine Hütte und die Gebühren des Bergführers bezahlen.
Es war 4 Uhr 10 und fast schon dunkel, als der Motor des schweren Wagens ansprang. Man steuerte auf dieselbe Kopfsteinstraße zu, über die auch Hitler und Dr. Schultze vor 2 Stunden gefahren waren. Das Ziel der Fahrt war Bad Tölz, wo Hess den Ortsleiter des »Bundes Oberland«, einen Tierarzt namens Dr. Seitz, zu treffen hoffte. Dieser sollte einen Führer besorgen, der sie zu einer Almhütte hinter Lenggries geleiten würde, ihrem Unterschlupf.
Von nun an waren Schweyer und Wutzelhofer dem Sadismus von Rudolf Hess schutzlos ausgeliefert.
Drei- bis viermal ließ Hess auf der 40 Kilometer langen Fahrt durch die verschneite Landschaft in dichtem Wald anhalten und die Scheinwerfer mitten in die Bäume leuchten. Dann stiegen er und Niederreiter aus, anscheinend auf der Suche nach einem geeigneten Platz, um Schweyer und Wutzelhofer zu erschießen, oder nach geeigneten Bäumen, um sie aufzuhängen. Dann stiegen sie kopfschüttelnd und offensichtlich von den Voraussetzungen für ihr Vorhaben nicht ganz befrie-

digt, wieder in den Wagen, und so ging es weiter bis zum nächsten Galgenhain.

»Es ging bergauf, bergab, wiederholt durch Wald«, beschrieb Schweyer die Vorgänge später, »und das Unheimlichste bei der ganzen Fahrt war der Umstand, daß wir etwa drei bis viermal im Wald hielten, daß die Leute ausstiegen und längere Zeit im Wald herumsuchten. Es waren qualvolle Augenblicke. Wir standen beide unter dem festen Eindruck, daß die Kerle etwas Übles mit uns vorhatten und, daß unser Ende gekommen war.«

Um 6 Uhr abends kamen sie in Bad Tölz an. Hess ging allein in Dr. Seitz' Haus, wo er bereits einige geflohene »Oberländer« vorfand. Seitz gab Hess einen Ortskundigen mit, der ihm den Weg zu einer Skihütte zeigen sollte. In Todesangst warteten inzwischen die bewachten Minister im offenen Wagen auf Hess' Rückkehr. Endlich setzten sie die Reise fort, doch verirrten sich Hess und Lippacher im Nebel und im Schneetreiben immer wieder und fuhren, wie es dem auf dem Rücksitz des Wagens fast schon erfrorenen Schweyer schien, im Kreise.

»Der Schnee lag so hoch«, erklärte Hess später, »daß an eine Erreichung der Skihütte mit den zwei älteren Herren ohne entsprechende Ausrüstung nicht zu denken war.«

Ihr Führer gab an, von »einer Villa in der Umgebung von Tölz zu wissen, die sich für eine vorübergehende Unterkunft eignete«. So ging es wieder nach Tölz zurück. Lippacher fluchte über das Wetter und fuhr mühsam durch Schnee und Nebel. Vor Bad Tölz hielten sie an. Hess begab sich zu Fuß mit dem Führer zu der Villa und ließ den Wagen mit Schweyer, Wutzelhofer, den zwei Wachen und dem Geld zurück.

Schweyer begann seine Nerven zu verlieren. Hess mit seinen tiefliegenden fanatischen Augen und den hohlen Wangen flößte den Gefangenen zwar kein Vertrauen ein, doch war er schließlich Offizier und vermutlich ein Ehrenmann. Im Vergleich zu ihm schienen die zwei SA-Männer – Niederreiter gab bei seinem späteren Verhör acht Vorstrafen für Diebstahl mit Gewalttätigkeit zu – der Inbegriff von Brutalität zu sein.

Inzwischen war fast eine Stunde verstrichen, seit Hess und ihr Führer weggegangen waren. Die Kälte und Totenstille, das endlose Warten und die Hoffnungslosigkeit der Situation überstiegen Schweyers Kräfte. Plötzlich brach er in Tränen aus. »Um Himmels willen«, schluchzte er, »sagt uns zumindest, was Ihr mit uns vorhabt.«

Wutzelhofer, ein zäher Bergbauer, versuchte ihn zu beruhigen. Überraschenderweise tat dies auch der SA-Mann Niederreiter.

Er packte Schweyer mit seiner rechten Hand am Fuß und sprach im Flüsterton, damit es sein Gefährte, vor dem er selbst Angst zu haben schien, nicht hörte: »Herr Minister, seien Sie beruhigt, es geschieht Ihnen nichts. Ich garantiere Ihnen dafür. Seien Sie aber stille. In zwei Tagen werden Sie wieder in München sein.«

Schweyer beruhigte sich langsam, während sie weiter auf Hess' Rückkehr warteten. Er schien einfach verschwunden zu sein. Nach nochmal einer halben Stunde wurden sogar die beiden SA-Männer unruhig. Sie stiegen aus und besprachen sich im Flüsterton. Schweyer und Wutzelhofer konnten nicht hören, was sie sagten.

Als sie wieder einstiegen, sagte Niederreiter »Losfahren!«

»Wohin?« fragte Lippacher.

»Zurück nach München. Über Holzkirchen.«

Erstaunt fuhr Lippacher, so schnell wie es die Umstände erlaubten, in die Stadt zurück.

»Ja, sollten wir wirklich nur eine Spazierfahrt gemacht haben?« fragte jetzt Schweyer, der seine Fassung wiedergewonnen hatte. Schon erhielt er einen Stoß von Niederreiter – ein Signal, sich frecher Bemerkungen zu enthalten, oder ein Signal, daß alles in Ordnung sei?

Als sie ein südliches Wohnviertel Münchens erreichten, befahl plötzlich Niederreiter dem Fahrer Lippacher anzuhalten. Zu Schweyers und Wutzelhofers großer Überraschung, stiegen die SA-Männer aus. »Fahren Sie die Herren Minister, wo sie hin möchten«, sagte Niederreiter noch, dann verschwanden er und der andere Bewacher im Dunkeln.

Es war 9 Uhr abends.

24 Stunden nachdem Hess das Podium im Bürgerbräukeller bestiegen, und ihre Namen von Hitlers Zettel vorgelesen hatte, war die Nerventortur für den Innenminister Schweyer und den Landwirtschaftsminister Wutzelhofer zu Ende.

Die Stunde der Befreiung schlug um ungefähr die gleiche Zeit für den Ministerpräsidenten von Knilling und Justizminister Gürtner, für Mantel, Bernreuther und Graf von Soden.

Seit der Entführung von Schweyer und Wutzelhofer waren sie für fast 3 Stunden ohne Nachricht geblieben. Um sieben Uhr erschien dann Lehmann und verkündete: »Meine Herren, die Befreiung naht.« Es stellte sich heraus, daß unter dem Schutz der Dunkelheit sich die ganze Wache entfernt hatte. Erst nachdem Lehmann sich vom Abzug der Wache bis zum letzten Mann versichert hatte, rief er die Polizeidirektion an und

teilte den Aufenthaltsort der Geiseln mit. Innerhalb einer Stunde waren die prominenten Herren heil in die Stadt zurückgekehrt.
Noch Jahre nach dem Putsch hat sich Graf von Soden gefragt, weshalb er eigentlich überhaupt festgenommen worden war. Als er an Gustav von Kahr einige Tage nach dem gescheiterten Putsch dieselbe Frage gestellt hatte, zuckte der kleine stämmige Triumvir bloß mit den Achseln und entgegnete, er wüßte nicht weshalb. »Ich kann es jedoch erraten. In gewissen Kreisen gelten Sie als eine Art inoffizieller päpstlicher Nuntius.«

Und Rudolf Hess?
Einige Minuten nachdem Lippacher mit den Geiseln und Wachen abgefahren war, kehrte Hess dorthin zurück, wo er den Wagen verlassen hatte. Überrascht, niemanden vorzufinden, durchsuchte er Bad Tölz noch mehrere Stunden lang vergeblich nach seinen verschwundenen Pfleglingen. Er fühlte, daß er seines Führers Vertrauen verspielt hatte und bat den Tierarzt Seitz um Unterkunft für diese Nacht.
Am folgenden Morgen kam er sich wie ein schiffbrüchiger Seeräuber vor. Schließlich erreichte er telefonisch seine Braut, Ilse Pöhl, die sich sofort nach Bad Tölz auf den Weg machte – per Fahrrad. Durch Wälder, über Wiesen und einsame Pfade kehrten beide mit Ilses Fahrrad und zu Fuß nach München zurück.
Einige Tage versteckte sich Hess bei Freunden, dann verließ er die Stadt wieder in Richtung Berge. Er hoffte, über die österreichische Grenze nach Salzburg zu entkommen. Doch kehrte er wieder nach München zurück, als er erfuhr, daß Ilse krank geworden war. Sechs Monate später stellte er sich freiwillig der Polizei und dem Gericht.

Als Carin Göring benachrichtigt wurde, verließ sie, obwohl ihr der Arzt abgeraten hatte, ihr Krankenbett und eilte sofort zu ihrem »lieben, guten Hermann«, der kreidebleich, halb bewußtlos in Dr. von Achs Privatklinik lag. Jede Sekunde war kostbar. Pläne wurden geschmiedet und Freunde benachrichtigt.
»Wir haben unerhört schwere Stunden durchgemacht«, schrieb sie Wochen später an ihre Mutter in Schweden. »Von München fuhren wir im Auto nach Garmisch. Der Schuß ist hoch oben am rechten Schenkel und, unter dem ersten Verband, gräßlich entzündet dadurch, daß der ganze Schmutz herauszukommen versucht und daher Eiterbildung und Fieber und starke Schmerzen verursacht. Die Kugel ging quer durch,

einen halben Zentimeter von der Schlagader entfernt und die Gefahr für ein Verbluten ist noch nicht vorüber. Wir wohnten zwei Tage in der Villa von guten Freunden, aber dann kam es heraus, daß er da war, und es gab Demonstrationen und Hurrarufe vor der Villa mit einer Menge von Menschen, die dorthin zogen. Da fanden wir es das beste, uns fortzubegeben, über die Grenze nach Österreich.«
Am Abend des 11. November wurden sie an der Grenze von der Landespolizei angehalten. Die Grenzbehörden riefen in München an und baten um Weisungen. Doch bevor die Antwort »sofort verhaften« eintraf, waren Göring, dem man den Reisepaß abgenommen hatte, und Carin bereits gegen Ehrenwort, das Land nicht zu verlassen, auf dem Weg zu einem Privatkrankenhaus in Garmisch. Da die Landespolizei dem Ehrenwort nicht traute, ließ sie Göring unbemerkt überwachen.
Innerhalb weniger Stunden entkam Göring aber auf geheimnisvolle Weise trotz der Bewachung aus dem von Posten und Wachen umstellten Krankenhaus. »Wie durch ein Wunderwerk« schrieb Carin, »wurde uns geholfen. Hermann wurde hinausgetragen – er kann ja keinen Schritt gehen – wieder in ein Auto und dann, nur im Nachthemd, mit Pelz und mit falschem Paß versehen, über die Grenze gebracht...
Mamma, Du sollst nicht glauben, daß Hitlers Sache verloren ist, daß sie aufgegeben ist, o nein, im Gegenteil, die Energie ist stärker als je zuvor. Und er wird siegen, ich fühle es, ich weiß es, wir haben das Ende noch nicht gesehen... Du wirst sehen, daß wir auch in unserer prosaischen Zeit Wunder erleben. Und daß dieses erste Mißglücken den schließlichen Sieg tiefer, reifer und ernster machen wird.«

An der Spitze seiner Männer war es Gregor Strasser, dem NSDAP-Gauleiter von Niederbayern, gelungen über die Landstraße Landshut zu erreichen. Es war ein strapaziöser Marsch durch die Nacht.
Am nächsten Tag suchte ihn dort Heinrich Himmler auf. Er hatte als Schuljunge viele Jahre in Landshut verbracht, wo sein Vater im Gymnasium unterrichtete. Himmler hoffte, sich in Landshut verbergen zu können.
Kaum hatten sie sich, noch ganz benommen von den Ereignissen des Vortages zum Mittagessen hingesetzt, als plötzlich Georg Höfler, Leutnant der Landespolizei, erschien.
»Du kannst mitessen«, sagte Gregor, »ich werde dir sofort ein Gedeck

auflegen lassen.« Dabei kam es ihm nicht in den Sinn, daß er und Höfler einander an der Ludwigsbrücke als Feinde hätten gegenüber stehen können.
Steif und verlegen stand Höfler an der Schwelle und betrachtete seinen Schwager.
»Es tut mir leid, Gregor, aber ich habe Befehl, dich zu verhaften.«

Die Nachrichten

Die ersten fragmentarischen Nachrichten vom Scheitern des Staatsstreiches erreichten die Zeitungsredaktionen New Yorks und Chicagos am frühen Morgen des 9. November.

Die verstümmelten und entstellten »Tatsachen« spiegelten die Verwirrung und das Durcheinander wider, das in den Straßen Münchens herrschte: Hitler war tot, er war verwundet, er wurde gefangengenommen.

Die Schlagzeilen der großen Tageszeitungen widersprachen sich:
»DER AUFSTAND VEREINIGT DEUTSCHLAND« *hieß es dramatisch im* Chicago Tribune, *und im* New York Tribune *schlicht* »MONARCHISTISCHE REVOLTE NIEDERGESCHLAGEN: LUDENDORFF FESTGENOMMEN.«

Obwohl sie Hitler irrtümlich als einen Ex-Schlosser beschrieb, kam die New York World *mit der Schlagzeile* »MÜNCHENER AUFSTAND VERPUFFT ÜBER NACHT« *der Wahrheit am nächsten. Ihr Berliner Berichterstatter, Arno Dosch-Fleurot schrieb:*

»Mit der Festnahme General von (sic!) Ludendorffs, des gefährlichsten Mannes Deutschlands seit dem Kriegsende, kam seine politische Karriere zu einem Ende. . . . und die Nationale Revolution in Bayern platzte wie ein Luftballon.

Adolf Hitler entkam in dem Scharmützel, in dem Ludendorff festgenommen wurde . . .

Das Fiasko von (!) Ludendorffs, des hochmütigsten, dramatischsten und auch arrogantesten der alten deutschen Offiziersklasse, erschütterte das von den andauernden Krisen bereits morsche Deutschland vollends. Von Ehrgeiz bis zum Wahnwitz getrieben und in seinem unbeugsamen Streben, die teutonischen Stämme noch einmal zu einer unbesiegbaren Streitkraft zu vereinen, die die Welt erobern würde, verlor der alte Kriegsherr alles Maß und verband sich mit Hitler. Als Hitler gestern Abend voreilig die Faschistische Revolution in München verkündete, riß er Ludendorff mit sich ins Verderben.«

Am Mittag des 9. November wurde in den Schlagzeilen der römischen Zeitungen noch immer der erfolgreiche Putsch in München gefeiert. In gehobener Stimmung bestieg Hitlers »Gesandter« in Italien, Kurt Lüdecke, den Zug nach Verona, wo er in den Münchener Express umsteigen wollte.
Lüdecke hatte es eilig. Hatte er doch Hitler gesagt, es bräche ihm sein Herz darüber, daß er sich im Ausland befinde, während es in Deutschland endlich zu Taten gekommen sei, und daß er mit den Kameraden in München Schulter an Schulter kämpfen wolle.
»Du kannst nach München fliegen, wenn es losgeht«, hatte ihm Hitler gesagt.
Trotz seines Eifers entschied sich Lüdecke für die Eisenbahn. Im Verlauf der langen Reise durch Italien kamen Zweifel am Gelingen der Sache auf. Gegen Abend kaufte er sich auf einer Bahnhofsstation Zeitungen. Zu seiner Enttäuschung brachten sie keine weiteren Informationen – mit Ausnahme des Kommentars, daß die Verbindungen mit München unterbrochen waren.
Nach Mitternacht hielt der Zug kurz in Bologna und Zeitungsverkäufer auf dem Bahnsteig schrien »Extra! Extra!« Er lehnte sich aus dem Fenster und konnte aus dem schon fahrenden Zug gerade noch die übergroßen Schlagzeilen lesen: »LUDENDORFF ARRESTATO!«
Erst in Verona las er in der Corriere della Sera *die ausführlichen Nachrichten von der Katastrophe an der Feldherrnhalle.*
Anstatt nach München umzusteigen, nahm er den Zug nach Milano, wo er sich in einem Hotel über seine Lage zwei Tage hindurch klar zu werden versuchte und dann für die Flucht nach Österreich entschied. Dort traf er andere geflüchtete Putschisten, unter ihnen Hermann Esser und »Putzi« Hanfstaengl.

In Berlin berief Reichskanzler Gustav Stresemann eine Kabinettssitzung für den Mittag den 9. November ein. In Anwesenheit Präsident Eberts folgten alle aufmerksam den Worten des neuen Diktators und obersten Befehlshabers, General Hans von Seeckt. Hochmütig, kurz und bündig, mit dem unvermeidlichen Monokel, in dem sich die Lichter des Saales spiegelten, berichtete die »Sphinx«: »Meine Herren, die 7. Division und die Bayerische Landespolizei haben sich zusammen mit Kahr dem Vorgehen Hitlers und Ludendorffs nicht angeschlossen. Man kann annehmen, daß die Erhebung in München in nicht allzu ferner Zeit niedergeschlagen werden wird. Das gesamte übrige Reichsgebiet ist ruhig. Unter diesen Umständen schlage ich vor, die Eisenbahn- und telegraphischen Verbindungen mit Bayern wiederaufzunehmen und die Sondermaßnahmen, die zu einer Verschärfung der Lage führen könnten, aufzuheben.«

In diesem Augenblick wurde er von einem Adjutanten, der ihm einen Zettel überreichte, unterbrochen. Jeder andere hätte beim Lesen der Nachricht zumindest gelächelt, nicht aber ein von Seeckt.

»Die Bayerische Regierung benachrichtigt uns«, fuhr er im gleichen Ton, den Zettel in der Hand, fort, »die Landespolizei habe die Aufständigen an der Feldherrnhalle zersprengt und Ludendorff festgenommen. Hitler ist geflüchtet. Die Bayerische Regierung ist wieder vollständig Herr der Lage.«

Friedrich Ebert und Gustav Stresemann wechselten einen Blick und atmeten erleichtert auf.

Am Nachmittag suchte der französische Botschafter Stresemann auf und fragte, ob man nicht an den Vorgängen in Bayern sehe, daß, dort jedenfalls, zu viele Gewehre, Kanonen usw. vorhanden seien?

»Es wurde von phantastischen Ziffern gesprochen, Herr Botschafter«, entgegnete Stresemann. »Und was blieb davon übrig? Man hat davon gesprochen, daß Hitler mit 200 000 Mann nach Berlin ziehen wolle. Statt dessen hatten sich etwa 2000 Mann zusammengefunden und aus einem großen Feldzug ist ein lokaler Putsch geworden. Daß viele Leute in Deutschland Gewehre besitzen und behalten haben, ist selbstverständlich. Die Regierung ist aber nicht in der Lage, jedes Haus zu durchsuchen.

Was im übrigen die Besorgnis des Ministerpräsidenten (Poincaré) von einer Entwicklung der Dinge in Deutschland betrifft, die sich auf bewaffnete Erhebungen bezieht, so beweist der Ausgang des Putsches in München, daß die Regierung Kraft und Autorität genug hat, um dieser Bewegung Herr zu werden. Diese Bewegung wäre gar nicht ausgebrochen, wenn nicht bisher jede deutsche Regierung, gleichgültig auf welchem politischen Standpunkt sie bestanden hatte, in bezug auf erträgliche Bedingungen von einem außenpolitischen Mißerfolg zum anderen getrieben worden wäre.

Daß in Deutschland die extremen Parteien an Boden gewinnen, ist durchaus richtig. Dieser Entwicklung entgegen zu treten, liegt aber in der Macht des französischen Ministerpräsidenten . . . Die Massen leiden an Unterernährung, an Erwerbslosigkeit und all den Folgen, die sich aus der heutigen Wirtschaftslage Deutschlands ergeben.«

Von allen Politikern der Nachkriegszeit, erkannte der außergewöhnliche Staatsmann Stresemann besser als alle anderen die Gründe des wahren Übels in Deutschland. Innerhalb einer Woche nach diesem Treffen führte er die neue Währung ein – die »Rentenmark«. Sie machte dem Gespenst der Inflation ein Ende und stellte die Weichen für die wirtschaftliche Gesundung und Stabilität Deutschlands – zumindest bis zum großen internationalen wirtschaftlichen Zusammenbruch von 1929 und die darauffolgende Depression.

Und dennoch hatte selbst ein Politiker von Stresemanns Format die Tragweite des nationalen Fanatismus in München und des dort herrschenden Rassenhasses nicht ganz begriffen. Adolf Hitler war nur einer, wiewohl der wirkungsvollste, unter den Reaktionären, Rechtsextremen, Rassisten, Revanchisten und Freibeutern, die München seit Kurt Eisners »Operettenrevolution« von 1918 und dem Waffenstillstand magnetisch an sich gezogen hatte. Sie verfolgten das gleiche Ziel: »Bayern zu einer Zelle der Ordnung und des Gesetzes« zu machen, die sich allem, wofür Weimar stand, widersetzte.

22. Szene

Kaum hatte sich der Pulverrauch am Odeonsplatz verflüchtigt, als Hitlers Zeitbombe von Haß und Gewalttätigkeit schon explodierte.
Als sich am frühen Nachmittag des 9. November die Nachricht vom Gemetzel verbreitet hatte und v. Kahrs Plakate endlich angebracht waren, brodelte die Stadt vor Entrüstung und Wut.
Hitler hatte recht gehabt. Die Massen waren auf seiner Seite. Und, wie einst der Zauberlehrling, hätte auch er die Flut, die er heraufbeschworen hatte, nicht mehr eindämmen können.
Tausende von Putschisten und Sympathisanten trieben sich auf den Straßen herum und veranstalteten, wo sie nicht von der Polizei beobachtet wurden, Demonstrationszüge. Amateuragitatoren tauchten aus dem Nichts auf, schrien an den Straßenecken und auf öffentlichen Plätzen »Nieder mit Kahr!« und »Hängt die Verräter auf!« und verschwanden wieder im Nichts.
Wo auch die Landespolizei eingriff, um die Demonstranten, sei es zu Pferde mit Lanzen und Stahlknüppeln, sei es zu Fuß mit Stöcken, zu zerstreuen, überall wurde sie mit Ausdrücken wie »Pfui! Judenknechte! Vaterlandsverräter! Bluthunde! Schweinehunde! Kahrlakaien! Feindliche Besetzer! Franzosenschweine!« beschimpft. Die »Grünen« waren allgegenwärtig. Sie hatten an den meisten der wichtigen Straßenkreuzungen Maschinengewehre aufgestellt und bewachten hinter Stacheldrahtbarrikaden die öffentlichen Gebäude. Berittene Polizei stürmte mitten in die Massen von Zuschauern und Demonstranten am Marienplatz, im Tal, in der Kaufinger-, Neuhauser- und Ludwigstraße, am Odeonsplatz und am Stachus.
Von Kahr ordnete die Schließung aller Restaurants, Theater, Cafés, Kneipen und Bierhallen für 8 Uhr abends an. Ansammlungen von mehr als 3 Personen sollten zersprengt werden.
Nichts jedoch vermochte die Demonstranten abzuschrecken. Auszüge aus dem Meldungsblock der Ettstraße an diesem Nachmittag und Abend zeugen von einer Stadt im Aufruhr:

3 Uhr 25 Die Landespolizei hat gebeten, daß die Toten in der Residenz im Laufe der Dunkelheit weggeschafft werden sollen, um weitere Unruhe auf dem Odeonsplatz zu vermeiden.

4 Uhr 15 Polizeirevier 20 teilt mit, daß in der Gollierstraße 600–700 Hitlerleute stehen und einen Toten haben sollen.

4 Uhr 25 Revier 20 meldet, die Ansammlung in der Gollierstraße (etwa 700–800) hat sich wieder verlaufen. Die Nationalsozialisten verbrachten einen Toten, den Bankbeamten Martin Faust, in seine Wohnung Gollierstraße 17/I und ließen dort eine zweiköpfige Wache zurück.

5 Uhr 55 Etwa 200 Nationalsozialisten ziehen unbewaffnet durch die Blumen-/Sonnenstraße in Richtung auf den Bahnhof zu.

6 Uhr 00 Polizeiwache Dachauerstraße meldet: vom Stachus marschieren durch die Prielmayerstraße ungefähr 1000 Hitlerleute in Richtung auf den Hauptbahnhof zu.

8 Uhr 45 Po. Amtskommissär teilt mit, daß ungefähr 1500–2000 Mann vor den *Münchner Neuesten Nachrichten* stehen und eine drohende Haltung gegen die Zeitung einnehmen.

8 Uhr 50 Krim.Sekr. Buch 9. Bezirk teilt mit, daß in der Schillerstraße-Schwanthalerstraße gegen den Stachus eine große Menge Leute stehen; die Schillerstraße ist dicht gefüllt, meistens von jungen Burschen.

8 Uhr 55 Durch die Schillerstraße, von der Landwehrstraße kommend, zur Pettenkoferstraße zieht ein Zug Hitlerleute, etwa 1500 Mann stark; die Leute pfeifen und johlen.

10 Uhr 00 Wachtm. 5/II. Etwa 1000 Hitlerleute sind, von der Ludwigstraße kommend, Richtung Schellingstraße *Völk. Beobachter.* Landespolizei verständigt.

10 Uhr 25 Ein großer Zug Nationalsozialisten bewegt sich vor dem Ostbahnhof.

10 Uhr 30 Ein Zug Nationalsozialisten durchzieht Ramersdorf in der Stärke von 1000 Mann ohne Waffen stadteinwärts. Sie lärmen und schreien. Landespolizei wurde hiervon sofort verständigt.

10 Uhr 45 Oberwchtm. Jung 17/I: 600–700 Nationalsozialisten sind durch die Auerfeldstraße-Gebsattelstraße gezogen, Richtung Corneliusbrücke. Ohne Waffen.

11 Uhr 15 Am Odeonsplatz haben sich wieder Ansammlungen in der Stärke von etwa 300–400 Personen gebildet. Landespolizei wurde verständigt, den Platz zu räumen.

11 Uhr 30 Von der Prielmayerstraße 400 bewaffnete Hitlerleute ziehen stadteinwärts.

11 Uhr 50 Agnes Auer, Nußbaumstr., teilt mit, daß ein großer Trupp immer vom Sendlinger-Tor-Platz durch die Nußbaumstraße und Pettenkoferstraße in Abständen von 10 Minuten marschiert.

Doch gaben die Unruhen von Freitag nachmittag und abend nur eine blasse Vorahnung des Aufruhrs, der München in den nächsten Tagen erschüttern sollte.

»Ich fand die Stadt aufgewühlter, als ich sie seit den Revolutionstagen 1918/1919 je gesehen hatte«, schrieb Karl Alexander von Müller in sein Tagebuch am Morgen des Samstag, den 10. November. »Große Menschentrupps, darunter viele Studenten, die mit lauten Schmährufen gegen den ›Judas‹ Kahr und den ›Verräter‹ Lossow durch die Straßen zogen, überall, wohin man kam, eine ratlose Verwirrung und Erbitterung.«

Viele der 4000 Demonstranten an diesem Samstag vormittag waren Studenten der Universität München. Sie schrien »Heil Hitler« und »Nieder mit Kahr«, während sie die Ludwigstraße entlang marschierten, legten Kränze vor der Feldherrnhalle nieder, um »unsere gefallenen Helden« zu ehren und versammelten sich auf dem Marienplatz, wo es wiederholt zu Scharmützeln mit der Polizei kam, auch zu Messerstechereien und Schießereien.

Am späten Nachmittag des Samstags riegelte die Landespolizei die Innenstadt ab. Weder Fußgänger noch Fahrzeuge durften passieren.

Fritz Gerlichs Schlagzeilen und Leitartikel in den *Münchner Neuesten Nachrichten* und Gustav von Kahrs unbedachte und engstirnige Proklamationen, in denen der Putsch und die »vaterländische« Bewegung als »utopisch« und »unwürdig« bezeichnet wurden, trugen dazu bei, die Verbitterung unter der Bevölkerung noch zu steigern.

Es zirkulierten wilde Gerüchte über Hitlers Aktivitäten. Er habe eine Armee von 70 000 Mann in der Nähe von Rosenheim aufgestellt und sei bereit, auf die Hauptstadt loszumarschieren. Ludendorff habe Selbstmord begangen. Tatsächlich wurde Ludendorff auf Parole aus der Haft entlassen und wollte dem Begräbnis seines Burschen, Kurt Neubauer, beiwohnen. Nach anderen Gerüchten soll es auf dem Odeonsplatz 48 Tote gegeben haben, und man sprach davon, daß sich die Freikorps auf eine Invasion Thüringens vorbereiteten.

Am Sonntag, dem 11. November, dem fünften Jahrestag des Waffenstillstands, brachen in München neuerliche Unruhen aus. Die aufrührerischen Elemente bestanden diesmal zum großen Teil aus nationalsozialistischen Halbwüchsigen im Alter von 13 bis 17 Jahren. Wiederholt sprengte die Landespolizei, am Ende ihrer Geduld angelangt, mit Lanzen, Knüppeln, Gewehr- und Karabinerkolben den Mob. Dabei wurden viele verletzt, meistens ältere Zuschauer, die zwischen Polizei und Demonstranten geraten waren und nicht schnell genug entkommen konnten.

»Es wird befürchtet«, telegraphierte der Berichterstatter der *New York Times* an diesem Nachmittag, »daß die Unruhen der letzten Tage nur das Vorspiel viel ernsterer Zusammenstöße seien.«

Die Befürchtungen waren nicht unbegründet. Montag früh kam es zu einem Aufstand an der Münchener Universität. Vier schwer bewaffnete Kompanien der Landespolizei marschierten gegen Tausende von Studenten auf. Die meisten waren fanatische Anhänger der nationalistischen und faschistischen Bewegungen. Es kam zu einer regelrechten Straßenschlacht, derengleichen München noch niemals zuvor gesehen hatte. Die Redner, die von improvisierten Podien die aufrührerischen Massen zu beruhigen versuchten – unter ihnen von Müller, Dr. Ferdinand Sauerbruch und selbst Hermann Ehrhardt, der Freikorpsführer –, wurden niedergebrüllt. Ehrhardts Aufforderung »Deutschland, Deutschland, über alles« zu singen, begegnete man mit einem höhnischen Gejohle, stattdessen stimmten die Studenten das »Sturmlied« und das »Hakenkreuz am Stahlhelm« der Nationalsozialisten an.

»Wir wollen Hitler! Wo ist Hitler«, schrien die Studenten im Takt und boten ihre entblößten Oberkörper den Bajonetten der Polizei. »Ersticht uns! Erschießt uns! Das macht ihr doch immer mit Vaterlandstreuen!«

Die Ordnung wurde erst einigermaßen wiederhergestellt, nachdem die Polizei die Universität für geschlossen erklärte und Ferdinand Sauerbruch eine Parkbank bestieg und, so laut er nur konnte, schrie: »Adolf Hitler wurde gestern abend verhaftet!«

Als die Menge diese Nachricht vernahm, verstummte sie.

23. Szene

Die erste Nacht nach seiner Flucht verbrachte Hitler als Helene Hanfstaengls »Gast« in Uffing. Seine verletzte Schulter schmerzte und seine Stimmung schwankte zwischen Depression und tiefster Entmutigung einerseits und hysterischer Wut über Kahrs und Lossows »Verrat« andererseits. In zwei schottische Plaids gehüllt, die »Putzis« Mutter ihrem Sohn 1905, als er zu seinem Studium nach Harvard ging, als Reiseausstattung mitgegeben hatte, verbrachte der »Führer« eine schlaflose Nacht.

Am Morgen des 10. November herrschte im Haus ziemliche Aufregung. Helene war in Sorge um ihren Mann. Auch bestand die Gefahr, daß der kleine Egon in aller Unschuld den Leuten im Dorf vom Besuch des »Onkel Dolf« erzählen, oder ihre Dienstmädchen – weniger unschuldig – darüber tratschen würden. In dem kleinen Dorf am Staffelsee, wo auch Hanfstaengls Mutter ein Landhaus besaß, ließ sich Hitlers Versteck nicht geheimhalten.

»Selbstverständlich«, sagte Helene, »bin ich bereit, Sie bei uns zu Gast zu haben, doch würde ich Ihnen einen sichereren Ort als Versteck raten. Denn früher oder später wird hier die Polizei meinen Mann suchen. Das Risiko ist zu groß.«

Hitler war der gleichen Meinung. Doch bat er um Geduld. Wo konnte er hingehen? Sein Geburtsland, Österreich, haßte er, und der Gedanke, dorthin zurückzukehren, widerstrebte ihm. Außerdem fühlte er sich nicht reisefähig.

Kurz nach dieser Besprechung stellte sich der SA-Arzt Dr. Walter Schultze wieder ein. Diesmal in Begleitung eines Assistenten von Sauerbruch, der Hitlers Arm fachgerecht wieder einrenkte. Die Verletzung war zwar schmerzhaft, jedoch nicht ernsthafter Natur.

Von Schultze erfuhr Hitler, daß Scheubner-Richter, Neubauer und Körner tot waren, Ludendorff lebte und verhaftet worden war und es den meisten Führern gelungen war, zu fliehen.

Nach einiger Überlegung hatte er sich damit abgefunden, daß nur

Österreich als Zuflucht in Frage kam. Er bat Dr. Schultze, sich mit Helene Bechstein, der Frau des berühmten Klavierfabrikanten, die seine Bewegung großzügig unterstützt hatte, in Verbindung zu setzen. Vielleicht könnten ihm die Bechsteins mit einem geschlossenen Auto zur Flucht verhelfen? Schultze versprach, Hitlers Auftrag auszuführen.
Nach der Abfahrt des Arztes schien Hitler ruhiger und besserer Stimmung zu sein. Er versicherte Helene, daß »Putzi« in Sicherheit sei und daß er sie verlassen würde, sobald das Fluchtauto eingetroffen war.
Inzwischen war es bereits Nachmittag und immer noch wartete man auf das Bechsteinsche Auto. Da stellte sich plötzlich ein seltsamer Besucher ein: Es war Herr Greinz, Görings angeblich so unersetzlicher Gärtner, dessen Loyalität Hanfstaengl schon immer bezweifelt hatte. Er müsse Herrn Hitler dringend sprechen, erklärte er. Als ihm Helene versicherte, ihr sei von Herrn Hitlers Aufenthalt in Uffing nichts bekannt, fragte er die Angestellten auf dem Grundstück von Hanfstaengls Mutter nach dem Flüchtling. Auch dort konnte er nichts erfahren. Greinz ließ sich indessen nicht so leicht abschütteln. Er bezog im örtlichen Gasthof »Zur Post« Quartier und setzte am folgenden Tag seine Erkundungen so lange fort, bis er sicher war, daß sich Hitler entweder bei Hanfstaengls Mutter oder bei dessen Frau verborgen halten müsse.
Trotz der Angst, entdeckt und festgenommen zu werden, schlief Hitler diese Nacht – das erste mal in den 60 Stunden, seit er am 8. November, dem wichtigsten Tag seines Lebens, mit Zahnschmerzen und einem furchtbaren Kopfweh erwacht war.
Trotz des sonntäglichen Kirchengeläuts am 11. November schlief er bis gegen Mittag. Noch etwas verschlafen, in dem weißen Pyjama und dem blauen Bademantel des fast zwei Meter langen »Putzi« kam er aus seiner Dachkammer die Treppen herunter. Er war in überraschend guter Stimmung und machte sogar Witze.
Als das Fluchtauto am Sonntagnachmittag noch immer nicht eingetroffen war, verschlechterte sich seine Laune. Sichtlich ungeduldig spähte er zum Fenster hinaus in die romantische Schneelandschaft. Mehr als 24 Stunden waren verstrichen, seit Schultze das Haus verlassen hatte. Wo blieb der Wagen? War Schultze womöglich etwas zugestoßen? Hatten die Bechsteins seine Bitte abgeschlagen? Was war nur los?
Als sich die Dämmerung langsam über die friedliche Landschaft senkte, bat er Helene Hanfstaengl, die Jalousien zu schließen, damit niemand ins Haus schauen könne. Instinktiv schien er zu fühlen, daß seine Zeit abgelaufen war.

Am Sonntag, den 11. November, erhielt Oberleutnant Rudolf Belleville, der Standortkommandeur der Landespolizei Weilheim um 4 Uhr 20 nachmittags den telefonischen Befehl, Adolf Hitler in der Villa Hanfstaengl, in Uffing am Staffelsee, festzunehmen. Belleville hatte bereits zehn Minuten vorher aus dem Amt Oberst von Seissers einen Anruf mit der Anordnung erhalten, einen Lastkraftwagen sicherzustellen und mit Landespolizei und verfügbarer Gendarmerie besetzt fahrbereit zu halten. Der Auftrag bereitete Rudolf Belleville, 29, aus zwei verschiedenen Gründen Schwierigkeiten. Erstens war es Sonntagnachmittag und viele seiner Leute waren auf Kurzurlaub, einschließlich des einzigen Lastkraftwagenfahrers seiner Hundertschaft. Schließlich gelang es ihm, den Chauffeur vom »Bräuwastl« als Fahrer zu gewinnen. Seine zweite und größere Schwierigkeit bestand darin, daß er Hitler persönlich gut kannte, da er 1920 mit ihm zusammengearbeitet hatte. Überdies hatte er im Krieg als Beobachter und Kanonier in Rudolf Hess' Kampfflugzeug gedient.

»Weshalb gerade ich?« dachte Belleville, fand sich jedoch damit ab, daß »ein Befehl ein Befehl ist«. Mit 10 Landespolizeibeamten, einem Gendarmen und dem »Bräuwastl«-Fahrer, »der leider ein Sozialdemokrat war«, machte er sich auf die 20 Kilometer lange Fahrt nach Uffing. Sicherheitskommissar Mehringer fuhr mit der Bahn voraus, um die Gendarmerie von Uffing in Bereitschaft zu versetzen.

Unterwegs fragte der Kraftwagenfahrer mehrmals, wohin die Fahrt ginge, und meinte schließlich: »Sie werden doch nicht gar den Hitler fangen?«

»Wie kommen Sie denn auf diesen Gedanken?« fragte Belleville.

»Weil der sich doch häufig bei den Hanfstaengls aufhält«, entgegnete dieser und dachte dabei natürlich an »Putzis« Haus. Belleville aber hatte den Auftrag, zum Besitz von Hanfstaengls Mutter zu fahren.

Die Ankunft der Landespolizei hatte in dem kleinen Ort sofort einen Menschenauflauf verursacht. Zunächst ließ Belleville 2 Polizeibeamte in Zivil gegenüber der Villa Putzi Hanfstaengls aufstellen. Sodann fuhr er weiter zum zu Fuß in 20 Minuten erreichbaren Besitz der Frau Hofrat Hanfstaengl, und ließ ihn umstellen. Nach längerem Klopfen öffnete Katharina Hanfstaengl, die Enkelin und Großnichte berühmter Generale der Nordstaaten im amerikanischen Bürgerkrieg, das Haustor.

»Ich komme, um Herrn Hitler festzunehmen«, erklärte Belleville in amtlichem Ton.

»Er ist nicht hier. Ich habe ihn seit einiger Zeit nicht gesehen«, sagte die

Frau wahrheitsgetreu, »doch steht Ihnen das ganze Haus zur Durchsuchung zur Verfügung, wenn Sie darauf bestehen.«

Belleville bestand darauf. Eineinhalb Stunden lang wurden alle Räume, Nebenräume und das Grundstück vergeblich durchsucht. Der Dorfgendarm sagte ihm, er durchsuche das falsche Haus; falls Herr Hitler sich in Uffing versteckte, dann sicherlich »im andern Hanfstaengl Haus«. Aber Belleville ließ sich nicht beirren.

Er war mit der Durchsuchung gerade zu Ende, als das Telefon schrillte. Oberleutnant Belleville kam gerade noch dazu, um dem Dienstmädchen nach den Worten »bei uns ist die Polizei« den Hörer aus der Hand zu nehmen.

»Wer spricht da?« fragte er.

Es war Helene Hanfstaengl.

»Wo befindet sich Ihr Mann?« fragte Belleville.

Sie antwortete, daß sie ihn seit dem Putsch weder gesehen noch von ihm gehört habe.

»Und wann sahen Sie Herrn Hitler zuletzt?« drängte Belleville.

»Heute«, entgegnete Helene.

Belleville sah von der Frage, ob er noch dort sei, ab. Er rief sofort seine Leute zusammen und fuhr schnellstens los. Helene wußte natürlich, daß die Polizei auf dem Weg zu ihr war. Langsam ging sie die Treppen hinauf. Im Flur stand Hitler in »Putzis« riesigem Pyjama, darüber den Bademantel. Ruhig teilte sie ihm mit, daß sich die Polizei auf dem Weg zu ihrem Haus befände.

»Das ist das Ende«, schrie Hitler hysterisch und griff zu seiner Browning. »Die Schweine werden mich niemals festnehmen. Ich erschieße mich!«

In diesem Augenblick geschah etwas Erstaunliches. Etwas, das, wie Hanfstaengl Jahrzehnte später in seinen Memoiren schreiben sollte, »den Lauf der Weltgeschichte änderte, weil es Hitlers Selbstmord um 22 Jahre, von 1923 bis 1945, aufgeschoben hatte.«

Als Student in Harvard hatte »Putzi« an einem Kurs für Jiu-Jitsu teilgenommen. Einer der Griffe, die er im Kurs gelernt hatte, bestand darin, einem Gegner die vorgehaltene Pistole zu entwenden. Als er elf Jahre später, 1920, Helene geheiratet hatte, lehrte er sie diesen Griff, im Falle sie jemals in den Straßen New Yorks das Opfer eines »holdup« werden sollte. Die Lektion kam ihr in diesem Augenblick zustatten.

Als Hitler den Revolver an seine Schläfe setzte, entwand Helene mit

diesem Griff die Waffe seiner Hand. Der Revolver flog durch den Flur des Obergeschosses und landete in einem Mehlsack, wo er tief im Mehl versank.
»Was wollen Sie denn tun?« fragte sie ihn. »Wie können Sie daran denken, aufzugeben, wenn alle Ihre Anhänger an Sie glauben und die ganze Bewegung von Ihnen abhängt?«
Hitler sank in sich zusammen und ließ sich entmutigt auf das Sofa nieder.
»Die Partei darf nicht ohne Führung sein, während Sie im Gefängnis sind«, ermutigte sie ihn.
Helenes Entschlossenheit verfehlte ihre Wirkung auf Hitler nicht. Es blieb ihm gerade noch Zeit, um sein politisches Testament zu diktieren. In diesem Schriftstück wurde Rosenberg zum Parteivorsitzenden und Amann zu seinem Stellvertreter bestimmt, während Hermann Esser und Julius Streicher zu weiteren Mitgliedern des Quadrumvirats ernannt wurden, das vorläufig die Bewegung kooperativ leiten sollte. Den Schluß des »Testamentes« bildete der Vermerk »für die Geldsammlungen zugunsten der Partei ist Hanfstaengl verantwortlich«. Hermann Göring wurde nicht erwähnt.
Schnell versteckte Helene das »Testament« und eilte die Treppen hinunter, wo Belleville schon wiederholt »Aufmachen! Polizei!« gerufen und an die Tür gepocht hatte.
Als sie die Tür öffnete, stellten sich Helene und Belleville höflich gegenseitig vor.
»Sind Sie der Führer der Polizei?« fragte sie.
»Der bin ich«, antwortete der Oberleutnant.
Darauf sagte sie: »Darf ich Sie vielleicht bitten, erst einen Augenblick allein zu mir hereinzukommen?«
Belleville zögerte. Es konnte sich um eine Falle handeln. Aber Helene Hanfstaengl war eine attraktive Frau und er kam der Bitte nach.
Das Kommando wartete vor der Türe. Frau Hanfstaengl führte Belleville wortlos vor eine Zimmertür, blieb einen Augenblick stehen, sah ihn mit einem langen Blick an, und sagte »Bitte!«
Belleville öffnete die Tür vorsichtig. Auf dem Bett saß sein einstiger Freund und Mitarbeiter und starrte geistesabwesend vor sich hin.
»Ich komme, dich festzunehmen«, sagte Belleville, automatisch, wie einst, ihn duzend.
Aus der Trance erwachend streckte ihm Hitler die Hand entgegen und erklärte: »Ich stehe dir zur Verfügung. Bitte, verliere keine Zeit und schütze mich vor Anpöbelung.«

Er weigerte sich, einen übergroßen Anzug Hanfstaengls anzuziehen und ging im Pyjama hinunter. Über seine Schultern hängte man ihm seinen Trenchcoat, an dem noch immer das EKI befestigt war. Allmählich hatte er seine Fassung wiedergefunden und hielt jetzt Belleville und seinen Leuten noch eine zornerfüllte Philippika über den Verrat von Kahrs und von Lossows. Helene stellte ihm inzwischen ein kleines Notgepäck für die nächsten Tage zusammen und gab ihm noch die zwei schottischen Reisedecken mit. Hitler dankte ihr für ihre Gastfreundschaft und verabschiedete sich von den zwei Dienstmädchen. Dann gab er dem kleinen Egon einen Klaps auf den Kopf, ging aus dem Haus und stieg in das Polizeiauto, das von Weilheim noch herübergeschickt worden war.
Das Kommando fuhr nach Weilheim zurück, wo Hitlers Festnahme in das Polizeiregister eingetragen wurde. In der Zwischenzeit, bevor die Fahrt nach Landsberg fortgesetzt wurde, hatten sich Hunderte von Neugierigen vor der Polizeistation angesammelt. Oberleutnant Belleville ließ die Straßen räumen, »besonders von den Juden, die Hitler verhöhnten«.
Um 10 Uhr 45 wurde Hitler in das Festungsgefängnis von Landsberg, 50 Kilometer westlich von München, eingeliefert. Anton Graf Arco zu Valley, der 1919 Kurt Eisner erschossen hatte und dort noch seine Strafe verbüßte, mußte die »Prominentenzelle« für Hitler räumen.
Als ihm der Wärter die Suppe brachte, weigerte sich Hitler, diese zu essen.
Am frühen Morgen des folgenden Tages traf der Münchener Hilfsstaatsanwalt Dr. Hans Ehard in Begleitung eines Stenographen in Landsberg ein, um Hitler zu verhören.
Als der Vertreter der Anklage die Zelle betrat, starrte ihn Hitler mürrisch an und drehte sich dann zur Wand. Ehard hatte das Gefühl, Hitler wolle ihn »fressen.«
Als ihm Ehard erklärte, wozu er da sei, sagte Hitler: »Ich denke gar nicht daran, daß ich mir hier durch einen Kanzleibericht mein künftiges Leben, meine künftige politische Tätigkeit erschweren lasse.«
Ehard, dem es gelungen war, aus Ludendorff eine ganze Menge herauszuholen, wollte nach einer Stunde vergeblichen Befragens gerade aufgeben, als ihm der Gedanke kam, sein Ziel auf eine andere Weise zu erreichen.
»Na, also, Herr Hitler, wenn Sie Anstoß nehmen an der Schreibmaschine, dann tun wir sie 'raus, und den Mann, den schicken wir auch weg. Aber wir können uns doch unterhalten, von Mann zu Mann.«

Hitler hat ein wenig gezögert und dann ist er drauf eingegangen. Wie Ehard nach mehr als einem halben Jahrhundert später erzählte, wirkte die List »wie ein Zauber«.

Sobald der Protokollführer die Zelle verlassen hatte, begann Hitler zunächst zu reden und dann Reden zu halten. »Das Merkwürdige war, ich habe so viele Themen angerührt, was ihn so interessiert hat politisch – da hat er getobt, als ob er vor einer großen Versammlung wäre. Er hat immer durcheinander geredet. Und wenn ich ein anderes Thema angeschlagen habe, das ihn nicht interessierte, hat er nur geglotzt und überhaupt nichts gesagt.«

So ging das Stunde für Stunde ohne Unterbrechung, ohne daß sie auch nur die Toilette benutzten.

Erst am frühen Abend stand Ehard endlich von seinem unbequemen Stuhl auf und dankte Hitler für das »aufschlußreiche Interview«. Der Führer war erschöpft, seine Stimme heiser, seine Stirn schweißbedeckt. Immer wieder hatte er sich in eine Art von hysterischer Extase über Deutschlands »Wiedergeburt« und seine Strategie für den Putsch hineingeredet.

War es möglich, daß Ehard in der Lage war, mehr als einen Bruchteil dieser zehn Stunden währenden Monologe im Gedächtnis zu behalten? Er konnte es, und Hitler konnte nicht wissen, daß Ehard die Wiedergabefähigkeit eines Diktaphons besaß. Obwohl er sich nicht eine einzige Notiz gemacht hatte, schrieb er die Nacht hindurch genau auf, was Hitler von sich gegeben hatte. Erschöpft kehrte er spät in der Nacht nach München zurück mit einer fast lückenlosen Wiedergabe dessen, was Hitler alles gesagt hatte. Der Text reichte, um gegen Hitler Anklage wegen Hochverrats zu erheben.

Am Morgen des 15. November 1923 berichtete die *New York Times:*

> MÜNCHEN – Hitler im Landsberger Festungsgefängnis . . .
>
> Das Gefängnis ist keineswegs düster. Die Insassen sind meistens politische Gefangene und genießen ungewöhnliche Privilegien: sie bekommen eine Sonderdiät und haben Gelegenheit für Sport und Leibesübungen. Ihre Freiheit ist nur insofern beschränkt, als sie die Festung nicht verlassen dürfen.
>
> Hitlers Prozeß wird nicht vor Weihnachten erwartet. Bis dahin wird sich die Voreingenommenheit der Öffentlichkeit zu seinen Gunsten vermutlich beruhigt haben. Der Prozeß wird nicht vor einer Jury, sondern vor einem Ausschuß von Richtern stattfinden.

Falls er des Hochverrates für schuldig erklärt wird, könnte er zum Tode verurteilt werden, doch ist es mehr als wahrscheinlich, daß das Urteil auf Festungshaft lauten und er die Strafe in seinem gegenwärtigen privilegierten Gefängnis absitzen wird.
Die Wahl seiner persönlichen Wache fiel auf zwei altgediente Feldwebel, die sich durch ihre Widerstandskraft gegen seine magnetische Persönlichkeit auszeichnen.
»Wir müssen in der Auswahl seiner Wächter Vorsicht üben«, soll der Kommandeur der Bayerischen Reichswehr, General von Lossow bemerkt haben. »Sonst wird er an sie eine Rede halten und sie zur Nationalen Revolution bekehren.«
Alle, die jemals Gelegenheit hatten, den bayerischen Faschistenführer aus der Nähe zu beobachten, sind sich einig über seine fast hypnotische persönliche Ausstrahlung.

Obwohl die meisten Deutschen und die Welt, die sich erst mit dem Putsch der Bewegung bewußt geworden war, seine »hypnotische Gabe« kannten, waren sie davon überzeugt, daß der mißlungene Staatsstreich das Ende der politischen Karriere Hitlers bedeutete und nur als Fußnote in die Geschichtsbücher Eingang finden werde.

Epilog

Ohne die Haftzeit wäre »Mein Kampf« nicht entstanden, und ich darf sagen, in dieser Zeit bin ich begrifflich über viele Dinge, die ich vorher mehr aus Ahnung vertreten hatte, im dauernden Nachdenken erst zu voller Klarheit gelangt. Letztlich kommt auch aus dieser Zeit jenes Maß an Selbstvertrauen, Optimismus und Glauben, das schlechterdings sich durch nichts mehr erschüttern läßt. Und dann habe ich damals – was viele meiner Anhänger nicht verstanden – die Überzeugung gewonnen: Mit Gewalt geht es nicht mehr. Der Staat ist schon zu sehr gefestigt, er besitzt die Waffen! Daß ich auf so viele angewiesen war, die nicht zu uns gehörten, darin lag 1923 meine Schwäche! Ich habe damals gleich zu Hess gesagt: Wir werden zwei Jahre brauchen, bis die Partei wieder einigermaßen konsolidiert ist, und dann kann es fünf, acht, zehn Jahre dauern, bis wir es im Reich geschafft haben! Auf solche Zeiträume hatte ich meine Arbeit eingestellt, als wir mit der Arbeit neu begannen.

– Adolf Hitler, nach vom 3./4. Febr. 1942, in der »Wolfsschanze«
(aus: »Monologe im Führer-Hauptquartier 1941–1944«)

Man würde die geistigen Fähigkeiten der Angeklagten unterschätzen, wenn man annehmen wollte, sie wären über den Zweck des Hitlerischen Unternehmens und über die zur Erreichung dieses Zweckes anzuwendenden Mittel im Unklaren geblieben. Die Absetzung der alten verfassungsmäßigen Reichsregierung und ihre Ersetzung durch die im Bürgerbräukeller genannten Personen bedeutet aber eine Änderung der Reichsverfassung; denn darin liegt eine Änderung eines Grundgesetzes der Weimarer Verfassung, wonach nur das vom Volk gewählte Parlament die Regierungsmitglieder zu ernennen hat und auch nur das Parlament die Macht hat, sie zu entfernen. Ob die Angeklagten darin eine Verfassungsänderung erblickten oder, wie sie angaben, bloß einen Wechsel der regierenden Personen, ob sie sich darüber Gedanken machten, daß Hitler eine strafbare Handlung begehe oder meinten, eine solche sei deshalb ausgeschlossen, weil Herr von Kahr bei der Sache sei, ist strafrechtlich für die Schuldfrage bedeutungslos.

– Urteil des Volksgerichts für den Landgerichtsbezirk München I, vom 23. April 1924, in der Strafsache gegen Berchtold, Josef, und 39 Genossen wegen Beihilfe zum Hochverrat.

Eine Bewegung, die mit solchen Mitteln arbeitet, ist nicht nur staatsgefährlich, ihre Anhänger sind imstande, die größten Verbrechen des Terrors zu verüben.

– Innenminister Schweyer, November 1923

Im Jahr der Machtergreifung gedenkt die NSDAP am 8. November an der Feldherrnhalle ihrer »Blutopfer«
Links Hitler, Mitte Generaloberst von Blomberg

Der Putsch endete in einem blutigen Fiasko. Die Nationalsozialistische Deutsche Arbeiterpartei wurde für rechtswidrig erklärt und aufgelöst. Ihre Tageszeitung, der *Völkische Beobachter*, wurde verboten. Vermögen und Besitz der Partei wurden beschlagnahmt – die Beamten der Ettstraße gebrauchten die Rückseiten der gedruckten NSDAP-Briefbögen als Schmierpapier beim Verhör der mehr als 200 festgenommenen Putschisten.
Vier Gerichtsverfahren wurden eingeleitet: gegen Hitler, Ludendorff und die andern Führer der Verschwörung; gegen den Stoßtrupp; gegen Karl Beggel und Hans Knauth wegen des Diebstahls von Banknoten aus den Druckereien und ein Verfahren gegen die Schuldigen des Überfalles auf das Waffenlager im St. Annakloster.
Adolf Hitler schien am Ende seiner politischen Laufbahn angelangt. Aber bereits in seiner Landsberger Zelle schmiedete er Pläne für einen Wechsel seiner Strategie und für einen neuen Anfang.
In der Abgeschiedenheit und den nicht gerade unangenehmen Verhältnissen dieses Gefängnisses – für privilegierte Häftlinge – analysierte er zunächst die Fehler der Vergangenheit. Er hatte zu impulsiv gehandelt, ohne hinreichende Vorbereitungen. Auch wäre eine dauernde Zusammenarbeit mit Ludendorff »absolut unmöglich« gewesen. Und obwohl er sich sofort des Nutzens, den ihm die Gefallenen an der Feldherrnhalle als Märtyrer für die Zukunft bringen würden, bewußt war, war er sich aber auch klar darüber, daß der unvorbereitete Versuch, die Macht über Deutschland an sich zu reißen, der »Marsch auf Berlin« also, zu den »größten Schwierigkeiten« geführt und viel mehr Opfer gefordert hätte als die Scharmützel am Odeonsplatz und am Kriegsministerium.
Doch ging er in der Erkenntnis seiner strategischen und taktischen Fehler keineswegs soweit, sein Streben nach Macht und den Glauben an seine messianische Sendung aufzugeben. Im Gegenteil, seine Überzeugung, daß ihn das Schicksal zum Führer Deutschlands auserkoren

hatte, nahm nur noch zu. Er freute sich zusehends auf den öffentlichen Prozeß und die Konfrontation mit seinen Gegnern.
Im November 1923 berichtete ein anonymer »Offizier der Reichswehr« dem Berichterstatter der *Associated Press* in München: »Nach einem politischen Argument mit Hitler fühlen Sie sich schier körperlich erschöpft. Ein Dialog ist unmöglich. Sie bekommen keine Chance, ihm zu widersprechen. Wir wagen es nicht, ihn vor ein Geschworenengericht zu stellen.«
Ob mit oder ohne Schöffen, Hitler sah dem Prozeß mit freudiger Erwartung entgegen. Schon am Vorabend der Eröffnung der Gerichtsverhandlung, dem 26. Februar 1924, war er bereit. Er wollte sich rechtfertigen, er wollte sich am »Verrat« Gustav von Kahrs, Otto von Lossows und Hans von Seissers rächen, und, mehr als alles andere: er war entschlossen, die Bank der Angeklagten in ein Podium für seine Propaganda und die Ankläger in Angeklagte zu verwandeln.
Der Erfolg dieses seines Entschlusses bewies, wie wenig sich Bayern, im Gegensatz zum übrigen Deutschland, beruhigt hatte.
Das Chaos war zu Ende und Deutschland wieder in einer Welt, in der Frieden herrschte. Die Inflation war vorüber. Dank Stresemann und Hjalmar Schacht war die Mark auf dem Weg, zu einer der stabilsten Währungen Europas zu werden.
In London tagte ein Komitee internationaler Finanzexperten unter dem Vorsitz von Charles G. Dawes, beraten von Owen D. Young. Ihr Ziel war es, die Reparationsschulden Deutschlands zu revidieren und die Abzahlungsbedingungen innerhalb realistischer Grenzen zu halten. Mit einbegriffen im Dawes-Plan war der Rückzug der alliierten Truppen aus dem Ruhrgebiet. Was Hitler am meisten befürchtete, stand bevor: Eine Ära des gemäßigten Wohlstands, der Entspannung und gesicherter Lebensumstände.
Doch schien sich Bayern, insbesondere München, des Wandels der Zeiten nicht bewußt zu sein. Die wichtigsten Ereignisse hier waren: Am 15. Februar der Rücktritt Gustav von Kahrs, des »meistgehaßten Mannes im Land«, und am 18. Februar 1924 die Versetzung Otto von Lossows – unter nicht ganz ehrenvollen Umständen – in den Ruhestand.
Bayern sah noch immer das Reich und die Welt durch die weiß-blauen und schwarz-weiß-roten Gläser des Separatismus und des großdeutschen Imperialismus.
Am Morgen des 26. Februar 1924 begann der »Prozeß des Jahrhun-

derts«, der München in den Brennpunkt des Interesses, nicht nur Deutschlands, sondern der ganzen Welt rückte.
Kein Gerichtssaal war groß genug für die 368 Zeugen, die Berichterstatter und Pressephotographen aus fünf Kontinenten und die Hunderte und Aberhunderte von Zuschauern mit reservierten Sitzen. So entschied sich Hess' Ex-Gefangener, Justizminister Franz Gürtner, als Weltbühne für seine gigantische Schau den Hauptlesesaal der Infanterieschule zu benutzen. Taktgefühl hielt ihn davon ab, den Bürgerbräukeller als Schauplatz für die Monstervorstellung zu wählen. Zwei Bataillone von Oberst Hans von Seissers Landespolizei riegelten mit Spanischen Reitern und Stacheldraht die Mars- und Blutenburgstraße ab.
Zehn Männer saßen auf der Anklagebank: Hitler, General Erich Ludendorff, grandios in seiner Uniform, die er geschworen hatte, niemals wieder zu tragen, sein Stiefsohn, Leutnant a. D. Heinz Pernet, Dr. Friedrich Weber vom »Bund Oberland«, Oberstleutnant a. D. Hermann Kriebel, Hauptmann Ernst Röhm, ebenfalls in Uniform, obwohl er des aktiven Dienstes enthoben worden war, der einstmalige Polizeichef Münchens, Ernst Pöhner, sein Mitverschwörer Dr. Wilhelm Frick, Leutnant a. D. Wilhelm Brückner, Führer des SA-Regiments München und Leutnant Robert Wagner von der Infanterieschule.
Durch Abwesenheit glänzten die Verschwörer, die über die Grenze entflohen waren oder sich versteckt hielten: Hermann Göring, Rudolf Hess, Josef Berchtold, Gerhard Rossbach, Ludwig Oestreicher, Hermann Esser, »Putzi« Hanfstaengl und einige andere.
Eine ganze Schar von Anwälten fungierte für die Verteidigung, aber nur zwei für die Anklage – Staatsanwalt Ludwig Stenglein und Stengleins Stellvertreter, der Hilfsstaatsanwalt Dr. Hans Ehard. Das Volksgericht – ironischerweise eine aus der Zeit der Räterepublik stammende Institution – schien nicht willens, die Putschisten schuldig zu sprechen und es war Ehard zu verdanken, daß der Prozeß nicht mit dem Freispruch aller Angeklagten endete.
Der Vorsitzende im Verfahren gegen Hitler war Georg Neithardt aus Nürnberg, ein rechtskonservativer Nationalist. Als seine Assistenten fungierten der Richter August Leyendecker und drei Laien, nämlich Philipp Herrmann und Christian Zimmermann, beide Versicherungsagenten, und Leonhard Beck, Besitzer eines Schreibwarenladens. Einer der Laienrichter soll während der Gerichtsverhandlungen bemerkt haben: »Dieser Hitler ist doch ein kolossaler Kerl.« Seine

Einstellung war typisch für vier Männer der Fünferkommission, deren Sympathien bei Hitler und der Sache der Putschisten lagen.
Unparteiisch verhielt sich Neithardt von Anfang an nicht. Als Ausdruck dessen, daß er nur den Aussagen der Zeugen für die Verteidigung, nicht aber denen für die Anklage Glauben schenkte, vereidigte er nur die ersteren, nicht aber die letzteren.
Geradezu skandalös privilegiert, dirigierte Hitler vom ersten Tag an den Lauf der Gerichtsverhandlung. Als er sich für »nicht schuldig« erklärte, jubelten ihm die Zuschauer zu und stürmisches Klatschen folgte seiner Erklärung:
»Ich trage die Verantwortung ganz allein, erkläre aber eines: Verbrecher bin ich deshalb nicht, und als Verbrecher fühle ich mich nicht. Ich kann mich nicht schuldig bekennen, aber ich bekenne mich zur Tat. Es gibt keinen Hochverrat gegen die Landesverräter von 1918 ... Die Tat vom 8. und 9. November 1918 war Landesverrat. Landesverrat kann niemals legalisiert werden ... Für uns ist diese Tat ein gemeines Verbrechen, ein Dolchstoß gegen das deutsche Volk gewesen.«
Die Angeklagten waren weder er noch die andern Verschwörer, sondern Friedrich Ebert, Gustav Stresemann, die Franzosen, die Juden, die Sozialisten, die Kommunisten, die Engländer, die Bankwucherer, die Amerikaner, die »Novemberverbrecher«.
War eine Handlung, dessen einziges Ziel es war, Deutschlands Ehre und Ruhm wiederherzustellen und ihm seine rechtmäßige Stellung in der Welt wiederzugeben, ein Verbrechen?
Mit seiner theatralischen Rednerkunst, seinen propagandistischen Monologen und seiner schlauen Taktik, die Schuld für das Mißlingen des Putsches auf Kahr, Lossow und Seisser abzuschieben, beherrschte er den Gerichtshof. Er war frech und arrogant, wenn es ihm dienlich war; er war der Demütige und der Erlöser, der sich nur dem Wohle Deutschlands widmete, wenn er diese Pose für die richtige Taktik hielt. Wiederholt gelang es ihm, die Richter derartig einzuschüchtern, daß Neithardts weißer Ziegenbart vor Angst bebte.
Obwohl der Kriegsherr der Hauptangeklagte war – die Anklage lautete »gegen Ludendorff et al.« – beherrschte der Gefreite die Szene und der Kriegsherr mußte sich mit einer unbedeutenden Nebenrolle bei den Ereignissen begnügen. Großzügig – oder war es hoffärtig und verächtlich – nahm Hitler die ganze Verantwortung für die Planung und die Vorgänge auf sich, »die anderen Herren haben nur mit mir mitgewirkt«.
Gleichzeitig erklärte Hitler, er habe nicht die Absicht gehabt, sich gegen

den Staat zu erheben. Er habe geglaubt, daß der Staat hinter ihm stand. Was anderes, fragte er mit klarer und klangvoller Stimme, habe er denn getan, als das, was Kahr, Lossow und Seisser selbst schon seit Wochen und Monaten tun wollten? Wenn es Verrat gegeben habe, so wurde er von den drei Männern begangen, die sich gegen ihn und das deutsche Volk gewandt haben, nachdem sie mit ihrem Handschlag ihre Zustimmung gegeben und seine Führerschaft bestätigt haben. Die Tatsache, daß er ihnen ihre Zustimmung mit vorgehaltener Pistole und 600 bis an die Zähne bewaffneten Männern abgepreßt hatte, wurde nur leichthin berührt.

Als Zeugen gaben die Triumviren jämmerliche Figuren ab. Sie versuchten, was noch von ihren Karrieren und von ihrem Ruf übrigblieb, zu retten und ihren eigenen Ehrgeiz wie ihr Doppelspiel zu beschönigen. Als Zeugen waren sie Hitler nicht gewachsen. Wiederholt sprang er auf und nahm sie ins Kreuzverhör, in dem er sie beschuldigte und ihre Aussagen in Stücke riß, wie es kein Staatsanwalt je zu tun vermochte. Seisser war der einzige, der ihm einigermaßen widerpart bot.

Wenn Neithardt – was selten genug geschah – Hitler wegen seiner Ausbrüche, Unterbrechungen und dramatischen Monologe zurechtzuweisen oder zu tadeln versuchte, schalt Hitler den Vorsitzenden.

»Es ist nicht möglich, Hitler am Sprechen zu hindern«, verteidigte sich Neithardt, als Bayerns Ministerpräsident Eugen von Killing und Innenminister Franz Schweyer sich über sein Versagen, Hitler in Schranken zu halten, beklagten.

Selbst wenn der nationalistische und ultra-konservative Ankläger Ludwig Stenglein, diesen Ehrgeiz gehabt hätte, wäre auch er Hitler einfach nicht gewachsen gewesen. Nur Hans Ehard, der während der zwei letzten Wochen des Prozesses die gesamte Last der Anklage trug, versuchte, energisch und ohne sich einschüchtern zu lassen, Hitler der Schuld zu überführen und ihn als den machtlüsternen Demagogen, der er war, zu entlarven. Seine Einsprüche und Anträge wurden jedoch immer wieder abgelehnt.

Der Prozeß war die Parodie eines Prozesses und das nicht nur in den Augen der Ausländer und Nicht-Bayern.

Ludwig Hümmert, nach bestandenem Abitur mittlerweile an der juristischen Fakultät der Universität München immatrikuliert, der einigen Verhandlungstagen beigewohnt hatte, meinte, daß es sich um »eine gerichtliche Farce, einen Prozeß, der Bayern der Lächerlichkeit preisgab, handelte.«

Es war die Zeit des närrischen Treibens. Der Fasching, den die Münchener mit besonderer Begeisterung feiern, war mit seinen Festlichkeiten, Gelagen und Narreteien auf dem Höhepunkt angelangt. »Die größte Narrheit«, erinnerte sich Hümmert 50 Jahre später, »war aber die in jenem Gerichtssaal.«

Die Tragikomödie währte einen ganzen Monat, 25 Tage davon nahmen Zeugenaussagen und Diskussionen in Anspruch. Zu Hitlers Enttäuschung waren zahlreiche Verhandlungen der Öffentlichkeit und der Presse aus »Gründen der Sicherheit« nicht zugänglich, »in camera« gehalten, so daß seine theatralischen Aufführungen ohne Publikum verpufften.

Am 27. März, dem vorletzten Tag des Prozesses, durften die Angeklagten abschließende Erklärungen abgeben. Hitler erreichte bei dieser schon sehnlichst herbeigewünschten Gelegenheit den – damaligen – Höhepunkt seiner Demagogie.

Er begann in ruhigem Tone, faßte seine vorherigen Aussagen zusammen und erklärte, wie er, ein Mann bescheidener Herkunft, ohne Titel, praktisch ohne Erziehung, dazu kam, sich das Recht anzumaßen, Deutschland zu regieren, und Präsidenten, Reichskanzler, Generäle und Kabinettsminister beiseite zu schieben.

»Das war nicht unbescheiden von mir. Doch muß ich kategorisch erklären, daß ich es ablehne in einer Sache, von der ich weiß, daß ich sie kann, bescheiden zu sein. Wenn jemand glaubt, berufen zu sein, hat er die Pflicht, das zu tun, wozu er sich berufen fühlt. Ich stehe auf dem Standpunkt, der Vogel muß singen, weil er Vogel ist. Und ein Mann, der für die Politik geboren ist, muß Politik treiben, ob er in Freiheit oder im Kerker ist, auf einem seidenen Stuhl sitzt oder mit einer harten Bank sich begnügen muß ... Wer zum Diktator geboren ist, der wird nicht gedrängt, sondern der will, der wird nicht vorgedrängt, sondern drängt selber vor. Es ist nichts an dem, das so unbescheiden wäre ... Wer sich berufen fühlt, ein Volk zu regieren, hat nicht das Recht zu sagen: Wenn ihr mich wünscht oder holt, tue ich mit. Er hat die Pflicht, das zu tun.«

Die Richter und das Publikum im Gerichtshof waren entgeistert über diesen Grad der Besessenheit. Das war aber noch nicht alles.

»Die Gesetzgeber von heute machen Gesetze ohne Rücksicht auf Ethik, Moral und Anstand. Wenn das Gesetz dereinst wieder geachtet werden soll in Deutschland, so ist die erste Voraussetzung, daß das Reich aus einem großen Unglück herauskommt. Dann erst wird eines

Tages ein anderer Gerichtshof gebildet werden, dann erst wird die Achtung vor dem Gesetz wiederkommen, an dem Tag, an dem ein Staatsanwalt erklärt: ›Ich klage an Ebert, Scheidemann und Genossen des Landesverrats und Hochverrats. Ich klage sie an, weil sie ein 70-Millionen-Volk vernichtet haben.‹

Ich glaube, daß die Stunde kommen wird, da die Massen, die heute mit unserer Kreuzfahne auf der Straße stehen, sich vereinen werden mit denen, die auf uns geschossen haben. Ich glaube daran, daß das Blut nicht ewig uns trennen wird.

Einmal wird die Stunde kommen. Die Armee, die *wir* herangebildet haben, die wächst von Tag zu Tag, von Stunde zu Stunde schneller. Die Stunde kommt, da diese wilden Scharen zu Bataillonen, die Bataillone zu Regimentern, die Regimenter zu Divisionen werden, daß die alte Kokarde aus dem Schmutz herausgeholt wird, daß die alten Fahnen wieder voranflattern.«

Wild gestikulierend beschloß er seine Tirade:

»Nicht Sie, meine Herren, sprechen das Urteil über uns, das Urteil spricht das ewige Gericht der Geschichte, das sich aussprechen wird über die Anklage, die gegen uns erhoben ist. *Ihr* Urteil, das *Sie* fällen werden, kenne ich . . . Mögen Sie uns tausendmal schuldig sprechen, die Göttin des ewigen Gerichtes der Geschichte wird lächelnd den Antrag des Staatsanwaltes und das Urteil des Gerichtes zerreißen; denn sie spricht uns frei.«

Wie auch immer das Gericht entscheiden mochte, der Sieger war eindeutig Hitler.

Ironischerweise fiel das Gerichtsurteil auf den ersten April. Hitler und seine Mitverschwörer, die um 10 Uhr in der Infanterieschule eintrafen, stellten sich zunächst den Photographen. Mit Ausnahme von Hitler – in einem neuen Gummimantel –, Pöhner und Frick, arrogant in ihren hohen Stehkragen, trugen alle ihre Uniformen, Auszeichnungen und Paradesäbel; Ludendorff und Kriebel sogar ihre funkelnden Spitzenhelme auf dem Haupt.

Der Gerichtshof war zum Bersten voll. Dutzende von weiblichen Bewunderern des Führers hielten Blumensträuße in der Hand.

Langatmig und mühsam verlas Richter Neithardt das Urteil das mit vier Stimmen gegen eine gefällt worden war. Mit Ausnahme von Ludendorff wurden alle Angeklagten schuldig gesprochen; Brückner, Röhm, Pernet, Wagner und Frick wegen des Anklagepunkts »Beihilfe zum Hochverrat«. Der Kriegsherr protestierte gegen seinen Freispruch mit den

Worten: »Ich empfinde diesen Freispruch als eine Schande für den Rock und für die Ehrenzeichen, die ich trage, gegenüber meinen Kameraden.« Diese Erklärung löste stürmische Heilrufe im Saal aus.
Die Untersuchungshaft wurde von der Strafzeit abgezogen so daß Frick, Röhm und Brückner als freie Männer, auf Bewährung, den Gerichtssaal verlassen konnten.
Hitler, Weber, Kriebel und Pöhner wurden zur Mindeststrafe von fünf Jahren Festungshaft und einer Geldbuße von 200 Goldmark verurteilt – mit dem Vorbehalt, daß die Strafe nach sechs Monaten Festungshaft wegen guter Führung in Bewährungsfrist umgewandelt werden könne.
Und dann wurde die wichtigste Entscheidung verlesen, auf die Hitler nervös gewartet hatte. Er war leichenblaß und die Hände zitterten.
»Hitler ist Deutschösterreicher. Er betrachtet sich als Deutscher. Auf einen Mann, der so deutsch denkt und fühlt wie Hitler, der freiwillig 4 ½ Jahre lang im deutschen Heere Kriegsdienst geleistet, der sich durch hervorragende Tapferkeit vor dem Feinde hohe Kriegsauszeichnungen erworben hat, verwundet und sonst an der Gesundheit beschädigt und vom Militär in die Kontrolle des Bezirkskommandos München I entlassen worden ist, kann nach Auffassung des Gerichtes die Vorschrift des § 9 Absatz II nach Republikschutzgesetzes – also die zwingende Anordnung einer Ausweisung eines verurteilten Ausländers – ihrem Sinn und ihrer Zweckbestimmung nach keine Anwendung finden.«
Der Führer der Nationalsozialisten lächelte und atmete erleichtert auf. Die Ausweisung war es, was er am meisten befürchtet hatte. Nun stand die Zukunft vor ihm.
Der Gerichtssaal hallte wider von »Bravo, Bravo!« – und »Heil! Heil! Heil!«-Rufen. Ein Berg von Blumensträußen häufte sich in der Wachstube, in dem sich die Gefangenen vor ihrem Abtransport nach Landsberg aufhielten. Als sie sich am Fenster präsentierten, brach die Menschenmenge in der Blutenburgstraße in Jubel aus. Ludendorffs Fahrt zu seinem Haus in Solln-Ludwigshöhe war ein Triumphzug.
Adolf Hitler, ein Mann der noch fünf Jahre zuvor ein Niemand gewesen war, dessen Namen die amerikanische Presse noch knappe sechs Wochen zuvor falsch buchstabierte und dessen Staatsstreich die *New York Times* als eine »bayerische opera buffa« beschrieben hatte, war mit einem Schlag international bekannt geworden – berühmt für viele Menschen und berüchtigt für noch mehr. Er verbrachte die nächsten achtundeinhalb Monate in privilegierter Haft mit Kriebel, Weber und, später – nach deren Verurteilung in separaten Verfahren – mit Hess und

verschiedenen Angehörigen des Stoßtrupp, wie Maurice, Kallenbach, Hewel und Briemann.

In Landsberg begann er sein Manifest, *Mein Kampf,* zu schreiben, das ihn zu einem reichen Mann machen sollte. Hess war sein Herausgeber und der Jungsturmführer Adolf Lenk übertrug das Manuskript auf einer Adler-Kofferschreibmaschine, die der Autor 55 Jahre später noch in Lenks Wohnung in der Jahnstraße in München betrachten konnte.

Hitler wurde am 20. Dezember 1924 auf Bewährung aus der Haft entlassen. Der Photograph Heinrich Hoffmann wartete auf ihn am Tor der Festung. Auf der Fahrt nach München fragte ihn Hoffmann über seine Pläne für die Zukunft.

»Ich fange wieder von vorne an«, entgegnete Hitler.

Er verlor keine Zeit, diesen Plan wahr zu machen. Doch hatte ihn der Bürgerbräuputsch etwas wichtiges gelehrt. Er versuchte nicht mehr, die von ihm verhaßte Demokratie mit Waffengewalt und einer paramilitärischen Organisation zu stürzen. Statt dessen machte er sich daran, sie zu untergraben und zu unterwandern, indem er ihre eigenen Mittel wie Meinungsfreiheit, Wahlen und den Parlamentarismus – die er so verabscheute – zu seinen Zwecken benutzte.

Acht Jahre nach seiner Entlassung aus der Festungshaft trug der Trommler von München, der theatralische, lächerlich wirkende Putschist aus dem Bürgerbräukeller, wieder den Cut – diesmal, um als Reichskanzler vereidigt und einige Wochen später der Herr und Diktator Deutschlands zu werden. Bei der Vereidigung war sein Auge bereits auf das furchterregende Ziel – die Herrschaft über die Welt – gerichtet. Das Tausendjährige Reich, das er verkündete, währte zwar nur 12 Jahre, doch kostete es das Leben von 50 Millionen Menschen.

Bis die Schreckensherrschaft in der Götterdämmerung von 1945 ein Ende fand, veranstaltete Hitler jedes Jahr am 9. November mit seinen einstigen Mitverschwörern eine Neuinszenierung des Marsches vom Bürgerbräukeller zur Feldherrnhalle – zu Ehren der gefallenen Rebellen, die nicht ferne vom Schauplatz des Zusammenstoßes in zwei Heldentempel beigesetzt worden waren.

Der Putsch war zwar ein Fiasko gewesen, doch bildete er das Vorspiel zu Hitlers skrupellosem Aufstieg zur Macht.

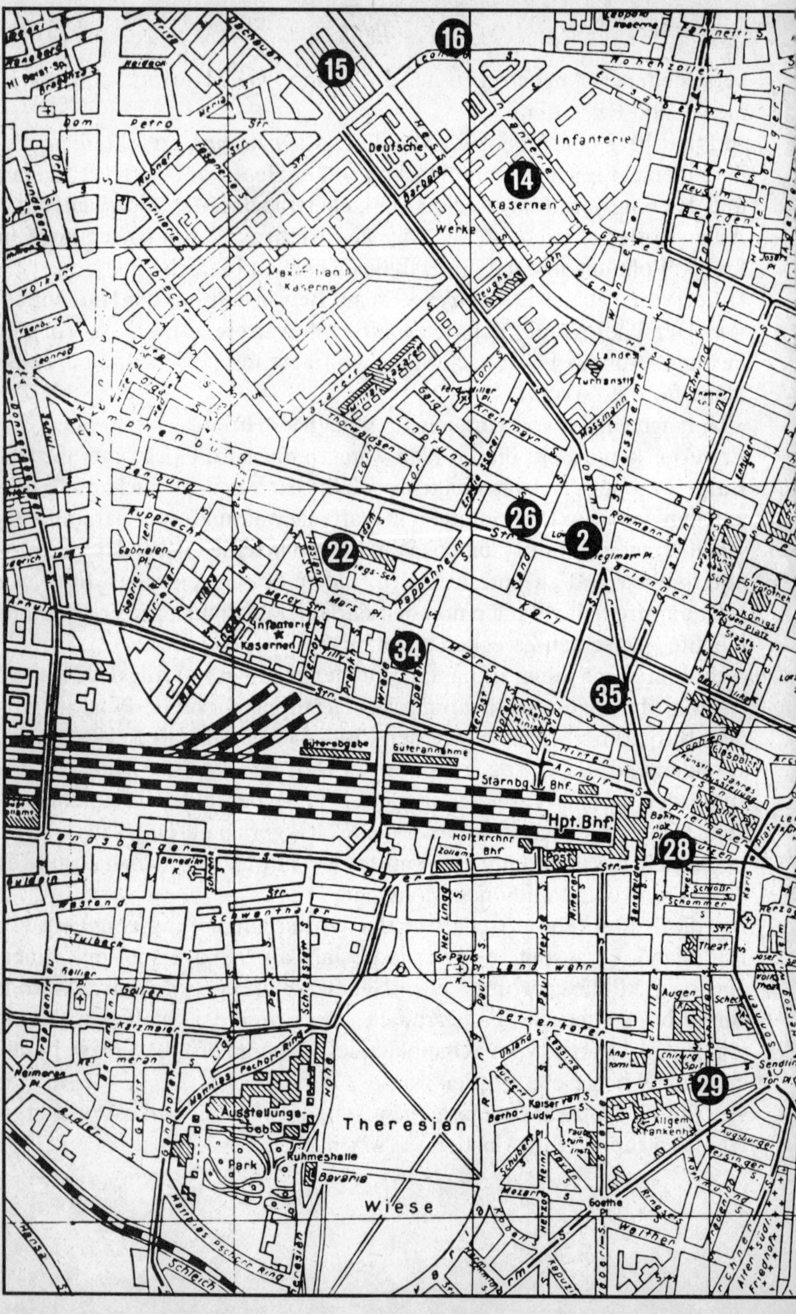

16
15
14
26
2
22
34
35
28
29
Infanterie
Kasernen
Deutsche
Werke
Maximilian II
Kaserne
Dom Pedro Str.
Landes
Turnanstlt
Infanterie
Kasernen
Gabrielen Pl.
Güterabgabe
Güterannahme
Starnbg. Bhf.
Hpt. Bhf.
Holzkrchnr Bhf
Post
Landsberger
Westend
Schwanthaler
Tulbeck
Ausstellungs-Geb.
Park
Ruhmeshalle
Bavaria
Theresien
Wiese
Augen
Ana-tomi
Chirurg
Allgem. Krankenh.
Goethe Pl.
Sendlinger Tor Pl.
Karls Platz
Königs Platz
Glyptothek
Augsburger
Mars Pl.
Arnulf
Karl
Brienner
Leopold Kaserne
Hohenzollern
Nymphenburg
Schleissheimer S.
Lothstr.
Stiglmair Pl.
Theresienhöhe
Schleich

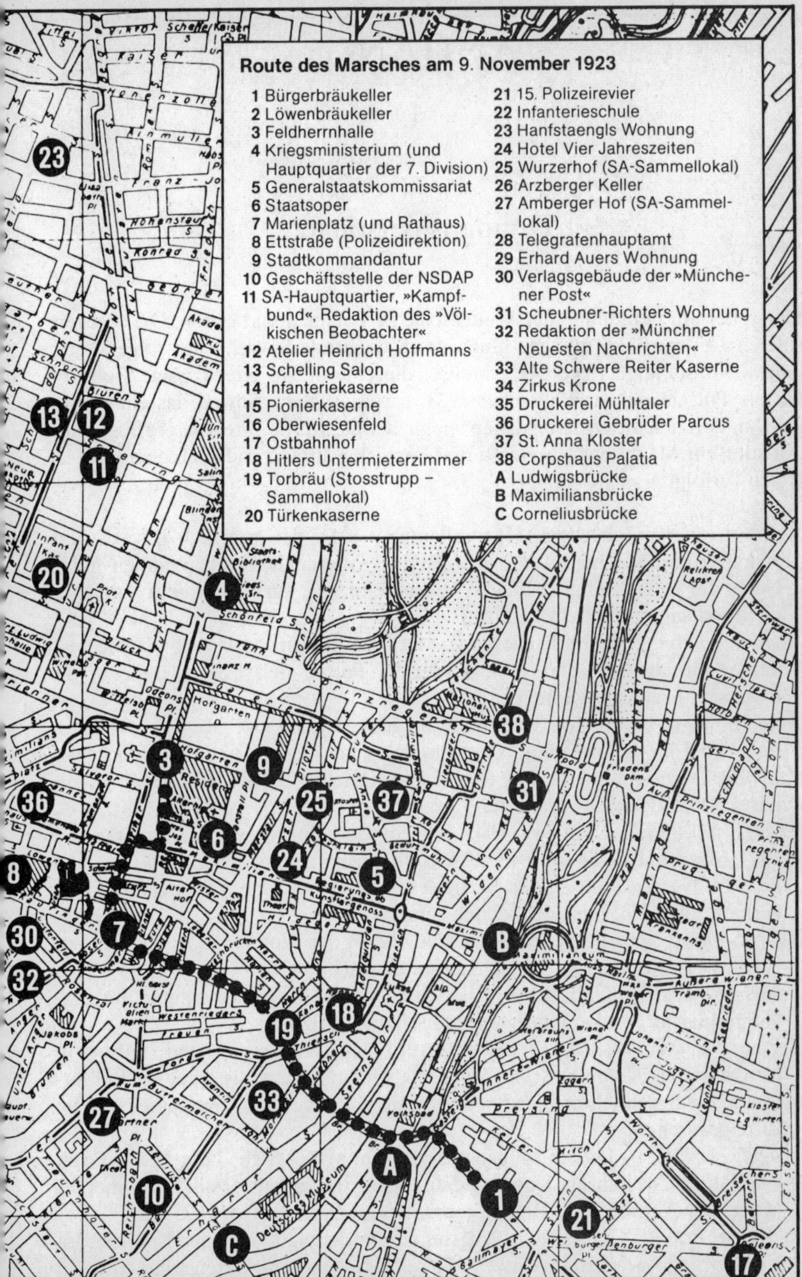
Route des Marsches am 9. November 1923
1 Bürgerbräukeller
2 Löwenbräukeller
3 Feldherrnhalle
4 Kriegsministerium (und Hauptquartier der 7. Division)
5 Generalstaatskommissariat
6 Staatsoper
7 Marienplatz (und Rathaus)
8 Ettstraße (Polizeidirektion)
9 Stadtkommandantur
10 Geschäftsstelle der NSDAP
11 SA-Hauptquartier, »Kampfbund«, Redaktion des »Völkischen Beobachter«
12 Atelier Heinrich Hoffmanns
13 Schelling Salon
14 Infanteriekaserne
15 Pionierkaserne
16 Oberwiesenfeld
17 Ostbahnhof
18 Hitlers Untermieterzimmer
19 Torbräu (Stosstrupp – Sammellokal)
20 Türkenkaserne
21 15. Polizeirevier
22 Infanterieschule
23 Hanfstaengls Wohnung
24 Hotel Vier Jahreszeiten
25 Wurzerhof (SA-Sammellokal)
26 Arzberger Keller
27 Amberger Hof (SA-Sammellokal)
28 Telegrafenhauptamt
29 Erhard Auers Wohnung
30 Verlagsgebäude der »Münchener Post«
31 Scheubner-Richters Wohnung
32 Redaktion der »Münchner Neuesten Nachrichten«
33 Alte Schwere Reiter Kaserne
34 Zirkus Krone
35 Druckerei Mühltaler
36 Druckerei Gebrüder Parcus
37 St. Anna Kloster
38 Corpshaus Palatia
A Ludwigsbrücke
B Maximiliansbrücke
C Corneliusbrücke

ANHANG

Dramatis personae

Darsteller auf der Bühne der Weltgeschichte kommen und gehen. Die meisten spielen Nebenrollen, manche hinterlassen dauernde Spuren. Das folgende ist eine unvollständige Liste der Akteure, die eine aktive oder passive Rolle in Hitlers Putschversuch, November 1923, gespielt haben. Soweit das ein halbes Jahrhundert nach den Ereignissen möglich war, wurde ihre spätere Rolle im Aufstieg zur Macht der Nazis und ihr Geschick während und nach dem Dritten Reich verfolgt.

Aechter, Adolf: Geb. 1864. Generalleutnant a.D. der königlich Bayerischen Armee, »militärischer Führer« des »Bundes Oberland«. Festgenommen in der Nacht des 8. November 1923, und wegen Teilnahme am Putsch unter Anklage, nicht jedoch vor Gericht gestellt.

Aigner, Johann: Geb. 1901. Diener von Dr. Max-Erwin von Scheubner-Richter, dem politischen Berater Hitlers, der im Putsch fiel. Früher hatte er im Rossbach-Freikorps gedient.

Amann, Max: Geb. 1891 in München, gest. März 1957, München. Hitlers Feldwebel im 1. Weltkrieg, Geschäftsführer der Partei und des *Völkischen Beobachters* während des Putsches. Später Reichsleiter der NSDAP und dann Direktor des Zentralverlags der Partei.

Auer, Erhard: Geb. 1874, gest. 1945. Abgeordneter im bayerischen Landtag von 1907, Minister des Innern 1918–19 und Vorsitzender der Sozialdemokratischen Partei Bayerns. Sollte in der Nacht des Putsches von den Nationalsozialisten verhaftet werden, hielt sich jedoch versteckt.

Auer, Sophie: Geb. 1868. Auers Gattin. War in der Wohnung, als diese in der Nacht des Putsches von SA-Männern durchsucht wurde.

Baldenius, Walter: Geb. 1898. War einer von Görings Adjutanten im SA-Hauptquartier, entkam nach dem Putsch nach Salzburg.

Banzer, Josef: Geb. 1870. Oberst der Bayerischen Landespolizei und Stellvertreter Oberst Hans von Seissers. Ursprünglich auf Hitlers Liste der im Bürgerbräukeller festzunehmenden hohen Beamten, wurde sein Name später von der Liste gestrichen.

Beggel, Karl: Geb. 1892 in München. Leutnant a.D. Mitglied der NSDAP seit Frühjahr 1920. Führer (Kommandeur) des 1. Bataillons des SA-Regimentes München. Anführer des Banknotenraubes am 9. November 1923.

Belleville, Rudolf: Geb. 1894 in Augsburg. Oberleutnant der Landespolizei. Im 1. Weltkrieg war er Beobachter in Rudolf Hess' Kampfflugzeug und einst ein enger Freund und Mitarbeiter Hitlers gewesen. Kommandierte die Einheit der Landespolizei, die Hitler in Hanfstaengls Landhaus am 11. November 1923 festnahm.

Berchtold, Josef: Geb. 1897 in München. Besitzer eines Tabakwarenladens, Leutnant a. D., Kommandeur des Stoßtrupp, Hitlers Leibwache. Entfloh nach dem Putsch und wurde in absentia 1924 verurteilt. Nach Entlassung Hitlers aus der Festungshaft gründete er die SS.

Block, Hans: Leutnant der Reichswehr und Offiziersanwärter in der Infanterieschule. Organisierte die Kadetten und Offiziersanwärter der Infanterieschule für den Putsch. Nach dem Putsch wurde er aus der Reichswehr entlassen, 1933 jedoch wieder eingesetzt. Wurde später General.

Böhm, Gerhard: Oberfähnrich der Reichswehr. Zum großen Teil war es ihm zu verdanken, daß es den Putschisten nicht gelang, die Kaserne des 19. Infanterie-Regiments am Abend des 8. November zu besetzen. In späteren Jahren war er Archivdirektor.

Bouhler, Philip: Geb. 1899 in München. Es wird angenommen, er habe in Carinhall während der Schlacht um Berlin 1945 Selbstmord begangen. Er war stellvertretender Geschäftsführer der Partei 1923 und der Kontaktmann zu den Druckern der Plakate während des Putsches. Nach der Reorganisation der NSDAP erhielt er den Posten eines Reichsleiters der Partei. Er war hauptverantwortlich für das »Euthanasie«-Programm und Stellvertreter des Generalgouverneurs von Polen unter der Nazi-Besetzung Hans Frank.

Braun, Max: Oberleutnant der Reichswehr. Befehligte eine Kompanie der Reichswehr bei der Belagerung des von Röhm besetzten Kriegsministeriums. Bekannt als Anti-Nazi, mußte Braun nach der Machtergreifung 1933 aus Deutschland fliehen.

Briemann, Wilhelm: Geb. 1899 in München. Leutnant a. D. und Buchverkäufer, war Mitglied des Stoßtrupps. Im April 1924 wegen Beteiligung am Putsch zu 15 Monaten Festungshaft verurteilt. Lebt als Rentner in München.

Brückner, Wilhelm: Geb. 1884, Baden-Baden. Leutnant a. D., Kommandeur des Münchner SA-Regiments. Mit Hitler und Ludendorff unter Anklage gestellt und 1924 schuldig gesprochen. War später einer von Hitlers Adjutanten.

Cantzler, Oskar: Hauptmann der Reichswehr. Spielte eine Schlüsselrolle in der Vereitlung des Putsches, indem er sich weigerte, den »Oberländern« in der Pionierkaserne am Abend des 8. November Waffen auszuhändigen.

Casella, Theodor: Geb. in München. Leutnant a. D. Als Mitglied von Ernst Röhms »Reichskriegsflagge« spielte er eine wichtige Rolle bei der Besetzung des Kriegsministeriums und wurde dort am 9. November von der Reichswehr erschossen.

Danner, Jakob Ritter von: Generalmajor der Reichswehr und Stadtkommandant Münchens. Als entschiedener Gegner der Einmischung der Streitkräfte in die Politik spielte er eine Schlüsselrolle bei der Niederwerfung des Putsches.

Demmelmeyer, Max: Leutnant der Landespolizei. Kommandeur der Stations-Verstärkung am Odeonsplatz und an der Feldherrnhalle am Morgen des 9. November. Nahm Ludendorff fest.

Dietl, Eduard: Hauptmann IR 19. War Mitglied der NSDAP, schon bevor Hitler sich ihr 1919 anschloß. Spielte eine wichtige Rolle in der militärischen Ausbildung der SA. General im Dritten Reich. Als Generaloberst hatte er mit seinen Gebirgsjägern entscheidenden Anteil am Gelingen der Invasion Norwegens.

Drey, Paul: Übersetzer und Assistent Robert Murphys im US-Generalkonsulat in München. Am 8. und 9. November war er in Begleitung Robert Murphys auf den Straßen der Stadt und berichtete über die Vorgänge. Nach der Machtergreifung 1933 im KZ Dachau, soll dort gestorben sein.

Du Moulin-Eckart, Graf Karl Leon: geb. 1900. Mitglied der »Reichskriegsflagge«, einer von Röhms engsten Freunden und treuesten Anhängern. Während der Putschnacht, in der Röhm sich im Wehrkreiskommando verschanzt hatte, fungierte er als Motorradbote zwischen dem Bürgerbräukeller und den marschierenden Truppen. Zusammen mit Röhm der Beihilfe zum Hochverrat für schuldig gesprochen, wurde jedoch die Anklage gegen ihn später fallen gelassen. Heute lebt der einstmalige Anwalt als Pensionär in München.

Ebert, Friedrich: Geb. 1871, gest. 1925. 1919–1925 erster Präsident der Deutschen Republik. Sozialdemokrat.

Eckart, Dietrich: Geb. 1868, gest. 1923, nachdem er aus der Festungshaft, wo er zusammen mit Hitler eingesperrt war, entlassen wurde. War Gründermitglied der NSDAP, Schriftsteller und Autor antisemitischer und nordischer Epen (u.a. Übersetzer von Ibsens *Peer Gynt* ins Deutsche), einer der Freunde Hitlers in München und sein ideologischer Mentor.

Ehard, Dr. Hans: Geb. 1887 in Bamberg, gest. 1980 in München. Zur Zeit des Putsches war Ehard Staatsanwalt bei der Staatsanwaltschaft München und als Untersuchungsführer und Anklagevertreter im Hitler-Prozeß, verhörte als erster Hitler und Ludendorff. Trotz seiner Rolle im Hitlerprozeß wurde er von den Nazis nicht verfolgt und diente als Richter am Berufungsgericht von Bayern 1933–1945. Nach dem 2. Weltkrieg war er einer der Gründer der Christlich Sozialen Partei (CSU) Bayerns, und durch 20 Jahre hindurch Mitglied des Landtags, Nachfolger Wilhelm Hoegners als bayerischer Ministerpräsident 1946 bis 1954, der ihm seinerseits 1954–57 nachfolgte. War 1960–62 zum zweiten Mal Ministerpräsident und von 1962 an bis 1966 Bayerns Justizminister. Während des Dritten Reiches gelang es ihm eines der zwei maschinengeschriebenen Exemplare des Protokolls des Hitler-Prozesses 1924 aufzubewahren, das er nach 1945 dem Bayerischen Staatsarchiv übergab. Dieses Dokument diente als wichtiges Quellenmaterial für das vorliegende Buch. Kurz vor seinem Tod gewährte er dem Verfasser ein ausführliches Interview.

Ehrhardt, Hermann: Kommandant a.D. der kaiserlichen Kriegsmarine. Führer des nach ihm benannten Freikorps, das als erstes das Hakenkreuz-Symbol trug. Er spielte eine wichtige Rolle im Umsturz von Bayerns Räterepublik 1919 und im Kapp-Putsch gegen die demokratische Reichsregierung 1920. Seine »Organisation Konsul« war eine terroristische Sabotagegruppe, die für eine ganze Reihe von politischen Morden in Deutschland verantwortlich war. Sein »Wikingbund« war eine Söldnerarmee, die dem Kahr-Regime als Hilfspolizei diente. Ein Rivale Hitlers, weigerte er sich im Novemberputsch, mit Hitler und Ludendorff gemeinsame Sache zu machen.

Epp, Franz Ritter von: Geb. 1868 München, gest. 1946 München. Berufsoffizier in der königlichen Leibgarde. Nach der Revolution bildete er im Nachbarstaat Thüringen ein Freikorps, das eine brutale Schlüsselrolle im Weißen Terror und der Gegenrevolution spielte. Zum Generalmajor der Reichswehr ernannt, war er ein früher Anhänger und Freund Hitlers. Bis zu seiner Versetzung mit dem Rang eines Generalleutnants in den Ruhestand 1923 war er Kommandeur der 7. Division, dann General der SA, 1928 nationalsozialistischer Reichtstagsabgeordneter und wurde 1933 von Hitler zum Reichsbevollmächtigten für Bayern ernannt. Nahm keinen aktiven Anteil am Putsch, spielte jedoch die Rolle eines Vermittlers zwischen Röhm und der Reichswehr.

Esser, Hermann: Geb. 1900 in Röhrmoos, Bayern, gest. 1981 in München. Nach kurzem Kriegsdienst im Alter von 18 Jahren und einer vorübergehenden Episode in der Sozialdemokratischen Partei, begegnete Esser 1919 Hitler und Gottfried Feder und schloß sich zu gleicher Zeit mit Hitler, Januar 1920, der Deutschen Arbeiterpartei, wie die NSDAP damals noch hieß, an. Redakteur des *Völkischen Beobachters.* Als Hitler die diktatorische Führung der Partei an sich riß, war Esser, der in rednerischer Wirkung Hitler kaum nachstand, Chef der Parteipropaganda und de facto Hitlers Stellvertreter. Esser litt zum Zeitpunkt des Putsches an Hepatitis und spielte bei den Vorgängen nur eine Nebenrolle, nahm jedoch einen wichtigen Anteil an der Reorganisation der Partei 1924. 1929 bis 1933 nationalsozialistischer Stadtrat im Münchener Rathaus; 1933 Reichstagsabgeordneter und Bayerns Wirtschaftsminister, 1939 bis 1945 Staatssekretär für Fremdenverkehr im Reichspropagandaministerium. Lebte im Ruhestand in München bis zu seinem Tode.

Eyre, Lincoln: Auslandskorrespondent des *New York Herald*, der über den Putsch berichtete.

Faust, Martin: Geb. 1901. Mitglied von Röhms »Reichskriegsflagge«. Fiel im Maschinengewehrfeuer im Hof des Wehrkreiskommandos am 9. November 1923.

Feder, Gottfried: Geb. 1883, gest. 1941. Gründungsmitglied und Finanztheoretiker der NSDAP. Sein Vortrag im Vorläufer der NSDAP, der Deutschen Arbeiterpartei, bewegte Hitler, der Partei beizutreten. Hitlers Mentor im Finanz- und Wirtschaftswesen. In der Putschnacht wurde er zum »Reichsfinanzminister« ernannt. Nach der Machtergreifung 1933 wurde er Staatssekretär im Reichswirtschaftsministerium, später Universitätsprofessor.

Fengler, Sophie: Älteste Tochter des Vorsitzenden der Bayerischen Sozialdemokratischen Partei, Erhard Auer, und seiner Frau Sophie, in deren Wohnung sie sich beim Eindringen der Nationalsozialisten in der Nacht des Putsches befand.

Fiehler, die Brüder *Karl, Otto und Werner:* geb. 1895, 1893 und 1889. Karl und Werner waren in Berchtolds Stoßtrupp und wurden im Hitler-Prozeß 1924 schuldig gesprochen. Otto war Angehöriger der SA und an der Festnahme des

Kriminalkommissars Freiesleben am Morgen des 9. November beteiligt. Karl Fiehler war nach der Machtergreifung 1933 Bürgermeister Münchens und wurde 1945 abgesetzt.

Frank, Hans: Geb. 1900, vom Internationalen Militärtribunal in Nürnberg als Kriegsverbrecher schuldig gesprochen und 1946 hingerichtet. Frank hatte in Epps Freikorps gedient, war Mitglied der Deutschen Arbeiterpartei bevor sich ihr Hitler angeschlossen hatte und später einer der frühesten Anhänger Hitlers. Zur Zeit des Putsches Jurastudent, nahm er am Putsch in der Nacht des 8. und am Morgen des 9. November aktiv teil, u. a. auch am Versuch, die Alliierten Kontrolloffiziere im Hotel Vier Jahreszeiten festzunehmen. In den zwanziger Jahren Hitlers Anwalt, 1928 Reichstagsabgeordneter der NSDAP, 1933 Bayerischer Justizminister, 1935 Reichsminister ohne Portefeuille. Als Generalgouverneur des besetzten Polen, war er für die Ermordung von Millionen von Polen und Juden verantwortlich.

Freiesleben, Otto: Kriminalkommissar. Am Morgen des 9. November von Otto Fiehler und seinen SA-Leuten als »Feind der Revolution« festgenommen.

Frick, Dr. Wilhelm: Geb. 1877, hingerichtet 1946 als Kriegsverbrecher in Nürnberg. Günstling von Ernst Pöhner, rechtsextrem, nationalistisch, rassistisch Gesinnter: zur Zeit des Putsches Leiter der Abteilung für politische Sicherheit der Münchener Polizei. Als einer der führenden Putschisten wurde er in der Nacht des 8. November von Pöhnen und Kahr zum Polizeipräsidenten ernannt. Festgenommen in der Polizeidirektion, wurde zusammen mit Hitler und anderen des Hochverrates angeklagt und 1924 zur Festungshaft verurteilt. Spielte eine führende Rolle in der Reorganisation der NSDAP. Reichstagsabgeordneter und Innenminister Thüringens 1930 und 1931. Nach der Machtergreifung Innenminister bis 1943. Nachfolger des 1943 ermordeten Reinhard Heydrich als Reichsprotektor von Böhmen und Mähren.

Gerlich, Fritz: Geb. 1883 in Stettin, wurde von den Nazis in der »Nacht der langen Messer« am 30. Juni 1934 ermordet. Gerlich war Chefredakteur der gemäßigten konservativen *Münchner Neuesten Nachrichten*, Münchens größter Tageszeitung, und ein Gegner Hitlers und seiner Bewegung.

Gerum, Josef: Geb. 1888 in München, war 1923 Kriminalbeamter, Mitglied der NSDAP, und Angehöriger des Stoßtrupps. Spielte eine Schlüsselrolle im Putsch, als er ein Maschinengewehr im Bürgerbräukeller aufstellte. 1924 im Hitler-Prozeß mit anderen Stoßtrupp-Leuten verurteilt.

Gessler, Otto: Geb. 1875, gest. 1955. Bürgermeister von Nürnberg, dann von Regensburg 1911 bis 1919. Als Reichswehrminister 1920 bis 1928. Führender Politiker in der Weimarer Republik. Als Mitglied des Reichskabinetts hat er in der Nacht des Putsches von Seeckt als zeitweiligen Militärischen Diktator des Reiches vorgeschlagen. Wurde während des Dritten Reiches wiederholt festgenommen und schikaniert.

Godin, Michael Freiherr von: Geb. 1897. Als Oberleutnant der Landespolizei war er der Kommandeur der Kompanie, die am 9. November an der Feldherrnhalle auf die Demonstranten geschossen hatte. Von den Nazis in Bayern verfolgt, wurde er 1926 gezwungen seine Karriere in der Landespolizei aufzugeben.

Emigrierte nach Österreich. Als er 1933 zu Besuch nach Deutschland kam, wurde er von der Gestapo festgenommen und 8 Monate lang verhört und gefoltert, bevor er nach Österreich zurückkehren durfte. Nach dem Anschluß Österreichs 1938 floh er in die Schweiz, wo er Wilhelm Hoegner und andere Emigranten kennenlernte. Nach dem 2. Weltkrieg ernannte ihn Hoegner zum Chef der bayerischen Landespolizei. Im Ruhestand seit 1966, lebt er in München. Gab dem Verfasser eine ausführliche Beschreibung der Vorgänge an der Feldherrnhalle.

Göring, Carin: Geb. von Fock, 1888, gest. 1931, Stockholm. Erste Frau von Hermann Göring.

Göring, Hermann: Geb. 1893 in Rosenheim, verübte 1946 Selbstmord vor seiner Hinrichtung in Nürnberg, nachdem er vom Alliierten Tribunal der Kriegsverbrechen schuldig gesprochen wurde. Kampfflieger und Träger des Pour le mérite für Tapferkeit, war er der letzte Kommandeur des berühmten Richthofen-Geschwaders. Er trat der NSDAP erst 1923 bei, wurde jedoch in kurzer Zeit Kommandeur der SA. Nahm an der Planung des Putsches teil und befehligte am 8. und 9. November die SA-Organisationen. Nach dem Putsch flüchtete er zuerst nach Österreich, dann nach Schweden. Er wurde nach seiner Rückkehr nach Deutschland einer der führenden Persönlichkeiten der nationalsozialistischen Bewegung. Reichstagsabgeordneter 1928, Präsident des Reichstags ab 1932, Ministerpräsident von Preußen sowie Reichsluftfahrtminister ab 1933, Oberbefehlshaber der Luftwaffe sowie Beauftragter für den Vierjahresplan ab 1935.

Graf, Ulrich: Geb. 1898, gest. 1945, Hitlers Leibwächter. Von Beruf Fleischermeister, war er einer der Gründer der SA. Er wich nie von Hitlers Seite, schützte ihn mit seinem eigenen Leib an der Feldherrnhalle, wo er von 11 Kugeln getroffen zusammenbrach. Hitler gab ihm niemals ein Anerkennungszeichen für seine Loyalität und sie entzweiten sich nach der Entlassung aus der Festungshaft. Im Dritten Reich war Graf Stadtrat in München.

Gruber, Max von: Geb. 1853, gest. 1927. Professor an der Münchener Universität und Präsident der Bayerischen Akademie der Wissenschaften. War einer der eingeladenen Gäste im Bürgerbräukeller.

Grünspan, Abisch: Jude, Besitzer eines Tabakwarenladens. Mißhandelt bei den Ausschreitungen in der Nacht vom 8. zum 9. November 1923.

Gürtner, Franz: Geb. 1881, gest. 1941. Bayerischer Justizminister bis 1932, dann Reichsjustizminister. Obwohl er im Bürgerbräukeller von Hess festgenommen und als Geisel gefangengehalten wurde, war er ein Sympathisant der nationalsozialistischen Bewegung und trat in den Jahren nach dem Putsch wiederholt für Hitler ein.

Hanfstaengl, Katharina: Ernst Hanfstaengls Mutter. Bei Hitlers Festnahme in Uffing wurde ihre Villa von der Polizei durchsucht.

Hanfstaengl, Egon: Geb. 1920 in New York, Sohn von Ernst und Helene Hanfstaengl.

Hanfstaengl, Erna: Ernst Hanfstaengls Schwester, eine frühe Ahängerin Hitlers.

Hanfstaengl, Dr. Ernst »Putzi«: Geb. 1887, gest. 1976. Der Sohn eines Münchner

Kunstdruckverlegers und einer Amerikanerin, studierte an der Universität von Harvard. Nach vielen Jahren Abwesenheit aus den Vereinigten Staaten nach München zurückgekehrt, befreundete sich Hanfstaengl 1921 mit Hitler und führte ihn in die Münchener »Gesellschaft« ein. Er spielte während des Putsches die Rolle eines »Auslandspresseberaters«. Nach dem Putsch spielte er eine bedeutende Rolle im Wiederaufbau der NSDAP und war nach der Machtergreifung »Auslandspressesprecher«. 1937 brache er mit Hitler und der Partei und flüchtete in die USA, wo er während des 2. Weltkrieges als Berater Präsident Roosevelts fungierte.

Hanfstaengl, Helene: Ernst Hanfstaengls Ehefrau. Hitler versteckte sich in ihrer Villa in Uffing nach dem Scheitern des Putsches. Sie hinderte ihn daran vor seiner Festnahme durch die Polizei Selbstmord zu begehen.

Heines, Edmund: Geb. 1897 in München, ermordet 30. Juni 1934 in der »Nacht der langen Messer«. Söldner und Führer verschiedener Freikorps, Kommandeur des 2. Bataillons der SA. Während des Putsches war er für den Versuch, die Offiziere der Alliierten Militärkontrolle im Hotel Vier Jahreszeiten zu verhaften, verantwortlich.

Hess, Rudolf: Geb. 1894 in Alexandrien, Ägypten. Diente im Weltkrieg als Pilot, kämpfte in einem Freikorps 1919 gegen die »Rote Armee« in München. Aktiv in rechtsextremen Kreisen, schloß er sich 1920 der NSDAP an. Einer der Gründer der SA, war er Kommandeur einer Studenten SA-Kompanie. Er verehrte Hitler. Während der Putschnacht nahm er das bayerische Kabinett im Bürgerbräukeller fest und hielt sie in der Villa des Verlegers Julius Lehmann gefangen. Nach dem Putsch floh er ins Ausland, kehrte jedoch zurück und stellte sich freiwillig den Gerichtsbehörden. Mit Hitler zur Festungshaft verurteilt, half er ihm in Landsberg, »Mein Kampf« zu schreiben. Er war »Stellvertreter des Führers« bis zu seinem Flug nach England 1941. 1946 wurde er vom Internationalen Militärtribunal in Nürnberg als Kriegsverbrecher zu lebenslänglichem Zuchthaus verurteilt und büßt die Strafe im Gefängnis von Spandau, Berlin, ab.

Hewel, Walter: Geb. 1904, beging am 2. Mai 1945 in Berlin, zwei Tage nach Hitlers Tod, Selbstmord. Student und Mitglied des Stoßtrupps, nahm während der Putschnacht an allen Unternehmungen von Berchtolds Stoßtrupp teil: dem Überfall auf die *Münchener Post* und Auers Wohnung, dem Versuch, die Polizeidirektion zu besetzen, die Festnahme des Bürgermeisters und der Stadträte. 1924 mit Hitler und anderen des Hochverrates angeklagt und verurteilt, war er mit Hitler gleichzeitig in Landsberg. Im Dritten Reich fungierte er, mit dem Rang eines Botschafters, als Verbindungsbeamter zwischen dem Auswärtigen Amt und der Reichskanzlei und als Außenminister Ribbentrops ständiger Beauftragter im Führerhauptquartier.

Himmler, Heinrich: Geb. 1900 in München, beging Selbstmord in einer britischen Kontrollstelle in der Nähe von Lüneburg am 23. Mai 1945. Freund von Ernst Röhm und Gregor Strasser, Mitglied von Röhms »Reichskriegsflagge«, seine Rolle im Putsch beschränkte sich auf die eines Fahnenträgers beim Wehrkreiskommando. Nach Hitlers Entlassung aus der Haft wurde er eine Schlüsselfigur der Partei, Mitbegründer und später Chef der SS. Nach der Machtergreifung war er kurze Zeit Chef der Münchner Polizei, danach Chef der Gestapo, der SS und Reichspolizeiminister. Verantwortlich für den Holocaust.

Höfler, Georg: Leutnant der Landespolizei, Freund von Himmler, Schwager von Gregor und Otto Strasser. Er war der Kommandeur eines kleinen Verbandes der Landespolizei an der Ludwigsbrücke, der von den Putschisten auf ihrem Marsch zur Feldherrnhalle überrumpelt wurde.

Hoegner, Wilhelm: Geb. 1887 in München, gest. 1980 München. Als Staatsanwalt in der Staatsanwaltschaft München und Mitglied der sozialdemokratischen Partei, verbarg er in der Putschnacht den Vorsitzenden der Partei, Erhard Auer, in seiner Wohnung und verhinderte damit seine vorauszusehende Festnahme durch die Putschisten. Mitglied des bayerischen Landtags von 1924 bis 1930. In 1927–28 war er Berichterstatter und Mitglied eines Sonderausschusses des Landtags, der versuchte, die Hintergründe des Putsches zu untersuchen. Das 1500 Seiten lange Protokoll der Ausschußsitzungen diente als wichtiges Quellenmaterial für das vorliegende Buch. 1930 Reichstagsabgeordneter, floh er nach der Machtergreifung 1933 zuerst nach Österreich, dann in die Schweiz. Kehrte nach dem 2. Weltkrieg zurück und wurde vom US-Militärgouvernement zum Ministerpräsidenten Bayerns ernannt. Als ihm Hans Ehard 1946 als Ministerpräsident nachfolgte, diente er in dessen Kabinett zunächst als Justiz-, dann als Innenminister. 1954 bis 1957 wieder Ministerpräsident, 1957 bis 1962 Vorsitzender der Sozialdemokratischen Fraktion im Landtag. Vor seinem Tod 1980 gewährte er dem Verfasser ein langes Interview.

Hoffmann, Heinrich: Geb. 1885 in Fürth, Bayern, gest. 1972 in München. Berufsphotograph, der als erster von Hitler Aufnahmen machte und später sein Freund und »Hof-Photograph« wurde. Fast die einzigen existierenden Aufnahmen vom Putsch stammen von ihm.

Hofmann, Hans-Georg: Oberstleutnant der Reichswehr und Regimentskommandeur in Ingolstadt. Ein Kollaborateur von Röhm und Hitler-Sympathisant, trat er am 8. und 9. November auf die Seite der Putschisten. Überraschenderweise wurde er erst 1926 in den Ruhestand versetzt. Nach der Machtergreifung 1933 wurde er mit einem hohen Posten belohnt.

Hofmann, Matthäus: Münchener Polizeioberwachtmeister und Mitglied der NSDAP. Spielte eine wichtige Rolle auf der Seite der Putschisten in der Nacht vom 8. auf den 9. November.

Hühnlein, Adolf: Major der Reichswehr. Spielte eine wichtige Rolle auf der Seite der Putschisten und wurde zusammen mit Ernst Pöhner am Morgen des 9. November in der Polizeidirektion festgenommen. Nach dem Putsch aus dem aktiven Dienst entlassen und nach der Machtergreifung zum General in der Wehrmacht ernannt.

Imhoff, Sigmund Freiherr von: Major der Landespolizei. Hielt am späten Abend des 8. November einen Lehrgang in Taktik für jüngere Offiziere in der Polizeidirektion, als die ersten Nachrichten vom Putsch eintrafen. Er handelte sofort aus eigener Initiative, alarmierte die verfügbaren Polizeiverbände und befahl ihnen, den Hauptbahnhof, das Telegraphen- und Fernsprechamt zu besetzen, bevor er noch General von Danner benachrichtigen konnte. Die Verteilung des Putsches in seinem Anfangsstadium war vor allem ihm zu verdanken.

Kahr, Gustav Ritter von: Geb. 1862 in Weissenborn, Bayern, wurde am 30. Juni 1934, in der »Nacht der langen Messer« von den Nazis grausam ermordet. Der Sohn eines bayerischen Richters am Appellationsgericht, war Staatsbeamter im königlichen Bayern, und Regierungspräsident von Oberbayern 1917. Rechtsextremer Monarchist und Intrigant wurde er durch den Staatsstreich von 1920 Bayerns Ministerpräsident. Diese Stellung hatte er fast zwei Jahre lang inne. Dann nahm er wieder seine frühere Position als Regierungspräsident Oberbayerns ein. Wurde von der Regierung des Ministerpräsidenten von Knilling zum Generalstaatskommissar und Diktator Bayerns ernannt. Hitler versuchte Monate hindurch, ihn für einen Staatsstreich zu gewinnen. Seine ambivalente Rolle während und nach den Ereignissen im Bürgerbräukeller am 8. November wurde niemals zufriedenstellend geklärt. Sein im Bürgerbräukeller öffentlich gegebenes und noch in derselben Nacht widerrufenes Wort machte ihn zum »meistgehaßten Mann in Bayern«. Am 18. Februar 1924 wurde er zur Abdankung gezwungen. Von 1924 bis 1927 war er Präsident des Bayerischen Verwaltungsgerichts.

Kallenbach, Hans: Geb. 1897 in München, gest. 1978. Als Zugführer im »Stoßtrupp Hitler« nahm er an den meisten Aktivitäten des Stoßtrupps während der Putschnacht und am folgenden Morgen teil, wurde mit anderen Mitgliedern des Stoßtrupps angeklagt, schuldig gesprochen und zu Festungshaft verurteilt. 1939 veröffentlichte er Memoiren über den Putsch und seine Haftzeit mit Hitler in Landsberg.

Kautter, Eberhard: Kapitänleutnant a. D. der kaiserlichen Kriegsmarine. Als Hermann Ehrhardts Stellvertreter als Kommandeur des Freikorps und des »Wikingbundes«, intrigierte er während der Nacht des Putsches gegen Hitler in der Hoffnung, den Staatsstreich selbst in die Hand zu bekommen und v. Kahr auf seine Seite zu ziehen.

Kiefer, Philipp: Kriminalkommissar. Am Abend des 8. November verantwortlich für die Sicherheit im Bürgerbräukeller. Als die Hitler-Männer in den Saal drangen, gelang es ihm, an ihnen vorbeizuschlüpfen und von einer naheliegenden Polizeistation aus als erster die Polizeidirektion zu alarmieren.

Kiessling, Konrad: Hilfsassistent der Münchener Polizei. Kämpfte mit dem Freikorps Epp bei der Niederwerfung der Räterepublik von Bayern. Später Mitglied des »Bundes Oberland«. In der Nacht des Putsches nahm er in der Oberland Kompanie Alfons Webers und im Bataillon Ludwig Oestreichers am Versuch, das Generalkommissariat zu besetzen, teil. Später begann er dann an der Legalität des Putsches zu zweifeln, eilte jedoch erst nach der Schießerei an der Feldherrnhalle zu seinem Posten in der Polizei zurück, um »seinen Beruf zu retten«.

Kiliani, Immanuel: Leutnant der Landespolizei, wurde im Dritten Reich General der Wehrmacht.

Klotz, Helmuth: Geb. 1894. Mitarbeiter Julius Streichers in der nationalsozialistischen Führerschaft von Nürnberg. Aktiv als Agitator während der Nacht des 8.

und dem Morgen des 9. November. Desillusioniert von der Nazi-Bewegung, trat er aus der Partei noch vor der Machtergreifung 1933 aus.

Knauth, Hans: Geb. 1892. Wie Karl Beggel Bankbeamter und Leutnant a. D. Als Kommandeur des 3. Bataillons der SA inszenierte er die Raubüberfälle auf das Waffenlager im St.-Anna-Kloster in der Nacht des 8. November und am Morgen des 9. November auf die Druckereien, in denen er Billiarden von frisch gedruckten Banknoten für die Partei »beschlagnahmte«.

Knickerbocker, Hubert R.: Amerikanischer Journalist. Augenzeuge des Putsches, berichtete über ihn im *Baltimore Sun*.

Knilling, Eugen Ritter von: Geb. 1865, gest. 1927. Ministerpräsident von Bayern 1922–1924. In der Nacht des Putsches von Hess im Bürgerbräukeller festgenommen.

Kressenstein, Otto Freiherr Kress von: Geb. 1870, gest. 1948. Kommandeur der Artillerie der 7. Division. Setzte die Armee-Einheiten in Nordbayern in Bereitschaft, um zur Niederwerfung des Putsches nach München zu marschieren. 1924 Nachfolger Lossows als Befehlshaber der 7. Division.

Kriebel, Hermann: Geb. 1876, gest. 1941. Oberstleutnant a. D. und ehemaliger Offizier im Bayerischen Generalstab. Kämpfte in der Weißen Konterrevolution mit den Freikorps-Verbänden. »Militärischer Führer« des Kampfbundes, der aus Hitlers NSDAP und SA sowie dem »Bund Oberland« und Röhms »Reichskriegsflagge« bestand. Nächst Hitler und Ludendorff die Schlüsselfigur im Putsch, wurde er 1924 im Hitler-Prozeß verurteilt und büßte die Strafe zusammen mit Hitler in Landsberg ab. Nach seiner Entlassung aus der Festungshaft hielt er die Verbindung mit der NSDAP und dem »Bund Oberland« aufrecht, wurde jedoch nach der Machtergreifung für seine »Dienste« nicht entsprechend honoriert. Bis zu seinem Tod 1941 deutscher Generalkonsul in Shanghai.

Lehmann, Julius F.: Verleger und einer der führenden Persönlichkeiten der ultranationalistischen, antirepublikanischen, antisemitischen Bewegung in München. Gründungsmitglied der Geheimgesellschaft »Thule«, die, der »nordischen Kultur« geweiht, als Fundgrube rechtsextremer Ideologien diente. Lehmann war der Schwiegervater des »Bund-Oberland«-Führers Dr. Friedrich Weber und Besitzer der Villa, in der Rudolf Hess während des Putsches das Bayerische Kabinett und andere hohe Beamte gefangenhielt.

Lenk, Adolf: Geb. 1903. Ein früher Bewunderer Hitlers, war Lenk der Führer des »Jungsturms« der NSDAP, des Vorläufers der Hitlerjugend. Er nahm am Putsch aktiv teil, begleitete Hitler zum Bürgerbräukeller und bewachte mit Ulrich Graf und Rudolf Hess die Triumviren im Nebenzimmer, während sie Hitler zum Mitmachen bei dem »Marsch auf Berlin« zu überreden versuchte. Auf dem Marsch zur Feldherrnhalle entkam Lenk knapp dem Tod. Nach dem Putsch versuchte Lenk die Jugendbewegung der NSDAP zu reorganisieren und wurde dafür, da die Partei damals gesetzlich verboten war, zwar angeklagt, doch kam es nicht zu einer Gerichtsverhandlung. Obwohl Lenk ein persönlicher Mitarbeiter Hitlers in Berlin und auch in München gewesen war, spielte er niemals eine prominente Rolle im Dritten Reich. Nach einer Auseinandersetzung mit Martin Bormann wurde er festgenommen und verbrachte die letzten zwei Jahre des Zweiten Weltkriegs eingesperrt in einem Luftschutzbunker in München. Lebt als Pensionär in München.

Leupold, Ludwig: Oberst der Reichswehr, stellvertretender Kommandant der Infanterieschule, »Kampfbund«-Sympathisant. Warnte Ludendorff am frühen Morgen des 9. November, daß Lossow sich gegen den Putsch gestellt hatte und ihn mit Waffengewalt niederzuwerfen plante.

Lövenstein, Bernhard: Jüdischer Kaufmann, in der Putschnacht in seiner Wohnung von Nationalsozialisten belästigt.

Löwenthal, Max: Jüdischer Kaufmann, in dessen Wohnung Nationalsozialisten in der Putschnacht eindrangen.

Lossow, Otto von: Geb. 1868, gest. 1938. Generalleutnant, Kommandeur der 7. Division der Reichswehr und Landeskommandant von Bayern. Im Herbst 1923 bildete er mit Gustav von Kahr und Hans von Seisser das Triumvirat, das Bayern regierte. Der politische General und ehrgeizige Intrigant wollte die Macht im Reich ergreifen und war vorübergehend stark von Hitler beeinflußt. Sein dubioses und ambivalentes Verhalten im Bürgerbräukeller trug dazu bei, daß er am 18. Februar 1924 frühzeitig in den Ruhestand versetzt wurde. Daraufhin ging er in die Türkei, wo er früher als militärischer Berater gedient hatte, und wurde General in der türkischen Armee. Anfang der dreißiger Jahre nach Deutschland zurückgekehrt, wurde er von den Nazis wiederholt bedroht, stand jedoch unter dem Schutz der Wehrmacht und starb 1938 eines natürlichen Todes.

Luber, Dr. Karl und Emilie: Schwiegersohn bzw. Tochter des Vorsitzenden der Sozialdemokratischen Partei Bayerns, Erhard Auer. In der Nacht des 9. November von Berchtolds »Stoßtrupp« festgenommen, war Karl einer der Geiseln im Bürgerbräukeller.

Ludendorff, Erich: Geb. 1865, gest. 1938. General a. D. und nächst Hitler die Schlüsselfigur im Putsch. Bei Kriegsbeginn Oberquartiermeister im Armee-Oberkommando 2, erwarb er sich Ruhm mit dem Sieg bei Tannenberg 1914. 1916 wurde er 1. Generalquartiermeister bei der Obersten Heeresleitung und erhielt neben Hindenburg als Chef des Generalstabs des Feldheeres volle Mitverantwortung. Tatsächlich wurde Ludendorff der Leiter der Gesamtkriegführung zu Lande und war von 1916–1918 für Deutschlands Siege wie auch für seine Niederlagen verantwortlich. Entfloh nach dem Waffenstillstand 1918 nach Schweden. Kehrte 1919 nach Deutschland zurück und war der Rädelsführer hinter den Kulissen des Kapp-Putsches 1920. Nach dessen Fehlschlag übersiedelte er nach München, wo er weiterhin gegen die Reichsregierung intrigierte und auch offen Stellung nahm. Eng mit Hitler und den rechtsextremen Verbänden Bayerns verbunden, war er der Anstifter des Marsches auf die Feldherrnhalle am 9. November. Im Hitler-Prozeß 1924 wurde er als der größte Kriegsheld Deutschlands freigesprochen, empfand aber den Freispruch als eine Ehrenbeleidigung. 1924–28 nationalsozialistischer Abgeordneter im Reichstag. Nach dem Tod Friedrich Eberts stellten ihn die Nationalsozialisten 1925 als Präsidentschaftskandidat auf, wo er Generalfeldmarschall Paul v.

Hindenburg unterlag. Wandte sich dann gegen die NSDAP und warnte Hindenburg, als er diesen »unseligen Mann« zum Reichskanzler machte. Wurde durch seine Frau Mathilde allmählich zum rechtsextremen polemischen Sektierer.

Mantel, Karl: Polizeipräsident von München. Wurde im Bürgerbräukeller von Rudolf Hess festgenommen und während der Nacht des 9. November in der Villa von Julius Lehmann gefangen gehalten. Nach dem Putsch wurde ihm vorgeworfen, daß er keine hinreichenden Maßnahmen getroffen habe, um die Unterwanderung der Polizei durch die Nationalsozialisten zu verhindern.

Matt, Franz: Geb. 1860, gest. 1929. Bayerischer Staatsminister für Unterricht und Kultus. 1920 bis 1926 Vize-Ministerpräsident. Offener Gegner der Nationalsozialisten, der Rechtsextremen und der Politik Gustav von Kahrs. Er nahm an Kahrs Veranstaltung im Bürgerbräukeller am 8. November nicht teil. Sobald er von Hitlers Putsch benachrichtigt wurde, organisierte er einen Widerstand, indem er mit anderen Kabinettsmitgliedern, die sich vom Bierkeller ebenfalls ferngehalten hatten, nach Regensburg fuhr, um dort eine demokratische Exilregierung zu bilden.

Maurice, Emil: Geb. 1897, gest. 1979 in München. Von Beruf Uhrmacher, Mitglied von Berchtolds Stoßtrupp. In der Nacht des 8. November zeichnete er sich in den Aktionen des Stoßtrupps, insbesondere beim Überfall auf Auers Wohnung durch sadistisches und brutales Verhalten aus. Im Hitler-Prozeß wurde er mit anderen Stoßtrupp-Männern verurteilt und zu Festungshaft verurteilt. In Landsberg freundete er sich mit Hitler an und wurde nach seiner und Hitlers Haftentlassung, dessen Chauffeur. Maurice verliebte sich in die Tochter von Hitlers Halbschwester, Geli Raubal, mit der der Führer ein Verhältnis hatte. Es kam dann zum Bruch zwischen Hitler und Maurice, auf den 1931 der mysteriöse Selbstmord Geli Raubals folgte.

Mayer, Pater Rupert, S. J.: Geb. 1876, gest. 1945. Jesuit. Diente im Ersten Weltkrieg im Sanitätskorps, wurde schwer verwundet und verlor ein Bein. Seine Opposition gegen die Münchener Räterepublik machte ihn bei den vaterländischen Bewegungen beliebt. Nach einer kurzen Begeisterung für den Nationalsozialismus, wurde er zu einem kompromißlosen Kritiker der Bewegung. Versuchte den Verwundeten und Sterbenden am Odeonsplatz geistlichen Trost zu geben, den diese jedoch ausnahmslos ablehnten. Nach der Machtergreifung 1933 griff Pater Mayer in seinen Predigten das Hitler-Regime furchtlos und aufs schärfste an. Wiederholt wurde er von der Gestapo festgenommen und schließlich im KZ Oranienburg-Sachsenhausen interniert.

Müller, Dr. Karl Alexander von: Geb. 1882, gest. 1964. Professor für neue Geschichte an der Universität München von 1917–45. War Nationalist und Anhänger v. Kahrs und schrieb politische Artikel in Cossmanns *Süddeutschen Monatsheften*. Schwager von Gottfried Feder. Als Augenzeuge der Ereignisse wurde er im Hitler-Prozeß verhört. Seine Memoiren enthalten ausführliche Beobachtungen und Beschreibungen der Hauptbeteiligten und der Ereignisse.

Muxel, Wilhelm: Geb. 1875. Oberstleutnant der Landespolizei. Spielte eine führende Rolle bei der Niederwerfung des Putsches.

Neithardt, Georg: Vorsitzender im Prozeß gegen Hitler, Ludendorff u. a. 1924.

Neubauer, Kurt: Geb. 1899, fiel an der Feldherrnhalle am 9. November 1923. Ludendorffs Diener, SA-Mann und wie Lenk aktiv in der Jugendbewegung der NSDAP.

Neunzert, Max: Geb. 1892. Leutnant a. D. »Verbindungsoffizier« des Kampfbundes. Am Morgen des 9. November 1923 schickte ihn Hitler nach Berchtesgaden zum Kronprinzen Rupprecht, mit dem dringenden persönlichen Ansuchen, zwischen ihm und Gustav von Kahr zu vermitteln. Neunzert nahm den Zug, statt per Auto nach Berchtesgaden zu fahren. Eine folgenschwere Fehlentscheidung.

Nussbaum, Albert: Sozialdemokrat und Stadtrat. Wurde am 9. November mit dem Bürgermeister Eduard Schmid und anderen Ratsherren vom »Stoßtrupp« als Geisel festgenommen. Göring drohte, ihn erschießen zu lassen.

Oemler, Hans: Hauptmann a. D. Kommandeur des Bataillons des »Bundes Oberland«, das während des Putsches die Kaserne des 19. Infanterie-Regiments zu besetzen versuchte. Oemler gab in seiner polizeilichen Aussage seiner Enttäuschung Ausdruck über die Führung der nationalsozialistischen Partei.

Oestreicher, Ludwig: Bataillons-Kommandeur der »Oberländer«, die Hitlers SA im Bürgerbräukeller verstärkten und später für die Festnahme von Juden während der Putschnacht verantwortlich waren.

Osswald, Karl: Geb. 1895. Oberleutnant a. D. Fungierte in der »Reichskriegsflagge« als Röhms rechte Hand und kommandierte deren Operationen bei der Besetzung des Wehrkreiskommandos. Während der zweiten Hälfte der 20er Jahre spielten er und Röhm eine wichtige Rolle in der Organisation der SA.

Oswald, Heinrich: Geb. 1866, gest. 1929. Von 1920 bis 1929 Bayerns Minister für Soziale Fürsorge. Hielt sich am Abend des 8. November vom Bürgerbräukeller fern. Wirkte mit Franz Matt an der Bildung einer Exilregierung mit.

Pernet, Heinz: Leutnant a. D. General Ludendorffs Stiefsohn. Spielte eine führende Rolle in der Planung und Ausführung des Putsches. 1924 mit seinem Stiefvater und Hitler des Hochverrates angeklagt, wurde er der Beihilfe für schuldig gesprochen und verurteilt.

Pöhner, Ernst: Geb. 1870, gest. 1925. Als Münchens Polizeichef 1919 bis 1922, war er einer der Hauptverantwortlichen beim Weißen Terror und beim Vertuschen von politischen Mordtaten, die die Existenz der jungen deutschen Republik bedrohten. Ultranationalistisch, extrem antisemitisch, war er eng mit Kahr verbunden. Von Hitler während der Putschnacht zum Ministerpräsidenten Bayerns ernannt. Als einer der 10 Hauptangeklagten wurde er 1924 im Hitler-Prozeß verurteilt. Kam bei einem ungeklärten Autounfall 1925 ums Leben.

Pröhl, Ilse: Während des Putsches Rudolf Hess' Verlobte und später seine Ehefrau. Lebt in einem Gebirgsdorf südlich von München.

Ried, Michael: Geb. 1898. Von Beruf Kraftwagenfahrer. Als Chauffeur der NSDAP war er Augenzeuge der meisten Schlüsseloperationen des Putsches. So fuhr er Ludendorff zum Bürgerbräukeller, Hess und einige der Geiseln zur

Villa Lehmann und nach dem Zusammenbruch des Putsches, Hitler nach Uffing zur Villa der Hanfstaengls.

Röhm, Ernst: Geb. 1887, ermordet am 30. Juni 1934 in der »Nacht der langen Messer«, der nach ihm benannten Säuberungsaktion. Hauptmann im Generalstab der 7. Division. Als Mitglied des Freikorps Epp, spielte er 1919 eine wesentliche Rolle in der Münchener Gegenrevolution. Aktiv in einer Anzahl von monarchistischen und nationalistischen paramilitärischen Verbänden, befreundete er sich mit Hitler 1919 und führte diesen in den Kreis rechtsextremer ranghoher Offiziere ein, die das Ziel, die Republik zu stürzen, verfolgten. War Mitbegründer der »Schwarzen Reichswehr« in Bayern, und hatte für sie geheime Waffenlager anlegen lassen. Als Hitlers militärischer Mentor, spielte er eine bedeutende Rolle in der Anwerbung und Ausbildung der SA und anderer paramilitärischer Organisationen. War Führer der »Reichskriegsflagge«, eines militanten Verbandes von Kriegsveteranen. Hitler betraute ihn in der Putschnacht mit der Besetzung von Lossows Hauptquartier im alten Kriegsministerium. Mit Hitler und anderen des Hochverrates angeklagt, wurde er 1924 schuldig gesprochen und verurteilt. Geriet des öfteren in Konflikt mit Hitler und ging von 1928–1930 als Militärberater nach Bolivien. 1930 rief ihn Hitler zurück und ernannte ihn zum Stabschef der SA, die er innerhalb eines Jahres zu einer bedeutenden Streitkraft ausbildete. Nach der Machtergreifung 1933, wurde er Reichsminister o. G. Sein Ziel, die SA zum Kern eines nationalsozialistischen Volksheeres zu machen, brachte ihn in Gegensatz zu Hitler, der ihn unter dem Vorwand, einen Putsch geplant zu haben mit andern SA-Führern am 30. 6. 1934 verhaften und anschließend ermorden ließ.

Rosenberg, Dr. Alfred: Geb. 1893. Wurde vom internationalen Militärtribunal in Nürnberg »als Urheber des Rassenhasses« zum Tode verurteilt und hingerichtet. In Reval geboren und in Rußland erzogen, flüchtete Rosenberg nach der bolschewistischen Revolution nach Deutschland und war in den zaristischen Exilkreisen Münchens politisch tätig. Der »Ideologe« des nordischen Rassenmythos und Antisemit, lernte Hitler durch Dietrich Eckart und in der Thulegesellschaft kennen, und wurde 1919 Mitglied der NSDAP. Durch Eckarts Vermittlung wurde er 1923 Chefredakteur des *Völkischen Beobachters.* Nach dem Putsch wuchs sein Einfluß in der NSDAP beständig. Er wurde Theoretiker und Chef-Ideologe des nationalsozialistischen Antisemitismus, Rassismus und Antiklerikalismus. Nach der Machtergreifung Reichsleiter der NSDAP und Chef des »außenpolitischen Amtes« der Partei. 1941–45 Reichsminister für die besetzten Ostgebiete.

Rossbach, Gerhard: Geb. 1893. Zu Beginn der zwanziger Jahre genoß sein Name als Söldner, Freibeuter und Freikorpsführer in rechtsextremen, vaterländischen und paramilitaristischen Kreisen mehr Ansehen als Hitler. Während des Putsches organisierte und führte er die Studenten, Kadetten und Offiziersanwärter der Reichswehr-Infanterie-Schule. Nach dem Putsch floh er nach Österreich und büßte sein Prestige in der Nationalsozialistischen Bewegung für immer ein. Während der Röhm'schen »Säuberungsaktion« wurde er verhaftet, nicht jedoch wie die anderen ermordet. Im 2. Weltkrieg betrieb er ein Import-Export-Geschäft in der Nähe Frankfurts.

Rue, Larry: Amerikanischer Journalist. Berichterstatter der *Chicago Tribune* von 1919 bis zu seinem Tod 1970 in Bonn, wo er nach dem 2. Weltkrieg die Redaktion seiner Zeitung übernahm. Berichtete über die Ereignisse des 8. und 9. November.

Ruith, Adolf Ritter von: Generalmajor. Kommandeur der Infanterie der 7. Division. Mit General von Danner und General von Kressenstein war er dafür verantwortlich, daß sich v. Lossow gegen den Putsch stellte.

Rupprecht, Kronprinz von Bayern: Geb. 1869 als ältester Sohn Ludwig III. von Bayern, gest. 1955. Im 1. Weltkrieg Oberbefehlshaber der Königlich Bayerischen Armee. Nach dem Tod seines Vaters, 1922, Kronprätendent. Sein Ehrgeiz, die Bayerische Monarchie wiederherzustellen hatte nichts mit dem Vorhaben gewisser führender Männer des Putsches zu tun, die ihn zum Kaiser des Deutschen Reiches machen wollten. Nach dem 2. Weltkrieg bot General George S. Patton als militärischer Gouverneur Bayerns Rupprecht angeblich die Königskrone von Bayern an. Der 76jährige Kronprinz ließ ihm mitteilen, daß er daran nicht mehr interessiert sei.

Sauerbruch, Prof. Dr. Ferdinand: Geb. 1875, gest. 1951. Chirurg von Weltruf. Ordinarius und Chef der Chirurgischen Universitätsklinik in München 1918 bis 1927. Die Verwundeten von der Feldherrnhalle wurden in seiner Klinik behandelt. Obwohl ultranationalistisch gesinnt, versuchte er am 12. November 1923 die randalierenden Studenten der Münchener Universität zu beschwichtigen. Sein Assistent richtete Hitlers verrenkte Schulter wieder ein, als sich dieser im Landhaus der Hanfstaengls versteckt hielt. Im Dritten Reich galt er als enger Freund der führenden Nazis.

Schacht, Hjalmar Horace Greeley: Geb. 1877, gest. 1970. Deutscher Bankier und Währungspolitiker. Im November 1923 zum Reichswährungskommissar, Dezember 1923 zum Präsidenten der Reichsbank ernannt. Als Reichswährungskommissar führte er die Rentenmark ein, die der Inflation ein Ende machte und die Mark stabilisierte. Aus Protest gegen die Fortdauer der Reparationszahlungen legte er seine Ämter 1930 nieder. 1933 ernannte ihn Hitler zum Präsidenten der Reichsbank und 1934 zum Wirtschaftsminister. Er war gegen die Vierjahrespläne Görings und resignierte 1937 als Wirtschaftsminister. 1939 protestierte er gegen Hitlers Rüstungsbudget, weil dieses seiner Meinung nach eine Inflation verursachen würde. Noch im selben Jahr wurde er von Hitler seines Amtes als Reichsbankpräsident enthoben. 1939 bis 1943 Minister ohne Portefeuille, wurde er 1944 der Teilnahme an dem Komplott gegen Hitler verdächtigt und interniert. 1946 sprach ihn das Internationale Militär-Tribunal in Nürnberg frei.

Schaub, Julius: Geb. 1898. Mitglied des »Stoßtrupps«. In der Nacht des 8. November überbrachte er Gregor Strasser die Anordnung Görings, mit seinem SA-Kontingent nach München zu marschieren. Am Morgen des 9. November nahm er und Heinrich von Knobloch mit SA-Leuten den Bürgermeister von München, Eduard Schmid, und sieben Stadträte fest. Nach Hitlers

Entlassung aus der Festungshaft auf Landsberg wurde er als Nachfolger des an der Feldherrnhalle schwer verwundeten Ulrich Graf sein Leibwächter und später sein persönlicher Adjutant mit dem Rang eines SS-Generals, eine Position, die er bis zum bitteren Ende innehatte. Als Hitler am 30. April 1945 Selbstmord beging, verbrannte er Hitlers persönliche Dokumente und floh dann nach Berchtesgaden.

Scheubner-Richter, Dr. Max-Erwin von: Geb. 1884 in Riga, gefallen an der Feldherrnhalle 9. November 1923. Scheubner gehörte zur Gruppe der russischen Emigranten in München und war eng mit Alfred Rosenberg befreundet, der ihn mit Hitler bekannt machte. Nahm teil am Kapp-Putsch und wurde 1920 Mitglied der NSDAP. In dieser spielte er dank seiner Verbindungen zu Ludendorff, der königlichen Familie Bayerns, wichtiger Financiers und anderer rechtsradikaler Organisationen bald eine führende Rolle. Er war der Revolutionsstratege und Mitarbeiter Hitlers in der Planung des Putsches. Als Hitler von Scheubners Tod benachrichtigt wurde, soll er bemerkt haben: »Jeder ist ersetzbar mit der Ausnahme von Scheubner.«

Schiedt, Adolf: Chef vom Dienst der *Münchener Zeitung* und Gustav von Kahrs inoffizieller Pressechef. Schiedt und der Chefredakteur der *Münchner Neuesten Nachrichten*, Fritz Gerlich waren die Ghostwriter von Kahrs Rede im Bürgerbräukeller.

Schlier, Paula: Stenotypistin und Hilfsredakteurin der NSDAP-Tageszeitung *Völkischer Beobachter.* Sie führte ein Tagebuch über die Vorgänge in der Redaktion. Ihre Memoiren aus dem Jahre 1923 wurden veröffentlicht und enthalten einen ausführlichen Bericht über die Reaktion der Redakteure und die Geschehnisse während der 18 Stunden des Putsches in der Schellingstraße. Später wurde sie als Verfasser moralisch-religiöser Traktate bekannt.

Schmid, Eduard: Sozialdemokrat. 1919 bis 1924 Bürgermeister von München. Am Morgen des 9. November wurde er zusammen mit sieben anderen linksorientierten Stadträten festgenommen und von Hermann Göring mit Erschießen bedroht.

Schmied, Ludwig: Geb. 1898 in München. Mitglied des Stoßtrupp und Redakteur des *Völkischen Beobachters.* Schmied war in der Putschnacht einer von Hitlers Leibwächtern. Am Morgen des 9. November wartete er mit dem Fahrer Michael Ried an der Ecke Perusa-/Residenzstraße im Notfallwagen, mit dem Hitler nach der Schießerei an der Feldherrnhalle entfloh und begleitete ihn nach Uffing. Nach 1933 blieb Schmied Mitglied der NSDAP ohne jedoch eine bedeutende Rolle zu spielen. Lebt als Pensionär in München.

Schreck, Julius: Geb. 1898, gest. 1936. War SA-Mann und der eigentliche Begründer von Hitlers Leibwache, des Stoßtrupp, dem Vorgänger der SS. Seine Rolle im Putsch war von kurzer Dauer: er begleitete Major Alexander Siry zur Infanteriekaserne, wo dieser vergeblich Lossow zu sprechen versuchte, wurde festgenommen und für den Rest des Putsches festgehalten. Nach Hitlers Bruch mit Emil Maurice 1931 wurde er Hitlers persönlicher Fahrer.

Schultze, Dr. Walter: Arzt der SA. Während Hitlers Flucht nach Uffing behandelte er dessen ausgekugelte Schulter. Schultze praktizierte als Arzt in München und hielt seine enge Verbindung mit der Führung der NSDAP aufrecht. Er starb 1979.

Schweyer, Franz: Geb. 1868, gest. 1935. Bayerischer Innenminister 1921 bis 1924. Trotz seiner rechtskonservativen Politik war Schweyer von Anfang an ein Gegner Hitlers. Sein Name stand als erster auf Rudolf Hess' Liste im Bürgerbräukeller, wo er festgenommen wurde. Gefangengehalten in der Lehmann-Villa behandelte ihn Hess auf besonders sadistische Weise.

Seeckt, General Hans von: Geb. 1866, gest. 1936. Von 1920–1926 Oberster Befehlshaber der 100000 Mann starken Reichswehr. Er war von Zeit zu Zeit – besonders während der Putschperiode – der mächtigste Mann in Deutschland. In der Nacht des Putsches wurde er zum militärischen Diktator des Reiches ernannt. Reichstagsabgeordneter 1930 bis 1932, 1934 bis 1935 General Chiang Kai-sheks militärischer Ratgeber in China.

Seisser, Oberst Hans von: Geb. 1874, gest. 1973. Chef der divisionsstarken Bayerischen Landespolizei. Zur Zeit des Putsches einer der mit diktatorischen Vollmachten ausgestatteten Triumviren Bayerns. Seine Einstellung zum Putsch war ambivalent. Seine Untergebenen wußten viele Stunden hinweg lang nicht, auf welcher Seite er stand. Nach dem Putsch wurde Seisser zeitweilig von der Bayerischen Regierung seines Amtes enthoben, später jedoch rehabilitiert und wieder zum Chef der Landespolizei ernannt. Diese Position hatte er inne bis zu seiner Pensionierung 1930. Von Zeit zu Zeit von den Nazis schikaniert, wurde Seisser 1945 vom amerikanischen Militärgouverneur in Bayern als Präsident der Landespolizei wiedereingesetzt, nach Hoegners Ernennung zum Ministerpräsidenten jedoch sogleich wieder seines Amtes enthoben. Hoegner hielt Seisser für einen heimlichen Nazi und ernannte Godin an seiner statt zum Landespolizeipräsidenten.

Seydel, Josef: Geb. 1887. Hauptmann a.D., enger Freund Ernst Röhms und stellvertretender Führer der »Reichskriegsflagge«. Er informierte Röhm im Löwenbräukeller vom Gelingen des Putsches.

Siry, Alexander: Major a.D., versuchte während der Putschnacht zwischen Hitler und General von Lossow zu vermitteln, wurde jedoch von Lossow festgenommen.

Strasser, Gregor: Geb. 1892, ermordet am 30. Juni 1934 in der »Nacht der langen Messer«. Inhaber einer Apotheke in Landshut. Gregor und sein Bruder Otto waren Faschisten, die der Schwarzhemd-Bewegung Mussolinis näher standen als der NSDAP. Strassers Landshuter SA-Bataillon nahm am Marsch auf die Feldherrnhalle teil. Er war mit dem Leutnant der Landespolizei, Georg Höfler, verschwägert, dessen Verband an der Ludwigsbrücke von den Putschisten überrumpelt wurde. Nach der Niederwerfung des Putsches und während Hitlers Gefangenschaft in Landsberg, war Strasser das Haupt der illegalen Partei. Nach Hitlers Entlassung aus der Festungshaft verschlechterte sich das Verhältnis zwischen den beiden auf Grund politisch-strategischer Meinungsverschiedenheiten. 1932 wurde er aus der Partei ausgeschlossen und 1934, zusammen mit Röhm und anderen, auf Grund einer angeblichen Verschwörung gegen Hitler ermordet.

Streck, Hans: Major a. D. Mit Röhm befreundet, Teilnehmer an der Planung des Putsches. Verbindungsoffizier zwischen der NSDAP und Röhms »Reichskriegsflagge«.

Streicher, Julius: Geb. 1885, hingerichtet 1946, war Schullehrer in Nürnberg und spielte seit 1921 eine führende Rolle in der Hitler-Bewegung, deren Leiter er in Franken war. Der Antisemit wurde zum Hauptpropagandisten des rassistischen Parteiprogramms. Seine Rolle in der Putschnacht und dem Morgen des 9. November beschränkte sich auf die eines Propagandisten und Straßenecken-Agitators. Nach der Machtergreifung wurde er zum Gauleiter Frankens. Gründer und Herausgeber des virulent antisemitischen Wochenblattes *Der Stürmer.* Wurde vom internationalen Militärtribunal in Nürnberg der Verbrechen gegen den Frieden und der Menschlichkeit überführt und als einer der Hauptinitiatoren der Judenverfolgungen zum Tode verurteilt.

Stresemann, Gustav: Geb. 1878, gest. 1929. Als Reichskanzler, August bis November 1923, legte er die Grundlagen für die Gesundung der Reichsfinanzen durch die Einführung einer neuen Währung, der Rentenmark, und suchte nach einer Verständigung mit den Siegermächten in der Frage der Reparationszahlungen. Als Außenminister von 1923 bis zu seinem Tode, war er der Urheber des Dawes-Planes, des Locarno- und des Briand-Kellogg-Vertrages. Erhielt 1926 den Friedensnobelpreis. Als national-liberaler Politiker spielte er eine Schlüsselrolle in der Wiederherstellung des Ansehens und der Stabilität Deutschlands während der Weimarer Zeit.

Thompson, Dorothy: Amerikanische Journalistin. Berichtete über den Putsch in München.

Wagner, Robert: Geb. 1898. Hingerichtet 1946 in Straßburg, nachdem ihn ein französisches Militärtribunal der Kriegsverbrechen für schuldig befunden hatte. Als Leutnant der Reichswehr und Offiziersschüler der Infanterieschule war er unter Führung von Rossbach mitverantwortlich für die Mobilmachung und die Teilnahme der 400 Offiziersanwärter und Offiziersschüler der Infanterieschule am Putsch. Als einer der Hauptangeklagten im Hitlerprozeß 1924 wurde er schuldig gesprochen. Nach Hitlers Machtergreifung Gauleiter von Baden und Elsaß.

Weber, Dr. Friedrich: Geb. 1892, gest. 1954. Führer des »Bundes Oberland«. Galt mit Hitler, Ludendorff, Röhm und Kriebel als einer der Hauptverschwörer. Im Hitler-Prozeß 1924 wurde er schuldig gesprochen und mit Hitler zu einer kurzen Festungshaft verurteilt. Versuchte nach seiner Haftentlassung den »Bund Oberland« weiter zu führen. Als er erkannte, daß seine politische Karriere zu Ende war, konzentrierte er sich auf seine tierärztliche Praxis in München. Nach der Machtergreifung hielt er die persönliche Verbindung mit Hitler aufrecht und wurde für seine Loyalität mit einer lukrativen veterinärmedizinischen Position in Berlin belohnt. Nach dem 2. Weltkrieg noch als Tierarzt tätig, starb er 1954.

Wutzelhofer, Johann: Geb. 1871, gest. 1939. Bayerischer Minister für Landwirtschaft von 1919 bis 1923. Wurde in der Putschnacht von Rudolf Hess im Bürgerbräukeller als Geisel festgenommen und in der Villa des Verlegers

Lehmann gefangengehalten. Zusammen mit Franz Schweyer wurde er von Hess in die Gegend von Bad Tölz gebracht, um sie in einer Skihütte als Geiseln weiter festzuhalten.

Zuckmayer, Carl: Geb. 1896, gest. 1977. Schriftsteller und Dramatiker. Arbeitete zur Zeit des Putsches als Regieassistent und Dramaturg im Münchner Schauspielhaus und war Augenzeuge der Geschehnisse. Als leidenschaftlicher Gegner der Hitler-Bewegung emigrierte er nach der Machtergreifung 1933 zunächst nach Österreich, dann in die Schweiz und schließlich in die Vereinigten Staaten. Sein bekanntestes Bühnenwerk nach dem Krieg war »Des Teufels General«.

Quellen der einzelnen Kapitel

Prolog

Stenographisches Protokoll des Hitlerprozesses, MA 104222-24; Kahrs Denkschrift MA 103473; Gordon; Hofmann; Toland; Payne; Schirer; Franz-Willing; Hümmert; Schwend; Hoegner (2); Jarman; v. Müller; Hanfstaengl; Maser; Röhm; Leverkühn; Ludendorff.

Die Stadt

Hollander; Hollweck; Mann; Wolfe; Hoegner.

1. Szene

Hofmann; Franz-Willing; Toland; Hollweck; Ehard Interview; Hoegner Interview; Briemann Interview; Lenk Interview; Berchtold Aussage in MA 103476; Himmler Vernehmung in Pol. Dir. 6713, Firschauer, Manville-Fraenkel; Sauerbruch; Ludendorff (2); Mann; Murphy; Kahrs Denkschrift MA 103473; Mantel Bericht an Generalstaatskommissariat in Pol. Dir. 6709 und 6710; Röhm; v. Müller; Zuckmayer; Hümmert und Hümmert Interview; Wilamowitz-Moellendorf; Gritzbach; Hanfstaengl; Rosenberg und Rosenberg Vernehmung in Pol. Dir. 6713; *Münchener Post; Münchener Zeitung; Münchner Neueste Nachrichten; Völkischer Beobachter; Vossische Zeitung;* Hess Aussage in MA 103476.

2. Szene

Hofmann; Gordon; Franz-Willing; Hitlerprozeß Protokoll MA 104222-24; Hanfstaengl; Lenk Interview; Rossbach; Berchtold Aussage in MA 103476; Hoffmann Vernehmung in Pol. Dir. 6712; Schlier; Toland; Kallenbach; Bennecke; Hinkel; v. Müller; Neunzert Vernehmung in Pol. Dir. 6712; Mayer Vernehmung in Pol. Dir. 6712; Briemann Interview; Himmler Vernehmung in Pol. Dir. 6713, Manvell-Fraenkel und Frischauer; Kiessling Vernehmung in Pol. Dir. 6709; Frank; Beggel Vernehmung in Pol. Dir. 6712; Streicher Vernehmung in Pol. Dir. 6713; Strasser; Wagner, Block, Mahler u. a. in ihren Aussagen in MA 103476; Heinrich Hoffmann; Esser Interview; Schreiber, Schmidt, Stiegeler, Bouhler Aussagen in Pol. Dir. 6713; Feder Dokumente in Pol. Dir. 6713; Mantels Bericht in Pol. Dir. 6709 und 6710; Fabricius; Schuler; v. Imhoff Bericht in Pol. Dir. 6709 und Pol. Dir. 6710; Ludendorff; Kahrs Denkschrift MA 103473; Hoegner Interview; Ehard Interview; Schmied Interview; Alban, Christ, Bömerl, Pöhlmann, Zahner Aussagen in Pol. Dir. 6709; Briemann Interview; Kallenbach; Stoßtrupp-Prozeß Dokumente in Pol. Dir. 6712 und 6713; Hess Aussage in MA 103476. Kiefers

Bericht in Pol. Dir. 6709; Hauptmann Stumpf Bericht in Pol. Dir. 6709; Schreck Vernehmung in Pol. Dir. 6713; *Münchener Post; Münchener Zeitung; Münchner Neueste Nachrichten.*

Der Strudel

New York Herald, Times, Tribune, World; Münchener Post, München-Augsburger-Abendzeitung; Simplicisimus; Hümmert, Schwend; Shirer; Heiden; Fest; Krumbach; Röhm; Rossbach; v. Müller; Gordon; Hofmann; Franz-Willing; Hanfstaengl; Hollweck; Hollander; Schwarzwäller; Kahrs Denkschrift in MA 103473; Hoegner und Hoegner Interview; Untersuchungsausschuß des Landtags MA 103476; Lenk Interview; Briemann Interview; v. Gruber in MA 103476; Lehner Aussage in Pol. Dir. 6713.

3. Szene

Franz-Willing; Schreck Vernehmung in Pol. Dir. 6712 u. 6713; Ried Aussage in MA 103476; Baldenius Vernehmung in Pol. Dir. 6712; Briemann Interview; Schmied Interview; Lenk Interview; Niederreiter Aussage in MA 103476; Hewel, Maurer, Krüger, Stollwerck Vernehmungen in Pol. Dir. 6713; Kallenbach; Berchtold Aussage in MA 103476; Dokumente des Stoßtrupp-Prozesses in Pol. Dir. 6712; Rosenberg u. Rosenberg Vernehmung in Pol. Dir. 6712; Toland; v. Müller; Rauh, Brückmaier, Georg Stumpf, Fritz Stumpf, Ott, Kiefer Berichte in Pol. Dir. 6709; *Münchener Zeitung* u. *Münchner Neueste Nachrichten;* Hess Aussage in MA 103476; Gordon; Hanfstaengl; Lüdecke; Hitlerprozeß Protokoll MA 104222-24.

4. Szene

Esser Interview; Imhoff, Mayer, Ebenböck Vernehmungen in Pol. Dir. 6712; Beggel Vernehmung in Pol. Dir. 6712; Gordon; Frank; Rossbach; Heines Vernehmung in Pol. Dir. 6712; Hoegner u. Hoegner Interview; Polizeibericht in Pol. Dir. 6709; Böhm Aussage in Pol. Dir. 6712; Kahrs Denkschrift MA 103473; Oemler Vernehmung in Pol. Dir. 6712; Rasberg u. Humpf in Pol. Dir. 6713; Untersuchungsausschuß des Landtags MA 103476; Seydel Vernehmung in Pol. Dir. 6712 u. 6713; Osswald Vernehmung in Pol. Dir. 6712; Röhm; Moulin-Eckart; Altmann, Schmäling, Reithmaier Berichte in Pol. Dir. 6709; Ludendorff; Lapo Garmisch Bericht betr. Völk in MInn 73696; Streicher Vernehmung in Pol. Dir. 6712; Kiessling Vernehmung in Pol. Dir. 6709; Berchtold Aussage in MA 10376; Lenk, Briemann Interviews.

5. Szene

Hitlerprozeß Protokoll MA 104222-24 und »Der Hitlerprozeß«, stenographische Protokolle; Hanfstaengl; *Münchner Neueste Nachrichten;* Kiefer Bericht in Pol. Dir. 6709; Brückmeier Bericht in Pol. Dir. 6709; Zwack, Lohlen, Steiger, Winkler, Becherbauer, Feiner Berichte in Pol. Dir. 6709; Graf Aussage in MA 104222-24; Franz-Willing; Mantels Bericht in Pol. Dir. 6710; Gerum in MA 103476; Rosenberg; Lenk Interview; Toland; Gordon; Hofmann; Kahrs Denkschrift MA 103473; Fritz Stumpf Bericht in Pol. Dir. 6709; v. Müller; Büchs, Rauh, Herrmann, Göring, J. Müller, Haupt, Reittinger, Singer, L. Weber, J. Schmidt Berichte in Pol. Dir. 6709; Kressenstein und »Vertraulich-Anonymer« Berichte in Pol. Dir. 6710; Mantels Bericht in MA 104221 und MA 103473; *Chicago Tribune; New York Herald; Münchener Zeitung; Münchner Neueste Nachrichten;* Kolb Aussage in Pol. Dir. 6712; Kolb, Reindl, Simmerding, Scherbauer, Max Aussagen betr. Telefone in Pol. Dir. 6713 und in MA 103476; Aigner und Pernet Aussagen in Pol. Dir. 6709; Michael Ried Aussage in MA 103476; Hermann u. Hofmann Aussagen in Pol. Dir. 6713 betr. Wassermann u. in MA 103476.

Drei Hauptstädte

New York Times, Tribune, Vossische Zeitung, Nov. 8 u. 9; Schlottner über Stresemann; Meissner; Bernhard red. Stresemann; Rabenau und Meier-Welcker über Seeckt; Lüdecke; Pese in »Hitler und Italien«, No. 2, 1955 und in »Mussolini und Deutschland« in Jahrgang 1957 *Vierteljahreshefte für Zeitgeschichte;* Briefe Okt. 11 u. Nov. 18 Konstantin von Neuraths an AA Berlin in MA 103474; Memorandum 12. 9. 25 Bay. Innenministerium und Bay. Ministerium des Äußeren in MA 103472; Memorandum des Reichsaußenministeriums und Bayerisches Außenministerium vom 21. 12. 23 in MA 103473; Drei Berichte der deutschen Botschaft Rom an AA über Lüdecke in MA 103473.

6. Szene

Imhoff Bericht in MA 104221; Fritz Stumpf Bericht in Pol. Dir. 6709; Landespolizei München Bericht an Chef der Landespolizei (Entwurf) in MA 104221 und Untersuchungsausschußprotokoll darüber in MA 103476; Polizeiliche Telefonaufnahmen am 8. u. 9. Nov. 1923 in Pol. Dir. 6709; Mantels Bericht an Kahr und Innenministerium vom 5. u. 7. 12. 23 in Pol. Dir. 6710; Mantels Bericht an Innenministerium vom 5. 4. 24; Fabricius über Frick; Godin Interview; Schmäling-Reithmeier Berichte in Pol. Dir. 6709; Röhm; Toland; Franz-Willing; Gordon; Hofmann; Esser Interview; Frischauer und Manvell-Fraenkel über Himmler und Himmler Aussage in Pol. Dir. 6713; Seydel Vernehmung in Pol. Dir. 6713; Reiner Vernehmung in Pol. Dir. 6713 und Aussage in MA 103476; Osswald Vernehmung in Pol. Dir. 6712; Dünkler, Adlhoch, Bennecke Vernehmungen in Pol. Dir. 6712; Tröger Aussage in Pol. Dir. 6709; Georg Raithel in Pol. Dir. 6712 u. Brief vom 10. 1. 24; Lehner, Mayer, Zahner Aussagen in Pol. Dir. 6713; Lembert, Meister, Will, H. Müller Vernehmungen und Pol. Dir. 6712; Heines Vernehmung in Pol. Dir. 6712; Frank; Hoegner u. Hoegner Interview; Böhm Bericht in Pol. Dir. 6712; Kahrs Denkschrift MA 103473; Oemler Aussage in Pol. Dir. 6712; Beggel Aussage in Pol. Dir. 6712; Humps Aussage in Pol. Dir. 6713; Untersuchungsausschuß des Bayer. Landtags MA 103476; Rasberger Aussage in Pol. Dir. 6713; Aigner Vernehmung in Pol. Dir. 6713; Ludendorff; Hitlerprozeß Stenoprotokoll MA 104222-24 und *Der Hitler-Prozeß;* Ried in MA 103476.

7. Szene

Kahrs Denkschrift MA 103473; Aussagen Graf, Pöhner, Kribel, Weber, Kahr, Lossow, Seisser im Prozeß, MA 104222-24 und »Der Hitler-Prozeß«; Lenk Interview; Toland; Gordon; Hofmann; Franz-Willing; Maser; Fest; Hanfstaengl; Rosenberg und Rosenberg Vernehmung in Pol. Dir. 6712; v. Müller; »Vertraulich-Anonymer« Bericht über Vorgänge im Bürgerbräukeller in Pol. Dir. 6710; Gruber Aussage in MA 104222-24; Herrmanns Bericht in Pol. Dir. 6709; Kress Bericht in Pol. Dir. 6712; Heiden; Singers Bericht in Pol. Dir. 6709; *Chicago Tribune* vom 9.–12. Nov. 23; *Münchner Neueste Nachrichten* vom 9.–13. Nov. 23; Stumpf Bericht in Pol. Dir. 6709; Reitinger Bericht in Pol. Dir. 6709; Ott, J. Schmidt, L. Weber, Gäring, Feistle Berichte in Pol. Dir. 6709; Schreiber und A. Schmidt Aussagen in Pol. Dir. 6713; Untersuchungsausschuß des Landtags MA 103476; Ludendorff u. Ludendorff vor Gericht; Streicher Vernehmung in Pol. Dir. 6712; Matthäus Hofmann vor Gericht in MA 104222-24 und in Vernehmungen betr. Wassermann in Pol. Dir. 6713; Herrmann Aussage in Pol. Dir. 6713; Pschorr Aussagen in Pol. Dir. 6713; Wassermann Aussage in Pol. Dir. 6713; Büchs u. Brückmeier Berichte in Pol. Dir. 6709; Dr. Max Grassmann in Pol. Dir. 6713; Zuckmayer; Ehard Interview; Zetlmeier Aussagen in MInn 73694; Hess und Geisel-Aussagen in MA 103476; Neunzert Aussagen und Vernehmungen in Pol. Dir. 6712.

8. Szene

Reithmeier Bericht in Pol. Dir. 6709; Stumpf Bericht in Pol. Dir. 6709; v. Imhoff Bericht in MA 104222-24; Haberl, Rauh, Schmäling Berichte in Pol. Dir. 6709; Neunzert Vernehmung in Pol. Dir. 6712; Zetlmeier Aussage in MInn 73694; Frick, Pöhner, Danner, Berchem, Bergen Aussagen im Prozeß MA 104222-24; Kahrs Denkschrift in MA 103473; Gordon; Röhm und Röhm Aussage im Prozeß MA 104222-24; Hofmann; Wild Bericht in MA 104221; Moulin-Eckart Interview; Seydel Vernehmung in Pol. Dir. 6712 u. 6713; Bennecke Vernehmung in Pol. Dir. 6712; Osswald Vernehmung in Pol. Dir. 6712; Untersuchungsausschuß des Landtags pp. 1331-34 in MA 103476; Tröger Vernehmung in Pol. Dir. 6709; Lehner, Mayer u. Fritz Imhoff Aussagen in Pol. Dir. 6713; Ebenböck in Pol. Dir. 6710; Mutz, Binz, K. Hühnlein Aussagen betr. Palatia in Pol. Dir. 6712; Lembert Vernehmung in Pol. Dir. 6712; Oemler in Pol. Dir. 6712; Humps u. Rasberger in Pol. Dir. 6713 u. Untersuchungsausschuß betr. Pionierkaserne in MA 103476; Esser Interview; Schlier; Heinrich Hoffmann; Hümmert Interview; Hoegner Interview; Godin Interview; Schreiber, Schmidt, Stiegeler, Bouhler Aussagen in Pol. Dir. 6713; Banzer Aussage in MA 103473; Mantels Bericht in Pol. Dir. 6709 u. 6710.

Verwirrung und Improvisation

Hanfstaengl; Frank; Oemler u. Beggel Vernehmungen in Pol. Dir. 6712; Toland; Röhm; Gordon, Heiden, Hofmann; Heinrich Hoffmann; Briemann Interview; Esser Interview; Lenk Interview; Schmied Interview; Kiessling Aussage in Pol. Dir. 6709; v. Imhoff Bericht in MA 104221.

9. Szene

Aussagen der Geiseln, Hess, Niederreiter, Wittmer und Michael Ried in MA 103476; Hanfstaengl; Toland; Heiden; Gordon; Hofmann; Franz-Willing; Schreck, Graf, Baldenius Aussagen in Pol. Dir. 6712 u. 6713; Schmied Interview; Röhm; Rossbach; Vernehmungen und Aussagen betr. Infanterieschule in MA 103476 und Aussagen Wagners Blocks und Blocks in MA 103476 sowie Wagner Aussage im Hitlerprozeß, MA 104222-24; Heines Vernehmung in Pol. Dir. 6712; Weber, Röhm, Hitler Aussagen im Prozeß, MA 104222-24; Esser Interview; Aigner Aussage; Ludendorff u. Ludendorff im Hitlerprozeß MA 104222-24; Kahrs Denkschrift in MA 103473; Neunzert Vernehmung u. Aussage in Pol. Dir. 6712; Kiessling Aussage in Pol. Dir. 6709; Karl Wild Bericht in MA 104221; Alfons Weber Aussage und Vernehmung, Pol. Dir. 6712; Frank.

10. Szene

Kahrs Denkschrift MA 103473; Aussagen Kahrs, Lossows, Seissers, Pöhners, Fricks, Ludendorffs, Danners, Bergens und Wagners in *Der Hitler-Prozeß* und im Prozeßprotokoll MA 104222-24; Gordon; Hofmann; Stundenbericht über die Vorgänge im Generalstaatskomissariat, in MInn 73696; Matt laut Protokoll des Untersuchungsausschusses des Landtags in MA 103476 und in Protokollen der Kabinettssitzungen der Bayerischen Regierung vom 10. 11. 23; Ehard Interview; Hoegner Interview; Anlage 4 Kahrs Denkschrift in MA 103473; Information über Rolle der Reichswehr im Untersuchungsausschußprotokoll, S. 1300ff. MA 103476; v. Imhoff Bericht in MA 104221; Kiessling Aussage in Pol. Dir. 6709; Anlage 4-b zu Kahrs Denkschrift in MA 103473; Mantels Bericht in Pol. Dir. 6710; Alfons Weber Aussage und Vernehmung in Pol. Dir. 6712; Neunzert Aussagen und Vernehmung in Pol. Dir. 6712; Röhm; Seydel Vernehmungen und Aussagen in Pol. Dir. 6713; Rasberg u. Humps in Pol. Dir. 6713; Schaub Aussage und Vernehmung in Pol. Dir. 6713; Aussagen der Geiseln und des Rudolf Hess im Protokoll des Untersuchungsausschusses, MA 103476; Ludendorff; *Völkischer Beobachter* 9. 11. 23; *Münchner Neueste Nachrichten* 9. u. 10. 11. 23; Schuler; Wagner Aussagen im Hitler Prozeß, MA 104222-24 und in *Der Hitler Prozeß* sowie Block, Mahler Aussagen laut MA 103476; Gerlich, Egenter, Mündler Aussagen in Pol. Dir. 6712; Lüdecke; Texte der Plakate u. Proklamationen in Pol. Dir. 6711.

11. Szene

Briemann Interview; Kallenbach; Urteil im Stoßtrupp-Prozeß in Pol. Dr. 6712; Berchtold Aussage in MA 103476; Hewel, Krüger, Maurer Aussagen in Pol. Dir. 6713; *Münchener Post* vom 10.–11. und 27. 11. 1923; Heines Vernehmung und Aussage in Pol. Dir. 6712; Frank; Tauber Aussage in MA 103476; Sophie Auer Aussage in Pol. Dir. 6710; Untersuchungsbericht über Hübner u. a. in Pol. Dir. 6710; Kiessling Aussage in Pol. Dir. 6709; Polizeibericht über Kohn-Scheer und Engl-Brüder Aussagen in Pol. Dir. 6710; Grunspann an Polizei in Pol. Dir. 6713; Alfons Weber Aussage und Vernehmung in Pol. Dir. 6712; Aussagen Franz von Stucks, Prinz von Bayerns u. a. in Pol. Dir. 6713; Hümmert.

Reaktionen

Schlottner über Stresemann; Bernhard (red.) Stresemann; Meier-Welcker über Seeckt; Rabenau (red.) über Seeckt; Sendtner (red.) über Gessler; Otto Friedrich; Heiden; Gordon; Hofmann; *Vossische Zeitung* vom 9. und 10. 11. 23 (Abend- und Morgenausgaben); *Neue Zürcher Zeitung, Frankfurter Zeitung* vom 9. und 10. 11. 23; Lüdecke; v. Neurath an AA in MA 103474; *New York Times, Tribune, Herald, World, Daily News,* Chicago Tribune, Baltimore Sun vom 8., 9. und 10. 11. 1923; Kahrs Denkschrift in MA 103473.

12. Szene

Gordon; Hofmann; Franz-Willing; Kahrs Denkschrift in MA 103473; Kahrs, Lossows, Seissers, Sirys, Pöhners, Fricks v. Imhoffs Aussagen im Prozeß laut Stenoprotokolle MA 104222-24 und »Der Hitler Prozeß«; v. Imhoffs Bericht in MA 104221; Ludendorff; Röhm; Schreck Vernehmung in Pol. Dir. 6712 u. 6713; *Münchner Neueste Nachrichten* vom 9. und 10. 11. 23; Mantels Bericht vom 23. 11. 23 in Pol. Dir. 6710; Fabricius über Frick; Wilds Bericht in MA 104221; Untersuchungsausschuß des Landtags, Protokoll in MA 103476.

13. Szene

Aubeles Aussage in MA 103476; Schürz, Gisler, Weiss, Bouhler Aussagen in Pol. Dir. 6712; Streicher u. Klotz Vernehmungen in Pol. Dir. 6712; Esser Interview; *Völkischer Beobachter* vom 9. 11. 23; Franz-Willing; Hofmann; Gordon; Röhm; Sirys Aussage im Prozeß laut MA 104222-24 und »Der Hitler-Prozeß«; Aussagen Lt. Rossmann u. Oblt. Braun im Prozeß laut MA 104222-24; Seydel Vernehmung in Pol. Dir. 6712 u. 6713; Osswald Vernehmung in Pol. Dir. 6712; Schaub Vernehmung in Pol. Dir. 6713; Himmler Vernehmung in Pol. Dir. 6713; Lembert Vernehmung in Pol. Dir. 6712; Müller, Will, Meister Aussagen in Pol. Dir. 6712; Murphy; Kriebel Aussage im Prozeß laut MA 104222-24 u. »Der Hitler Prozeß«; Kressenstein Aussage in MA 104222-24; Ludendorff u. Ludendorff Aussage im Prozeß laut MA 104222-24 u. »Der Hitler-Prozeß«; Mayer u. Lehner Vernehmungen in Pol. Dir. 6713; Paula Schlier; Rosenberg u. Rosenberg Aussage in Pol. Dir. 6713; Heinrich Hoffmann; Schmidt, Stiegeler, Schreiber, Bouhler Aussagen in Pol. Dir. 6713; Plakat- und Proklamationstexte in Pol. Dir. 6711; Leupolds Bericht als Anlage 4a in Kahrs Denkschrift, MA 103473; Pöhners Aussage im Prozeß laut MA 104222-24; Imhoff Bericht in MA 104221; Hitlers Aussage im Prozeß lauter Protokolle MA 104222-24 u. »Der Hitler-Prozeß«; Otto Strasser.

14. Szene

Gordon; Hofmann; Franz-Willing; Toland; *New York Times* 12. 11. 23; Stoßtrupp-Prozeß u. Urteil in Pol. Dir. 6712; Briemann u. Schmied Interviews; Vernehmungen Hewels, Krügers, Stollwercks, Maurers, v. Knoblochs in Pol. Dir. 6713; Kallenbach; Siry, Ludendorff u. Hitler Aussagen im Prozeß laut MA 104222-24; Schreck Vernehmung in Pol. Dir. 6712 u. 6713; Oemler Vernehmung in Pol. Dir. 6712; Weber Vernehmung in Pol. Dir. 6712; Kiessling Vernehmung in Pol. Dir. 6709; Mayer u. Lembert Vernehmungen in Pol. Dir. 6713; Ebenböck

Aussage in Pol. Dir. 6710; Beggel Vernehmung in Pol. Dir. 6712; Bennecke Vernehmung in Pol. Dir. 6712; Hans Frank; Heines Vernehmung in Pol. Dir. 6712; Lenk Interview; Fall des Wallner in Protokoll des Untersuchungsausschusses des Landtags, MA 103476 u. in Stoßtrupp-Vernehmung in Pol. Dir. 6713; Streicher vor dem Internationalen Tribunal, 1946; Polizeiberichte vom 9. 11. 23 in Pol. Dir. 6709 und Untersuchungsausschuß des Landtags, MA 103476 über Banknotenbeschlagnahme; Neunzert Vernehmung in Pol. Dir. 6712 und Aussagen laut Untersuchungsausschuß Protokoll MA 103476; Freiesleben Bericht in Pol. Dir. 6713; Fiehler Vernehmung in Pol. Dir. 6713; Aussagen der Infanterieschüler laut Untersuchungsausschuß Protokoll MA 103476; Hanfstaengl; Brückner Aussage im Prozeß laut MA 104222-24.

Verquickungen

Mantels Bericht über Plakate an Bayerisches Innenministerium in Pol. Dir. 6710; Berichte Herrmanns, Schmälings u. Neebs in Pol. Dir. 6710; Schiedts Aussage im Prozeß laut MA 104222-24 u. »Der Hitler-Prozeß«; Hofmann; Gordon; Franz-Willing; *Münchner Neueste Nachrichten; Bayerischer Kurier, Münchener Zeitung* u. *Völkischer Beobachter* alle 9. 11. 23; Bennecke Vernehmung in Pol. Dir. 6712; Kiessling Aussage in Pol. Dir. 6709; *New York Times* 12. 11. 23.

15. Szene

Sauerbruch; Ehard Interview; Hoegner u. Hoegner Interview; Hümmert Interview; Koerbling über Pater Mayer; v. Müller; Mann; Zuckmayer; Heinrich Hoffmann; Paula Schlier; Hanfstaengl; Soden, Gürtner, Hess, Ried, Niederreiter, Aussagen im Protokoll des Untersuchungsausschusses des Landtags, MA 103476; Gordon; Hofmann; Höfler Bericht in MA 104221; Godin Interview; Wilamowitz-Moellendorff über Carin Göring.

16. Szene

Gordon; Hofmann; Franz-Willing; Heiden; Toland; Fest; Berchtold Aussage laut Untersuchungsausschuß des Landtags, MA 103476; Briemann Interview; Schmied Interview; Vernehmungen Krügers, Hewels, Stollwercks, Maurers, Knoblochs, Hauensteins in Pol. Dir. 6713; Sprengs Bericht in Pol. Dir. 6709; 1. Anlage Bericht der Lapo-München an Chef der Landespolizei, 12. 12. 23 in MA 104221; Streicher Vernehmung in Pol. Dir. 6712; *Münchner Neueste Nachrichten* 10. 11.; Schaub Vernehmung in Pol. Dir. 6713; Hanfstaengl; *New York Times* 12. 11. 23; *Münchener Post* 10. 11. 23; Kallenbach; Nußbaums Aussage im Prozeß laut MA 104222-23 u. »Der Hitler-Prozeß«; Göring an den Brücken laut Untersuchungsausschuß Protokoll, MA 103576 u. Franz-Willing; Ludendorff; Fügner; Kriebels, Webers, Hitlers, Ludendorffs Aussagen im Prozeß laut Gerichtsprotokoll MA 104222-24 u. Protokoll »Der Hitler Prozeß«.

17. Szene

Seydel Vernehmung in Pol. Dir. 6713; Osswald Vernehmung in Pol. Dir. 6712; Lembert Vernehmung in Pol. Dir. 6712; Röhm; Gordon; Himmler Vernehmung in Pol. Dir. 6712; Hümmert; Anlage 4b zu Kahrs Denkschrift in MA 103473; Protokoll des Hitler-Prozesses in MA 104222-24; Godin Interview u. Godin Bericht in MA 104221; Moulin-Eckart Aussage; Raithels Brief vom 16.11.23 in Pol. Dir. 6712; Müller, Meister, Will u. Dünkler Vernehmungen in Pol. Dir. 6712.

18. Szene

Lenk Interview; Toland; Franz-Willing; Heiden; Gordon; Hofmann; Strasser; Fest; Payne; Aussagen im Prozeß laut MA 104222-24 u. »Der Hitler-Prozeß«; Hans Frank; Heines Vernehmung in Pol. Dir. 6712; Schaub Vernehmung in Pol. Dir.6713; Knoblochs, Maurers, Hewels, Krügers, Stollwercks Vernehmungen in Pol. Dir. 6713; Berchtold Aussagen laut Untersuchungsausschuß MA 103476; Esser Interview; Hanfstaengl; Heinrich Hoffmann; Protokoll des Untersuchungsausschusses des Landtags pp. 1344–1358 in MA 103476; Hess Aussagen in MA 103476; Neunzert Vernehmung in Pol. Dir. 6712; Nußbaums Aussage im Prozeß, MA 104222-24 u. »Der Hitler-Prozeß«; Hitlers Aussagen im Prozeß, MA 104222-24; Aigner Aussage in MA 104221; Rosenberg u. Rosenberg Vernehmung in Pol. Dir. 6712; Briemann Interview; Schmied Interview; Michael Rieds Aussagen laut Untersuchungsausschuß in MA 103476; Hofberger Aussage in Pol. Dir. 6713; Höflers Berichte vom 10. u. 22.11.23 in MA 104221; Konrad Linder Aussage in MA 104221; Salbeys Bericht vom 10. u. 22.11.23 in MA 104221; Urteil im Prozeß des Stoßtrupps in Pol. Dir. 6712; Kallenbach; v. Müller; *New York Herald* 10.11.23; *Chicago Tribune* 10.11.23; *Münchner Neueste Nachrichten* 12.11.23; Murphy; Zuckmayer; Sieglinde Ehard Interview; Hümmert Interview; Paula Schlier; Fügner in »Wir Marschieren«; Ludendorff und Ludendorffs Aussage im Prozeß laut MA 104222-24; Kriebels u. Webers Aussagen im Prozeß laut MA 104222-24 u. »Der Hitler-Prozeß«; Demmelmeyers Bericht in MA 104221; Godin Interview und Godins Bericht in MA 104221.

19. Szene

Godin Interview u. Godins Bericht in MA 104221; Demmelmeyers Bericht in MA 104221; Gordon; Lenk Interview; Schmied Interview; Toland; Bestätigung Frau Dr. Schultzes; Webers Aussage im Prozeß laut MA 104222-24 u. »Der Hitler-Prozeß«; Kahrs Denkschrift in MA 103473; Polizeiliche Aufstellung der Toten u. Verwundeten in Pol. Dir. 6710; Beschreibung im Protokoll des Untersuchungsausschusses des Landtags in MA 103476; Stordeurs Aussage in Pol. Dir. 6713; Angerers Aussage in Pol. Dir. 6709; Kolbs Vernehmung in Pol. Dir. 6712; Vernehmungen Knoblochs, Hewels, Stollwercks u. Krügers in Pol. Dir. 6713; Allgaier Aussage in Pol. Dir. 6713; Aussagen Reithingers, Rommels, Abels, Schmidts, Orlowskys, Sesselmanns zwischen 12.12.23 u. 4.3.24 in Pol. Dir. 6713; Grafs Aussage im Prozeß laut MA 104222-24; Sauerbruchs Bericht an Kahr vom 9.11.23; Franz-Willing; Rieds Aussage laut MA 103476; Richard Bossard Interview; Brief Ludwig Seligsbergers; Wilamowitz-Moellendorff über Carin Göring; Koerbling über Pater Mayer; Rosenberg u. Rosenberg Aussage in Pol. Dir. 6712; Hans Frank; Kiessling Aussage in Pol. Dir. 6709; Aigner Aussage in MA 104221; Ehard Interview.

20. Szene

Koerbling über Pater Mayer; Heinrich Hoffmann; Godin Interview; Esser Interview; v. Müller; Hanfstaengl; Ried Aussage laut MA 103476; Schmied Interview; Toland; Röhm; Seydels Vernehmungen in Pol. Dir. 6712 u. 6713; Gordon; Osswalds Vernehmung in Pol. Dir. 6712; Himmlers Aussage in Pol. Dir. 6713; Lemberts Aussage in Pol. Dir. 6712; Meister, Will, Müller, Dünkler u. Leute Aussagen in pol. Dir. 6712; Raithels Brief an Reinhardt 16. 11. 23 in Pol. Dir. 6712; Kahrs Denkschrift in MA 103473.

21. Szene

Briemann Interview; Schaubs Vernehmung in Pol. Dir. 6713; Knoblochs, Hewels, Maurers Vernehmungen in Pol. Dir. 6713; Berchtold Aussage laut MA 103476; Nußbaums Aussage im Prozeß laut MA 104222-24 u. »Der Hitler-Prozeß«; Kahrs Denkschrift in MA 103473; Mantels Bericht vom 7. 12. 23 in Pol. Dir. 6710; Polizeiberichte 9.–14. 11. 23 in Pol. Dir. 6709; Aussagen der Geiseln u. a. im Protokoll des Untersuchungsausschusses des Landtags in MA 103476; pp. 1364–1388 und Hess Aussagen in MA 103476; Schwarzwäller über Hess; Brief Ilse Hess; Toland; Gordon; Hofmann; Franz-Willing; Lüdecke; Wilamowitz-Moellendorff über Carin Göring; Bomhards Bericht in MInn 73696; Meier Bericht betr. Lapo Garmisch in MA 104221; Otto Strasser.

Die Nachrichten

New York Tribune, New York World, Chicago Tribune 10. 11. 23; Rabenau u. Meier-Welcker über Seeckt; Bernhard (red.) Stresemann.

22. Szene

Münchner Neueste Nachrichten, Münchener Zeitung vom 10.–14. 11. 23; *New York Times,* 12. 11. 23; Sauerbruch; v. Müller.

23. Szene

Hanfstaengl; Bericht des Landrats Weilheim vom 11. 11. 23 in MInn 73694; Bellevilles Bericht in MInn 73696; Ehard Interview; *New York Times,* 15. 11. 23.

Epilog

Heiden; Toland; Hofmann; Franz-Willing; Ehard Interview; Hümmert u. Hümmert Interview; *New York Times* 15. 11. 23; Protokoll des Hitler-Prozesses (stenographisch und dann auf Schreibmaschine) einschließlich der Geheimsitzungen, in MA 104222 – MA 104224; »Der Hitler-Prozeß vor dem Volksgericht in München«; Knorr & Hirth, 1924; *Münchner Neueste Nachrichten* vom 26. 2.–15. 4. 1924; Hanfstaengl; v. Müller; Otto Gritschneder Sendung Bayerischer Rundfunk 2. 7. 1978.

Bibliographie

Interviews und Briefwechsel

Josef Berchtold
Dr. Richard Bossard (Boscowitz)
Wilhelm Briemann
Fritz Ebenböck
Dr. Hans Ehard
Frau Dr. Sieglinde Ehard
Hermann Esser
Otto Feichtmayr
Baron Michael von Godin
Dr. Otto Gritschneder
Frau Ilse Hess
Dr. Wilhelm Hoegner
Dr. Ludwig Hümmert
Frau Hans Kallenbach
Adolf Lenk
Stefan Lorant
Karl-Leon Graf du Moulin-Eckart
Ludwig Schmied
Frau Dr. Walter Schultze
Ludwig Seligsberger

Dokumente

Bayerisches Hauptstaatsarchiv

MA 103472 (Hitlerputsch Band I)
MA 103473 (Hitlerputsch Band II)
MA 103474 (Prozeß gegen Hitler u. a.)
MA 103475 (Zeitungsartikel zum Hitlerputsch)
MA 103476 (Protokolle des Untersuchungsausschusses des Bayerischen Landtages über die Bewegung gegen das Reich vom 26.9.–9.11.1923)
MA 104221 (Akten des Generalstaatskommissariats [Obst. Seisser] über den Hitlerputsch)
MA 104222, MA 104223, MA 104224 (Protokoll des Hitler-Prozesses vom 1.–24. Tag [3 Bände])
MInn 66260, 73694, 73695, 73696, 73697, 73698, 73699, 73771 Akten des Bayerischen Innenministeriums betr. Hitlerputsch
73772

Staatsarchiv München und Oberbayern

Akten der Polizeidirektion München

Pol-Dir 6709 Pol-Dir 6710 Pol-Dir 6711	Berichte über Beobachtungen 8. u. 9. November 1923
Pol-Dir 6712 Pol-Dir 6713	Vernehmungen und Aussagen
Pol-Dir 6715	Hitler-Prozeß – Vernehmungen
Pol-Dir 6716 Pol-Dir 6717	Hitler-Prozeß
Pol-Dir 6718 Pol-Dir 6719	Untersuchungsausschuß des Landtags 1927–1928

Zeitungen und Zeitschriften

Chicago Tribune: 9.–12. November 1923
Frankfurter Zeitung: 9.–14. November 1923
München-Augsburger Abendzeitung: 1.–15. November 1923
Münchener Post: 8., 10., 27. November 1923/16.–31. Dezember 1927
Münchener Zeitung: 1.–30. November 1923
Münchner Neueste Nachrichten: 1.–30. November 1923/26. Februar–2. April 1924
New York Daily News: 1.–15. November 1923
New York Herald: 1.–15. November 1923
New York Post: 1.–15. November 1923
New York Times: 1.–30. November 1923 und 16. Februar–15. April 1924
New York Tribune: 1.–15. November 1923
Süddeutsche Zeitung: 11. November 1967
Vierteljahreshefte für Zeitgeschichte: 1955 und 1957
Völkischer Beobachter: 1.–9. November1923/16.–31. Dezember 1927
Vossische Zeitung: 1.–15. November 1923
Die Woche: Nr. 46, 1923

Institute und Bibliotheken

Bayerisches Hauptstaatsarchiv, München
Bayerische Staatsbibliothek, München
Institut für Zeitgeschichte, München
Library of Congress, Washington
Monacensia Bibliothek, München
New York Public Library
Staatsarchiv Oberbayern, München
Stadtarchiv, München

Bücher

Bäthe, Kristian. *Wer wohnte wo in Schwabing?*, Süddeutscher Verlag, München, 1965.

Bennecke, Heinrich. *Hitler und die SA*, Günter Olzog Verlag, München–Wien, 1962.

Bernhard, Henry (ed.). *Gustav Stresemann – Vermächtnis* (3 Bde.), Ullstein Verlag, Berlin, 1932.

Bird, Eugene K. *Rudolf Hess*, Verlag Kurt Desch, München, 1974.

Bullock, Alan. *Hitler – A Study in Tyranny*, Harper, New York, 1953; 1964.

Bronder, Dietrich. *Bevor Hitler kam*, Hans Pfeiffer Verlag, Hannover, 1964.

Coblitz, Wilhelm. *Theodor von der Pfordten*, Verlag Franz Eher Nachf.; München, 1937.

Daim, Wilfried, *Der Mann, der Hitler die Ideen gab*, Isar Verlag, München, 1958.

Delmer, Sefton. *Trail Sinister*, Secker & Warburg, London, 1961.

Deuerlein, Ernst (ed.). *Der Hitlerputsch, Bayerische Dokumente zum 8./9. November 1923*, Deutsche Verlags-Anstalt, Stuttgart, 1962.

– . *Der Aufstieg der NSDAP in Augenzeugenberichten*, Düsseldorf, 1968.

– . *Hitler, Eine politische Biographie*, List Verlag, München, 1970.

Dietrich, Otto. *Mit Hitler in die Macht*, Verlag Franz Eher Nachf., München, 1934.

Fabricius, Hans. *Dr. Frick, der revolutionäre Staatsmann*, Berlin–Leipzig, 1933.

Fest, Joachim C. *Hitler*, Propyläen Verlag, Berlin–Frankfurt, 1973.

Frank, Hans. *Im Angesicht des Galgens*, Friedrich Alfred Beck Verlag, München–Gräfelfing, 1953.

Franz-Willing, Georg. *Ursprung der Hitlerbewegung 1919–1922*, K. W. Schütz Verlag, Preußisch Oldendorf, 1974.

–. *Krisenjahre der Hitlerbewegung 1923*, K. W. Schütz Verlag, Preußisch Oldendorf, 1975.

–. *Putsch und Verbotszeit der Hitlerbewegung*, K. W. Schütz Verlag, Preußisch Oldendorf, 1977.

Friedrich, Otto. *Before the Deluge*, Harper, New York, 1972.

Frischauer, Willi. *Himmler, The Evil Genius of the Third Reich*, Belmont, N. Y., 1953.

Fügner, Kurt. *Wir marschieren*, Ludendorffs Verlag, München, 1938.

Galera, Karl Sigmar de. *Geschichte unserer Zeit – Die Krise des Reichs*, Schlüter Verlag, Leipzig, 1930.

Gilbert, G. M. *Nuremberg Diary*, Farrar, Straus and Cudahy, New York, 1947.

Gordon, Harold J. Jr. *Hitlerputsch 1923*, Bernard & Graefe Verlag, Frankfurt, 1971.

Görlitz, Walter und Quint Herbert. *Adolf Hitler*, Steingrüben Verlag, Stuttgart, 1952.

Gritzbach, Erich. *Hermann Göring – Werk und Mensch*, Verlag Franz Eher Nachf., München, 1937.

Gumbel, E. I. *Verschwörer*, Malik Verlag, Wien, 1924.

Hanfstaengl, Ernst F. *The Missing Years*, Eyre & Spottiswoode, London, 1957.

–. *Zwischen Weißem und Braunem Haus,* R. Piper & Co., München, 1970.
Heiden, Konrad. *Hitler* (2 Bde.), Europa Verlag, Zürich, 1936.
–. *Der Führer,* Houghton Mifflin Co., Boston, 1944.
Heuss, Theodor. *Hitlers Weg,* Union Deutsche Verlagsgesellschaft, Stuttgart, 1932.
Hinkel, Hans. *Einer unter Hunderttausend,* Knorr & Hirth Verlag, München, 1939.
Hitler, Adolf. *Mein Kampf,* Verlag Franz Eher Nachf., München, 1925 und 1927.
Der Hitler-Prozeß vor dem Volksgericht in München, Knorr & Hirth Verlag, München, 1924.
Der Hitler-Prozeß – Auszüge aus den Verhandlungsberichten, Deutscher Volksverlag, München, 1924.
Hoegner, Wilhelm. *Hitler und Kahr,* Landesausschuß der SPD in Bayern, München, 1928.
–. *Die verratene Republik,* Isar Verlag, München, 1958.
–. *Der schwierige Außenseiter,* Isar Verlag, München, 1959.
Hoffmann, Heinrich. *Hitler wie ich ihn sah,* Herbig Verlag, München, 1974.
Hofmann, Hans H. *Der Hitlerputsch,* Nymphenburger Verlagshandlung, München, 1961.
Hollander, Jürgen von. *München, ein deutscher Himmel,* Schuler Verlag, München, 1972.
Hollweck, Ludwig. *Unser München,* Süddeutscher Verlag, München, 1967.
–. *München, Liebling der Musen,* Paul Zsolnay Verlag, Wien, 1971.
Hümmert, Ludwig. *Bayern vom Königreich zur Diktatur,* Verlag W. Ludwig, Pfaffenhofen, 1979.
Jarman, T. L. *The Rise and Fall of Nazi Germany,* New York University Press, New York, 1956.
Jonge, Alex de. *The Weimar Chronicle,* New American Library, New York, 1979.
Jünger, Ernst. *Jahre der Okkupation,* Ernst Klett Verlag, Stuttgart, 1958.
Kallenbach, Hans. *Mit Adolf Hitler auf Festung Landsberg,* Verlag Kress & Hornung, München, 1939.
Koch, H. W. *The Hitler Youth,* Stein and Day, New York, 1976.
Koerbling, Anton. *Pater Rupert Mayer,* Schnell & Steiner Verlag, München, 1950.
Kotze, Hildegard und Krausnick, Helmut (eds.). *Es spricht der Führer,* Sigbert Mohn Verlag, Gütersloh, 1966.
Krebs, Albert. *Tendenzen und Gestalten der NSDAP,* Institut für Zeitgeschichte, München, 1959.
Krumbach, H. J. *Franz Ritter von Epp, Ein Leben für Deutschland,* Verlag Franz Eher Nachf., München, 1939.
Kubizek, August. *Adolf Hitler – Mein Jugendfreund,* Leopold Stocker Verlag, Graz, 1953.
Leverkuehn, Paul. *Posten auf ewiger Wache – Aus dem Leben des Max von Scheubner-Richter,* Essener Verlagsanstalt, Essen, 1938.
Lorant, Stefan, *Sieg Heil,* W. W. Norton, New York, 1974.

Ludendorff, Erich. *Auf dem Weg zur Feldherrnhalle,* Ludendorff Verlag, München, 1937.
–. *Vom Feldherrn zum Weltrevolutionär,* Ludendorff Verlag, München, 1940.
–. *Ludendorffs Warnung,* Deutscher Volksverlag, München, 1924.
Lüdecke, Kurt W. G. *I Knew Hitler,* Charles Scribner's Sons, New York, 1938.
Mann, Katja. *Unwritten Memories,* Knopf, New York, 1975.
Manvell, Roger und Fraenkel, Heinrich. *Himmler,* Ullstein Verlag, Berlin, 1966.
–. *Göring,* Ballantine Books, New York, 1972.
Maser, Werner. *Die Frühgeschichte der NSDAP,* Athenaeum Verlag, Frankfurt, 1965.
–. *Adolf Hitler,* F. A. Herbig Verlagsbuchhandlung, München–Berlin, 1971.
–. *Mein Kampf,* Bechtle Verlag, Eßlingen, 1974.
Meier-Welcker, Hans. *Seeckt,* Bernard & Graefe, Frankfurt, 1967.
Meissner, Otto. *Staatssekretär unter Ebert–Hindenburg–Hitler,* Hoffmann und Campe Verlag, Hamburg, 1950.
Müller, Karl Alexander von. *Im Wandel einer Welt,* Süddeutscher Verlag, München, 1966.
Müller-Meiningen, Ernst. *Aus Bayerns schwersten Tagen,* Berlin–Leipzig, 1923.
Murphy, Robert. *Diplomat Among Warriors,* Dobleday, New York, 1964.
O'Donnell, James P. *Die Katakombe,* Deutsche Verlagsanstalt, Stuttgart, 1975.
–. *The Bunker,* Houghton Mifflin, Boston, 1978.
Oertzen, F. W. von. *Die Deutschen Freikorps,* Bruckmann Verlag, München, 1936.
Payne, Robert. *The Life and Death of Adolf Hitler,* Praeger, New York, 1973.
Plümer, Friedrich. *Die Wahrheit über Hitler und sein Kreis,* Karl Springer Verlag, München, 1925.
Pölnitz, Götz von. *Emir, Das tapfere Leben des Freiherrn Marschall von Biberstein,* Verlag Georg Callwey, München, 1938.
Pridham, Geoffrey. *Hitlers Rise to Power,* Harper & Row, New York, 1973.
Rabenau, Friedrich von (ed.). *Seeckt – Aus seinem Leben,* Hase & Koehler Verlag, Leipzig, 1941.
–. *Seeckt,* Gesellschaft der Freunde der Deutschen Bücherei, Leipzig, 1942.
Reich, Albert. *Dietrich Eckart, ein Deutscher Dichter,* Verlag Franz Eher Nachf., München, 1933.
Reitlinger, Gerald. *The Final Solution,* Beechhurst Press, New York, 1953.
Röhm, Ernst. *Die Geschichte eines Hochverräters,* Verlag Franz Eher Nachf., München, 1928.
–. *Die Memoiren des Stabschef Röhm,* Uranus Verlag, Saarbrücken, 1934.
Rosenberg, Alfred. *Letzte Aufzeichnungen,* Plesse Verlag, Göttingen, 1955.
–. *Kampf um die Macht,* Verlag Franz Eher Nachf., München, 1939.
–. *Schriften und Reden,* Hoheneichen Verlag, München, 1943.
–. *Blut und Ehre,* Verlag Franz Eher Nachf., München, 1941.
Rossbach, Gerhard, *Mein Weg durch die Zeit,* Vereinigte Weilburger Buchdrukkereien, Weilburg-Lahn, 1950.
Sauerbruch, Ferdinand. *Das war mein Leben,* Kindler Verlag, München, 1960.

Schuler, Emil. *Die Bayerische Landespolizei, 1919–1935,* Werbedruck Rudolf Stepanek, München, 1969.

Schlier, Paula. *Petras Aufzeichnungen oder Konzept einer Jugend nach dem Diktat der Zeit,* Brenner Verlag, Innsbruck, 1926.

Schlottner, Erich. *Stresemann, der Kapp-Putsch und die Ereignisse in Mitteldeutschland und in Bayern im Herbst 1923,* Bad Homburg, 1948.

Schwarzwäller, Wulf. *Rudolf Hess,* Molden Verlag, Wien, 1974.

Schwend, Karl. *Bayern zwischen Monarchie und Diktatur,* Richard Pflaum Verlag, München, 1954.

Sendtner, Kurt (ed.). *Otto Gessler, Reichswehr Politik in der Weimarer Zeit,* Deutsche Verlags-Anstalt, Stuttgart, 1958.

Shirer, William. *The Rise and Fall of the Third Reich,* Simon & Schuster, New York, 1960.

Speer, Albert. *Inside the Third Reich,* The Macmillan Co., New York, 1970.

–. *Spandau,* The Macmillan Co., New York, 1976.

Strasser, Otto. *Aufbau des deutschen Sozialismus,* Grunov, Prag, 1931.

–. *Hitler und ich,* Editorial Trenkelbach, Buenos Aires, 1940.

Stülpnagel, Joachim von. *Jahre meines Lebens,* Düsseldorf, 1960.

Toland, John. *Adolf Hitler,* Doubleday, New York, 1976.

Uecker, Bernhard. *Wie Bayern unter die Pickelhaube kam,* Süddeutscher Verlag, München, 1970.

Wilamowitz-Moellendorff, Fanny. *Carin Göring,* Verlag von Martin Warneck, Berlin, 1941.

Wilhelm, Hermann, *Nationalsozialismus im Münchner Osten 1919–1945,* Haidhauser Dokumentationsverlag, München, 1980.

Wolfe, Thomas. *The Web and the Rock,* Sun Dial Press, Garden City, N. Y., 1940.

Wucher, Albert. *Die Fahne hoch,* Süddeutscher Verlag, München, 1963.

Wulf, Josef. *Heinrich Himmler,* Arani Verlags GmbH, Berlin, 1960.

Zimmermann, Werner. *Bayern und das Reich,* Richard Pflaum Verlag, München, 1953.

Zuckmayer, Carl. *Als wär's ein Stück von mir,* Fischer Taschenbuch Verlag, Frankfurt, 1969.

Bildnachweis

Bilderdienst Süddeutscher Verlag (8)
Hanns Hubmann (1)
Stadtarchiv München (1)
Georg-von-Vollmar-Akademie (1)
Zeitgeschichtliches Archiv Heinrich Hoffmann (36)

REGISTER